Heidrun Brockmann

Barbados
St. Lucia & Grenada

IWANOWSKI'S REISEBUCHVERLAG

Im Internet:

www.iwanowski.de

Hier finden Sie aktuelle Infos zu allen Titeln, interessante Links – und vieles mehr!

Einfach anklicken!

Schreiben Sie uns, wenn sich etwas verändert hat. Wir sind bei der Aktualisierung unserer Bücher auf Ihre Mithilfe angewiesen: **info@iwanowski.de**

Barbados, St. Lucia & Grenada
1. Auflage 2017

Salm-Reifferscheidt-Allee 37 • 41540 Dormagen
Telefon 0 21 33/26 03 11 • Fax 0 21 33/26 03 34
info@iwanowski.de
www.iwanowski.de

Titelfoto: Worthing Beach, Barbados © huber-images.de / Canali Pietro
Alle anderen Farbabbildungen: s. Abbildungsverzeichnis S. 304
Layout: Monika Golombek, Köln
Karten und Reisekarte: Astrid Fischer-Leitl, München
Titelgestaltung: Point of Media, www.pom-online.de
Redaktionelles Copyright, Konzeption und deren ständige Überarbeitung: Michael Iwanowski

Gesamtherstellung: Grafisches Centrum Cuno, Calbe
Printed in Germany

ISBN: 978-3-86197-169-6

Alle Karten zum Gratis-Download – so funktioniert's
In diesem Reisehandbuch sind alle Detailpläne mit sogenannten QR-Codes versehen, die vor der Reise per Smartphone oder Tablet-PC gescannt und bei einer bestehenden Internet-Verbindung auf das eigene Gerät geladen werden können. Alle Karten sind im PDF-Format angelegt, das nahezu jedes Gerät darstellen kann. Für den Stadtbummel oder die Besichtigung unterwegs hat man so die Karte mit besuchenswerten Zielen und Restaurants auf dem Telefon, Tablet-PC, Reader oder als praktischen DIN-A-4-Ausdruck dabei.
Mit anderen Worten – der „gewichtige" Reiseführer kann im Auto oder im Hotel bleiben und die Basis-Infos sind immer und überall ohne Roaming-Gebühren abrufbar.

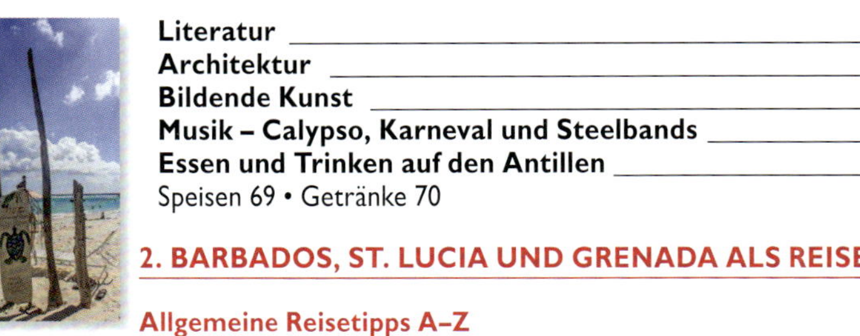

Weiterführende Informationen

info

Karten und Grafiken

Legende

Autobahn
Hauptstraße
Nebenstraße
sonstige Straße
Trail
Fähre
Großstadt
Stadt
Kleinstadt/Dorf
530 m Berg
Sumpf
Flughafen
Bahnhof
Bus/Busbahnhof
Polizei
Post
Information
Taxi
Parkplatz
Tankstelle
Surfen
Kitesurfen
Segeln
Wellenreiten

Strand
Tauchen
Wandern
Golfplatz
Kirche
Schloss
Kathedrale
Synagoge
Fort
Museum
Bibliothek
Hafen
Höhle
Essen
Einkaufen
Markt
Sehenswürdigkeit
Krankenhaus
Leuchtturm
Hotel
Aussichtspunkt
Archäologische Stätte
Klippen

Barbados, St. Lucia und Grenada – ganz besondere Perlen der Karibik

Barbados, St. Lucia und Grenada erfüllen jede Postkartenvorstellung von der karibischen Inselwelt, ob helle Sandstrände und türkisfarben schimmerndes Wasser, bunte Fischschwärme und faszinierende Korallenriffe, Palmen am schwarzen Vulkanstrand oder sattgrüne tropische Vegetation und fruchtbare Vulkanberge. Die drei Inseln gehören zu den Kleinen Antillen. Diese im Englischen *Lesser Antilles* genannten Inseln werden vor allem deswegen „klein" genannt, weil sie eine weit geringere Größe aufweisen als z. B. Kuba oder Jamaika, die zu den Großen Antillen zählen. Und das wiederum bedeutet, dass sich auf den Kleinen Antillen Inselgefühl pur erleben lässt.

Wer St. Lucia oder Grenada bereist, kann Wanderungen im tropischen Regenwald unternehmen und anschließend im Karibischen Meer schnorcheln, auf St. Lucia kann man zudem Muskelentspannung im vom Vulkan erwärmten Wasser betreiben. Auf Barbados ist das Schwimmen mit Schildkröten ein besonderes Erlebnis, daneben bietet sich an den vielen schönen Stränden das *Liming* an der Strandbar oder in einem der zahlreichen Rum Shops an, also das gepflegte Nichtstun und Trinken. Mit dem Auto, dem Bus oder Taxi lassen sich die durch vulkanische Aktivität entstandenen Inseln St. Lucia und Grenada sowie das aus Korallengestein bestehende Barbados gut in ein bis zwei Tagen umrunden. Wohl kein Besucher kann sich dabei dem Zauber der landschaftlich abwechslungsreichen karibischen Inselwelten entziehen.

Die Bevölkerung der Inseln ist jeweils aus einem Schmelztiegel indianischer, europäischer, afrikanischer und asiatischer Einflüsse hervorgegangen. So findet sich heute auf den Inseln eine bunte Vielfalt unterschiedlicher Ethnien, Sprachen, Religionen und Lebensweisen. Elementen dieser karibischen Kultur begegnet man auf den Märkten und in den Gassen der Inselstädte, auf den lokalen Festen und auf dem Speisezettel der Kleinen Antillen. Diese reizvolle Mixtur ist allerdings – und das ist die Kehrseite des Paradieses – das Resultat einer oftmals brutalen Geschichte. Das Auftauchen der Europäer war der Beginn der Ausrottung der indigenen Bevölkerung, der Leidensgeschichte der schwarzen Sklaven sowie der blutigen Kolonialkriege. Relikte der wechselhaften Historie sind allenthalben zu entdecken: jahrtausendealte Felszeichnungen der Urbevölkerung, Sklavenhütten, Landhäuser der Zuckerbarone, Festungen, die vor Piraten oder verfeindeten europäischen Mächten schützen sollten, dänische Bürgerhäuser, niederländische Windmühlen, französische Kirchen.

Seit Jahren steigt die Zahl der Reisenden, die mehrere Inseln miteinander verbinden möchten – sei es auf einer individuell geplanten Tour, als Kreuzfahrttourist oder als Segler. Barbados, St. Lucia und Grenada sind von Deutschland aus durch Direktflüge ab Frankfurt sehr gut zu erreichen. Innerkaribische Fluglinien sorgen dafür sodass man auch zwei oder alle drei Inseln gut besuchen kann. Wie auch immer Sie Ihren Urlaub planen und einteilen, nehmen Sie sich vor allem Zeit und lassen Sie sich auf die Paradiese der karibischen Inselwelt mit ihrer eigenen Gangart ein. Jede einzelne Insel ist auf ihre Art eine ganz besondere Perle der Karibik.

Hamburg, im November 2016
Heidrun Brockmann

I. LAND UND LEUTE

Barbados, St. Lucia & Grenada in Kürze

Barbados

Fläche	430 km²
Einwohner	290.500
Hauptstadt	Bridgetown
Wirtschaft	Tourismus
Währung	Barbados-Dollar (BDS-$ oder BBD, in diesem Buch BB-$)
Status	konstitutionelle Monarchie (im Commonwealth)

Östlicher Vorposten

Auf Barbados (ausgespr.: Ba-bei-dos) gibt es immer etwas zu unternehmen und das macht die Insel für die meisten Besucher so attraktiv. Langweilig wird es hier nicht. Die nur 36 km lange und 24 km breite Insel ist nicht größer als die Hansestadt Bremen, zählt aber zu den größeren Inseln der Kleinen Antillen. Barbados ist außerdem die östlichste Insel der Karibik, sie gleicht einem weit in den Atlantik hinausgeschobenen Vorposten, den Schiffsreisende aus Europa als ersten Teil der Neuen Welt erblicken. Von hier aus liegt St. Lucia 174 km Luftlinie weiter nordwestlich, im Südwesten befindet sich Grenada 246 km entfernt – mit dem Flugzeug ist man in 30 bis 45 Minuten da.

Weiße Sandstrände sind von keiner Unterkunft weit entfernt, egal ob man sich an der teureren „Platin-Küste" im Westen einquartiert oder die günstigere Südküste als Ausgangspunkt gewählt hat. Die **Restaurant-Szene** auf Barbados ist in ihrer Vielfalt und Qualität beeindruckend, von der Straßenparty mit auf Holzkohle gegrillten karibischen Leckerbissen bis hin zur gehobenen Sterneküche sind feinste kulinarische Erlebnisse garantiert.

Raus aufs Wasser ist das Motto auf Barbados, ob zum Schnorcheln im seichten, klaren Wasser, für einen Segeltörn weiter draußen auf dem Meer, um im Mini-U-Boot die Unterwasserwelt zu erkunden, zum Tiefseefischen, zum Kitesurfen am Sandy Beach oder zum Wellenreiten an der Soup Bowl von Bathsheba.

St. Lucia

Fläche	616 km²
Einwohner	164.000
Hauptstadt	Castries
Wirtschaft	Tourismus
Währung	East Caribbean Dollar (EC-$ oder XCD)
Status	konstitutionelle Monarchie (im Commonwealth)

Die **Strände** von St. Lucia (ausgespr. „Sänt Luh-scha") sind auf jeden Fall einladend, keine Frage, aber die Insel ist vulkanischen Ursprungs und zum Teil sehr gebirgig (höchster Berg: Mt. Gimie mit 951 m ü. d. M.), von daher gibt es nur wenige lange und helle Sandstrände, sondern es überwiegen dunkle Strandabschnitte aus Vulkangestein und Korallen. Der Reduit Beach im Norden St. Lucias glänzt mit seinem langen goldenen Sandstrand am allerschönsten. Im Süden zeugt der schwarze Strand der Anse Chastanet von der vulkanischen Herkunft der Insel.

Vulkanischer Ursprung

Bekannt ist St. Lucia für exzellente **Tauchbedingungen**, vor allem im Südwesten der Insel. Die Tauchshops des nördlich von Soufrière gelegenen Luxushotels Anse Chastanet sowie des weiter nördlich an der Anse Cochon befindlichen Ti Kaye Resorts sind in Tauchgänge direkt vom Strand aus spezialisiert.

Tiefseeangler kommen rund um die Insel auf ihre Kosten. Ein **Segeltörn** auf einem Katamaran ist sicherlich die schönste Möglichkeit, von der Inselhauptstadt Castries nach Soufrière zu gelangen. Dabei nähert man sich entlang der Westküste den weltberühmten Pitons, erkalteten Vulkankernen, vom Meer aus.

Ein weiteres Pfund, mit dem St. Lucia punkten kann, ist der geschützte Regenwald, den man auf geführten **Wanderungen** unterschiedlicher Schwierigkeitsstufen erkunden und erleben kann. Die Besteigung des Gros Piton, während der man bei tropischen Temperaturen steil bergauf 600 Höhenmeter überwindet, ist dabei ein ganz besonderes Erlebnis. Hinterher sorgt warmes Wasser aus den Thermalquellen für die nötige Muskelentspannung.

Grenada

Fläche	344 km² (inklusive südliche Grenadinen)
Einwohner	110.500
Hauptstadt	Saint George's
Wirtschaft	Tourismus, Landwirtschaft (Muskatnüsse)
Währung	East Caribbean Dollar (EC-$ oder XCD)
Status	konstitutionelle Monarchie (im Commonwealth)

Grenada, die südlichste der Windward-Inseln der östlichen Karibik, ist wie St. Lucia vulkanischen Ursprungs und geprägt von üppigem **Regenwald**. Jedes Wochenende fällt der Startschuss zur *hash time*, einer Art Schnitzeljagd für jedermann, die querfeldein oder auf und ab durch tropische Vegetation sowie an Wasserfällen vorbeiführt und in einer feucht-fröhlichen After-Walk-Party mit viel Rum und karibischem Bier endet.

Grenada wird aufgrund des Anbaus von Kakao, Muskatnüssen, Nelken und anderen Gewürzen auch die **Isle of Spice** (= Gewürzinsel) genannt. Überall auf der Insel entdeckt man neue Produkte, die aus der Muskatfrucht gemacht werden, wie etwa Muskatnuss-Marmelade oder Muskatnuss-Sirup.

Kakao und Muskat

Rund um die Insel finden **Taucher und Schnorchler** paradiesische Reviere. Besonders interessant ist das Wrack „Bianca C", das 5 km von der Küste entfernt liegt, sowie das künstliche Riff im Unterwasserskulpturenpark, das auch für Schnorchler gut zu erreichen ist.

Historische Boote

Die bequemste und schönste Art, die grenadischen Gewässer kennenzulernen, ist die Teilnahme an einem **Segeltörn**. Liebhaber haben dafür alte, typisch grenadische Segelboote nachgebaut. Die Schaluppen transportierten im 18. Jh. Waren von Grenada zu den Nachbarinseln. Eine Fahrt mit der Fähre nach Carriacou und Petit Martinique macht die Erkundung des Staats Grenadas komplett und ermöglicht die Ansicht der Hauptinsel von der Meeresseite aus.

Historischer Überblick

Zeittafel von Barbados, St. Lucia und Grenada

ca. 5000–3500 v. Chr.	Die karibischen Inseln werden von den Vorfahren der Cibone von Venezuela aus besiedelt.
ca. 100–1100 n. Chr.	Die Ackerbau treibenden Arawaken besiedeln den Raum von Venezuela aus und errichten die sogenannte Igneri- und Taino-Kultur.
ca. 1400–1500	Die kriegerischen Kariben drängen die Arawaken von den Kleinen Antillen nach Norden ab.
1492	Christoph Kolumbus entdeckt die Westindischen Inseln.
1499	Forschungsreise des Amerigo Vespucci, nach dem die Neue Welt benannt wird.
1524	Die ersten schwarzen Sklaven treffen in der Karibik ein.
1623	Die Engländer besetzen St. Kitts, es folgen Barbados (1625), Antigua (1636) und weitere Inseln.
1635	Die Franzosen besetzen Grenada.
17./18. Jh.	Erbitterte Kriege zwischen den europäischen Mächten im karibischen Raum; die meisten Inseln wechseln mehrmals den Besitzer, Piraten und Freibeuter unterstützen die kämpfenden Parteien.
1782	Französisch-englische Seeschlacht bei den Îles des Saintes, die den Briten die Vorherrschaft über die Antillen sichert.
1834	Aufhebung der Sklaverei auf den britisch besetzten Inseln.
1914	Eröffnung des Panama-Kanals.
1941–1944	Der Zweite Weltkrieg bringt deutsche U-Boote in die Karibik; enorme wirtschaftliche Probleme aufgrund der Blockade der Französischen Antillen durch die Alliierten.

1962–1983	Fast alle britischen Inseln der Antillen werden unabhängig, verbleiben aber zum größten Teil im Commonwealth: 1966 Barbados, 1974 Grenada, 1979 St. Lucia.
1967	Die West Indies Associates States (zu denen auch St. Lucia und Grenada gehören) werden gegründet, ein Jahr später die Freihandelszone Caribbean Free Trade Area (CARIFTA).
1973	Die Freihandelszone CARIFTA wird in den gemeinsamen karibischen Markt Carribean Common Market (CARICOM) umgewandelt.
1982	Die Organisation der englischsprachigen East Caribbean States (OECS) mit einer gemeinsamen Zentralbank und Währung (EC-$) wird gegründet.
1982	Nach der Ermordung des von Fidel Castro unterstützten Premierministers Maurice Bishop wird Grenada durch Landungscorps unter Führung der USA besetzt; Sturz des sozialistischen Regimes New Jewel.
1992	Literaturnobelpreis für den auf St. Lucia geborenen Schriftsteller Derek Walcott.
1994	St. Lucia leidet unter Überschwemmungen.
2000	Zur Stärkung des wirtschaftlich wichtigen Tourismus-Sektors unterstützt die Europäische Union zahlreiche Projekte in der Karibik.
2002	Der Tropensturm Lili beschädigt auf der Insel Barbados mehr als 100 Wohnhäuser. Auch über St. Lucia zieht der Wirbelsturm mit 95 Stundenkilometern und heftigen Regenfällen hinweg.
2004	Der Hurrikan Ivan der Kategorie 4 richtet großen Schaden auf Grenada an.
2005	Barbados wird zum 2. Mal in Folge mit dem World Travel Award als schönstes Urlaubsziel in der Karibik ausgezeichnet.
2007	Mehrere englischsprachige Inseln der Kleinen Antillen richten den Cricket World Cup aus. An den Weltmeisterschaften nimmt das gemeinsame „West Indies Cricket Team" teil, das den Wettbewerb bereits zweimal gewonnen hat. Diesmal gewinnt allerdings Australien.
2007	Der Hurrikan Dean richtet auf St. Lucia große Schäden an.
2012	In London gewinnt Kirani James aus Grenada Gold im 400-m-Lauf und damit die erste olympische Medaille überhaupt für sein Land. Vier Jahre später holt er bei den Olympischen Spielen in Rio die Silbermedaille.
2014	Die Karibik steigt in der Gunst der europäischen Besucher: Im ersten Halbjahr 2014 verzeichneten die karibischen Inseln ein Plus von knapp 6 % aus Europa. Aus Deutschland reisten 9 % mehr Menschen in die Region, das waren fast 400.000 Besucher.
2016	Der erweiterte Panama-Kanal wird eröffnet.

Die Ureinwohner der karibischen Inseln

Die Geschichte der Antillen reicht weit vor das Jahr 1492 zurück, in dem Christoph Kolumbus und seine Gefährten als erste Europäer die Inseln der Karibik betraten. Rund 6.000 Jahre zuvor, möglicherweise auch schon früher, ließen sich hier Menschen nieder und begründeten **eigenständige Kulturen**, die sich im Laufe der Jahrtausende weiterentwickelten, immer wieder beeinflusst durch Kontakte zum Festland und neue Zuwanderer. Doch die Zeugnisse, die von den einstigen Bewohnern der Antillen künden, sind spärlich und oftmals schwer zu deuten. Sie selbst kannten keine Schrift. Die einzigen schriftlichen Dokumente, die von den Ureinwohnern berichten, sind daher einige Aufzeichnungen der europäischen Eroberer. Diese aber beruhen vor allem auf Hörensagen und sind zumeist geprägt von Missverständnissen und Vorurteilen. Die Aussagen der vermeintlichen „Entdecker" bieten tatsächlich nicht mehr als eine äußerst lückenhafte und stark verzerrte Momentaufnahme aus der Zeit um 1500, und alle späteren Berichte zeigen die indigenen Kulturen bereits in einem Zustand, der massiv durch das Vordringen der Europäer beeinflusst ist – in einer Phase des Rückzugs also, der Verteidigung und schließlich des Niedergangs bis hin zur vollständigen Auslöschung.

Geheimnisvolle Vorzeit

Auskünfte über jene Menschen, die schon lange vor Kolumbus die Antillen bevölkerten, können daher einzig **archäologische Funde** bieten. Die ältesten Zeugnisse menschlicher Besiedlung der karibischen Inselwelt sind **mehr als 7.000 Jahre alt** und wurden auf Trinidad gefunden. Vielleicht erreichten frühe Einwanderer die heute nahe der südamerikanischen Küste gelegene Insel, als diese noch über Landbrücken mit dem Festland verbunden war. Von dort gelangten Menschen vermutlich zunächst nach Tobago und weiter zur etwa 130 Kilometer entfernten Insel Grenada. Nur einige Jahrhunderte jünger als die ältesten Funde auf Trinidad sind jedoch Überreste am anderen Ende des Antillenbogens, im Westen Kubas. Viele Forscher nehmen deshalb an, dass Menschen diese Region zunächst von Mittelamerika aus erreichten: Die kürzeste Entfernung zwischen der Halbinsel Yucatán im heutigen Mexiko und der Westspitze Kuba beträgt rund 200 Kilometer. Die weitere Besiedlung erfolgte dann von beiden Seiten der Inselkette, wobei stets nur deutlich geringere Distanzen mit Booten über das offene Meer zurückgelegt werden mussten und die jeweils nächste Insel fast immer schon in Sichtweite lag. Die zwei

Felsmalereien der Ureinwohner (Guadeloupe)

Ausbreitungsbewegungen trafen sich möglicherweise vor rund 4.500 Jahren auf Puerto Rico. Die Zeugnisse, die inzwischen auf zahlreichen Inseln gefunden wurden, legen jedenfalls ein solches Szenario nahe.

Als **Jäger und Sammler** lebten die Angehörigen dieser ersten Kulturen auf den Antillen – Wissenschaftler sprechen von der „archaischen Phase" – vermutlich in kleinen Gruppen, zogen von Lager zu Lager, ohne sich dauerhaft niederzulassen, und ernährten sich von Pflanzen und Landtieren, vor allem aber wohl von Meeresschnecken, Muscheln und Fisch. Neben vielfältigen Werkzeugen aus Stein fertigten sie auch figürliche Darstellungen und Schmuck. Die Materialien lassen darauf schließen, dass weiterhin **Kontakte zum südamerikanischen Festland** bestanden – wahrscheinlich besaßen die archaischen Bewohner hochseetüchtige Kanus.

Werkzeuge und Schmuck

Das Saladoid

Inzwischen gehen die Archäologen davon aus, dass schon die Nachfahren der ersten Siedler begannen, Pflanzen zu kultivieren und Gefäße aus Ton zu formen. Doch um etwa 500 v. Chr. siedelten sich zahlreiche **Menschen** auf den Antillen an, die den Ackerbau (besonders Maniok) und das Wissen um die Herstellung von Keramik aus Südamerika mitbrachten. Gefundene Überreste dieser Bewohner sind Kultplätze, wunderschöne Keramiken (Töpfe, Krüge, Figuren, Schmuck) sowie Arbeitsgerät, Schmuck, Waffen und Musikinstrumente. Rund 1.000 Jahre lang blieb der Stil der Keramikgefäße weitgehend gleich, die Forscher bezeichnen die Kultur dieser Zeit als das Saladoid.

Doch ab etwa 500 n. Chr. kamen neue Formen auf. Für die folgenden Jahrhunderte bis zum Eintreffen der Europäer unterscheiden Archäologen eine ganze Reihe von **Keramik-Stilen**, die sich offenbar zu verschiedenen Zeiten auf den einzelnen Inseln entwickelt haben. Während man früher dachte, solche Wandlungen seien ein Zeichen von größeren Siedlungsbewegungen, bei denen womöglich die Neuankömmlinge die vorherigen Bewohner gewaltsam unterwarfen, geht man heute davon aus, dass es einen **permanenten Austausch** auch von Menschen, vor allem aber von Kulturtechniken gab. Die Bewohner lebten keineswegs isoliert auf ihren jeweiligen Inseln, sondern waren hoch mobil, sie pflegten Kontakte zum Festland und entlang des gesamten Antillenbogens. So konnten sich Innovationen, Verzierungsstile und vermutlich auch Sprachen verbreiten – und das ohne große Wanderungen.

Kontakte zum Festland

Die Taínos

Die Spanier nannten die Menschen, denen sie ab 1492 auf Hispaniola (heute Haiti und Dominikanische Republik) und anderen Inseln der Großen Antillen begegneten, „Taínos". Vermutlich bezeichneten sich einige Bewohner selbst mit diesem Wort, das aber wohl nicht der Name ihres Volkes war, sondern „gut" oder „nobel" bedeutete. Ihre Sprache, die aus Ortsbezeichnungen und Aufzeichnungen der Europäer teilweise rekonstruiert werden kann, war verwandt mit dem Idiom

Die „Entdeckung" Amerikas – zeitgenössischer Holzschnitt

der Arawak, einem Volk, das bis heute in Venezuela, Guyana und Surinam lebt, weshalb die Taínos häufig ebenfalls als Arawak bezeichnet werden.

Obwohl die Taínos und ihre Sprache untergegangen sind, sind einige ihrer Wörter bis heute lebendig, denn sie bezeichnen Kulturtechniken, die in die westliche Welt eingegangen sind: beispielsweise das Kanu (in der Taíno-Sprache *canoa*), den Tabak (*tabaco*) oder das Barbecue (*barbacoa*). Und aus hamaca wurde über das englische hammock im Deutschen die „Hängematte".

Wohl ebenfalls auf ein Wort der Taínos geht die Bezeichnung der ganzen Region – der Karibik – zurück: *cariba*. Möglicherweise aufgrund eines Missverständnisses benutzten es die Spanier für die Menschen, die sie auf vielen Inseln der Kleinen Antillen antrafen – und die ihnen, anders als die Taínos, massiven Widerstand entgegenbrachten. Daraus entstand eine Art Mythos, der sich bis heute hartnäckig in vielen Darstellungen hält: Demnach lebten auf den Antillen vor allem zwei Völker, die friedfertigen Taínos und die kriegerischen Kariben. Letztere hätten die Kleinen Antillen erst relativ kurz vor dem Eintreffen der Europäer erobert, die männlichen Einwohner versklavt und die Frauen geraubt. Zudem seien sie Menschenfresser gewesen (auch das Wort „Kannibale" ist von *cariba*, in anderer Schreibung *caniba*, abgeleitet).

Legendenbildung

Heute gehen Wissenschaftler davon aus, dass auf den Antillen um 1500 eine **Vielzahl von unterschiedlichen Völkern und Stämmen** lebte, die untereinander rege Verbindungen und Handelskontakte pflegten, teils aber auch verfeindet waren. Die angebliche brutale Eroberung der Kleinen Antillen durch die Kariben dürfte dabei ebenso eine Fiktion sein wie ihr Kannibalismus – beides aber war den Spaniern ein willkommener Vorwand, die Bewohner zu versklaven oder gleich zu töten. Deren kriegerisches Verhalten wiederum hatte seinen Grund womöglich einfach darin, dass sich die wenig friedfertigen Absichten der Europäer, die sie bald schon auf Hispaniola offenbarten, schnell auch auf den anderen Inseln herumsprachen.

Die Besiedlung von Barbados, St. Lucia und Grenada

Die ersten Menschen erreichten die Inseln Barbados, St. Lucia und Grenada möglicherweise bereits **3000 v. Chr.** oder noch früher. Im Zuge der Wanderbewegungen, die vom südamerikanischen Festland und Trinidad aus entlang des Antillenbogens bis nach Puerto Rico vordrangen, sind höchstwahrscheinlich immer wieder

Gruppen an diesen Inseln vorbeigekommen. Doch ob die Menschen dieser frühen Epoche den Archipel nur als Zwischenstation nutzten oder auch dauerhaft hier lebten, lässt sich nicht sagen.

So erblickten die ersten Ankömmlinge St. Lucia vom Kanu aus

Die ältesten bekannten Zeugnisse fester Besiedlung stammen aus einer Phase ab etwa 300 n. Chr., als sich Ackerbau treibende Angehörige der **Saladoid-Kulturen** auf den Kleinen Antillen ausbreiteten. Die Saladoid-Kulturen wurden dort eventuell von komplexeren politischen Systemen ersetzt, mit lokalen Häuptlingen an der Spitze, sogenannten *nitainos* oder *mitaines*, die einem obersten Häuptling oder *cacique* unterstanden. Die Menschen dieser Kultur sind bekannt als Tainos (von dem Wort *nitainos*): Die Tainos tauschten Waren zwischen den Großen Antillen, den Kleinen Antillen und Südamerika aus.

Die in Troumassée in **St. Lucia** gefundenen Post-Saladoid-Keramiken haben dieser Periode ihren alternativen Namen verliehen: *Troumassoid*. Sie begann zwischen 600 und 850 n. Chr. In dieser Zeit umfassten die Siedlungen auf den Kleinen Antillen 30 bis 70 Personen. Betrachtet man die drei in diesem Buch vorgestellten Inseln, so ist St. Lucias archäologische Vergangenheit die am spätesten untersuchte und steht im engen Zusammenhang mit anderen Windward Islands. Die Menschen, denen die Europäer zuerst auf der Insel begegneten, waren vermutlich erst Spätankömmlinge. Ausgrabungen haben eine frühere Besiedlung durch die sogenannten Arawaken offenbart.

Prähistorische Besiedlung

Nach **Barbados** kamen die ersten Siedler wahrscheinlich zwischen 350 und 650 n. Chr. Sie rodeten das Land auf der Insel, um Ackerbau zu betreiben. Möglicherweise brachten sie dadurch das Ökosystem aus dem Gleichgewicht. Nach 650 n. Chr. wurden auch auf Barbados Keramiken entwickelt, die über die frühe Ära der Saladoid-Kultur hinausgingen. Diese Phase dauerte bis ungefähr 1100 n. Chr. und fällt auch unter die Bezeichnung **Troumassoid-Kultur**. Die Endphase der prähistorischen Besiedlung von Barbados wird Suazoid genannt und ging kurz vor oder nach der Ankunft der Europäer in der Region im späten 15. Jh. zu Ende. Eine der wichtigsten archäologischen Stätten ist **Changery Lane** im Südosten der Insel, eine Stätte, die offenbar von Amerindians und ihren Nachfahren über einen Zeitraum von 1.000 Jahren bewohnt wurde. Hier wurden typische Keramiken – wie Gerätschaften zum Sieben von Cassava-Mehl – gefunden, die Hinweise auf spätere Troumassoid- und Suazoid-Präsenz geben.

Grenadas archäologische Vergangenheit ist weit weniger bekannt als die anderer Antillen-Inseln, obwohl die Insel in prähistorischer Zeit ein strategisches Sprungbrett von Trinidad-Tobago im Süden zu den anderen Antillen-Inseln weiter im Norden war. Erst in jüngster Zeit wurden 1964 in Pearls in der Nähe des Flughafens vorgenommene Ausgrabungen wieder aufgenommen. Keramiken deuten darauf hin, dass in der Saladoid-Ära zwischen 300 v. Chr. und 400 n. Chr. erstmals Menschen hier siedelten. Auch Stätten der Suazoid-Phase wurden untersucht (1000–1450 n. Chr.). In dieser Zeit lebten die Ureinwohner anscheinend in der Nähe der Strände oder in Mangrovensümpfen und ernährten sich hauptsächlich von Weichtieren, Fischen und Schildkröten. Als die Europäer die Insel entdeckten, waren die Suazoid-Menschen bereits verschwunden und an ihre Stelle die Kariben getreten, die aus Südamerika eingewandert waren. Sie nannten die Insel **Camerhogue**.

Neuere Ausgrabungen

Die Ankunft der Europäer in der Karibik

Dass Kolumbus nicht der erste Europäer in der Neuen Welt war, hat sich inzwischen herumgesprochen. Durch archäologische Ausgrabungen auf Neufundland sind mittlerweile etwa die Fahrten der **Wikinger** nachgewiesen, die dort **um 1000 n.Chr.** kleinere Kolonien gründeten und den Nordatlantik regelmäßig auf der Route Island – Grönland – Nordamerika befuhren. Dass Europäer auch schon früh die Karibik erreichten, ist zwar nicht dokumentiert, aber durchaus plausibel: Die im Atlantik liegenden Inseln wie die Kanaren und die Kapverden waren schon den Seefahrern der Antike bekannt; wer aber in diesen Gewässern mit Segelschiffen unterwegs ist, kann durch die vorherrschenden Winde und Strömungen leicht weit nach Westen abdriften – zum südamerikanischen Festland oder auch zu den Antillen (genau auf diese Wind- und Strömungsverhältnisse im Atlantik waren später dann die Routen des sogenannten Dreieckshandels im 17. und 18. Jh. abgestimmt).

Gleichwohl: Die Geschichte der Inbesitznahme Amerikas durch die Europäer beginnt mit der Fahrt des **Christoph Kolumbus im Jahr 1492**. Für Europa bedeutete dies in politischer, kultureller und wirtschaftlicher Hinsicht Umwälzungen allergrößten Ausmaßes – und für Amerika den Untergang der alten Kulturen. Es ist erstaunlich, wie schnell der Doppelkontinent und besonders auch die Inseln der Karibik erforscht und erobert werden konnten. Eine Lawine war losgetreten worden, die nahezu in jedem Jahr zu neuen Expeditionen, Entdeckungen und Koloniegründungen führte. Bereits 1496 konnte Kolumbus' Bruder Bartolomeo auf Hispaniola die erste europäische Stadt auf amerikanischen Boden gründen: Santo Domingo, heute die Hauptstadt der Dominikanischen Republik. Ab 1499 nahm der Florentiner Amerigo Vespucci an mehreren Fahrten teil, bei denen er die Küste Südamerikas erkundete – und zu der Gewissheit gelangte, dass Kolumbus nicht den Westweg nach Indien, sondern einen völlig neuen Erdteil gefunden hatte. 1507 benannte der deutsche Kartograf Martin Waldseemüller die Neue Welt nach Vespuccis Vornamen: Amerika.

Inbesitznahme Amerikas

In Konkurrenz zu den Spaniern bemühten sich schon früh auch die Portugiesen um Besitztümer – so nahm Pedro Álvarez Cabral im Jahr 1500 Brasilien für den portugiesischen König in Besitz. 1503 erreichte der Spanier Juan de Bermúdez den nach ihm benannten Bermuda-Archipel. Fünf Jahre später gründete Juan Ponce de León, der auch zu den Begleitern von Kolumbus gezählt hatte, eine erste Kolonie auf Puerto Rico, 1513 entdeckte er Florida. Spätestens 1536, als der portugiesische Seefahrer **Pedro a Campos** auf Barbados landete, waren die Kleinen Antillen dem europäischen Horizont erschlossen. Im Vergleich zu den riesigen Gebieten Mittel- und Südamerikas und zu den Inseln der Großen Antillen schienen sie jedoch wirtschaftlich nur wenig attraktiv und besaßen allenfalls strategische Bedeutung. Jene Gold- und Silberschätze wie in Peru oder Mexiko, die sich schon Kolumbus erhofft hatte, gab es hier nicht.

Keine Schätze

Zwar beanspruchten die Spanier den Besitz der Kleinen Antillen, doch beschränkten sich ihre Aktivitäten vor allem auf Raubexpeditionen mit dem Ziel, Bewohner der Inseln zu versklaven und nach Hispaniola zu verschleppen. Im Laufe des 16. Jhs. aber weckten die Eilande mehr und mehr das Interesse von Europäern aus anderen Staaten – vor allem von Engländern, Niederländern und Franzosen, später auch von Dänen, Deutschen und Schweden. Sie waren es, die in der Folgezeit die Geschichte der Kleinen Antillen prägten.

Auf seiner berühmten ersten Reise 1492/93 erreichte Christoph Kolumbus zunächst eine vermutlich zu den Bahamas zählende Insel und besuchte dann Kuba

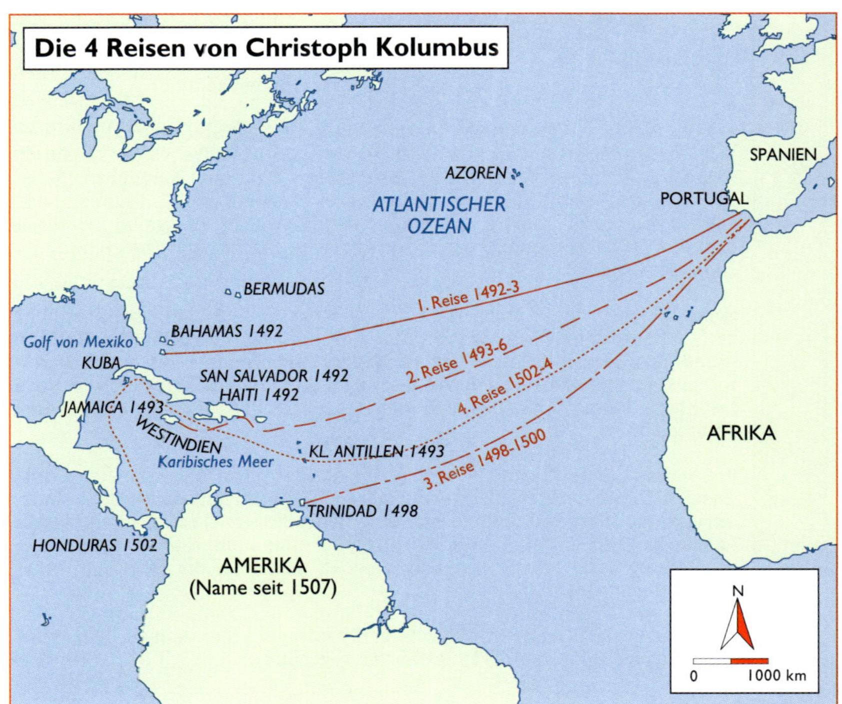

und Hispaniola. Zu den Kleinen Antillen gelangte Kolumbus erst bei seiner zweiten Reise. Die erste kleine Insel, die seine Männer nach der Fahrt über den Atlantik am 2. November 1493 sichteten, nannte er Desiderada, „die Ersehnte", die heute eine Insel des französischen Überseedépartements Guadeloupe ist.

info

Christoph Kolumbus

Christoph Kolumbus

Der 1451 in Genua geborene Seefahrer Christoph Kolumbus (ital.: Cristoforo Colombo; span.: Cristóbal Colón) fasste im Glauben an die Kugelgestalt der Erde schon in jungen Jahren Pläne, den Westweg nach Indien zu finden. Portugal, die größte europäische Seemacht der damaligen Zeit, gab ihm Gelegenheit, auf ausgedehnten Reisen bis nach Island im Norden, zu den atlantischen Inselgruppen im Westen und nach Afrika im Süden nautische Erfahrungen zu sammeln. Weil er bei der portugiesischen Krone kein Gehör für seinen eigentlichen Traum fand, trat er in spanische Dienste. Doch auch hier dauerte es noch viele Jahre, bis er schließlich, nach vielem Hin und Her, die Königin Isabella für das Projekt gewinnen konnte.

Am 3. August 1492 verließ Kolumbus als Großadmiral und zukünftiger Vizekönig aller neuentdeckten Gebiete die südspanische Atlantikküste in westlicher Richtung. Seine kleine Flotte umfasste die drei Karavellen „Santa Maria", „Pinta" und „Niña". Als er nach drei Monaten, am 12. Oktober 1492, endlich eine Insel sichtete, glaubte er, Indien erreicht zu haben. Deswegen nannte er die Inselgruppe auch „Westindische Inseln" und ihre Einwohner „Indianer" (Indios).

Nach überwiegender Forschermeinung war das erste Eiland, das Kolumbus betrat und auf den Namen „San Salvador" taufte, die Insel Guanahani (= Watling's Island), die zu den Bahamas gehört. Weitere Anlaufpunkte der „Santa Maria" waren Kuba und Hispaniola, bevor Kolumbus in die Heimat zurückkehrte. Noch insgesamt dreimal sollte der Seefahrer später zum vermeintlichen Westindien aufbrechen.

Persönlich konnte Kolumbus durch seine Fahrten nicht den erhofften Erfolg erzielen. Die entdeckten Inseln und Landstriche bargen nur wenige Reichtümer, Intrigen und Missgunst verhinderten eine steile Karriere. So starb er enttäuscht und unbeachtet im Jahre 1506 in Valladolid – bis zum Schluss im Glauben, den Seeweg nach Indien gefunden zu haben, und ohne die Tragweite seiner Entdeckungen zu ahnen.

Viele Inseln der Kleinen Antillen tragen heute noch den Namen, den ihnen Kolumbus bei seinen Entdeckungsfahrten gegeben hat.

Die Ankunft der Europäer auf Barbados, St. Lucia und Grenada

Zu Beginn seiner dritten Reise im Jahre 1498 entdeckte Kolumbus die Insel **Grenada**, die er *Concepción* nannte. Daraus wurde bald Mayo und schließlich Grenada, wie die spanische Stadt. Zu diesem Zeitpunkt waren dort die Suazoid-Menschen, die Ureinwohner der Insel, bereits von den aus Südamerika eingewanderten Kariben verdrängt worden. Diese konnten die Insel vom ersten Kontakt mit den Europäern bis Mitte des 17. Jhs. immer wieder erfolgreich verteidigen. Im Jahre 1650 landete schließlich eine französische Truppe, die nach angeblich freundlichen Absichten all ihre Gastgeber tötete. Dem Volksglauben nach begingen die Überlebenden lieber Selbstmord, als sich den Franzosen auszuliefern. Dazu stürzten sie sich an der Nordküste von den Felsen, die heute als *Morne des Sauteurs* oder *Caribs' Leap* bezeichnet werden, ins Meer.

Kollektiver Selbstmord

Welche Europäer als Erstes **Barbados** sahen und wann, ist unklar. Der erste Verweis auf die Insel scheint die spanische Erwähnung der „*Isla de los Barbudos*“ aus dem Jahre 1518 zu sein. Die Namensgebung hingegen wird portugiesischen Seefahrern zugesprochen, die die Insel Barbados („die Bärtigen“) nannten: nach den frei herabhängenden Wurzeln der Feigenbäume, die an Bärte erinnern. Berichte über Begegnungen mit den Ureinwohnern liegen nicht vor, sodass die letzten Suazoid-Bewohner die Insel wahrscheinlich schon zuvor verlassen hatten. 1627 gründeten die Engländer eine Kolonie auf der Insel, auf der bereits einige Jahrzehnte später 40.000 Europäer lebten. Die meisten waren mittelständische Bauern, von denen viele nach der Etablierung der großen Zuckerplantagen in den 1650er-Jahren die Inseln wieder verließen. Einige blieben auf der Insel, konnten aber nur noch wenig ertragreiches Land erwerben. Sie wurden Teil einer verarmten Gruppe von Kolonialisten, die heute noch existieren und als „*Poor Whites*“ bezeichnet werden. Die Lage von Barbados außerhalb des Bogens der karibischen Antillen-Inseln führte dazu, dass das Eiland von den meisten Konflikten der britischen und französischen Kolonialgeschichte in der Region verschont blieb.

Das von Engländern und Franzosen gebaute Fort George (Grenada)

Erstaunlicherweise weiß man auch bei **St. Lucia** nicht, wer von den Europäern und wann die Insel zuerst sah und betrat. Auf St. Lucia wird die Meinung vertreten, dass es Christoph Kolumbus selbst am 13. Dezember 1502 (*St. Lucia's Day*) gewesen ist. Dies haben Historiker allerdings widerlegt, nachweislich hat Kolumbus selbst nie einen Fuß auf die Insel gesetzt. Die St. Lucians feiern dennoch jedes Jahr an dem Datum und haben den Tag einfach von *Discovery Day* in *National Day* umbenannt. Auf einer frühen europäischen Karte ist die Insel als *Santa Lucía* eingetragen, weshalb vermutet wird, dass St. Lucia von den Spaniern entdeckt und in Besitz genommen wurde, sie sich aber nie auf der Insel ansiedelten. Das taten als erste Europäer die Briten im Jahre 1605. Nachdem sie zunächst einige Zeit bei den Kariben verbracht und von ihnen gelernt hatten, Cassava-Brot zu backen, verschlechterte sich das Verhältnis zwischen ihnen, und die Kariben griffen die Engländer an. Die Überlebenden flohen von der Insel. Später versuchten mehrmals die Franzosen, Intrigen anzuzetteln und die Kariben zu vertreiben, doch diese blieben bei ihrem Widerstand und töteten einige französische Gouverneure. Später war St. Lucia teilweise eine englische, überwiegend jedoch eine französische Kolonie.

England vs. Frankreich

Kolonialmächte und Kolonialkriege

Stellvertreterkriege

Das Zeitalter des Kolonialismus bzw. später die Epoche des Imperialismus brachte alle führenden Seemächte der Zeit zu den Antillen, wo in sogenannten Stellvertreterkriegen europäische Zwistigkeiten ausgetragen wurden. Ob nun Holländer gegen Spanier, Spanier gegen Briten, Briten gegen Franzosen oder Franzosen gegen Holländer kämpften, ob der kriegerische Hauptschauplatz nun Amerika oder Europa war – die karibische Inselwelt war immer mit betroffen. Mit dem Verfall des spanischen Einflusses und dem Aufstieg der anderen europäischen Mächte begann ein wahrer Wettlauf in die Karibik, bei dem die Inseln zu einem Spielball der wechselnden Koalitionen und andauernden Kriege wurden.

Pro-Kariben attackieren das englische Lager in Vieux Fort, 1606

Im Kampf um die Kleinen Antillen könnten **die Spanier** als **die großen Verlierer** bezeichnet werden; allerdings bemühten sie sich nie ernsthaft um eine Wiedereroberung der als wenig lukrativ angesehenen Archipele. Und so überließen sie, mit Ausnahme von Trinidad (das 1498–1797 spanisch war), eine ehemalige Besitzung nach der anderen den Niederländern, Briten oder Franzosen. Trotzdem ist nicht nur in den Inselnamen, die oftmals noch auf Kolumbus zurückgehen, sondern auch in der Kolonialarchitektur und in sprachlichen Eigenheiten ein spanisches Element fast überall bis heute erhalten.

Spanische Relikte

Anders als die Briten und Franzosen gaben **die Niederländer** später dem Handel den Vorzug vor landwirtschaftlicher Nutzung ihrer Kolonien, außerdem konzentrierten sie sich auf nur einige Inseln, die auch heute noch mehr oder weniger eng an die Niederlande gebunden sind. Neben Siedlern und Soldaten aus den europäischen Seefahrernationen kamen in jenen verworrenen Tagen beispielsweise auch katholische **Schotten** mit den Franzosen in die Karibik, außerdem wurden Tausende von **Iren** unter Cromwell nach **Barbados** deportiert.

Kolonialisierung durch die Franzosen

Die Franzosen blieben trotz vieler Verluste die **bestimmende Großmacht** in Westindien, auch nachdem sie 1763 von den Briten endgültig aus Nordamerika vertrieben worden waren. Zeitweilig sah es sogar so aus, als könnte Frankreich dem gesamten karibischen Raum seinen Stempel aufdrücken. Bis 1782 hatte das Königreich fast alle britischen Inseln eingenommen. Der letzte Schritt, um die Eroberung Westindiens zu vollenden, geriet den Franzosen allerdings zur Katastrophe: Trotz eines Aufgebotes von 35 Kriegs- und 150 Frachtschiffen unterlagen sie am 17. April 1782 während des Unabhängigkeitskrieges der Vereinigten

Die Schlacht bei den Saintes im April 1782

Staaten in der entscheidenden Seeschlacht vor der Südküste von Guadeloupe der englischen Flotte des gefürchteten Admirals George Rodney, nach dem die Bucht im Norden von St. Lucia benannt wurde. Frankreich hatte den Verlust von 1.500 Menschenleben und allen Schiffen zu beklagen. 1783 unterzeichneten Großbritannien, Spanien und Frankreich einen Friedensvertrag, der die Grenzen zwischen den britischen, spanischen und französischen Kolonien auf den Antillen-Inseln festlegte.

Aufstand

Kurze Zeit später veränderten die Ideen der **Französischen Revolution** das gesellschaftliche Gefüge auf den Antillen. Und fast gleichzeitig (1791–1803) brach der berüchtigte Aufstand der Haitianer gegen ihre Kolonialherren aus, der in der Etablierung des Kaiserreichs von Haiti und somit zum – nach den USA – zweiten unabhängigen Staat Amerikas mündete. Damit war Frankreichs Großmachtrolle endgültig Geschichte, was aber nicht bedeutete, dass die Zeiten friedlicher wurden.

Neue Kämpfe flammten auf, in denen einerseits die Franzosen Eroberungen machten, andererseits die Engländer zeitweise Martinique und Guadeloupe einnehmen konnten.

Französischer Einfluss

Heute nehmen sich die „Französischen Antillen" im Vergleich zum ehemaligen Besitz bescheiden aus, wenn auch Inseln wie Martinique und Guadeloupe zu den größten des Raumes gehören. Ungebrochen ist der französische Einfluss in Sprache, Orts- und topografischen Namen, Religion und Gebräuchen in der gesamten Karibik. Von Trinidad im Süden bis hinaus nach St. Thomas haben sich französische Kulturgruppen erhalten, das Créole ist die übliche Umgangssprache, und die kreolische Kolonialarchitektur zeigt eindeutig französische Eleganz.

Kolonialisierung durch die Briten

Englands **Aufstieg zur See- und Kolonialmacht** begann, nachdem Königin Elizabeth I. die spanische Armada Philipps II. besiegt hatte. Noch unter ihrer Regentschaft erwarben die Engländer erste Kolonialgebiete in Nordamerika (im Jahre 1581 Virginia unter Sir Walter Raleigh), während Freibeuter vom Schlage eines **Francis Drake** und eines John Hawkins im Karibischen Meer den Boden für die spätere Kolonisation bereiteten. Im Jahre 1605 besetzten die Engländer St. Lucia, anschließend St. Kitts (1623), Barbados und Tobago (1625), Dominica (1627), Barbuda (1628), Antigua (1636) und weitere Inseln. In der zweiten Hälfte des 17. Jhs. war fast der gesamte Ozean um die Kleinen Antillen in rein britischer Hand.

Ihren schärfsten Widersacher fanden die Briten im aufstrebenden Frankreich, mit dem sie erbittert um jede einzelne Insel rangen: Es gibt kaum ein Eiland im südkaribischen Raum, das nicht wenigstens für einige Jahrzehnte unter französischer Herrschaft war.

Admiral Nelson

In der zweiten Hälfte des 18. Jhs., als sich die Franzosen kurzzeitig fast aller britischen Inseln bemächtigen konnten, war die Flottenbasis English Harbour auf **Antigua** der **wichtigste militärische Stützpunkt** der Engländer im karibischen Raum. Im Jahre 1784 wurde Admiral Horatio Nelson, der spätere Seeheld von Trafalgar, deren Befehlshaber. In seine Zeit fällt auch jene entscheidende Seeschlacht bei den Îles des Saintes/Guadeloupe (1782), in der die Briten den Franzosen eine solche Niederlage beibrachten, dass die britische Vorherrschaft über die Antillen für die nächsten Jahrzehnte gesichert war. Dieser Einfluss ist heute vor allem an der Bezeichnung der Wasserstraßen, der Orts- und topografischen Namen und der Einteilung in *Leeward* und *Windward Islands* ablesbar.

Unabhängigkeit

Barbados und Grenada, ehemals karibische Kolonien der Briten, entließ Königin Elizabeth II. nach dem Zweiten Weltkrieg als **freie Mitglieder des Commonwealth** in die Unabhängigkeit. Sie ist jedoch immer noch deren offizielles Staatsoberhaupt und bestimmt (meist auf Vorschlag der einheimischen Regierung) einen General-Gouverneur. **St. Lucia** war 150 Jahre ein Spielball der militärischen Auseinandersetzungen von Engländern und Franzosen. Durch den **Vertrag von Paris** im Jahre 1814 wurde St. Lucia schließlich britisch, erlangte 1979 die Unabhängigkeit von der britischen Kolonialherrschaft und ist heute Mitglied des Commonwealth.

info

Neo-Kolonialismus durch die US-Amerikaner

Die USA konnten erst in dem Moment kolonisatorisch tätig werden, als sie selbst im Jahre 1776 ihren kolonialen Status abgelegt und ihre Unabhängigkeit von Großbritannien erklärt hatten. Als erster Staat der Neuen Welt mischten sie sich dann jedoch sehr bald schon in die bis dato rein europäischen Auseinandersetzungen ein: Als Erstes versuchten sie, die Engländer von den Bahamas zu verdrängen. In der Folgezeit übernahmen die USA schrittweise die **Großmachtrolle** von den Europäern und betrachteten den gesamten karibischen Raum als ihr ureigenstes Interessengebiet.

Berühmt wurde die Erklärung des US-Präsidenten James Monroe vom Dezember 1823, in der es hieß: „Jede europäische Einmischung in die Angelegenheiten unabhängiger amerikanischer Regierungen und umgekehrt ist zurückzuweisen, und die Vereinigten Staaten von Amerika sind als Schutzmacht der mittel- und südamerikanischen Staaten anzusehen."

Nach dieser sogenannten „**Monroe-Doktrin**" war es nur konsequent, wenn US-Streitkräfte im 19. und 20. Jh. bei Unruhen oder politischen Problemen mehrfach auch auf den Großen Antillen intervenierten, u. a. in Puerto Rico, der Dominikanischen Republik, in Kuba und in Haiti. Ein solches militärisches Eingreifen bezeichnen Historiker als „**Neo-Kolonialismus**", obwohl das betreffende Land nicht in den direkten Besitz der USA überging, sondern „nur" ein ihnen genehmes Regime eingesetzt wurde.

Außerdem griffen die USA nicht nur „lenkend" ein, sondern erwarben auch Territorien, wie z. B. auf den Großen Antillen Kuba (1898–1902) und Puerto Rico (ab 1898). Dauerhaft setzten die Amerikaner ihren Fuß auf die Kleinen Antillen erst im Jahre 1917, als sie Dänemark die westlichen Jungferninseln abkauften. Kulturell ist die nordamerikanische Präsenz überall zu spüren, wobei dem Tourismus eine wichtige Rolle zukommt. Und die Auseinandersetzungen um Grenada in den 1980er-Jahren zeigten, dass sich die USA nach wie vor als politisch-militärische Schutzmacht der Karibik verstehen.

info

Bukaniere und Filibuster – das Zeitalter der Piraten

Britischer Bukanier – Holzschnitt um 1700

Die meisten Piratengeschichten haben die Antillen zum Schauplatz, wo ab dem 16. Jh. niederländische, französische und britische Piraten in einer solchen Zahl auf den Plan traten, dass geradezu von einem **Zeitalter der Seeräuber** gesprochen werden kann. Diese Ära ist jedoch nicht von der Epoche der Sklaverei oder der Kolonialkriege zu trennen, sondern bezeichnet nur eine der vielen schillernden Seiten der Karibik in der frühen Neuzeit.

Den Grund für die Piraterie lieferten die reichen Gold- und Silberschätze, die die Spanier und Portugiesen bei der **Ausplünderung der amerikanischen Hochkulturen** einsammelten und nach Europa verschifften. Obwohl nach den ersten Überfällen im Konvoi gesegelt wurde und Kriegsschiffe die reiche Fracht begleiteten, stellten die bis zum Rand mit Kostbarkeiten gefüllten, unbeweglichen Frachter ein so verlockendes Ziel dar, dass sie Kaperattacken geradezu provozierten.

Unterstützt wurde die Seeräuberei durch den Umstand, dass sich die europäischen Mächte im **permanenten Kriegszustand** befanden und Angriffe auf die spanische Handelsflotte daher von vornherein den Segen der anderen Nationen hatten. Als sogenannte „Freibeuter", die bei den Engländern auch als Privatiere (*privateers*) und Bukaniere (*buccaneers*), bei den Franzosen als Korsaren (*corsaires*) und bei den Niederländern als Filibuster (*filibustiere*) bezeichnet wurden, operierten die Piraten mit ihren wendigen Schaluppen teils auf eigene Rechnung, teils ganz offen mit Wissen und im Auftrag der heimatlichen Marine.

Insofern liefert das Phänomen der Freibeuterei nicht nur Stoff für Abenteuerromane, sondern ist auch von größerem historischem Interesse. In dem Moment nämlich, in dem das Aufbringen spanischer Schiffe zu einem lukrativen Geschäft wurde, entbrannte ein **Wettlauf** um die günstigsten Piratenstützpunkte. Aus diesen Schlupfwinkeln entwickelte sich kurze Zeit später nicht selten die Keimzelle der jeweiligen europäischen Kolonisation.

Wie viel Gold, Silber, Edelsteine und andere Preziosen durch **Piratenüberfälle** an Land oder zur See für immer verloren gingen, weiß heute niemand mehr zu sagen. Da das gegenseitige Misstrauen der Freibeuter bekannt war, machten bald schon Geschichten über sagenhafte Schätze die Runde, die sorgfältig vergraben und auf geheimnisvollen Karten verzeichnet gewesen sein sollen.

info

Tatsache ist, dass noch heute viele Hobby-Archäologen und professionelle Schatzsucher mit Spaten, Metalldetektor und Tauchausrüstung nach dem Gold der Spanier fahnden und bisweilen auch erfolgreich sind.

Alle **europäischen Freibeuter** (besonders die britischen und französischen, aber auch die spanischen) bekämpften sich gegenseitig und jagten einander die Beute ab. Und als die Sklavenhalter begannen, ihr „schwarzes Gold“ über den Atlantik zu transportieren, wurden auch deren Schiffe Ziel von Überfällen.

So legendär wie das abenteuerliche Leben auf See und die rumgeschwängerte Atmosphäre in den Spelunken der Schlupfwinkel, so legendär wie der Stolz und der Ehrenkodex der Piraten, so legendär wurden schließlich auch ihre abenteuerlichsten Gestalten. Längst nicht alle davon starben im Pulverdampf einer Seeschlacht: So manche durchliefen eine erstaunliche Karriere, beschlossen ihr Leben als begüterte und angesehene Mitglieder der Gesellschaft, stiegen gar zu **Nationalhelden** auf und gingen in die Geschichte der Seefahrt ein. Das Zeitalter der Piraten endete allerdings in jenem Moment, als die Seemächte, die früher von der Freibeuterei gegen die Spanier profitiert hatten, immer häufiger selbst zur Zielscheibe von Seeräubern wurden.

Sklaven auf den „Zuckerinseln“

Die **europäische Ausbeutung** der karibischen Inselwelt begann praktisch mit ihrer Entdeckung durch Kolumbus. Und da der Genuese bald merkte, dass die Antillen nicht über die erwarteten Edelmetalle verfügten, wurde er nach seinen Fahrten nicht müde, der Krone vom anderweitigen Wirtschaftsnutzen der Gebiete vorzuschwärmen. „Gewürze, Baumwolle und Mastixharz“, so schrieb er, stünden im Übermaß zur Verfügung, selbst Rhabarber und Zimt glaubte er gefunden zu haben. Und schließlich seien da die Menschen selbst, die man versklaven und zur Arbeit nach Spanien schicken könne.

Gewürze und Menschen

Gemeint hatte er damit die **Kariben**, die sich gegen die Europäer zur Wehr setzten und sich nicht scheuten, mit ihren Kanus sogar die Schiffe der Eroberer anzugreifen. Folglich nahmen die Spanier alle Kariben gefangen, falls diese nicht im Kampf getötet wurden oder fliehen konnten. Dies war nach Kolumbus Meinung auch moralisch gerechtfertigt; schließlich seien die Ureinwohner „Wilde“ und „Menschenfresser“ und würden die „friedliche Besiedlung der Inseln“ verhindern.

Kolumbus selbst beteiligte sich mehrfach an diesem ersten **transatlantischen Sklavenhandel**: Im Februar 1495 z. B. schickte er vier Schiffe nach Spanien mit 500 Sklaven im Alter zwischen zwölf und 35 Jahren, vier Monate später nochmals 300 Sklaven. Dem Klimawechsel und der anstrengenden Arbeit fielen alle Kariben innerhalb von fünf Jahren zum Opfer. Vielleicht war dies der Grund, warum man im Jahre 1500 die Verschiffung von Indianersklaven nach Spanien verbot.

Sklavenschiffe

Auf den Antillen jedoch blieb die **Indianersklaverei** erlaubt, wenn auch im Jahre 1542 Schutzgesetze Einschränkungen vorsahen. Immerhin galten wegen der spanischen Inbesitznahme die Eingeborenen als freie Untertanen des Königs.

Wer sich aber der Bekehrung widersetzte oder „sonst als Wilder bekannt" war, musste für die Spanier arbeiten. Obwohl selbst Papst Julius I. in einer Bulle 1513 erklärt hatte: „Jawohl, die Indios sind Menschen (*veri homines*) und als solche zu behandeln", waren auch nach den sogenannten Schutzgesetzen unvorstellbare Gräueltaten an der Tagesordnung.

Spanische Gräueltaten

Kolumbus' paradiesisches Bild der Antillen wurde nur 50 Jahre später durch die Berichte des dominikanischen Geschichtsschreibers **Bartolomé de Las Casas** durch ein Szenario des Schreckens ersetzt: „Sie (= die Spanier) drangen unter das Volk, schonten weder Kind noch Greis, weder Schwangere noch Entbundene, rissen ihnen die Leiber auf und hieben alles in Stücke, nicht anders, als überfielen sie eine Herde Schafe. Sie wetteten miteinander, wer unter ihnen einen Menschen auf einen Schwertstreich mitten voneinander hauen könne. Sie machten auch breite Galgen und hingen zu Ehren und zur Verherrlichung des Erlösers und der zwölf Apostel je 13 Indianer an jeden derselben, legten dann Holz und Feuer darunter, und verbrannten sie alle lebendig!"

Schon 1524 wurden die **ersten schwarzen Sklaven** zu den Antillen transportiert. In einer Art Arbeitsteilung waren es zunächst hauptsächlich Portugiesen, die für die Sklavenjagd in Afrika und deren Verschiffung verantwortlich waren, doch bald schon beteiligten sich auch Piraten, Strandräuber und Kaufleute anderer Nationalitäten an diesem lukrativen „Handel".

Über dieses düstere Kapitel der Menschheitsgeschichte ist viel geschrieben worden. Doch können Worte nicht wiedergeben, was an **bestialischen Grausamkeiten** zwischen dem 16. und 19. Jh. diesseits und jenseits des Atlantiks zum Alltag gehörte: Angefangen mit dem Überfall auf afrikanische Dörfer, dem planmäßig kalkulierten Aufhetzen lokaler Stämme bzw. Häuptlinge gegeneinander bis hin zu regelrechten Sklavenkriegen; dann das Selektieren und Brandmarken im Heimatland sowie die Verschiffung der lebenden „Ware"; weiter die unsäglichen Verhältnisse an Bord der Sklavenschiffe, die für Unzählige den Tod durch Erschöpfung, Krankheiten und Hunger, Selbstmord oder Kannibalismus bedeuteten; schließlich der entwürdigende Verkauf am Zielort, die monotone Arbeit auf den Plantagen des Sklavenhalters, die drakonischen Strafen und ein Leben in Unfreiheit.

Zuckerfabrik auf den Antillen im 17. Jh.

Die Schwarzen arbeiteten zunächst vorwiegend auf **Tabakplantagen**, bis 1639 der europäische Markt übersättigt war und die Preise ins Bodenlose fielen. Die

Kolonisten reagierten, indem sie auf den Antillen andere Kulturpflanzen pflanzten, etwa **Baumwolle und Indigo**. Den größten Erfolg und die höchsten Preise erzielte man jedoch mit dem Anbau von **Zuckerrohr**, der im 17. Jh. wiederum eine verstärkte Einfuhr von Sklaven notwendig machte. Wie auf mehreren Inseln im Indischen Ozean wurden Zucker und dessen Nebenprodukte (Melasse) zum wichtigsten Kapital der Karibik, das den Erwerb oder die Eroberung der Gebiete für alle seefahrenden Mächte Europas einträglich machte. Auf den „Zuckerinseln", wie man die Antillen bald schon nannte, wurde jene verhängnisvolle Monokultur installiert, die bis heute Hemmschuh der wirtschaftlichen Entwicklung bleibt.

Monokulturen

Seit 1630 auf Barbados zum ersten Mal von einem aus Zuckerrohr hergestellten Schnaps die Rede war, entwickelte sich auch der **Rum** zu einem begehrten Exportartikel. Auf St. Lucia wurde die Plantagenwirtschaft ebenfalls mithilfe afrikanischer Sklaven zum Florieren gebracht. Die Wassermühle, die Kaffeebetriebe und die Sklavenunterkünfte aus dem 18. Jh. auf der Zuckerplantage **Balenbouche Estate** legen davon noch heute Zeugnis ab. Die Franzosen importierten auf Grenada, nachdem sie 1650 alle Kariben entweder umgebracht oder in den Selbstmord getrieben hatten, neue Sklaven aus Afrika für die Arbeit auf den Tabak-, Kakao-, Kaffee- und Zuckerfeldern. Die Insel war eine Art Pfand im Schachspiel zwischen Briten und Franzosen, bis sie 1783 im **Vertrag von Versailles** schließlich an die Briten ging. Nicht lange Zeit später bauten die Briten Muskatnüsse und Nelken an und legten den Grundstein dafür, dass Grenada heute als „Spice Island" bekannt ist.

Die Sklavenhändler – neben Franzosen, Briten und Niederländern übrigens erstaunlich viele Norddeutsche bzw. Dänen – fanden heraus, dass sie nicht nur vom Leben und Tod der Afrikaner, sondern auch in anderer Hinsicht vom Sklavenhandel profitieren konnten: Sie folgten den Wind- und Strömungsverhältnissen im Atlantik und der Karibik, und nachdem sie die Sklaven transportiert hatten, verschifften sie die **Produkte der Sklavenarbeit**: Tabak, Baumwolle, Indigo, Zucker und Rum. Diese Waren brachte man zu den Absatzmärkten in Europa, wo man wiederum all das einlud, was in den Handelsniederlassungen an der afrikanischen Küste gegen Sklaven getauscht werden konnte (u. a. Alkohol, Schusswaffen, Manufakturprodukte). Daraufhin begann der Kreislauf von Neuem.

Lukrativer Warenkreislauf

Unter dem Stichwort **Dreieckshandel** ist jene koloniale Form der Weltwirtschaft des 17. und 18. Jhs. in die Geschichte eingegangen: Europa lieferte die Konsumgüter, Afrika die Sklaven und die Karibik Zucker und andere Produkte. Obwohl die Schätzungen weit auseinandergehen, wie viele Menschen damals gefangengenommen, gefesselt, gebrandmarkt und wie Vieh verschickt wurden (zwischen 30 und 100 Millionen Menschen!), handelt es sich hier in jedem Fall um die gewaltigste **Massendeportation** in der Geschichte.

Eine kleine, im Luxus lebende Schicht weißer **Großgrundbesitzer und Zuckerbarone** stand einer überwältigenden Mehrheit von rechtlosen Sklaven gegenüber. Deren Behandlung richtete sich allein nach den menschenverachtenden Grundsätzen der „Wirtschaftlichkeit": nach fünf Jahren härtester Arbeit auf den Plantagen waren die meisten tot oder am Ende ihrer Kräfte, sodass bil-

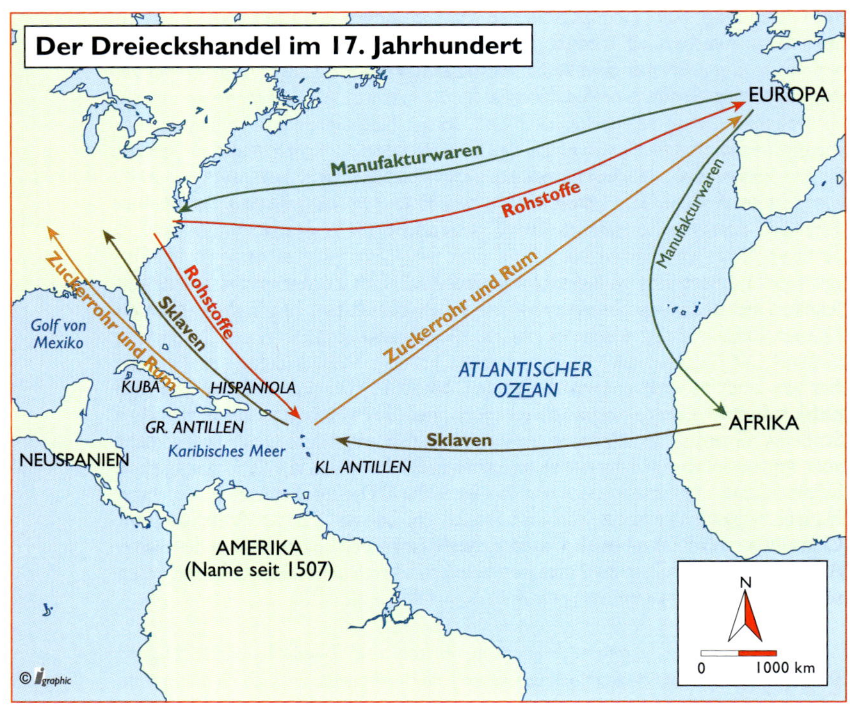

liger Nachschub aus Afrika die Lücken füllen musste. Frankreich als führende Kolonialmacht transportierte von 1713–1793 im Rahmen des transatlantischen Sklavenhandels schätzungsweise 1,1 bis 1,2 Millionen versklavte Afrikaner nach Amerika. 524.000 Sklaven wurden 1790 auf den Inseln wie Britisch-Westindien, Jamaika, Barbados und Trinidad gezählt. Die größte Sklavenflotte führte das Vereinigte Königreich. Jedes vierte Schiff, das von Liverpool und Bristol Ende des 17. Jhs. den Atlantik überquerte, war ein Sklaventransport.

Drakonische Strafen

Das „**Menschenmaterial**" wurde nicht nur bei der Schufterei verschlissen, sondern überdies durch drakonische Strafen, sadistische Quälereien weißer Aufseher und unsägliche Wohn- und hygienische Verhältnisse stark misshandelt. Es ist einleuchtend, dass die Schwarzen angesichts dieser Zustände und ihrer zahlenmäßigen Überlegenheit entweder jede Möglichkeit zur Flucht wahrnahmen oder sich zusammen mit Leidensgenossen zur Wehr setzten.

Die **Chronik der Sklavenaufstände** reicht bis ins 16. Jh. zurück (Kuba, Jamaika) und erreichte ihren Höhepunkt im 18./19. Jh., als die Gedanken der Amerikanischen und Französischen Revolution auch in den karibischen Raum gelangten. Gemeint ist hier nicht nur der berühmte **Große Aufstand** der haitianischen Sklaven gegen die Franzosen ab 1791, der schließlich zur Installierung des Kaiserreiches von Haiti und damit zum zweiten unabhängigen Staat Amerikas (1803) führen sollte. Auch auf den Kleinen Antillen regte sich **Widerstand**, so auch 1795 auf Grenada und St. Lucia und schließlich 1816 auf Barbados.

Abschaffung der Sklaverei

Aufgrund solcher Vorfälle, aber mehr noch wegen der scharfen **Kritik in den Kolonialstaaten** und wegen eines geänderten Bewusstseins verboten im ersten Viertel des 19. Jhs. die meisten Länder den Sklavenhandel: zuerst Dänemark im Jahr 1803, dann Großbritannien (1807), Frankreich (1817), die Niederlande (1818), Spanien (1820) und Schweden (1824). Eine Generation später wurde schließlich auch die Sklaverei in den Kolonien abgeschafft: 1834 auf den britisch besetzten Inseln, 1848 in den französischen und dänischen Kolonien, 1863 in den niederländischen und zum Schluss in den spanischen Gebieten (1886).

Für die freigelassenen Sklaven bedeutete dieser „**Emancipation Act**" freilich nicht sofort eine Besserung ihrer sozialen Lage. Noch lange Zeit mussten sie auf St. Lucia, Grenada und Barbados in mehr oder weniger starken Abhängigkeiten von den ehemaligen Sklavenhaltern leben und arbeiteten auf den Plantagen als Saisonarbeiter. Andererseits bedeutete die Aufhebung der Sklaverei erneut einen Mangel an billigen Arbeitskräften, der durch den „**Import**" **von Arbeitern** aus China, Indien und dem Nahen Osten ausgeglichen wurde. Diese Menschen, deren Arbeitsbedingungen sich zunächst nur unwesentlich von denen der Sklaven unterschieden, haben erheblich zur ethnischen Vielfalt auf einigen Inseln beigetragen.

Das 20. und 21. Jahrhundert

Auch auf den Kleinen Antillen waren die **Auswirkungen der beiden Weltkriege** zu spüren, zusätzlich erlebte und erlitt der Raum tiefgreifende Veränderungen. Die Emanzipation der Kolonien war begleitet von blutigen Unruhen und sozialer Verunsicherung, von Tendenzen gleichzeitigen politischen Auseinanderstrebens und ökonomischen Zusammenwachsens. Politisch blieb bis zur Hälfte des Jhs. fast alles beim Alten. Wirtschaftlich hatte die **Eröffnung des Panama-Kanals** im Jahre 1914 für die Kleinen Antillen große Bedeutung. Dadurch geriet der Inselbogen wieder in den Gesichtskreis der internationalen Schifffahrtslinien. 1910 wurde auf Trinidad Erdöl entdeckt, was sehr schnell die Eröffnung großer Raffinerien (u. a. auf Curaçao und Aruba) nach sich zog. Da sich nun einige der lange vernachlässigten Inseln den großen Konzernen für Investitionen als Spekulationsobjekte anboten, unterschied man bei der südlichen Karibik ökonomisch zwischen einem entwickelten, industrialisierten und verhältnismäßig wohlhabenden sowie einem ärmeren, technisch und wirtschaftlich kaum entwickelten Teil, dessen einzige Lebensgrundlage der Zuckerrohranbau bleiben musste.

Aufschwung nicht für alle

Langsam aber stetig wurden die Kleinen Antillen auch als tropisches Paradies für erholungsbedürftige Europäer und Amerikaner entdeckt – die **ersten touristischen Einrichtungen** entstanden. Gesellschaftlich waren die Inseln selbst viele Jahrzehnte nach der Sklaverei noch vom überkommenen kolonialzeitlichen

Die Naturschönheiten wurden als Einnahmequelle entdeckt

System geprägt, das der farbigen Mehrheit weder soziale Gleichberechtigung noch kulturelle Eigenständigkeit zubilligte. Seitdem bildete sich jedoch eine zwar kleine, aber politisch aktive Schicht farbiger Anwälte, Künstler und Intellektueller heraus, die dafür sorgte, dass einiges in Bewegung geriet, die Farbigen ein neues Selbstbewusstsein entwickelten und sich die Weißen immer häufiger von liebgewonnenen und bequemen Verhaltensweisen verabschieden mussten.

Stellvertretend für viele sei hier nur der Schriftsteller Aimé Césaire aus Martinique genannt, der in den 1930ern als Mitbegründer der sogenannten **Négritude-Bewegung** in Erscheinung trat. Dadurch angeregt, entstand zunächst in den karibischen Industriestandorten eine **politische Arbeiterschicht**. Die Wut über die diskriminierenden Lebensumstände machte sich u. a. auf Barbados und Trinidad in **blutigen Aufständen** Luft. Schließlich bildeten sich auf den Antillen die ersten politischen Parteien, auf deren Fahnen der Begriff „Unabhängigkeit" stand.

Kriegsdienst in Europa

In dieser **Umbruchzeit** brachte der beginnende Zweite Weltkrieg eine Periode militärischer Gefährdung und wirtschaftlicher Schwierigkeiten. Neben den Versorgungsnöten der Antillen darf nicht vergessen werden, dass viele Einwohner zum Militärdienst innerhalb der jeweiligen Kolonialmacht herangezogen worden waren – auf den europäischen Schlachtfeldern starben auch Menschen von den karibischen Inseln! Vielleicht lag es an den Erfahrungen der kolonialen Kriege, dass sich ab 1945 Stimmen mehrten, die eine völlige Loslösung von den herrschenden Mächten befürworteten. Da auch ein großer Teil der öffentlichen Meinung in Europa auf die Lage der Antillen-Inseln aufmerksam wurde und nach einer anderen Politik verlangte, wurde vor allem London aktiv und suchte nach neuen administrativen Strukturen. Dies war umso wichtiger, als die **veränderte weltpolitische Lage** nach dem Krieg inzwischen auch das Interesse der Sowjetunion für den karibischen Raum geweckt hatte. Denn nachdem auf Kuba die Revolutionstruppen

Fidel Castros und Che Guevaras 1959 den Sieg über den verhassten Diktator Batista erringen konnten, war sozusagen ein sozialistischer Brückenkopf in der Region aufgebaut. Von nun an hatten alle Kolonien ein politisches Modell vor Augen, das zumindest in der Anfangsphase Gleichberechtigung versprach und sich zur Nachahmung zu empfehlen schien. Den kubanischen Sonderweg kopierte später in **Grenada** der charismatische **Maurice Bishop**, der nach seinem im März 1979 durchgeführten Putsch gegen den damals diktatorisch regierenden Eric Gairy einen prokubanischen Kurs einschlug. Er nahm Kubas technische Hilfe an wie auch die Hilfsangebote Kanadas, Venezuelas und der Europäischen Gemeinschaft. 1983 wurde er von seinen eigenen Leuten ermordet. Die US-amerikanischen Invasionstruppen beendeten dann den revolutionären Prozess in Grenada und wurden dabei durch einige Inselstaaten der Region unterstützt.

Die Flagge von Barbados vor dem Sunbury Plantation House

Viele Jahre zuvor ging es London bereits darum, das Gefüge der englischsprachigen Windward- und Leeward-Inseln politisch und wirtschaftlich neu zu strukturieren, ohne sie an den Sozialismus zu verlieren. Aus diesem Grund hatte man 1958 die sogenannte **Westindische Föderation** ins Leben gerufen, man gab den einzelnen Mitgliedstaaten z. T. eigene Verfassungen und bot ihnen insgesamt die Unabhängigkeit an. Die wirtschaftlich stärksten Mitglieder der Föderation (Jamaika sowie Trinidad und Tobago) waren jedoch nicht bereit, sich einer westindischen Zentralregierung und einem gemeinsamen Steuersystem zu unterwerfen, und erklärten 1962 einseitig ihre Souveränität.

Nachdem so die Idee der Föderation gestorben und **1966** auch das wirtschaftlich ebenfalls starke **Barbados in die Unabhängigkeit** abgesprungen war, blieb eine Gemeinschaft der „Kleinen Acht" übrig, die Großbritannien 1967 zu „assoziierten Staaten" (West Indies Associated States) machte – was eine autonome Regelung der inneren Angelegenheiten bedeutete, während die Außen- und Verteidigungspolitik in London verblieb. Das Ziel war jedoch weiterhin der Schritt in die volle Souveränität, vor dem sich zunächst noch manche einheimische Politiker fürchteten, den andere aber herbeisehnten und forderten. **1974** wurde **Grenada** unabhängig, gefolgt von Dominica (1978), **St. Lucia**, St. Vincent und den Grenadinen (**1979**), Antigua (1981) und schließlich St. Kitts und Nevis (1983).

Politische Souveränität

Innerhalb weniger Jahre war damit aus einem zusammenhängenden Kolonialgebiet ein **System von Zwergstaaten** geworden, deren politische Autonomie nichts mit wirtschaftlicher Lebensfähigkeit zu tun hatte. Deswegen gab es neben den auseinanderdriftenden politischen Tendenzen von Anfang an das Bestreben, den karibischen Raum wirtschaftlich zusammenzuschließen. Bereits ein Jahr nach der Etablierung der West Indies Associated States wurde von Antigua und Barbuda, Barbados, Guyana sowie Trinidad und Tobago 1968 die Freihandelszone **CARIFTA** (Caribbean Free Trade Area) gegründet, der sich später auch Anguilla, Belize, Dominica, Grenada, Jamaika, St. Kitts und Nevis, Montserrat, St. Lucia sowie St. Vincent und die Grenadien anschlossen.

Freihandel

1973 wandelte man die CARIFTA in den Karibischen Gemeinsamen Markt **CARICOM** (**Caribbean Common Market**) um. Weitere Schritte auf dem Weg zu stabiler Einheit waren die Gründung der Karibischen Entwicklungsbank **Caribbean Development Bank** (**CDB**) im Jahre 1969 und vor allem die Einrichtung der **Organisation of East Caribbean States** (**OECS**) im Jahre 1982. Die OECS brachte die englischsprachigen Staaten Antigua und Barbuda, Dominica, Grenada, St. Kitts und Nevis, St. Lucia, St. Vincent und Grenadinen sowie die britische Kolonie Montserrat zusammen. Sie alle haben die gleiche Währung, den East Caribbean Dollar (EC-$), und eine gemeinsame Zentralbank.

Der historische Überblick zeigt, dass die paradiesische Landschaft der Kleinen Antillen nicht gleichbedeutend ist mit paradiesischen Verhältnissen. Die brutale Eroberung, die Versklavung von Millionen von Menschen, die Ausnutzung der Plantagenarbeiter, der schmerzhafte Weg der politischen und kulturellen Emanzipation – all das ist **mehr als bloße Vergangenheit**. Der europäische Besucher muss sich immer darüber im Klaren sein, dass er für die meisten Einwohner allein schon wegen seiner Herkunft ein Teil ihrer kolonialen Geschichte ist.

Heute fühlen sich die Antillenbewohner nicht mehr als Niederländer, Briten oder Amerikaner, sondern nennen sich selbstbewusst nach ihrer Insel Bajan, St. Lucian oder Grenadian. Als Besucher sollte man dem **Nationalstolz** und neuen Selbstwertgefühl dieser freundlichen Menschen mit Sympathie begegnen, sich nicht nur für ihre Natur, sondern auch für ihre Geschichte interessieren und tunlichst **das hässliche Wort „Bananenrepubliken" vermeiden**. Sicher ist der Fremdenverkehr für fast alle Inseln der Devisenbringer Nummer eins. Als Besucher daraus aber irgendwelche Privilegien ableiten zu wollen, hieße, den Werdegang des Gastlandes zu verkennen.

Stolz und Selbstbewusstsein auf Grenada

Wirtschaft und Gesellschaft

Bei den Inseln Barbados, St. Lucia und Grenada handelt es sich um drei unabhängige Staaten, die sich landschaftlich deutlich unterscheiden. Vereint sind sie durch ihre gemeinsame Vergangenheit und die aktuelle Situation. Die jahrhundertelange koloniale Abhängigkeit, der vielfache „Besitzerwechsel" aufgrund von Rivalitäten zwischen den europäischen Kolonialmächten, der grausame Sklavenhandel als kollektive Erfahrung der karibischen Bevölkerung mit mehrheitlich afrikanischen Wurzeln, der Aufbau einer monokulturellen, auf die Bedürfnisse der Metropolen ausgerichteten Plantagenwirtschaft – die über Jahrhunderte auf der Sklaverei und nach deren Abschaffung auf Saisonarbeiter aus Indien, China und Indonesien fußte –, die Emigration vieler Bewohner in die (ehemaligen) Metropolen bzw. in die USA, was zur Formierung von neuen, transkulturellen Identitäten führte, und dazu die immer noch andauernden Prozesse der Entkolonialisierung auf politischer und wirtschaftlicher Ebene bei den unabhängigen Staaten sowie die Außenabhängigkeit vor allem von den USA: All diese Aspekte müssen bedacht werden, will man den heutigen karibischen Raum als homogenes Ganzes oder auch als heterogene Gruppe einzelner Inseln mit all ihren individuellen Besonderheiten begreifen.

Drei unabhängige Staaten

Die meisten Länder in Region konnten in den 1990er-Jahren zwar in einigen Bereichen wie der verarbeitenden Industrie hohe Wachstumsraten erzielen, doch war der Nutzen dieser oft als Enklaven operierenden Produktionsstätten für die jeweilige Volkswirtschaft gering. In der Landwirtschaft blieb im Großen und Ganzen die **Abhängigkeit von traditionellen Waren**, wie Zucker, Kakao und Bananen, für die während des Kolonialismus der Grundstein gelegt worden war. Viele Inseln mussten weiterhin Lebensmittel importieren. Auch zu Beginn des 21. Jhs. steht es um die Wirtschaft der Kleinen Antillen nicht zum Besten: Die entwickelten, industrialisierten Inseln leiden unter schwankenden Ölpreisen; die

Wirtschaftliche Schwierigkeiten

Eine Arbeiterin bei der Kakaoernte

vorwiegend agrarischen Inseln dagegen kämpfen mit fallenden Weltmarktpreisen, den Schranken des europäischen Binnenmarktes und der Ungunst ihres Naturraumes. Zum wichtigsten Devisenbringer ist der **internationale Tourismus** geworden, der die größten Zuwächse verzeichnen kann und die Strukturkrise auf den Inseln abschwächt.

Barbados

Relativ hoher Lebensstandard

Mit seinen verhältnismäßig großen und hellen Sandstränden verfügt Barbados über eine hoch entwickelte Tourismusindustrie und schafft es im *Human Development Report* der Vereinten Nationen immerhin auf Platz 57 von 188 Ländern. Politisch und sozial gilt der Inselstaat als stabilster in der Ostkaribik, und der Lebensstandard wird in der Region nur von den Bahamas übertroffen. In der Kolonialzeit zum Zentrum der regionalen britischen Verwaltung ausgebaut, verfügt Barbados über eine **gute Infrastruktur** und eine hohe Alphabetisierungsrate. Die beiden führenden politischen Parteien, die *Democratic Labour Party* (DLP) und die *Barbados Labour Party* (BLP) unterscheiden sich inhaltlich nur unwesentlich und wechseln sich regelmäßig bei der Regierungsbildung ab. Lange war Zucker der wichtigste Devisenbringer. 1960 wurden 200.000 t produziert, hohe Produktionskosten und geringe Erträge ließen die Menge rapide abnehmen, sodass in den 1990er-Jahren die Einhaltung für den Export in die Europäische Union notwendige Quote von 50.000 t nur mit Zukauf von billigem Zucker für den eigenen Bedarf einzuhalten war. Heute sind die Erträge noch weiter gesunken, und Kleinbauern verkaufen ihr Land an Tourismusunternehmen.

Verschuldung und wenig Wachstum

Mit 80% Anteil am Bruttoinlandsprodukt ist die **Tourismusindustrie** der bedeutendste Faktor für die wirtschaftliche Entwicklung der Insel. Offshore-Finanz- und Informationsdienste sind wichtige Einnahmequellen für Devisen – dank der gleichen Zeitzone wie die östlichen US-Finanzzentren und einer relativ gut ausgebildeten Gruppe von Fachkräften. Barbados' Tourismus, Finanzsektor und Baugewerbe wurden durch die globale Wirtschaftskrise hart getroffen. Die Verschuldung des Haushalts wuchs von 56% im Jahr 2008 auf 101% im Jahr 2015. Die Wachstumsaussichten sind aufgrund der anfälligen Tourismusbranche sowie geplanter Sparmaßnahmen gering. Außerdem entzieht der Anstieg von Kreuzfahrten und Pauschaltourismus der heimischen Wirtschaft Impulse.

Während ihrer fast 350 Jahre währenden Kolonialgeschichte war die Insel immer unter britischer Verwaltung, was für die Region einzigartig ist. Nicht ohne einen gewissen Stolz nennt sich Barbados auch „**Klein-England**" – und das bei einem Bevölkerungsanteil von gut 95% mit afrikanischer Herkunft. Die rein britische Orientierung wird schon daran sichtbar, dass bereits 1639 ein Parlament eingeführt wurde: nach dem in London und dem auf den Bermudas das drittälteste im Commonwealth. Außerdem wurde die Insel gemäß dem englischen Vorbild in **elf Kirchspiele** eingeteilt, die nach den anglikanischen Kirchen benannt sind.

Besonders bei britischen Touristen ist die Insel ein beliebtes Reiseziel. In jüngster Zeit setzen sich Bestrebungen durch, das Bild von „Klein-England" mit mehr Nationalkolorit zu füllen. So wurde der *Trafalgar Square* in der Hauptstadt Bridgetown in *National Heroes Square* umgetauft.

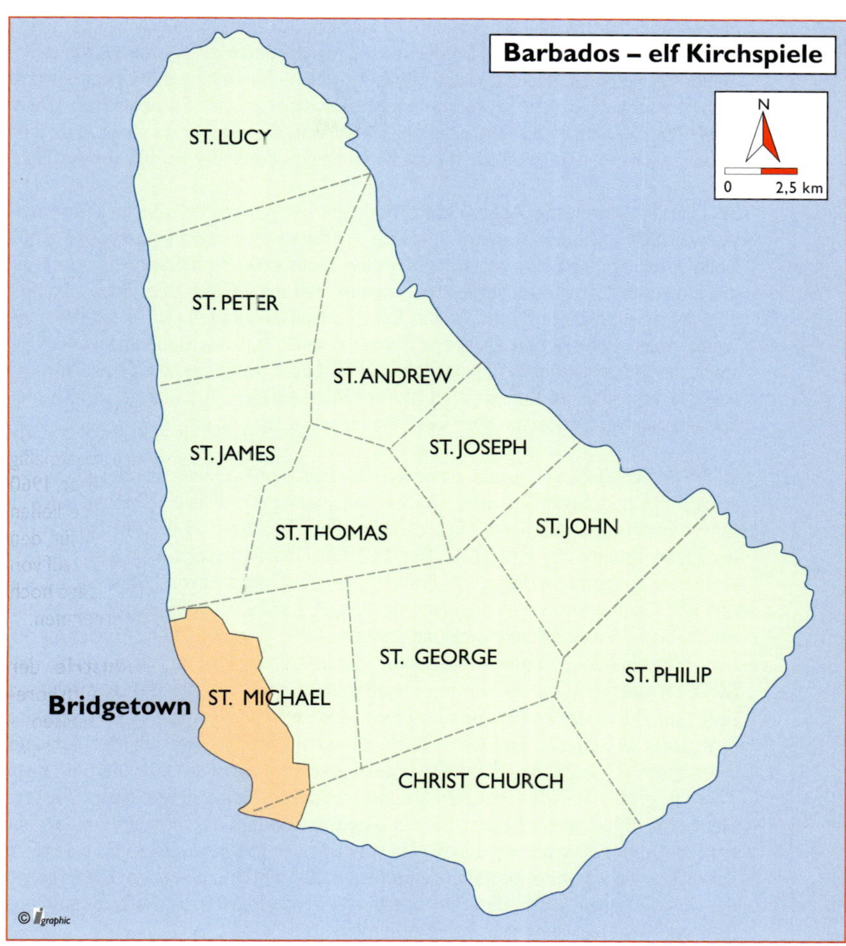

St. Lucia

Wie Barbados konnte auch St. Lucia ausländische Investoren vor allem im **Offshore-Finanzwesen** und in der Tourismusindustrie anziehen. Auch wenn die Insel nur über wenige und kleine Strände vor allem im Norden verfügt, ist die **Tourismusbranche** der wichtigste Garant für Arbeitsplätze und regelmäßiges Einkommen und trägt mit 65% am meisten zum Bruttoinlandsprodukt bei. In der **Landwirtschaft** und der verarbeitenden Industrie gibt es auf St. Lucia die größte Vielfalt im Vergleich zu den anderen Inseln der Ostkaribik. Früchte wie Bananen, Mangos und Avocados werden weiterhin für den Export angebaut. Doch der frü-

Vielfalt an Früchten

her verlässliche Bananenexport kann dem internationalen Konkurrenzkampf schon lange nicht mehr standhalten. Die Krise im Bananensektor in St. Lucia wurde durch die im Vergleich zu Nachbarstaaten stark ungleiche Verteilung des Grundbesitzes noch verschärft. St. Lucia konnte mehrmals die von der Europäischen Union gewährte Exportquote nicht erfüllen. Dabei war die Insel trotz ihrer hügeligen Bodenbeschaffenheit einst der größte Bananenexporteur der nördlichen Antillen.

Naturkatastrophen und Verschuldung

St. Lucia ist durch die Außenabhängigkeit im wirtschaftlichen Bereich **äußerst verwundbar**. Die notwendigen Importe von Öl spielen dabei eine ebenso große Rolle wie mögliche Naturkatastrophen oder globale Wirtschaftskrisen, durch die die Einnahmen im Tourismussektor extrem störungsanfällig sind. Hinzu kommt eine Staatsverschuldung von 77% des Bruttoinlandsproduktes (2014). Da das Land weder über reiche Bodenschätze noch über einen lukrativen Binnenmarkt verfügt, spielt die Industrialisierung keine Rolle auf St. Lucia. Versuche, die Erdwärme der vulkanischen Insel zu nutzen, sind bisher fehlgeschlagen. Als letztes Land in der Karibik führte St. Lucia im Jahre 2013 die Mehrwertsteuer ein.

Entwicklungszusammenarbeit

Die Wirtschaftsbeziehungen zwischen St. Lucia und Deutschland sind wenig ausgeprägt und liegen Im- und Export auf niedrigem Niveau. Messbar sind sie durch Einnahmen durch den Besuch deutscher Touristen (3.622 im Jahr 2014). Insgesamt konnte die Insel 2014 fast 340.000 Übernachtungs- und gut 640.000 Kreuzfahrtgäste registrieren. Im Rahmen Vereinbarungen zwischen Deutschland und der Karibischen Wirtschaftsentwicklung (CARICOM) wird in den Bereichen nachhaltige Wirtschaftsentwicklung, erneuerbare Energien und Anpassung an den Klimawandel zusammengearbeitet. Deutschland leistet insbesondere bei Kleinstprojekten Hilfe. So wurden Landfrauen, die nicht in der Bananenindustrie tätig sind, durch das Projekt *Banana Commercialisation and Agriculture Diversification in St. Lucia* (AGiL) aus dem Jahre 2004 bei der Professionalisierung des Verkaufs ihrer landwirtschaftlichen Produkte unterstützt. Und nachdem 2010 der Hurrikan Thomas große Schäden bei der Wasserversorgung angerichtet hatte, leistete Deutschland humanitäre Soforthilfe in einem besonders betroffenen Gebiet. Mit großer Aufmerksamkeit wird in St. Lucia wie in der gesamten Region die weitere Entwicklung der Handelsbeziehungen zur Europäischen Union vor dem Hintergrund des im Oktober 2008 unterzeichneten Wirtschaftspartnerschaftsabkommens (*Economic Partnership Agreement*, EPA) beobachtet.

Grenada

Wirtschaftliche Einbrüche

Seit dem Ende der Revolutionsregierung von Maurice Bishop in den 1980er-Jahren ist die politische Landschaft auf Grenada von den ständig wechselnden Regierungsparteien *National Democratic Congress* (NDC) und *New National Party* (NNP) geprägt. Nachdem die Insel um die Jahrtausendwende erhebliche wirtschaftliche Erfolge feiern, die Arbeitsquote sogar auf 10% reduzieren und sich der Bevormundung der USA entziehen konnte, kämpft Grenada heute wie ihre Nachbarinseln mit Einbrüchen in der wirtschaftlichen Konjunktur. Der Hauptgrund ist auch hier, dass der **Hauptwirtschaftszweig Tourismus** erheb-

River Antoine Rum Distillery auf Grenada

lichen Schwankungen unterworfen ist. Durch die Weltwirtschaftskrise stagnierte dieser Sektor seit 2009. Im Bau- und Handwerksgewerbe gibt es gute Erträge sowie ein hohes Bildungsniveau, zu dem unter anderem die St. George's University mit der medizinischen Fakultät beträgt.

Nach Muskatnuss- und Kakaoanbau kommt das Geschäft mit **Bananen** auf der Insel, das mit 10% zum Wirtschaftseinkommen beiträgt. Hier wird versucht, das Angebot auf organisch angebaute Bananen umzustellen. Das Hauptprodukt für den Export ist jedoch die **Muskatnuss** – nach Indonesien ist Grenada der weltweit zweitgrößte Anbauer. Ihr Verkauf lag lange in der Hand der Produzenten, was sich jedoch durch den mittlerweile liberalisierten Verkauf änderte. Das führte bei den Kleinbauern zu erheblichen finanziellen Einbußen und auf der Insel zu sozialem Zündstoff. Angesichts sinkender Weltmarktpreise und gleichermaßen sinkender Erträge hat Grenada es schwer, ihren Status als „Gewürzinsel" aufrecht zu halten.

Sozialer Zündstoff

Landschaftlicher Überblick

Geologie und Landschaftsformen der Karibik

Unter dem Begriff „Karibik" versteht man sowohl das sogenannte amerikanische Mittelmeer bzw. das Karibische Meer als auch jene Inselwelt, die dieses vom Atlantik abtrennt. Dabei ziehen sich die Karibischen Inseln als knapp 3.500 km langer, geschwungener Bogen von Kuba bis Aruba bzw. von Florida bis Venezuela hin. Im Gradnetz des Globus findet man den Inselbogen zwischen 60° und 85° westlicher Länge und zwischen 10° und 12° nördlicher Breite. **Die Landfläche aller Karibischen Inseln** zusammengenommen ist mit **234.000 km²** kleiner als die von Deutschland (355.872 km²).

Was sind die Antillen?

Die Antillen, die ihren Namen nach dem sagenhaften Land Antilla bekommen haben, werden wie folgt getrennt:

- Die **Großen Antillen** (*Greater Antilles*), die in West-Ost-Richtung aneinandergereiht sind, umfassen Kuba, Jamaika, Hispaniola (Haiti und Dominikanische Republik) und Puerto Rico. Ihre Landfläche macht zusammen fast 90 Prozent der Fläche der karibischen Inseln aus.
- Die **Kleinen Antillen** (*Lesser Antilles*), die einen hauptsächlich in Nord-Süd-Richtung verlaufenden Bogen beschreiben, umfassen die kleinen Eilande der Jungferninseln im Norden bis Trinidad im Süden – und schließen damit St. Lucia und Grenada mit ein – und von Barbados im Osten bis Aruba im Westen.

Einteilung spanischer Seefahrer

Barbados, St. Lucia und Grenada gehören zu den **Inseln „über dem Winde"**. Die Einteilung in Inseln unter und über dem Winde entstammt dem Sprachgebrauch spanischer Seefahrer, die nach ihrer Atlantiküberquerung zuerst auf jene Inseln stießen, die voll dem Wind (dem kräftigen Nordostpassat) ausgesetzt sind und damit „über dem Winde" liegen: Das waren demnach das am weitesten östlich vorgelagerte Barbados und die gesamte Inselkette von den Jungferninseln bis nach Trinidad. Völlig im vor den Winden geschützten Karibischen Meer und daher „unter dem Winde" liegen die zu Venezuela gehörenden Inseln sowie die ABC-Inseln (Aruba, Bonaire, Curaçao).

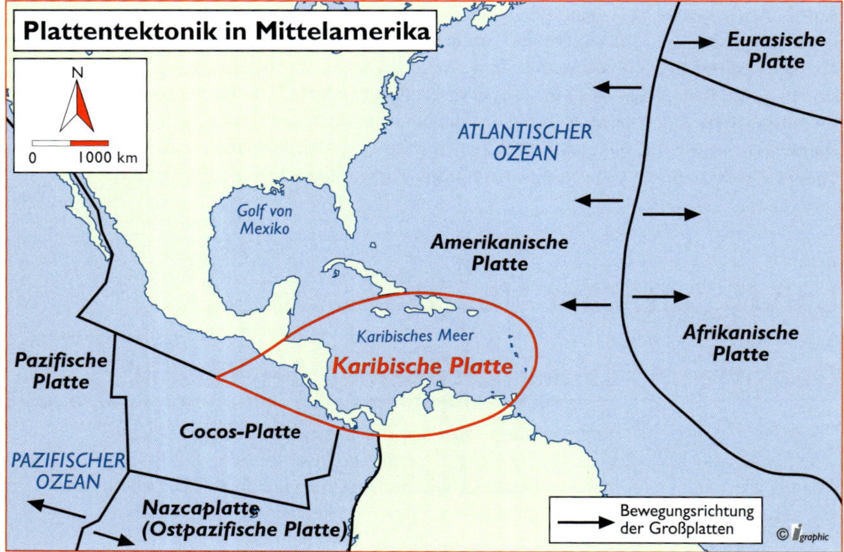

Die im anglo-amerikanischen Sprachraum verbreiteten Begriffe **Leeward Islands** und **Windward Islands**, die früher britische Verwaltungseinheiten in der Karibik bezeichneten, sorgen für Verwirrung, da sie sich an einem anderen Verständnis der Windverhältnisse orientieren. Sie beziehen sich ausschließlich auf die Inseln „über dem Winde“ und werden wie folgt unterteilt (jeweils von Norden nach Süden):

Leeward Islands	Jungferninseln, Anguilla, St. Martin, Saint-Barthélemy, Saba, Sint Eustatius, St. Kitts und Nevis, Antigua und Barbuda, Montserrat und Guadeloupe
Windward Islands	Dominica, Martinique, **St. Lucia**, St. Vincent, **Grenada** und **Barbados**

Geologische Entwicklung

Der erdgeschichtliche Entstehungsprozess der Karibik ist teilweise sehr kompliziert, weshalb an dieser Stelle nicht auf alle Einzelheiten eingegangen werden kann. Wichtig ist, dass die Antillen nicht alle gleich alt sind und nicht alle den gleichen Ursprung haben. Aus dieser Tatsache erklärt sich ihr unterschiedliches Erscheinungsbild, wenn man beispielsweise St. Lucia, Grenada und Barbados miteinander vergleicht.

Unterschiedliche Ursprünge

Bekanntlich ist das heutige Aussehen der Erde nur ein temporärer Zustand, die Zuordnung von Kontinenten und Ozeanen war in der Vergangenheit völlig anders und wird sich zukünftig weiter verändern. Die auf großen Krustenschollen treibenden Land- und Meerstücke bilden ein Mosaik, bei dem einzelne Bausteine aufeinanderstoßen, zerreißen und weiterwandern.

An den Nahtstellen der Schollen kommt es in der Regel zu **vulkanischer Tätigkeit**. Heute existieren auf der Erde sieben Großplatten und etliche kleinere, darunter die Karibische Platte. Sie ist von vier anderen Platten umgeben und befindet sich in einer langsamen Nordbewegung (siehe Abb.). Dabei kollidiert sie mit der Nordamerikanischen Platte, während sich von Osten die Südamerikanische Platte unter die Karibische schiebt (Subduktion) und ins Erdinnere drückt. Das dort aufgeschmolzene Gestein steigt als Lava

Der Petit Piton ist eine Staukuppel zäher Lava (St. Lucia)

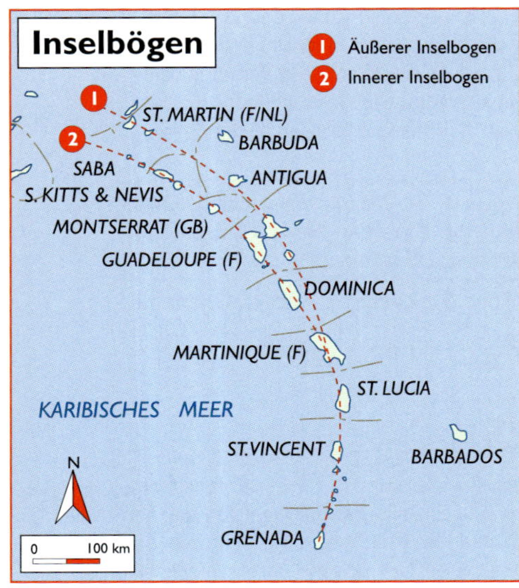

nach oben und bildet **vulkanische Gebirgszüge**, deren über das Wasser ragende Spitzen die Antillen bilden. Davor liegen sehr tiefe Gräben, die bis zu 9.000 m hinab reichen.

Weil dieser Prozess von Nordost nach Südwest fortschreitet, ist der **äußere Bogen** der Inseln über dem Winde (Anguilla, St. Martin, Saint-Barthélemy, Barbuda, Antigua, Grande-Terre (der Ostteil von Guadeloupe) und Marie-Galante) älter. Hier hat die vulkanische Tätigkeit aufgehört, die Erosion hat die Inseln abgeschliffen, und über den Inselkernen haben sich Korallenplateaus gebildet. Deshalb sind diese Inseln nicht nur flacher und mit ihrer geringen Höhe niederschlagsärmer, sondern verkarsten wegen des vorherrschenden Kalksteins auch mehr und weisen damit eine geringere Vegetation auf.

Vulkanische Tätigkeit

Der **innere Bogen** hingegen, auf dem **St. Lucia** und **Grenada** liegen, ist das jüngste Produkt des Prozesses und so vom Vulkanismus weit mehr betroffen. Besonders das Landschaftsbild von St. Lucia ist durch den reichen Formenschatz vulkanischer Tätigkeit geprägt: durch Fumarolen, Vulkanruinen und eingestürzte Krater (*calderas*), Schwefelquellen (*sulphur springs*) und heißes Erdwasser (*boiling springs, boiling lakes*). Die zuckerhutförmigen Pitons auf St. Lucia – geradezu ein Wahrzeichen der Karibik – sind Staukuppeln zäher Lava. Die Entstehungsgeschichte von Barbados unterscheidet sich grundlegend von der von St. Lucia und Grenada. So entstand die abseits im Atlantik gelegene Insel **Barbados** durch die Aufschiebung von Sedimenten bei der Subduktion der Südamerikanischen Platte.

Das Meer

Mit Ausnahme von Barbados haben die Inseln über dem Winde zwei verschiedene Meerseiten, nämlich eine atlantische und eine karibische, wobei sich die atlantische dem Nordostpassat entgegenstellt und damit eher rauer, gefährlicher und einer höheren Brandung ausgesetzt ist.

Die ständigen **Passatwinde** sind auch für die Strömungsverhältnisse im karibischen Raum verantwortlich, indem sie das ganze Jahr hindurch gewaltige Wassermassen vor sich hertreiben (Nordäquatorialstrom), die durch die Kanäle zwischen den Inseln in das Karibische Meer gepresst und dabei zusätzlich beschleu-

Türkisfarbenes Wasser im Süden von Barbados

nigt werden. Diese als Karibenstrom bekannte und etwa 2–3 km/h schnelle Oberflächenströmung drängt an Kuba vorbei durch die Straße von Yucatán in den Golf von Mexiko und fließt dann, inzwischen 7 km/h schnell, an Florida vorbei in den Atlantik zurück, um als Golfstrom ein wenig karibisches Warmwasser auch nach Europa zu bringen.

Karibenstrom

Als Ausnahmen von der Regel des allgemeinen Systems gibt es mehrere und nicht immer ungefährliche Strömungen, die unter lokalen Bedingungen entstehen. Vor allem auf der atlantischen Seite haben die Unterströmungen schon viele Opfer unter Schwimmern und Seglern gefordert.

Kaum spürbar sind in der Karibik hingegen ausgeprägte Gezeiten. Der Tidenhub, also die Differenz zwischen Ebbe und Flut, beträgt selten mehr als 30–40 cm. Die Wassertemperaturen um die Kleinen Antillen sind äußerst angenehm und fast gleichbleibend warm. Sie betragen an der Oberfläche bis zu 30 °C im wärmsten und nie weniger als 25 °C im kältesten Monat.

Klima und Reisezeit

Das Thema „Wetter“ in der Karibik ist – von den Wirbelstürmen einmal abgesehen – eines der erfreulichsten. Insgesamt stimmt nämlich das Klischee vom sonnigen, warmen und durch erfrischende Brisen nie zu heißen Urlaubsziel. Allerdings gibt es auch hier von Insel zu Insel Unterschiede, die durch die gebirgige oder flache Bodengestalt und die geografische Lage bestimmt sind.

Paradiesisches Wetter

Klima im Bereich der Kleinen Antillen												
	J	F	M	A	M	J	J	A	S	O	N	D
Durchschnittstemperaturen in Grad Celsius	23,5	23,5	24	24,9	25,9	26,7	26,7	26,7	26,6	25,9	25,3	24,7
Jahresdurchschnitt 25,3 Grad Celsius												
Regen in mm	98	55	64	119	156	130	193	206	246	230	221	128
Jahresdurchschnitt 846 Millimeter												
Anzahl der Regentage	20	16	16	17	19	21	25	22	23	22	22	23
Jahresdurchschnitt 24,6 Tage												
Relative Luftfeuchtigkeit in Prozent	80	70	76	77	79	79	80	81	82	84	84	81
Jahresdurchschnitt 80 Prozent												
Sonnenstunden	225	219	225	238	238	228	232	239	211	211	208	213
Jahresdurchschnitt 2.737 Stunden												

Keine Jahreszeiten

Gemeinsam ist allen Antillen, dass klar unterscheidbare Jahreszeiten wie bei uns fehlen. Die Temperaturdifferenz zwischen dem wärmsten und dem kältesten Monat beträgt durchschnittlich höchstens 3,5 °C, das bedeutet: Es ist tagsüber selten heißer als 30 °C und selten kühler als 25 °C, also das ganze Jahr über angenehm. Da der Unterschied zwischen der mittleren Tages- und Nachttemperatur größer ist als der zwischen Winter- und Sommertemperatur, spricht man von einem **Tageszeitklima**. Über die Temperatur entscheidet natürlich auch die jeweilige Höhenlage, wobei sich etwa je 1.000 Höhenmeter die Durchschnittstemperatur um ca. 6 °C verringert. Zwar kann es also beispielsweise auf dem Mont Gimie (950 m) auf St. Lucia etwas kühler werden, aber selbst in einer winterlichen Nacht sinkt dort die Quecksilbersäule nicht unter 15 °C.

Kurze Dämmerung

Ein weiteres gemeinsames Charakteristikum der Antillen ist ihre **Tag-und-Nacht-Gleiche**, d. h. dass die Tage und die Nächte gleich oder fast gleich lang sind. Abweichungen vom Merksatz, dass die Sonne das ganze Jahr um ca. 6 Uhr auf- und um ca. 18 Uhr untergeht, betragen höchstens 30 Minuten. Anders als bei uns ist die Dämmerung sehr kurz. Nachdem der rote Ball der Sonne im Meer versunken ist, dauert es oft nur eine Viertelstunde, bis aus einem fantastischen Farbenspiel tiefschwarze Nacht geworden ist.

Ungleich ist innerhalb der Karibik die Verteilung von Wind, Sonnenschein und Regen. Wie die Bezeichnung „Inseln unter“ bzw. „über dem Winde“ schon betont, ist der **Einfluss der Passatwinde** mal mehr und mal weniger stark. Unter Passatwinden versteht man ganzjährig wirksame Luftbewegungen, die durch den Sog von subtropischen Hochdruckgebieten zu äquatorialen Tiefdruckgebieten entstehen. Eigentlich müssten die Passatwinde der nördlichen Halbkugel also ständig in Nord-Süd-Richtung wehen. Da die Luftströmung aber durch die Erdrotation nach Südost abgelenkt wird, bläst der Wind von Nordosten her (deshalb: Nordostpassat).

Je nach Landschaftsprofil haben die Passatwinde eine unterschiedliche Wirkung: Über die eher flachen Eilande wie Barbados ziehen die vom Passat angetriebenen atlantischen Wolken hinweg, während sie sich an den steileren Berghängen des inneren Bogens wie bei St. Lucia und Grenada stauen und abregnen. *Regenfänger*

Womit das Thema **Regen** angesprochen ist! Allgemein kann bei den Inseln von einer winterlichen Trocken- und einer sommerlichen Regenzeit gesprochen werden. Im Winter steht Ende Dezember die Sonne senkrecht (im Zenit) über dem südlichen Wendekreis, also südlich des Äquators und außerhalb des hier behandelten Reisegebietes. Dann ist dort Regenzeit, während in der Karibik trockenes Hochdruckwetter herrscht und der Nordostpassat stark und gleichmäßig bläst. Im Sommer hingegen ist auf den meisten Inseln Regenzeit. Verantwortlich für die Verteilung von Regen- und Trockenzeit ist der Zenitstand der Sonne, d. h. wann die Sonne senkrecht auf die Erde scheint. Dies ist in der Karibik im Hochsommer der Fall, und dann erwärmt sich hier auch die Erde am stärksten.

Die nicht nur warme, sondern auch **sehr feuchte Luft** steigt hoch in die Atmosphäre auf und kühlt dabei ab. Kältere Luft aber kann nicht so viel Wasser speichern wie warme Luft. Die Folge: Im heißen Sommer (normalerweise von Mai/Juni bis Oktober/November) gehen immer wieder heftige Regenschauer nieder, die für z. T. sehr hohe Niederschlagsmengen sorgen. Der tropische Regen hat nichts mit unserem Dauer- und Nieselregen zu tun, und der manchmal benutzte Begriff „Regentage“ mag missverständlich sein.

Denn tatsächlich unterscheidet sich die tägliche Sonnenscheindauer der Regenzeit nur unwesentlich von der der Trockenzeit. Das bedeutet, dass der Niederschlag in ziemlich heftigen, aber auch kurzen Wolkenbrüchen niedergeht und dass es zwischendurch immer wieder aufklart. Durch diesen Wechsel bekommt die Regenzeit ihren eigenen Reiz. Niemand, der in dieser Zeit in der Karibik war und vielleicht mit kleinen Flugzeugen von Insel zu Insel geflogen ist, wird die **fantastischen Wolkenformationen** vergessen, die man nur im Sommer beobachten kann. Die Regenzeit bringt zwangsläufig eine erhöhte Luftfeuchtigkeit mit sich, am Meer jedoch wird die Schwüle durch den Passatwind gemildert.

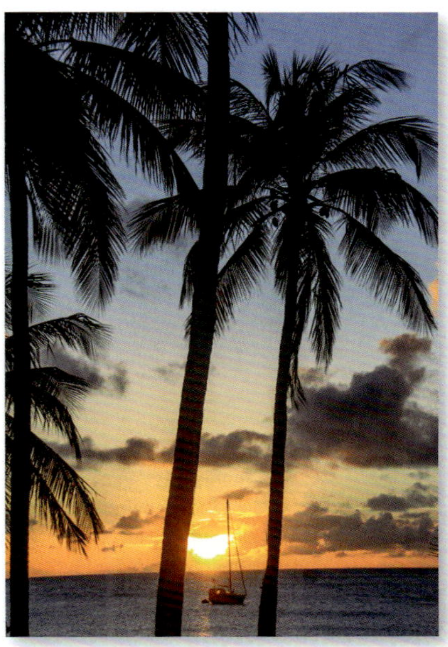

Für Fotos vom Sonnenuntergang bleibt nur wenig Zeit

Ein heftiger tropischer Regenschauer

Doch natürlich gibt es Ausnahmen von der Regel. So können auch im November, also weder im Sommer noch in der Haupt-„Hurrikan-Saison", anhaltender Dauerregen und heftige Windböen Bäume umknicken und Erdrutsche verursachen und damit nicht zuletzt die Flugpläne der lokalen Fluggesellschaften durcheinanderbringen.

Wenn man die durchschnittliche Sonnenscheindauer pro Jahr vergleicht, zeigt sich, dass der Unterschied zwischen den gebirgigen und den flacheren Inseln gar nicht so ausgeprägt ist. Barbados etwa, das in seiner Relation von Luftfeuchtigkeit, Niederschlag und Sonnenschein als ideal gilt und dem das gesündeste Klima in der gesamten Karibik zugesprochen wird, kommt auf 3.000 Sonnenscheinstunden, das sehr viel höhere und regenreichere St. Lucia hingegen auf immerhin noch 2.890 Sonnenscheinstunden – weit mehr, als in Deutschland jemals zu erwarten wären!

Viel Sonne!

Hurrikans

Etwa zehn bis zwanzig der gefürchteten **Wirbelstürme** suchen jedes Jahr die Karibik heim, und zwar meist in den Monaten August bis Oktober. Wer die Bilder durch die Luft wirbelnder Autos, wegradierter Städte, umgestürzter Strommasten und weit aufs Land geworfener Schiffe gesehen hat, mag erahnen, welche Auswirkungen solch ein Hurrikan für die betroffene Bevölkerung hat.

Der Name „Hurrikan" stammt aus der Sprache der Arawaken und bedeutet so viel wie „Windgott" oder „böser Geist des Windes". Wirbelstürme sind aber ein

Charakteristikum der Tropen allgemein und tragen je nach Region unterschiedliche Namen. In Ostasien wird ein solcher Wirbelsturm Taifun, in Australien Willy-Willy und im Indischen Ozean (wie auch im karibischen Raum) Zyklon genannt.

Um die Hurrikans eines Jahres zu unterscheiden, werden sie in alphabetischer Reihenfolge benannt. Meist stoßen sie im Südosten auf die Antillen und setzen ihren Weg – i. d. R. in einer schwer vorhersagbaren Zickzack-Linie – in nordwestlicher Richtung fort. Die meisten enden jenseits des Golfs von Mexiko im Süden der USA oder auch in Mexiko.

Schwierige Prognosen

Wenn sie, bis zu 20 m hohe Wassermassen einhertreibend, auf die karibischen Inseln treffen, spielen sich **unvorstellbare Szenen** von Naturgewalten ab, denen der Mensch nichts entgegenzusetzen weiß. Deshalb fürchten sich die Einwohner vor ihnen mehr als vor Vulkanausbrüchen und Erdbeben. Noch lange nach einem solchen schrecklichen Ereignis wird die Zeit eingeteilt in „vor“ oder „nach dem großen Sturm“.

Mit Ausnahme der ABC-Inseln und des südlichen Trinidad hat jede Insel im 21. Jh. mindestens einen schrecklichen Hurrikan erleben müssen, dessen Wunden noch nicht verheilt sind. Die Wahrscheinlichkeit eines Hurrikans in der Karibik besteht selbst noch im November, am Ende der Hurrikan-Saison. Die meisten Stürme treten von August bis Oktober auf, aber wie im Jahr 2005 sind sie auch davor und danach möglich. Die Gefahr, von einem Hurrikan voll getroffen zu werden, ist allerdings relativ gering.

Zudem ist das **Warnsystem** in der Karibik gut ausgebaut und die Einheimischen verfolgen täglich den Wetterbericht. Zudem verfügen die Inseln fast flächendeckend über drahtloses und kostenfreies Internet, sodass bei schlechter Wetterlage jeder selbst gut die Entwicklung des Wetterphänomens verfolgen kann. Falls es doch zum allerschlimmsten Fall kommen sollte und man in einen Hurrikan gerät, befolgt man auf jeden Fall die Anweisungen der lokalen Behörden. Auf keinen Fall darf man sich durch die Stille im Auge des Hurrikans täuschen lassen! Wenn der Sturm sehr plötzlich abflaut und möglicherweise sogar die Sonne zu sehen ist, dauert es manchmal ein bis zwei Stunden, bis das windschwache Auge durchgezogen ist und die Rückseite des Hurrikans mit urplötzlicher Gewalt hereinbricht.

Trügerische Stille

Trotz der Sturmmöglichkeit kommt als **Reisezeit das ganze Jahr** in Frage. Sicher: Die winterliche Trockenzeit sagt dem Besucher aus den gemäßigten Breiten vielleicht mehr zu als die Regenzeit, aber die Chancen, unangenehm schwüle oder total verregnete Ferien zu erleben, sind auch dann äußerst gering. Abgesehen davon ist die ideale Reisezeit nicht nur eine Frage des Wetters. Wer auf den europäischen Sommer oder Herbst ausweicht, schont auch seinen Geldbeutel: Denn wenn es in unseren Breiten ab November grau, kühl, regnerisch oder verschneit ist, locken die Kleinen Antillen mit ihrer Bilderbuchseite, und entsprechend ziehen die Preise im europäischen und nordamerikanischen Winter – vor allem in den Weihnachtsferien – enorm an. Die Urlaubsdestination Karibik ist in dieser Zeit also nicht nur teuer, sondern auch verhältnismäßig voll.

info

Wie entsteht ein Hurrikan?

Hurrikans bilden sich über den tropischen Meeren, wenn das Oberflächenwasser eine Temperatur von mindestens 26 °C hat und stark verdunstet. Dies ist in der heißesten Jahreszeit der Fall, über dem Atlantik in den Monaten August bis Oktober. Die warme, feuchtigkeitsgeladene Luft steigt rasch in große Höhen empor und kühlt sich dort ab. Dies wiederum führt zu gigantischen Quellwolken, die sich in heftigen Gewittern und stark niedergehendem Regen entladen. All dies kreist um ein Tiefdruckgebiet (= Zyklon) in immer schneller werdenden Wirbeln, die ab einer Geschwindigkeit von 60 km/h „Tropensturm" genannt werden. Dieser orkanartige Wirbelsturm ist zunächst noch ein senkrecht stehendes System, das aber durch die Erdrotation in eine Schieflage gerät bzw. umkippt und sich vorwärts bewegt. Im Zentrum des Orkans sinkt der Luftdruck extrem ab.

Wenn sich die geballten Luftmassen und Wolkentürme, die **bis zu 800 km im Durchmesser** betragen können, mit mehr als 120 km/h um die eigene Achse drehen, spricht man von einem Hurrikan. Allerdings kann sich die Drehgeschwindigkeit auf bis 230 km/h steigern, während im Auge des Hurrikans Windstille herrscht. Dieses ganze System wandert mit einer Geschwindigkeit von 20–50 km/h über die Wasserflächen, aus denen es immer wieder mit feuchter Luft gespeist wird. Trifft der Hurrikan auf Land, zieht er mit seiner verheerenden Kraft eine Spur der Verwüstung, bis ihm schließlich „die Luft ausgeht". Allerdings sind die Landflächen der Antillen oder auch Floridas nicht groß genug, um eine ernsthafte Schwächung des Wirbelsturms herbeizuführen. Er zieht über sie hinweg und fällt über dem offenen Meer in sich zusammen.

Flora und Fauna

Der Besucher findet auf den Kleinen Antillen eine manchmal karge, meistens aber **überquellende Vegetation** vor, die die Lebensgrundlage eines reichen Tierbestandes ist. Allgemein gilt: Blumen, Sträucher und Bäume wachsen auf den Antillen in einer atemberaubenden Pracht, und was dazwischen kreucht und fleucht, ist oft nicht minder exotisch und oft nur hier in freier Wildbahn anzutreffen. Allein das Kennenlernen der Flora und Fauna lohnt die Reise!

Wilderei und Unachtsamkeit

So schön die Pflanzen- und Tierwelt der Karibik ist, so **gefährdet** ist sie auch. Der Tourismus spielt dabei eine nicht unerhebliche Rolle. Seit Jahrzehnten machen nicht nur Wilderer Jagd auf die seltensten Arten, um die Nachfrage von Zoos und privaten „Liebhabern" in Europa und Nordamerika zu befriedigen. Viele Besucher betätigen sich selbst in diesem Geschäft und versuchen, Pflanzen oder Tiere zu schmuggeln. Manchmal ist es nur reine Neugier oder Unachtsamkeit, die Taucher und Schnorchler veranlasst, farbenprächtige Korallen anzufassen und abzubrechen, manchmal aber auch ungebremste „Trophäen"-Jagd. Beides hat schon einige der schönsten Riffgebiete zu **Unterwasser-Brachlandschaften** verkommen lassen.

Schmuck aus Korallen, Schneckengehäusen und Muscheln wird vielerorts auch von fliegenden Händlern und auf Touristenmärkten angeboten. Durch diesen touristischen Ausverkauf stehen einige der seltenen Arten in den karibischen Gewässern vor dem Aussterben. Man sollte daher **nicht bedenkenlos kaufen**. Den Behauptungen der Händler, es handele sich um Import-Ware, darf man nicht unbedingt glauben. Außerdem verweigert der deutsche Zoll die Einfuhr von Tieren oder Tierprodukten, die dem Artenschutzabkommen unterliegen. Davon betroffen sind u. a. Schildpatt-Gegenstände und Panzer von Seeschildkröten.

Hinweis

Dringende Bitte: Dass Umweltschutz in vielen Inselstaaten noch kleingeschrieben wird, sollte man nicht zum Anlass nehmen, ebenfalls leichtfertig die Natur zu (zer)stören. Besser geht man mit gutem Beispiel voran. Nur um eines schönen Fotos willen sollte man sich den Brut- und Nistplätzen gefährdeter Tierarten nicht nähern. Verzichten sollte man auch auf den Kauf von Souvenirs, die aus gefährdeten Tier- und Pflanzenarten hergestellt sind, und erst recht auf den Erwerb lebender Tiere. Aus den gleichen Gründen verbietet sich das Harpunieren von Fischen oder das Abbrechen von Korallen. Denn jeder Einzelne hat es in der Hand, dass die Karibik als Paradies erhalten bleibt!

Flora

Die Flora ist auf den Kleinen Antillen überall da gleich, wo identische oder ähnliche Bedingungen hinsichtlich der Niederschlagsmenge, der insularen Oberflächenstruktur und der Windverteilung herrschen. Vor allem der **innere Bogen** der Inseln über dem Winde besitzt eine vergleichbare Vegetation. Hier haben sich auch **Restbestände der tropischen Urwälder** erhalten, aus denen die Pflanzenwelt vor der europäischen Kolonisierung hauptsächlich bestand. Die meisten der einst berühmten Baumkönige (Mahagoni-, Ebenholz-, Brasilholz-Bäume) sind wegen ihres Wertes als harte Nutz- und Farbhölzer fast vollständig abgeholzt worden.

Üppiger Garten an der St. Nicholas Abbey, Barbados

Wanderungen durch den Regenwald sind auf St. Lucia und Grenada möglich. Hier kann man sich einen guten Eindruck vom **ursprünglichen Aussehen der Antillen** verschaffen. Ansonsten sind die Inseln mehr und mehr durch Kulturpflanzungen bestimmt, seit die ersten europäischen Siedler ihr mitgebrachtes Saatgut anbauten.

Wenn es eine Baumfamilie gibt, die sofort mit der Karibik assoziiert wird, dann ist das natür-

Nicht alle Palmen heimisch

lich die **Palme**. Tatsächlich ist diese Familie mit etlichen Arten in Westindien vertreten, von denen aber nicht alle einheimischen Ursprungs sind. Auch ist mancher Besucher, der ausschließlich palmengesäumte Strände erwartet, vom ebenso häufigen Vorkommen von **Kasuarinen** überrascht. Nicht eingeführt, sondern auf den Antillen heimisch ist die bis zu 25 m hohe **Königspalme**. Man erkennt sie an ihrem in der Mitte verdickten Stamm und den bis zu 8 m langen Wedeln.

Noch höher, nämlich bis zu 45 m, kann die **Kohlpalme** (*cabbage palm*) werden. Mit ihrer verdickten Basis schmückt sie oft die Alleen der alten Plantagenhäuser. Sie ist vielseitig nutzbar (u. a. für Korbflechter) und liefert einen nahrhaften Kohl.

In dichten Büschen kommt die **Rotstielpalme** vor, während die kleine Betelnusspalme eine Einzelgängerin ist. Natürlich darf die **Kokosnusspalme** (*coconut palm*) nicht fehlen, die häufig in Hotelgärten und am Strandsaum zu finden ist. Sie kommt allerdings nicht aus der Karibik, sondern aus Südostasien, von wo sie sich durch übers Meer treibende Früchte oder mit menschlicher Hilfe verbreitet hat.

Botanisches Rätsel

Auch der herrliche **Baum der Reisenden** (*traveller's tree, ravenala*) ist ein Import-Gewächs. Dieser aus Madagaskar stammende Baum bekam seinen Namen, weil sich durstige Reisende an dem in seinen Blättern gespeicherten Wasser laben können. Auf Barbados beeindrucken zwei große **Affenbrotbäume** (*Baobab trees*). Wie sie allerdings – das größte Exemplar, ein knorriges und schätzungsweise 1.000 Jahre altes Ungetüm von 18 m Umfang – nach Barbados geraten sind, bleibt ein botanisches Rätsel. Der eine Baobab befindet sich im Queens Park in Bridgetown, der andere steht in St. Michael in der Warren's Road.

Bekannt ist hingegen die Geschichte des **Brotfruchtbaums** (*breadfruit tree*), dem wohl sagenumwobensten Gewächs, das die britische Kolonialmacht einführte. Er fand seine Verbreitung in Westindien, nachdem ihn der berühmte – und zu Unrecht berüchtigte – Bounty-Kapitän William Bligh von Tahiti nach St. Vincent brachte. Die grünen, kugelartigen Brotfrüchte – eigentlich eher eine auf Bäumen wachsende Gemüseart – waren für die Lebensmittelversorgung der Sklaven von ausschlaggebender Bedeutung.

Der Red Ginger gehört zu der Familie der Ingwergewächse

Nicht aus der Südsee, sondern aus der Alten Welt wurden der **Flammenbaum** (*flamboyant*) und aus Afrika der afrikanische Tulpenbaum eingeführt.

Bei den einheimischen Bäumen sind besonders der **Pagodenbaum** (*frangipani*), ein fantastisch blühender, etwa 10 m hoher Tropenbaum mit einem betörenden Duft, sowie der von goldgelben, glockenförmigen Blüten übersäte **Goldbaum** (*golden trumpet tree*) zu nennen. Das harte Holz dieses bis zu 15 m hohen Begoniengewächses wird für stabile Konstruktionen benutzt, sein gelber Farbstoff für Medizin verwendet. Zu gigantischen Bäumen mit Luftwurzeln wachsen mehrere **Feigenbaum-Arten** (z. B. *Ficus benjamina*) heran, die in unseren Breiten mit viel Mühe höchstens Wohnzimmerhöhe erreichen. Die Insel Barbados verdankt den Luftwurzeln, die wie Bärte (sp.: *barbado*, bärtig) aussehen, sogar ihren Namen.

„Insel der Bärtigen“

Schön ist dagegen der **Kanonenkugelbaum** (*canonball tree*), ein mittelgroßer, schwer duftender Laubbaum mit 8 kg schweren, kugeligen Früchten und hübschen Blüten. Der **Palisander oder Jacaranda** ist allein mit 40 Arten auf den Antillen vertreten. Sein dunkelrotes und angenehm duftendes Holz wird gern für Schnitzarbeiten verwendet.

Es ist schwer, auch nur ansatzweise die wichtigsten und schönsten Exemplare der tropischen Pflanzenwelt zu nennen. Botanisch Interessierte werden begeistert sein, vielleicht sogar ein wenig neidisch: Was hierzulande nur unter aufopferungsvoller Pflege zu bescheidener Größe gelangt, wächst dort in überquellender Fülle und wuchernden Dimensionen. Der **Weihnachtsstern** (*Pointsetia*) etwa wird auf Grenada und anderswo bis zu 4 m hoch, ähnlich der Regen- oder **Schirmbaum** mit seinen orangefarbenen Blüten, etliche Gewürzbäume und -sträucher, Bambusarten, Drachenbäume, Philodendren und Baumfarne.

Ein Strauch (Familie der Johannisbrotbaumgewächse) – aber einer, der bis zu 6 m hoch wird – ist die **Zwerg-Poinciane**, deren englischer Name **Pride of Barbados** schon eines ihrer Hauptverbreitungsgebiete nennt. Mit ihren flammend roten Blütenständen gilt sie bei Kennern zu Recht als der schönste Strauch der Tropen. In ihrer Farbenpracht stehen dem allerdings die einheimischen Orchideenarten, Heliconien, die Königin der Nacht, der Hibiskus, Flamingo-Blumen sowie importierte Oleander oder Bougainvilleen kaum nach.

Kokosnüsse werden als Erfrischungsgetränke angeboten

Eine der eigenartigsten Vegetationsformen der Tropen stellen die **Mangroven** dar. Als Pioniere unter den Bäumen ist es ihnen gelungen, im Einflussbereich von Salzwasser zu gedeihen, wo sie mit ihren Stelzwurzeln in Flussmündungen oder Lagunen undurchdringliche Dickichte bilden. In dieser schwer zu besiedelnden Zone zwischen Meer und Festland mussten die Mangroven eine spezifische Überlebens- und Fortpflanzungsstrategie entwickeln: Da der Samen bereits an der Mutterpflanze keimt, spricht man hier von einer „Lebendgeburt“ (*Viviparie*). Gegen Überdosen an Salz schützen sie sich durch Wasser speichernde Blätter (*Succulenten*), die im Bedarfsfall Süßwasser an die Zellen abgeben. Die durch Mangroven gebildeten Biotope zeichnen sich durch einen großen Artenreichtum tierischen Lebens aus, wobei viele Kreaturen (u. a. verschiedene Krabbenarten und Schlammspringer) eine ähnliche amphibische Überlebenskunst an den Tag legen. Mangrovensümpfe sind längst nicht auf allen Inseln der Kleinen Antillen anzutreffen. Auf St. Lucia gibt es an der Südwestküste einen geschützten Mangroven-Wald. Auf der zum Inselstaat Grenada gehörenden Insel Carriacou gibt es im Norden und Süden noch einige Mangrovengebiete.

Großer Artenreichtum

Neben den eingeführten Nutzpflanzen wie dem Brotfruchtbaum gab und gibt es auch **heimische Nutzpflanzen**, die bereits lange vor der Zeit der Europäer von den westindischen Ureinwohnern kultiviert wurden. Dazu gehören Maniok, Ananas, Guave, Cashewnuss, Paprika, Peperoni und natürlich Tabak. Nicht vergessen werden dürfen die vielen Gewächse, die man medizinisch nutzen konnte. Viele davon sind noch heute Bestandteile pharmazeutischer oder kosmetischer Artikel, wie z. B. **Aloe Vera**. Außerdem eingeführt wurden u. a. Zitrusfrüchte, Muskat, Kaffee, Kakao, Vanille, Nelken, Piment und Zimt, die auf vielen Antillen-Inseln ideale Wachstumsbedingungen fanden. Unter den importierten Nutzpflanzen verdienen die Banane und das Zuckerrohr besondere Beachtung.

Die Banane

In der Karibik gibt es mehrere Obst-, Gemüse- und Zierbananen, von denen aber keine einzige heimisch ist. Nach dem Ende des Zuckerbooms – vor allem in den 1970er- und 1980er-Jahren – wurden Bananen oft als Ersatzpflanzen angebaut, obwohl sie viel empfindlicher sind und ganze Plantagen regelmäßig Hurrikans zum Opfer fallen. Die Volkswirtschaft mehrerer Zwergstaaten hängt inzwischen existenziell von der Bananen-Kultivierung ab. Man erkennt die Staudenpflanzen an ihren meterhohen Blättern (die leicht einreißen können) und den violett-roten Blütenspitzen. Neben diesen bildet sich der Fruchtstand in Form eines Bündels aus.

Anfälliger Wirtschaftszweig

info

Der blaue Sack

Dem Besucher der Antillen werden zwangsläufig beim Vorbeifahren an sattgrünen Bananenplantagen blaue Plastiktüten auffallen, die über die Bananenstauden gestülpt sind. Diese sind keineswegs bereits die Verpackung für die Verschiffung nach Übersee. Vielmehr sollen sie Parasiten abhalten und das Sonnenlicht abschwächen. Sie sorgen für eine gleichmäßige Temperatur, damit die äußeren Früchte nicht schon zur vollen Größe heranreifen, während die inneren noch in der Wachstumsphase sind. Zunächst versuchte man, die Stauden mit durchsichtigen Tüten vor Parasiten zu schützen, doch damit wurde die Sonneneinstrahlung verstärkt und die Bananen „verbrannten“ regelrecht. So wurden die blauen Säcke eingeführt, die den Pflanzen zu ihrer richtigen Reife verhelfen.

Das Zuckerrohr

Keine andere Nutzpflanze hat die meisten Antillen-Inseln bis auf den heutigen Tag so geprägt wie das Zuckerrohr. Was die Pflanze in der Vergangenheit so attraktiv machte, war die Tatsache, dass sie sehr biegsam und widerstandsfähig ist und es schon eines sehr schlimmen Hurrikans bedarf, um sie ernsthaft zu gefährden. Sie blüht ab den frühen Wintermonaten, wenn man überall die zierlichen, silbergrauen Federbüschel über dem kräftigen Grün sieht.

Die bis zu **5 m hohen Pflanzen** werden ab Dezember geerntet, d. h. die Halme werden abgeschlagen und von den Blättern befreit. Diese Prozedur hat sich bis heute nur wenig verändert: Immer noch müssen bis zu 70 Prozent der Blätter in Handarbeit abgetrennt werden – abenteuerliche Gestalten mit Macheten sind ein alltäglicher Anblick in der Karibik. Nach der Ernte erfordert die Zuckerkultur keine neue Aussaat, denn über den abgeschlagenen Halmen wachsen die neuen sofort wieder nach. Dieses System funktioniert drei Jahre lang, insgesamt sind vier Ernten aus einer Pflanze möglich. Dann ist der Boden ausgelaugt, das Feld muss umgepflügt und mit Mineralien angereichert werden. Für ein Jahr wird der Boden für eine andere Pflanzenart genutzt, bevor der Prozess wieder von vorn beginnen kann. Dazu setzt man die ca. 20–30 cm langen Ableger in die frisch umgepflügten Felder ein, wo sie nach 15–17 Monaten erntereif sind. Das abgeerntete Zuckerrohr wird zu den Fabriken transportiert, was früher von Sklaven sowie von Ochsen- und Eselsgespannen (auf Barbados sogar von Kamelkarawanen) besorgt wurde und später mit eigens angelegten Eisenbahnen. Heute verrichten Traktoren und Lastwagen diese Arbeit. In den Fabriken wird das Rohr so lange durch verschiedene Walzen und Pressen geschickt, bis es keinen Saft mehr abgibt. Das ausgepresste Zuckerrohr wird dann getrocknet, damit es als Brennmaterial für die Öfen dienen kann, in denen der Saft aufgekocht wird. Früher wurde der Sirup auf 500 °C erhitzt, bis er kristallisierte.

Immer noch Handarbeit

Ein Zuckerrohrfeld der Mount Gay Distillery

Heute wird der Vorgang beschleunigt, indem man den eingedickten Zuckersaft zentrifugiert. Dabei bleiben die braunen Zuckerkristalle an den Rändern kleben, während unten das letzte Abfallprodukt des Prozesses herausläuft: die Melasse. Diese kann in einem weiteren Arbeitsgang zu Rum destilliert werden.

Fauna

Aufgrund ihrer Insellage besitzen die Kleinen Antillen naturgemäß eine nicht so vielfältige Tierwelt wie das Festland. Trotzdem ist auch die Fauna – u. a. weil sich viele Arten spezialisiert haben und nur auf bestimmten Inseln anzutreffen (endemisch) sind – ähnlich interessant wie die Flora und sorgt für manch seltene Überraschung. Säugetiere hatten kaum eine Chance, die **isoliert liegende Inselwelt** zu bevölkern, wenn sie nicht schwimmen oder fliegen konnten. Deshalb sind in der ursprünglichen Fauna die **Fledermäuse** die Säugetiere mit dem größten Artenreichtum.

Starke Vermehrung

Die meisten Säugetiere sind jedoch – aus unterschiedlichen Gründen – importiert worden. **Schweine** beispielsweise wurden schon früh auf den Schiffen als lebender Proviant mitgeführt und auf den kleinen Inseln ausgesetzt, wo sie bei nächster Gelegenheit leicht eingefangen werden konnten. Diese Frischfleisch-Lieferanten vermehrten sich teilweise prächtig. Als die Engländer zum ersten Mal nach Barbados kamen, fanden sie die Insel voller verwilderter Schweine – allesamt Nachkommen jener wenigen Tiere, die die Portugiesen dort zurückgelassen hatten. Affen kamen an Bord der Sklavenschiffe aus Afrika oder Südeuropa. Vor allem auf Barbados hatten sich zeitweilig die Kapuzineräffchen *(cebus capucinus)* stark vermehrt, weil sie in den Frucht- und Obstplantagen reichhaltig Nahrung fanden.

Auf manchen Inseln trifft man auch die asiatische Schleichkatze, den **Mungo** (engl.: *mongoose*; lat.: *herpestes griseus*) an. Er wurde eingeführt, um die giftigen Schlangen in den Zuckerrohrplantagen zu bekämpfen, was auch bis zu deren Ausrottung gelang. Seitdem machen die Mungos Jagd auf Ratten, richten aber auch unter Geflügel Schaden an. Hühner, Enten und Gänse brachte man als Fleisch-, Feder- und Eierlieferanten in die Karibik, wobei auf den Herrenhöfen von Barbados die **Gänse** auch die Funktion von Wachhunden erfüllten.

Reptilien sind auf den Inseln zahlreich vertreten, hier eine Schildkröte im Barbados Wildlife Reserve

Reptilien und Lurche

Zahlreicher als die Säugetiere sind Reptilien und Amphibien mit einheimischen Arten vertreten. Dazu zählen verschiedene Leguan-, Schildkröten-, Schlangen-, Eidechsen- und Geckoarten, während Krokodile oder Kaimane auf den Kleinen Antillen nicht vorkommen. Die kleinen, grünen Anolis-Eidechsen sieht man hingegen überall. Einige der karibischen Inseln sind völlig schlangenfrei, auf anderen gibt es mehrere, aber fast immer harmlose und ungiftige

Schlangenarten – mit Ausnahme der sehr giftigen *Saint Lucia Pit Viper* (Lanzenotter). Ungiftig, aber von beträchtlicher Größe ist die Boa Constrictor, die auch auf St. Lucia präsent ist.

Besondere Erwähnung verdienen die **Pfeiffrösche**, die mit nur 2,5 cm Länge zwar schwer zu sehen, dafür aber unüberhörbar sind. Mit Einbruch der Dunkelheit beginnt ihr allabendliches Konzert, das als „große Nachtmusik" so manchen Hotelgast zur Verzweiflung bringt. Die kleinen Frösche quaken nicht, sondern pfeifen, um Insekten anzulocken. Als zoologische Besonderheit muss sich der Whistling Frog (engl.: whistle = pfeifen) nicht erst über den Umweg der Kaulquappe entwickeln, sondern schlüpft bereits voll ausgebildet aus dem Ei.

Vögel

Die Vogelwelt präsentiert sich in der Karibik mit einer großen und bunten **Artenvielfalt**. Die Vögel hatten keine Schwierigkeit, selbst die entlegensten Außenposten der Inselwelt zu erreichen, hier heimisch zu werden und z. T. neue, endemische Arten zu entwickeln. Außerdem werden die idealen Überwinterungsmöglichkeiten von einer großen Zahl an Zugvögeln aus Nordamerika genutzt. Der Fauna der Neuen Welt zuzuordnen sind **Kolibris** (*hummingbirds*) und **Papageien** (*parrots*), die es in mehreren, ebenfalls z. T. endemischen Arten gibt. Greifvögel kommen wegen des Mangels an Beutetieren kaum vor. Auf den Feldern sieht man sehr häufig Kuhreiher (*cattle egrets*), die Wasserbüffel und Rinder von Ungeziefer befreien.

Neue Arten

Ganz massiv treten aufgrund der Insellage natürlich **Wasservögel** auf. Wo es Mangrovenwälder mit ihrem typischen Wurzelgeflecht gibt, haben zahlreiche Arten wie z. B. Reiher oder Krabbenfischer, Strandläufer und Enten ideale Nistplätze gefunden. Im seichten Wasser anzutreffen ist der Rotreiher (*reddish egret*), ein Stelzvogel mit kobaltblauen Beinen und rosa Schnabel. Während Pelikane auf vielen Inseln zu sehen sind, ist der Rotschnabel-Tropenvogel (*red-billed tropicbird*) weitaus seltener. Diesen wunderschönen Seevogel erkennt man an den ungewöhnlich langen Schwanzfedern, die ihn lange Zeit zur begehrten Jagdbeute des Menschen machte. Ebenfalls recht selten ist die Grenada-Taube, die nur noch auf 60 Exemplare geschätzt wird.

Und nur auf St. Lucia ist der Blaumaskenamazone (*Amazona versicolor*) heimisch. Mit Glück ist der als **Saint Lucia Parrot** bekannte Papagei auf einer Wanderung durch das Waldgebiet rund um den Mount Gimie anzutreffen. Er gilt als eine der bedrohtesten Amazonenarten und misst bis zu 43 Zentimeter. Namensgebend ist die blaue Befiederung am Kopf des ansonsten überwiegend grünen Vogels. Durch Rodungen ist der Lebensraum, der Regenwald in den Bergen, auf eine Fläche von bis zu 70 Quadratkilometer beschränkt.

Insekten und Spinnen

Ein wahres Eldorado ist die Tropenwelt für alle möglichen Formen von Insekten, die hier nicht nur in großer Zahl, sondern auch **erstaunlich dimensioniert** auftauchen. Obwohl mancher Tourist angesichts äußerst großer Spinnen, Käfer und Kakerlaken erschrecken mag, sind diese Tiere meist ganz harmlos. Staatenbildende Insekten kommen auch außerhalb der Regenwälder vor, Ameisenstraßen oder Termitennester sind überall zu sehen. Unangenehm können Moskitos und *sandflies* werden. Moskitos belästigen die Menschen in der Dämmerung und nach Einbruch der Dunkelheit, weshalb fast alle Hotelzimmer Mückengitter in den Fenstern haben. Grund zur Freude und eine wahre Augenweide sind dafür die großen, bunten Schmetterlinge.

Lästige Moskitos

Unterwasserwelt

Für Schnorchler und Taucher, Angler und Hochseefischer sind sicher die Abermillionen von kleinen und großen, farbenprächtigen und unscheinbaren, gefährlichen und harmlosen Geschöpfen in der Welt unter Wasser am interessantesten. Oft sind dem Ufersaum der Inseln Korallenriffe vorgelagert, die die hohen Brecher des Ozeans (und mit ihnen gefährliche Raubfische) abhalten und die Küstengewässer in seichte, warme Lagunen verwandeln. Auch die **Koralle** gehört zu den Kleintieren und bildet einen charakteristischen und landschaftsbildenden Teil der Antillen: Nur mit Staunen kann der Tourist bei Tauchgängen oder vom Glasbodenboot aus dieses Wunderwerk der Natur betrachten und sehen, zu welch fantastischer Formenvielfalt Korallen in der Lage sind. Ähnlich wie die Seeanemonen sind sie sehr einfach strukturierte, schlauchartige Lebewesen. Ihre Hauptbestandteile sind Außen- und Innenhaut, der Schlund und der Darm. Sie ernähren sich von Kleinstlebewesen, die durch Berührung mit ihrem Schlund (Tentakel) gelähmt werden. Durch das Ausscheiden von Kalk formen diese Tiere eine Art Skelett, mit dem sie auf dem Meeresboden bzw. Riff aufsitzen, das gleichzeitig die Basis für andere Korallen darstellt. Wenn Millionen und Abermillionen

Ein Korallenriff entsteht

Schnorcheln im warmen und kristallklaren Wasser

abgestorbener Korallen sich Schicht um Schicht aufgebaut haben, ist ein Korallenriff entstanden. An dessen Aufbau sind jedoch auch Schwämme, Röhrenwürmer und Seeanemonen beteiligt, die das ganze System zusammenhalten.

Die Voraussetzung für das Entstehen einer Korallenkolonie sind sauerstoff- und nährstoffreiches sowie mindestens 20 °C warmes, klares Wasser mit mehr als 2,4% Salzgehalt, eine geringe Meerestiefe mit ausreichend Licht und eine vorbeiziehende Strömung. Dieses **hochempfindliche System** wird zerstört, wenn eine der genannten Voraussetzungen nicht mehr gegeben ist. Und mit der Koralle verschwindet dann auch der Lebensraum für die vielen häufig farbenprächtigen Fische, die bei ihnen Schutz vor Feinden suchen oder sich von ihnen ernähren. Zu den bizarrsten Fischen gehören Gaukler, Doktor- und Igelfische, Königsdrücker, Trompeten-, Kugel- und Papageifische. Außer den Fischschwärmen bevölkern Seeigel, Einsiedlerkrebse, Schnecken, Muscheln, Langusten und Muränen diese fantastische Unterwasserwelt. Außerhalb der Riffe beginnt das offene Meer, wo etliche Arten an Großfischen und Säugetieren beheimatet sind. Dort ist das Revier der Barakudas, Haie, Walhaie, Marline und Thunfische, von denen aber für den Badegast keine Gefahr ausgeht. Selbst Wale und Tümmler fühlen sich in den karibischen Gewässern wohl.

Wichtiger Lebensraum

Häufiger sieht man **Fliegende Fische**, die zu einem Symboltier für Barbados geworden sind. Auch die **Meeresschildkröte** ist noch nicht völlig ausgerottet und legt ihre Eier u. a. auf den Sandstränden der Ostküste von St. Lucia ab. Bei diesem Fischreichtum verwundert es nicht, dass Hochseeangeln zu einem beliebten Sport wurde. Gefangen und verspeist werden übrigens auch *dolphins*, womit jedoch nicht Delfine, sondern die Fischart gemeint ist (deswegen der freundliche Hinweis auf einigen Speisekarten: *„It's not a Flipper"*).

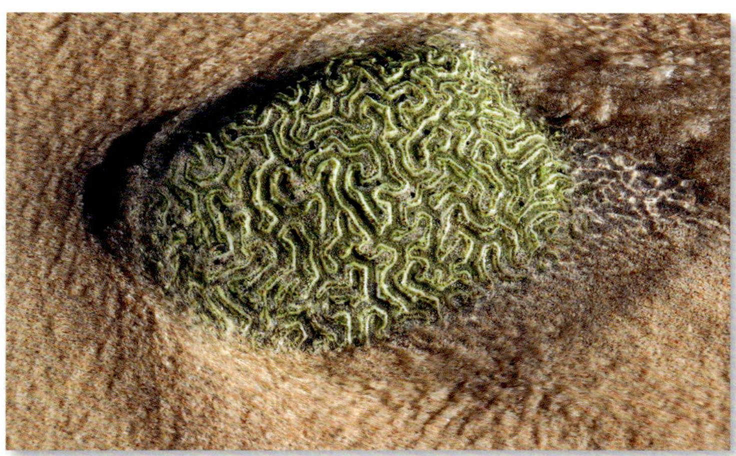

Hirnkoralle am Strand (Barbados)

Karibisches Kaleidoskop – Gesellschaft, Kunst und Kultur

Die Bevölkerung

Die **indianischen Einwohner** waren gegen Ende des 16. Jhs. durch Kämpfe mit den Europäern, durch Zwangsarbeit, Deportation und eingeschleppte Krankheiten mit wenigen Ausnahmen **ausgerottet**. Gering ist ebenfalls die Anzahl von Menschen gemischter Ethnizität, die auf die Verbindung weißer Männer mit indianischen Sklavinnen bzw. Vergewaltigungsopfern zurückzuführen sind.

Größter Bevölkerungsanteil

Mehrheitlich ist die Gesamtbevölkerung der Kleinen Antillen auf den **Sklavenhandel** zurückzuführen, der ab 1524 einsetzte. So wie spätestens ab der zweiten Hälfte des 17. Jhs. die Anzahl der Sklaven die der Sklavenhalter bei weitem überstieg, stellen heute die Nachkommen der Sklaven, die sogenannten **Afrokariben**, den überwiegenden Teil der Bevölkerung dar.

Auf den britisch beeinflussten Inseln ist der Anteil rein schwarzer oder sehr dunkelhäutiger Einwohner ausgesprochen hoch (80–90 Prozent). Dies hängt damit zusammen, dass die Engländer weniger häufig eine Verbindung mit Sklaven eingingen. Die Inseln mit Plantagenwirtschaft benötigten nach der Sklavenbefreiung dringend billige Arbeitskräfte, die vor allem aus Indien geholt wurden. Deswegen sind etwa zwei Prozent der Menschen auf den Antillen indischer Abstammung (hauptsächlich Tamilen).

Weiße Bewohner sind auf fast jeder Insel der Kleinen Antillen in der absoluten Minderheit. Zahlenmäßig noch kleiner ist die Bevölkerungsgruppe, die direkt von den Familien der Zuckerbarone abstammt. Sie macht höchstens ein Prozent der Gesamtbevölkerung aus, besitzt z. T. aber noch sehr viel Macht und Grundbesitz.

Die Bevölkerung ist mehrheitlich dunkelhäutig

Weitere Gruppen von Zuwanderern sind die Chinesen und die Immigranten aus dem Nahen Osten, wie Libanesen oder Syrer. Dazu kommt eine große Zahl von Einwanderern aus vielen verschiedenen Ländern, die aus den unterschiedlichsten Gründen in der Karibik blieben, sodass das viel bemühte Wort vom „Schmelztiegel der Nationen" für die Kleinen Antillen in ganz besonderem Maße zutrifft.

Offiziell gibt es in Westindien heute nirgendwo mehr Rassendiskriminierung. Das soll nicht heißen, dass es nicht noch Rassendünkel gäbe – und zwar von beiden Seiten. Vorherrschend jedoch ist die Akzeptanz des jeweils anderen innerhalb einer **multikulturellen Gesellschaft**, in die auch der Tourist aus Europa eingeschlossen ist. An diesem liegt es, die Akzeptanz des jeweils anderen zu erwidern und sich den Menschen jeglicher Couleur gegenüber respektvoll und freundlich zu verhalten.

Hinsichtlich der Bevölkerungsgröße und -dichte ergibt sich kein einheitliches Bild. Insgesamt leben in der Karibik gut 31 Millionen Menschen, was einer Verteilung von rund 125 Einw./km² entspricht.

Kinderreichtum

Allgemein liegt das Bevölkerungswachstum bei über 1,5 Prozent, auf St. Lucia sogar bei 2,7 Prozent, ein viel zu hoher Wert für einen Ministaat ohne industrielle Arbeitsplätze. Oft ist mehr als die Hälfte der Bevölkerung unter 20 Jahre alt. Sozialer Sprengstoff liegt auch darin, dass die meisten neugeborenen Kinder außerehelich zur Welt kommen – je nach Insel 50–80 Prozent. Einen wichtigen Grund dafür liefert wieder einmal die Geschichte: Die weißen Kolonialherren untersagten den Sklaven enge Bindungen; gleichzeitig jedoch waren sie an zahlreichen Neugeborenen (und damit zukünftigen Sklaven) interessiert

Religionen auf den Antillen

Mit der Ausrottung der indianischen Ureinwohner verschwand auch deren Mythologie und Religion von den Antillen. Jeder heute anzutreffende Glaube ist also ein „importierter", der im Normalfall dem afrikanischen, indischen und europäischen Kulturraum entstammt. Da ganz Westindien in jahrhundertelangen Kriegen zwischen den Kolonialmächten zerrissen wurde, konnte sich ein einheitliches religiöses Gefüge nur schwer herausbilden.

Ein dominierendes religiöses Bekenntnis hat sich nur dann etabliert, wenn eine europäische Nation über einen langen Zeitraum hinweg oberste und einzige Einflussinstanz war – etwa auf Barbados. Doch auch dort ist beispielsweise die anglikanische Kirche nicht so stark vertreten, wie man annehmen könnte, denn besiedelt wurde die Insel u. a. mit irischen Strafgefangenen, also mit Katholiken. Ähnlich ist es in der gesamten Region. So gilt die Faustregel, dass Inseln mit einer französischen oder spanischen Vergangenheit eher katholisch geprägt sind und solche mit einer britischen, niederländischen oder dänischen Vergangenheit eher protestantisch. Auch fanden viele religiös verfolgte Europäer in der Karibik Zuflucht, andere wiederum kamen aus missionarischem Eifer hierher.

Auf diese Weise wurde das Bild der Religionszugehörigkeiten zu einem **Mosaik**, das sich aus vielen Steinchen zusammensetzt. Auf die lange Geschichte der Juden verweist beispielsweise die Synagoge in Bridgetown, eine der ältesten in der Neuen Welt. Auch Hugenotten, Quäker, Moravianer (Mährische Brüder), Zeugen Jehovas, Methodisten, Pietisten, Baptisten usw. kamen bereits sehr früh auf die Kleinen Antillen.

Allein auf Barbados sind schätzungsweise nicht weniger als 90 Glaubensbekenntnisse versammelt. Darin eingeschlossen sind auch Kulte, die die Sklaven aus ihrer afrikanischen Heimat mitbrachten und im Laufe der Zeit mit anderen Glaubensinhalten vermengten. Bekannt ist der **Voodoo-Kult**, der auf Dominica noch angetroffen werden kann. So wie das Wort „vodun" (Gott oder Geist) aus Westafrika stammt, sind dabei afrikanische Ur-Götter mit christlichen Vorstellungen verwoben worden. Viele Gemeinsamkeiten mit dem Voodoo weist der Shango-(Xango-)Kult auf, der auch auf Grenada und St. Lucia praktiziert wird. Im Shango wurden westafrikanische Riten mit katholischen, protestantischen und selbst hinduistischen Vorstellungen vermischt. Der als Wahrsager, Heiler und Hexer angerufene Hauptgott Shango offenbart sich durch Blitz und Donner. Wie Apostel stehen ihm zwölf Diener (*obas*) zur Seite, die der Priester (*teacher*) während der Zeremonie um Hilfe bittet.

Afrikanische Riten

Geheimnisvolle Riten und übernatürliche Kräfte sind aber kein Privileg der Voodoo- oder Shango-Anhänger. Auch Farbige, die sich als tiefgläubige Katholiken oder Protestanten bezeichnen, glauben nicht selten an Dämonen, Geister, Wiedergeborene, Hexen, böse Omen oder das Zweite Gesicht.

Im 20. Jh. verbreiteten sich nicht zuletzt die Reggae-Musik und die quasi-religiöse **Rasta-Bewegung** über alle Antillen. Die Rastafaris, die meist leicht an ihren langen Haarzöpfen und Bärten zu erkennen sind, bekennen sich zu einem Glauben, der stark vom Judentum und vom äthiopisch-orthodoxen Christentum beeinflusst ist. Dabei betrachten sie den verstorbenen äthiopischen Kaiser Haile Selassie als wiedergekehrten Messias, der sie in ihre afrikanische Heimat zurückführen werde. Rasta-Bewegung und Reggae-Musik sind jedoch weit eher wegen ihrer soziokulturellen und politischen als wegen ihrer religiösen Bedeutung ein Thema.

Haile Selassie

Sprachenvielfalt und Sprachverwirrung

Wer vor dem Urlaub auf Barbados, St. Lucia und Grenada, wo die **offizielle Sprache Englisch** ist, seine Englischkenntnisse aufgefrischt hat, wird vielleicht überrascht feststellen, dass ihm das im Zielgebiet nicht immer viel nützt. Auf reines Oxford-Englisch wird man auf diesen Inseln allenfalls bei einigen Hotelmanagern oder Verwaltungsbeamten treffen. Die überwiegende Mehrheit spricht eine **Umgangssprache** (*local talk*), die nicht nur in ihrer Intonation, sondern auch in Satzstellung, Grammatik und Vokabular von unserem Schulenglisch abweicht.

Wer immer schon Probleme mit dem „th" gehabt hat, kann sich freuen: auch auf den Antillen wird nicht „gelispelt" – stattdessen sagt man einfach „d". Der Vokal „a" wird nicht zum Umlaut (statt [män] [man]), während man das „r" wie im Bayrischen rollt. Endsilben lässt man gleich ganz weg. Fast jede englischsprachige Insel hat ihre Eigenheiten, die mal mehr, mal weniger von der Hochsprache abweichen. Nicht nur Deutsche, sondern selbst auch die Briten stoßen dabei oft an die Grenzen der Kommunikation. Das liegt daran, dass die meisten Inseln über dem Winde lange Zeit französisch gewesen sind und dadurch neben den jeweiligen englischen Dialekt außerdem eine Mischsprache auftritt, das sogenannte **Patois**.

Sprachliche Hürden

Wiewohl in der Literatur Patois häufig mit Créole gleichgesetzt wird, besteht der Unterschied darin, dass das Patois eine große Anzahl englischer Vokabeln enthält. Ansonsten setzt sich das sprachliche Grundmuster – wie im Créole – aus französischen und afrikanischen Elementen zusammen. **Créole** ist eine durchaus gebräuchliche Umgangssprache nicht nur in der Karibik, sondern auch auf den Inseln des Indischen Ozeans. Insgesamt sprechen wohl sieben bis zehn Millionen Menschen Créole, viele davon als einzige Sprache.

Der historische Hintergrund des Créole ist die französische Kolonialzeit, als die aus allen Teilen Afrikas in die Karibik verfrachteten Sklaven nur eine Möglichkeit hatten, sich mit ihren Herren oder untereinander zu verständigen: das Erlernen eines Grundbestandes an Französisch. Dabei flossen allerdings nicht nur viele afrikanische Elemente mit ein, sondern das Französische wurde auch im Vokabular, in der Aussprache und in der Grammatik abgeändert (zumeist vereinfacht). Außerdem kamen im Lauf der Zeit neue Ausdrücke aus anderen Sprachen hinzu (Spanisch, Englisch), oder das kreolische Wort blieb bestehen, während sich das französische Vorbild veränderte. Da sich zudem Artikel, Pronomen, Pluralformen und Satzstellung vom Französischen erheblich unterscheiden, gilt das Créole als eine eigenständige Sprache.

Literatur

Trotz ihrer geringen Größe und nur kurzen literarischen Tradition haben die Kleinen Antillen eine Vielzahl begabter Autoren, darunter sogar mehrere **Literaturnobelpreisträger**, hervorgebracht, die teilweise in mehrere Sprachen, u. a. ins Deutsche, übersetzt wurden.

Dabei wurden nach dem Untergang der indianischen Kultur auf dem Gebiet der Literatur, Architektur oder Malerei zunächst nur europäische Vorbilder kopiert. Im Lauf der Zeit vermengten sich jedoch die unterschiedlichsten Einflüsse und bildeten teilweise eine eigenständige Formensprache.

Kaum eines der literarischen Talente lebt allerdings noch auf den Inseln der Kleinen Antillen. Bereits in jungen Jahren zog es die Schriftsteller auf der Suche nach Arbeit und Anerkennung in die großen Metropolen: So ging z. B. der auf Guadeloupe geborene **Saint-John Perse** (1887–1975) bereits mit zwölf Jahren fort, um in Paris, Peking und ab 1940 in den USA zu leben. 1960 erhielt er den Nobelpreis für Literatur.

Ab den 1930er-Jahren erlebten die Inseln einen regelrechten Schreibrausch. Die junge antillianische Literatur entstand mit der sogenannten **Négritude-Bewegung**. Zu deren Begründern gehörte u. a. der 1913 auf Martinique geborene **Aimé Césaire**. Auf ihrer Fahne standen die Rückbesinnung auf die afrikanische Kultur und die kritische Auseinandersetzung mit Kolonialismus und Neokolonialismus. Die jüngeren Autoren nehmen häufig Césaire zum Vorbild, um politisch ambitioniert und literarisch erfolgreich Stellung zu beziehen. Populär wurde vor allem Joseph Zobel aus Martinique mit seinem Roman „Die Straße der Negerhütten" (La Rue Cases-Nègres) von 1950.

George Lamming
(Fotografie von Carl van Vechten, 1955)

Internationale Bekanntheit erlangte auch **George Lamming** aus Barbados, geb. (* 1927 in Carrington Village, Saint Michael). Lamming war als Lehrer in Barbados tätig, bevor er als Exilarbeiter in einer Londoner Fabrik und als Moderator einer Literaturradiosendung des BBC auf den Westindischen Inseln arbeitete. 1953 wurde sein erster Roman „In the Castle of my Skin" veröffentlicht. Ein Jahr später folgte mit „The Emigrants" („Mit dem Golfstrom", 1956) die Fortsetzung der Geschichte, in der er seine Erlebnisse als karibischer Imigrant in Großbritannien thematisierte. Um die Problematik seines Lebens als farbiger Schriftsteller in Europa geht es in dem 1960 veröffentlichten Werk „Season of Adventures" („Zeit der Abenteuer", 1962). 1967 lehrte er am *Creative Arts Centre* der pädagogischen Fakultät der *University of the West Indies* (UWI) auf Barbadods. Außerdem war er als Dozent an Hochschulen in den USA, Australien, Dänemark und Tansania tätig. Mehrfach wurde Lamming für seine Verdienste um die Kultur seiner karibischen Heimat ausgezeichnet, zuletzt 2011 mit dem Hibiskus-Preis des kubanischen Künstlerverbandes *Unión Nacional de Escritores y Artistas de Cuba* (UNEAC).

Derek Walcott Square: der Hauptplatz in Castries (St. Lucia)

Der bedeutendste Literat der Gegenwart ist immer noch **Derek Walcott**. Der 1930 auf St. Lucia geborene Schriftsteller bekam 1992 den Nobelpreis für Literatur nach der Veröffentlichung seines Gedichtbandes „Omeros" (1990). Damit hatten die Kleinen Antillen ihren zweiten **Nobelpreisträger**. Stationen seines Lebenswegs waren das Studium in Jamaika sowie Journalistentätigkeit und Gründung eines Theaters auf Trinidad. Nach großen Erfolgen mit Theaterstücken und Gedichtbänden, die ihm in der englischsprachigen Welt den Beinamen „karibischer Homer" einbrachten, lehrte Walcott an verschiedenen Universitäten in den USA, Kanada und Großbritannien.

Nobelpreis

Die Kleinen Antillen können sich auch rühmen, den ersten Literatur-Nobelpreisträger des 21. Jhs. hervorgebracht zu haben. Der aus Trinidad stammende **V. S. Naipaul** zählt mittlerweile zum britischen Kultur-Establishment. Seine Reisen führten ihn in die indische Heimat seiner Eltern, nach Afrika, Südamerika, auf die Antillen und in den Orient. Der literarische Durchbruch gelang Naipaul 1971, als er für „Sag mir, wer mein Feind ist" den renommierten britischen Booker Prize erhielt. 1989 wurde er zum Ritter geschlagen.

Architektur

Angesichts der viel beschriebenen Hurrikans und Kolonialkriege könnte man meinen, die Kleinen Antillen böten keine besonderen architektonischen Attraktionen. Jedoch: Alle, die diesbezüglich Interesse haben, werden ein **Eldorado** vorfinden und eine gute Ausbeute an Fotos von ästhetisch ansprechenden und liebevoll gepflegten Bauwerken mit nach Hause nehmen.

So hat jede Hauptstadt der englischsprachigen Leeward Islands mindestens ein hoch gelegenes Fort. Besonders Frankreich hat sein Schutzbedürfnis und seinen Machtanspruch in imponierenden Festungsanlagen dokumentiert, von denen viele später von den Briten übernommen und umgebaut worden sind. St. George's auf Grenada kann davon sogar vier vorweisen, die Stadt und Hafen beschützten und heute für einen fantastischen Panoramablick gut sind.

Festungsanlagen

Die **Sakralarchitektur** stellt sich mit offenen Dachstühlen aus Holz und georgianischen oder neugotischen Stilmerkmalen überall als typisch britisch dar. Gute Beispiele dafür findet man in den elf Gemeindekirchen von Barbados, aber auch in St. George's auf Grenada und auf St. Lucia in Castries.

Ebenso wie die Kirchen sind die repräsentativen öffentlichen Bauten meist im georgianischen, viktorianischen oder neugotischen Baustil gehalten, wie die beiden neogotischen „Parliament Buildings" in Bridgetown (Barbados). Die einfachen Wohnhäuser der englischen Kolonialarchitektur sind oft weiß oder pink gestrichene Holzbauten auf einem Steinsockel. Ein weitgehend erhaltenes **Stadtbild wie zu Kolonialzeiten** bietet St. George's auf Grenada. Aufwendig gestaltete Bürger- und Landhäuser (*great houses*) findet man im gesamten britischen Einflussbereich. In den Plantagenhäusern auf Barbados hat sich die Wohnkultur der Zuckerbarone am besten erhalten.

Der wichtigste Beitrag der Franzosen zur antillianischen Baukunst ist die Entwicklung der **kreolischen Architektur**. Ihre schönsten Beispiele sind die Plantagenhäuser, Villen und reichen Bürgerhäuser, sie beeinflusste aber genauso die Bauweise der übrigen Bevölkerung. Charakteristisch ist das Material, nämlich weiß oder bunt gestrichenes (Edel-)Holz, und eine verschwenderische Vielfalt in der ornamentalen Dekoration. So sieht man auf den Dachfirsten verzierte Leisten, filigrane Dachreiter und hölzerne Gitterwerke, desgleichen unterhalb der Dächer, an Türen und an Fenstern. Die größeren Plantagenhäuser der alten Zuckerbarone haben fast alle eine herrliche, oft zweistöckige Veranda, baldachinverzierte Fenster und Freitreppen mit schmiedeeisernen Brüstungen. Viele sind außerdem von einem schönen Park umgeben.

Holz und Ornamente

Die offen gehaltenen Abdachungen schützen gleichermaßen vor Sonne und Regen und gestatten daneben eine ungehinderte Luftzufuhr. Diese „kreolische Architektur" hat Einzug auf fast allen Inseln gehalten, so auch auf den britisch beeinflussten. Kirchen und repräsentative öffentliche Gebäude (Präfekturen, Justizpaläste, Rathäuser) sprechen meistens die Sprache des Empire und der Neogotik.

Bildende Kunst

Prähistorische Kunst

Die beeindruckende originär karibische Kunst findet man in den Felsmalereien oder **Steinritzungen** (*Petroglyphen*) der verschiedenen prähistorischen Indianerstämme. Das Spektrum der Darstellungen reicht von bloßen Ornamenten und geometrischen Anordnungen über fratzenähnliche Gestalten, die Götter abbilden könnten. Ihr genaues Alter lässt sich nicht bestimmen, doch überzeugt die Klarheit der Umrisse, die sichere Wahl der Farben und ihre durchdachten Kompositionen. Beispiele dafür kann man auf den meisten Inseln antreffen, oft allerdings versteckt und nicht touristisch erschlossen.

Llewellyn Xavier aus St. Lucia

In der Kolonialzeit schmückten einige Künstler Kirchen und Herrensitze mit Skulpturen, Reliefs und Malereien aus, die dem Zeitgeschmack entsprachen und sich an europäischen Vorbildern orientierten. Zumeist wurde Kunst jedoch direkt aus den Mutterländern importiert. Heutzutage gibt es weit mehr Originalität in der Bildenden Kunst. Zwar gibt es – gerade in den touristischen Hochburgen – eine Vielzahl von Galerien, dort werden aber hauptsächlich Landschaftsmalereien, karibische Portraits und manchmal auch Dekorativ-Abstraktes ausgestellt.

Der auf St. Lucia lebende Maler **Llewellyn Xavier** (geb. 1945) symbolisiert das neue Selbstbewusstsein auf den Antillen. 1962 begann er auf Barbados eine Ausbildung in der Landwirtschaft, wendete sich aber schnell der Kunst zu. Seinen Durchbruch feierte er bereits mit seiner ersten Ausstellung. Ab 1968 lebte Xavier in England. 1979 war er dann an der *School of the Museum of Fine Arts* in Boston eingeschrieben, bevor er für einige Zeit nach Montreal ins Kloster ging. Xavier kehrte dem Klosterleben jedoch wieder den Rücken zu, heiratete und ging 1987 nach St. Lucia zurück, wo er noch heute lebt. Berühmt ist er vor allem für seine Recycling-Collagen mit dem Titel *Global Council for Restoration of the Earth's Environment* (1993), sowie für seine Ölgemälde, bei denen er die Farbmasse wie Butterflocken auf die Leinwand bringt. Zunehmend verweist er in seiner Kunst, so wie er es auf seiner Heimatinsel St. Lucia stetig tut, auf die **Gefährdung der Natur** durch den Menschen.

Musik – Calypso, Karneval und Steelbands

Wenn von einem „karibischen Kaleidoskop" die Rede ist, gehören die Themen Musik und Karneval selbstverständlich dazu – sind sie es doch, die das landläufige Bild vom überschwänglichen Lebensrhythmus der Antillen geprägt haben. Wer Musikalität und karnevalistische Lebensfreude auf den Inseln erwartet, wird nicht enttäuscht werden – nach Sonnenuntergang ertönen in so manchem Ort die Klänge der **Steelbands**, die für ihren Auftritt in einem der Hotels oder auch für einen örtlichen Wettbewerb üben. Zwar wird der Musikgeschmack der jungen Leute wie fast überall auf der Welt durch die internationalen Charts bestimmt – in denen wiederum die aus Barbados stammende Sängerin **Rihanna** seit Jahren sensationelle Erfolge feiert –, doch eine gewisse Art von Folklore wird nach wie vor generationenübergreifend kultiviert.

Karibische Lebensfreude

Hinzu kommen Reggae, Rap und vor allem Soca als moderne Trends, denen eine ganze Generation anhängt. Während der **Reggae** aus Jamaika stammt und zusammen mit der Rasta-Bewegung auch auf den Kleinen Antillen Einzug in alle Bevölkerungsschichten und Altersgruppen gehalten hat, ist der Sprechgesang des **Rap** eine US-amerikanische Richtung, die aus den schwarzen Ghettos der Millionenstädte heraus ihren Siegeszug antrat. Beiden gemeinsam sind der Ursprung aus einer unterprivilegierten Schicht und eine Botschaft, die soziale Anklage und zugleich Ausdruck schwarzen Selbstbewusstseins ist.

Originär karibisch hingegen ist Soca. Wie viele andere musikalische Stilrichtungen nahm Soca seinen Ausgang in Trinidad und hat sich schnell über Barbados bis nach Jamaika verbreitet. Soca, eine Abkürzung für „Soul of Calypso", ist eine modifizierte, modernere Form des traditionellen Calypso. Der Sound des Calypso wird durch Schlagzeug, Bläsersätze und E-Gitarren bestimmt, und die Texte können sehr direkt oder wenigstens sehr zweideutig sein. Heutzutage gibt es jedenfalls keine Party, keine Disko und keinen Musiksender auf den Antillen, der nicht wenigstens einige Stücke im englischen Soca – oder in der kreolischen Variante Zouk – spielt.

Wurzeln in der Sklaverei

Letzten Endes ist aber auch Soca nur eine Form einer karibischen Volksmusik, deren Wurzeln in der Zeit der Sklaverei liegen und die aus dem Zusammentreffen der rhythmischen afrikanischen Chorgesänge mit dem Musikverständnis der europäischen Sklavenhalter (Briten, Niederländer, Franzosen, Dänen, Schweden) entstand. Während in Nordamerika eine ähnliche Konstellation zum Blues und weiter zum Jazz, Rock'n'Roll und zum modernen Rock führte, wurde auf den Westindischen Inseln eine ganz eigene musikalische Ausdrucksweise geschaffen, die eine ebenso **vielfältige Entwicklung** nahm und unterschiedliche Stilarten hervorbrachte, außerdem auch immer wieder vom Jazz, Blues, Rock usw. zusätzlich befruchtet wurde. Dazu fand diese Musik – weit mehr als alle anderen Formen karibischer Kunst und Kultur – relativ schnell Verbreitung über die räumlichen Grenzen Westindiens hinaus. Der auf Grenada produzierte Soca wird „Jab Jab"-Soca genannt.

Lange Zeit waren für die Sklaven Musik und Tanz die einzige Möglichkeit, ihre Traditionen zu bewahren und ihrer Religiosität Ausdruck zu verleihen. Die weißen Herren versuchten zwar, alles Heidnische daran auszurotten, bildeten ihrerseits aber **Sklavenorchester**, die zur Freude und Belustigung kolonialer Gesellschaften zum Tanz aufspielen mussten. Auf diese Weise kamen afrikanische und europäische Ideen zusammen, und eine neue Musik entstand, die besonders nach der Sklavenbefreiung in ihrer Kreativität und Ausdrucksstärke geradezu explodierte: Der **Calypso** war geboren.

Das Wesen des Calypso sind **improvisierte Gesänge** in kreolischer Sprache, die Ereignisse oder Situationen zum Inhalt haben und diese in spöttischer Weise darstellen. Bei der Sklavenarbeit verhöhnten Gruppen von Zuckerrohrschneidern mit einem Vorsänger die Bemühungen der konkurrierenden Gruppen oder machten sich über ihre Herren lustig. Ähnlich verfuhr man später bei den Karnevalsumzügen, als Politiker, Geistliche, lokale Berühmtheiten oder aktuelle Geschehnisse durch die Dichtung aus dem Stegreif mittels Calypso kommentiert wurden. Auf diese Weise hatte der Gesang auch eine kommunikative Funktion, indem sich alle Zuhörer (die im Normalfall Analphabeten waren oder keine Zeitungen besaßen) über aktuelle Ereignisse informieren konnten.

Kommunikative Funktion

Eine Veränderung trat ein, als 1899 auf Trinidad erstmals ein **Calypso in englischer Sprache** gesungen wurde und die Trommeln, die den Gesang anfänglich nur begleiteten, von den Briten verboten wurden und durch andere Instrumente ersetzt werden mussten. Der durch Gitarren, Rasseln, Rhythmusstöcke und Xylophone melodischer gewordene Calypso erregte nun auch die Aufmerksamkeit der Weißen. Vor allem nach dem Ersten Weltkrieg wurde Nordamerika von einer echten Calypso-Welle erfasst, in den USA u. a. gefördert von Bing Crosby und verbreitet durch die neuen Medien Rundfunk und Schallplatte. 1944 brachten die Andrew Sisters ihr „Rum and Coca-Cola" heraus, und kaum zehn Jahre später betrat **Harry Belafonte** („Day-O [The Banana Boat Song]") die Bühne. Mit ihm kam der ganz große internationale Durchbruch der Calypso-Musik, und im Zuge dieses Booms landeten auch viele andere karibische Gruppen Hits. Auf Barbados geht die in den 1960er-Jahren

Auftritt einer Steelband auf dem St. Lucia Jazz Festival

von Jackie Opel begründete Popmusik Spouge auf den Calypso Trinidads und den jamaikanischen Ska zurück. Heutzutage hat Calypso immer noch seine Bedeutung, nicht zuletzt beim **Karneval**, ist allerdings mehr und mehr zur Radiomusik und zur Touristenunterhaltung geworden.

Untrennbar mit der Geschichte des Calypso verbunden sind die **Steelbands**, die ihren Ursprung ebenfalls in Trinidad haben. Nachdem die Briten, denen der ungezügelte Charakter und der sozialkritische Grundton der neuen Musik langsam zu viel wurden, einfach die Trommeln als deren wichtigste Begleitinstrumente verboten hatten, musste Ersatz gefunden werden. Ende der 1930er-Jahre kam ein findiger Kopf namens **Ellie Mannette** auf die Idee, die überall herumliegenden ausrangierten Ölfässer in unterschiedliche Längen zu zersägen. In die Deckelflächen trieb er eine Anzahl von Feldern, die von der Kreismitte aus angeordnet sind und die beim Schlagen mit einem Stock verschiedene Töne ergeben. Mit Hammer und Meißel konnten die Ölfässer – sogenannte *pans* – sogar gestimmt werden. Diese Idee verbreitete sich von Trinidad aus in Windeseile über die ganze Karibik und wurde technisch zunehmend perfektioniert. Heute stellen die *pans* sehr weit entwickelte Musikinstrumente dar. Es gibt „*bass pans*" mit drei oder vier Tönen, „*cello pans*" mit fünf oder sechs, „*guitar pans*" mit 14 und „*tenor*" oder „*ping pong pans*" mit 26 bis 32 Noten. Im Zusammenspiel wird dabei ein herrlich voller, tiefer und melodischer Klang erzeugt, mit dem praktisch alle Melodien (selbst klassische Musik) spielbar sind.

Trommelverbot

Farbenfroh und lässig-elegant ist der Dresscode für Feste und Festivals

Die Steelbands sind unterschiedlich mit den einzelnen *pans* ausgestattet. In den Hotels spielen zur Unterhaltung der Touristen meist weniger als zehn Musiker, aber selbst diese verstehen es, einen Klangzauber zu erzeugen, dem man sich nur schwer entziehen kann. Auf Dorf- und Straßenfesten treten i. d. R. mehr als 20 Musiker auf, und bei besonders großen Orchestern schlagen bisweilen 30 Musiker allein je zwei *tenor pans*, wozu noch jeweils zehn Musiker für die *bass*, *cello* und *guitar pans* kommen – also ein äußerst stattliches Aufgebot von 60 Musikern mit 90 Fässern.

Riesige Orchester

In fast jedem größeren Hotel wird abends zu den Klängen einer Steelband eine Art weiteres „karibisches Wahrzeichen" aufgeführt: der **Limbo**. Darunter versteht man eine Mischung aus Tanz und Artistik, bei der ein Tänzer immer wieder unter einer immer tiefer gehängten Holzlatte hindurch balanciert, ohne sie oder den Boden zu berühren. Häufig wird der Stab auch noch angezündet, wenn er auf der untersten Sprosse angelangt ist.

Wie Musik und Tanz ist auch der **Karneval** eine Folge historischer Prozesse, bei denen die Sklaverei eine große Rolle spielte – und beide, Musik und Karneval, sind nicht voneinander zu trennen. Den Karneval selbst brachten katholische Europäer auf die Antillen. Die afrikanischen Sklaven wiederum kannten Umzüge und Masken aus eigenen religiösen Riten. Nach der Sklavenbefreiung verwandelte die schwarze Bevölkerung den Karneval von einem europäisch-vornehmen Bankett-Geschehen in ein **brodelndes Straßenfest**, das in zynischer oder ironischer Weise die Mächtigen verspottete, ebenso gut aber allgemein menschliche Schwächen und den Kampf der Geschlechter aufs Korn nahm.

Dass solche Straßenfeste nicht nur dem Tanz und den Calypso-King-Wettbewerben gewidmet waren, sondern auch als **Ventil für den Unmut** über soziale Ungerechtigkeiten dienten, beweist die Tatsache, dass es dabei nicht selten zu Ausschreitungen bewaffneter Banden kam.

Karneval im Sommer

Häufig wird der Karneval **Ende Juli/Anfang August** gefeiert, so auch auf Barbados, St. Lucia und Grenada. Auf der Gewürzinsel Grenada feiern die Bewohner das *Spicemas* genannte Fest in der ersten Augustwoche. Bereits Wochen vorher fiebern die Bewohner mit Musikwettbewerben, Prämierungen und Auftaktveranstaltungen dem Hauptfest des Jahres ungeduldig entgegen. Das „Crop Over"-Festival auf Barbados geht auf das Jahr 1688 in der Kolonialzeit zurück, feierte ursprünglich das Ende der Zuckerrohrernte und findet wochenlang von Juni bis zur großen Parade Anfang August statt.

Die Bedeutung des Karnevals auf Barbados ist mit dem in Rio oder Trinidad zu vergleichen. Auf St. Lucia fand der Karneval traditionell vor Beginn der Fastenzeit statt, wurde aber in den 1990er-Jahren in den August gelegt, um die sonst eher schwächer besuchten Sommermonate für Touristen attraktiver zu machen. Zudem wollte man nicht mit dem die Region beherrschenden Karneval auf Trinidad in Konkurrenz treten.

Günstig und gut: die lokalen Gerichte in den Garküchen

Essen und Trinken auf den Antillen

Wer möchte, kann sich in den touristischen Zentren natürlich mit Pizzen, Sandwiches und Hamburgern durchschlagen oder Restaurants mit internationaler Küche wählen. Das wäre jedoch mehr als schade, denn gerade auf kulinarischem Gebiet haben die Kleinen Antillen einiges zu bieten. Eigentlich ist das auch nicht weiter verwunderlich, denn wenn man die Geschichte kennt und weiß, aus welchen Ecken der Erde die karibische Bevölkerung ursprünglich kommt, dann liegt die Schlussfolgerung nahe, dass Einflüsse u. a. aus Afrika, Frankreich, Indien, Spanien und China für schmackhafte Bereicherungen sorgen. Mit Fug und Recht kann man die Karibik als „**kulinarischen Schmelztiegel**" bezeichnen, wobei jede Insel ihre eigenen Vorlieben und Spezialitäten kennt. Von einer einheitlichen „karibischen Küche" kann man daher kaum sprechen – weder beim Essen noch beim Trinken.

Unterschiedliche Einflüsse

Speisen

Das Verführerische an den nationalen Gerichten kann man beim samstäglichen Bummel über einen beliebigen **Markt** der Kleinen Antillen mit Händen greifen, sehen und riechen: Da steigen einem prickelnd die Aromen der Würzmischungen in die Nase, da sieht man Fische und Meeresfrüchte aller Größen und Farben, da türmen sich bekannte und unbekannte Früchte oder Gemüsesorten zu regelrechten Pyramiden. Gewürzt wird in der Karibik – wie überall in heißen Ländern – recht ordentlich: mit Muskat, Anis, Thymian, Zimt, Nelken, Pfeffer, Knoblauch, Chili, Piment oder Ingwer. Dabei wird das Essen aber nie so scharf wie in Süd- oder Südostasien zubereitet.

Farben und Düfte

Frisch aus dem Meer

Da die Antillen ein Inselparadies sind, stehen **Fische und Meeresfrüchte** als kulinarische Spezialitäten an erster Stelle. Ob Fliegender Fisch auf Barbados oder Krabben auf Grenada – immer darf man sich auf fangfrische und exquisite Gaumenfreuden einstellen. Eine weit verbreitete Spezialität ist die Meeres- bzw. Trompetenschnecke, im Englischen *conch* und im Créole *lambi* genannt.

Tipp

Wann immer es geht, sollte man die einheimischen **Garküchen** aufsuchen, in denen lokale Gerichte angeboten werden. Meist liegen mehrere Küchen direkt nebeneinander, jede hat ihre eigene Spezialität. Die Gerichte kann man sich einpacken lassen oder direkt vor Ort verzehren. Die Preise sind sehr günstig.

Hinsichtlich Wild-, Geflügel-, Ziegen-, Schweine- und Rindfleisch sind viele Inseln Selbstversorger und haben deshalb eine lange Tradition in der Zubereitung. Geradezu legendär ist der karibische **Pepperpot**, ein Eintopfgericht aus Schweinefleisch bzw. Cornedbeef, Zwiebeln, verschiedenen Gemüsen, Pfeffer und Tomaten, für das jeder Ort und jede Köchin eigene Rezepte besitzen.

Als Beilagen werden gerne Reis (ein Erbe der spanischen und indischen Küche), Süßkartoffeln (*batata* oder *kassava*) und Gemüse serviert – z. B. Kochbananen, Brotfrucht oder Okra. Als Dessert und erfrischende Strandkost bietet die unglaubliche Vielfalt an Früchten für jeden Geschmack mehr als genug.

Getränke

Die vielen karibischen Früchte sind es auch, die den **Cocktails**, aber auch den **Obstsäften** und anderen nicht-alkoholischen Getränken Frische und vollen Geschmack verleihen. Oft wird am Strand kalte **Kokosmilch** (*coco frio*) oder frisch gepresster Orangensaft angeboten. Selbst normales Wasser ist auf einigen Inseln eine Köstlichkeit, etwa auf Barbados, durch dessen kalkhaltigen Boden der Regen bis zur völligen Reinheit gefiltert wird. Weitere wohlschmeckende Durstlöscher sind Eistee oder Ingwerbier (*maubi*). Daneben gibt es natürlich alle international bekannten Soft-Drinks.

Lokale Brauereien

Zu den Mahlzeiten, nach Feierabend oder auf Festen trinkt man in der gesamten Karibik jedoch hauptsächlich **Bier** – und das nicht zu knapp! Man sollte durchaus auch die jeweils lokalen Biere probieren – sie brauchen sich geschmacklich nicht zu verstecken und sind sämtlich mehrfach ausgezeichnet worden. Häufig wird auf den Kleinen Antillen in Lizenz gebraut: Auf Grenada etwa ist Guinness mit seinem Satzenbrau vertreten, Carlsberg hat einige Brauereien in der Region, und auf den niederländischen Antillen ist Heineken zu Hause. Daneben hat jede Insel ihre eigene Marke: Auf St. Lucia ist es Piton, Banks auf Barbados und Carib auf Grenada. Das Nationalgetränk der Karibik ist jedoch der Rum, den man pur, mit Früchten oder als berühmten Planter's Punch (bzw. Planteur) genießt.

Wie entsteht Rum?

info

Rum ist ein **Destillat** der bitter schmeckenden Melasse, die als Abfallprodukt beim Auspressen des Zuckerrohrs entsteht. Die zähflüssige Melasse wird von den Zuckerfabriken in großen Tankwagen zu den Destillerien gefahren, dort mit einer Gärhefe versehen und in große offene Becken gegossen. Bereits nach wenigen Tagen setzt die Gärung ein, und ein Alkoholgehalt von fünf bis sechs Prozent ist erreicht.

Diese immer noch dicke Flüssigkeit wird nun mit Wasser verdünnt (je besser das Wasser, desto besser später die Rum-Qualität) und destilliert. Das Produkt ist der junge, noch weiße Rum, der z. T. schon in Flaschen abgefüllt wird und später beim Planter's Punch Verwendung findet. Der Rest des weißen Rums wird in Eichenfässern gelagert. Da diese innen ausgebrannt sind und Zusatzstoffe hinzugefügt werden (z. B. Karamel), bekommt das Getränk im Lauf der Zeit sein volles Aroma und seine bräunliche Färbung. Nach einer Lagerzeit von mindestens zwei Jahren kann der braune Rum erstmals auf Flaschen gezogen werden. Ein guter Rum braucht jedoch schon fünf Jahre und ein ausgezeichneter **mehr als zehn Jahre** – erst dann erhält er das Gütesiegel VSOR (very special old rum). Dieses Getränk ist natürlich für Cocktails zu schade, es sollte ausschließlich pur genossen werden.

Für den fruchtig-wohlschmeckenden **Planter's Punch** verwendet man möglichst weißen Rum und mixt ihn mit Lime Juice und Zuckersirup. Nach einem anderen Rezept nimmt man Ananas- und Orangensaft plus ein wenig Pampelmuse, wobei die Fruchtsäfte mindestens die doppelte Menge des Rums ausmachen sollten. Dazu kommen noch viel gestoßenes Eis (oder Eiswürfel), ein Spritzer Angosturabitter, eine Prise Muskatnuss (oder Zimt) und vielleicht auch eine Maraschino-Kirsche oder Bananen- bzw. Orangenstücke.

Rum gibt es auf den Antillen an jeder Straßenecke zu kaufen und erfreut sich außerordentlicher Beliebtheit, sodass man in Abwandlung eines Sprichworts durchaus behaupten kann: „Rum ist in der kleinsten Hütte." Für Touristen eignen sich die besseren Marken gut als Mitbringsel, zumal sie recht preiswert sind. *Mitbringsel*

Auf Barbados tauchte das Getränk im 17. Jh. als „**rumbullion**" zum ersten Mal auf. Als Mitbringsel eignet sich besonders Mount Gay, der auf Barbados produziert wird, von hoher Qualität und recht günstig ist. Auf St. Lucia trinkt man Bounty oder Chairman's Reserve. Auf Grenada sind die Rum-Destillerien River Antoine und Clarks Court noch aktiv.

Während Barbados für sich in Anspruch nimmt, nicht nur den ersten, sondern bis heute auch den besten Rum zu destillieren, haben die Norddeutschen offensichtlich immer schon der grenadinischen Konkurrenz den Vorzug gegeben – nicht umsonst besagt eine populäre Erklärung, dass der „Grand Rum of Grenada" (kurz: G.R.O.G.) im Namen eines beliebten Heißgetränks zu besonderen Ehren kam.

2. BARBADOS, ST. LUCIA UND GRENADA ALS REISEZIEL

Allgemeine Reisetipps A–Z

 Hinweis

In den **Allgemeinen Reisetipps** finden sich – alphabetisch geordnet – reisepraktische Hinweise für die Vorbereitung Ihrer Reise und für Ihren Aufenthalt im Reisegebiet. **Regionale Reisetipps** – Infostellen, Sehenswürdigkeiten, Einkaufs- und Sportmöglichkeiten etc. – finden sich ab S. 104 bei den jeweiligen Inseln und Routenbeschreibungen. Alle Angaben über Preise, Telefonnummern, Websites, Öffnungszeiten etc. waren zum Zeitpunkt der Drucklegung gültig, sind aber konstant Änderungen unterworfen.

Anreise

▸ Per Flugzeug

Internationale Flüge

Barbados, St. Lucia und Grenada verfügen jeweils über einen internationalen Flughafen und werden direkt von Europa aus angeflogen. **Direktflüge** von Frankfurt a. M. nach Barbados, St. Lucia und Grenada dauern in der Regel zwischen neun und zehn Stunden.

Innerkaribisch führen alle Flugverbindungen zwischen den drei Inseln über Barbados und den internationalen Flughafen **Grantley Adams** (☏ +1-246-418-4242, www.gaia.bb). Dieser liegt im Süden der Insel, rund 20 Minuten von der Hauptstadt Bridgetown entfernt. Barbados ist eine der großen Drehscheiben für den innerkaribischen Luftverkehr und gut ans internationale Flugnetz angebunden, allerdings sind die Flüge zu Weihnachten und zur Hochsaison oft überbucht.

St. Lucia verfügt über zwei Flughäfen. Der größere ist der im Süden der Insel gelegene **Hewanorra International Airport** (☏ +1-758-452-1156, www.hewanorrainternationalairport.com) in Vieux Fort, ca. 64 km von der Hauptstadt Castries entfernt. Im Norden landen drei Kilometer nördlich der Inselhauptstadt auf dem **George F. L. Charles Airport** (☏ +1-758-454-6355, www.georgeflcharlesairport.com) kleinere Flugzeuge für innerkaribische Strecken (Liat, Caribbean Star).

Auf **Grenada** verfügt der einige Kilometer südlich von St. George's an der Südwestspitze gelegene **Maurice Bishop International Airport** (☏ +1-473-444-4555, www.mbiagrenada.com) über alle üblichen Einrichtungen einschließlich Restaurant. Von dort aus sind es zehn Fahrminuten bis zu den Hotels der Grand Anse Bay.

Condor (www.condor.com) hat von Deutschland aus vor Air Berlin das größte Langstreckenangebot in die Karibik. Barbados wird ganzjährig, St. Lucia und Grenada werden in der Wintersaison direkt angeflogen:

- **Barbados**: von November bis März dreimal pro Woche, Di über Manchester, Do über Grenada, Sa über München und Tobago; im März zweimal pro Woche (Di und Do); von April bis November immer Di
- **St. Lucia**: von November bis März Di und Do; im April 2017 Di
- **Grenada**: von November bis März jeden Do, per Direktverbindung auf dem Hinflug und über Barbados auf dem Rückflug

Die Kleinen Antillen sind ein Ganzjahresziel – es gibt kaum saisonale Schwankungen bei den Flugpreisen

Wer von Deutschland aus mit **British Airways** (www.britishairways.com) auf die Antillen fliegt, muss in der Regel eine Übernachtung in London einplanen, am besten direkt an einem der Flughäfen. Jeden Morgen starten in London-Gatwick Direktflüge nach Barbados, St. Lucia und Grenada. Wer aus Deutschland kommt, muss bereits einen Tag zuvor nach London fliegen, um den Morgenflug auf die Antilleninseln zu bekommen. Eine Möglichkeit ist, einen Abendflug von dem jeweiligen deutschen Flughafen aus nach London zu wählen, anschließend den Bus-Shuttle von London-Heathrow nach London-Gatwick zu nehmen und sich direkt in Gatwick am Flughafen im Hotel einzuquartieren. Am nächsten Morgen geht es dann weiter nach Barbados, St. Lucia oder Grenada. Diese Variante ist gut zu bewältigen, aber im Vergleich zu einem Condor-Flug teurer, zudem sind die BA-Flüge während der Ferienzeiten in Großbritannien schnell ausgebucht.

Die Flüge mit **American Airlines** (www.americanairlines.de) sind in der Regel günstiger als die von British Airways, führen aber ebenfalls über London-Heathrow und erfordern einen Overnight-Zwischenstopp in Miami. Hinzu kommt, dass man ein kostenpflichtiges US-Visum benötigt (*siehe auch „Einreise“*). Am nächsten Tag geht es dann weiter zu den Antillen-Inseln. Auch **Virgin Atlantic** (www.virgin-atlantic.com) steuert von London-Heathrow aus Barbados, St. Lucia und Grenada an.

Auf den Inseln der Kleinen Antillen ist immer Saison, daher variieren die **Flugpreise** nur leicht zwischen der europäischen Winter- und Frühlingszeit von Dezember bis April und der touristisch ruhigeren Zeit von Mai bis November.

Innerkaribische Flüge

Wer sich zwischen den Inseln bewegt, fliegt mit den kleinen Propellermaschinen der regionalen Fluggesellschaften. Die kurzen Flüge bieten fantastische Sicht aus der Vogelperspektive auf die Inselwelt.

Die wichtigsten regionalen **Fluggesellschaften** und ihre Verbindungen zwischen den drei Inseln sind:

Air Antilles Express	www.airantilles.com	Guadeloupe	fliegt von St. Lucia vor allem auf die französischen Antillen: Martinique, Guadeloupe, St. Martin, St. Barthélemy
Air Caraibes	www.aircaraibes.com	Guadeloupe	fliegt von St. Lucia vor allem auf die französischen Antillen: Martinique, Guadeloupe, St. Martin, St. Barthélemy
Caribbean Airlines	www.caribbean-airlines.com	Trinidad and Tobago	bietet Flüge zwischen den Inseln an, die allerdings immer über Port-of-Spain (Trinidad) führen und entsprechend lange dauern
Liat	www.liat.com	Antigua	Fluglinie mit den meisten Verbindungen und Flügen im Raum der Kleinen Antillen; verbindet natürlich auch Barbados, St. Lucia und Grenada, Direktverbindungen St. Lucia–Grenada gibt es allerdings nicht (immer über Barbados oder über St. Vincent)

▸ Per Schiff

Über 450.000 Besucher kommen jährlich im Rahmen einer **Kreuzfahrt** nach Barbados. Meist liegen gleich mehrere Kreuzfahrtschiffe im Hafen von Bridgetown, der sich gut einen Kilometer westlich der Inselhauptstadt befindet. Von hier aus geht es je nach gewählter Reiseroute zu den Grenadinen, den Windward Islands, den Leeward oder Treasure Islands. Der Haupthafen von St. Lucia ist Castries. Hier legen am Pointe Seraphine die Kreuzfahrtschiffe und die Schnellfähre (L'Express des Iles, ☏ 0825-359-000 oder +33-596-596-420405, www.express-des-iles.com) an. Letztere bedient die Strecke St. Lucia–Martinique–Dominica–Guadeloupe. Der Hafen in Vieux Fort wird vor allem von Containerschiffen angelaufen. Grenada ist auf dem Wasserweg schlecht zu erreichen, es sei denn, man besitzt eine private Jacht oder hat eine Kreuzfahrt gebucht. Fährverbindungen gibt es nach Carriacou und Petit Martinique.

Wer Zeit, Lust und einen Hauch Pioniergeist hat, kann auch heute noch mit dem **Frachtschiff** oder mit den legendären „Bananendampfern" den Atlantik in Richtung Kleine Antillen überqueren. Dabei muss man auf Kabinenkomfort keineswegs verzichten. Die wenigen Schlafplätze sind jedoch oftmals schon weit im Voraus ausgebucht. Zudem werden nur Nachbarinseln (Guadeloupe und Martinique) von Barbados, St. Lucia und Grenada angesteuert, von denen es dann per Flugzeug oder Fähre ins Zielgebiet geht.
Infos z. B. unter http://frachtschiffreisen-pfeiffer.de oder www.hamburgsued-frachtschiffreisen.de.

Ist man erst einmal auf den Kleinen Antillen angekommen, kann man auch mit der **Schnellfähre** von L'Express des Iles (www.express-des-iles.com) von Guadeloupe, Dominica oder Martinique nach St. Lucia und dann per Flugzeug weiter nach Barbados und Grenada reisen.
Im Staat Grenada verkehrt die Schnellfähre Osprey (☏ +1-473-440-8126, www.ospreylines.com) nach Carriacou.

Auskunft

Allgemeine Informationen zu allen Zielen in der Karibik (Unterkünfte, Anreise, Sehenswertes etc.) gibt es online bei der **Arbeitsgemeinschaft Karibik e. V.** (www.karibik.org) und bei der **Caribbean Tourism Organisation** (www.caribbeantravel.com, www.onecaribbean.org).

Info-Stellen in Europa
Barbados: Barbados Tourism Authority, c/o Aviareps Tourism GmbH, Josephspitalstraße 15, 80331 München, ☏ 089-552-533834, www.visitbarbados.org, www.barbados.org
Grenada: Discover the World, Schenkendorfstr. 1, 65187 Wiesbaden, ☏ 0611-267-6720, grenada@discover-fra.com, www.grenadagrenadines.com
St. Lucia: St. Lucia Tourist Board, Kälberstücksweg 59, 61350 Bad Homburg, ☏ 06172-499-4138, www.jetzt-saintlucia.de und www.my-stlucia.org

Info-Stellen vor Ort
Die Öffnungszeiten der lokalen Touristenbüros sind von Insel zu Insel unterschiedlich und können sich auch spontan ändern. Die Telefonnummern und Adressen der einzelnen Anlaufstellen finden sich in den Reisepraktischen Informationen zu den jeweiligen Inseln.

Ausreise

Bei der Ausreise fällt eine **Airport/Departure Tax** an. Diese Flughafen- und Sicherheitsgebühr ist in örtlicher Währung oder in US-Dollar zu entrichten. In der Regel ist sie bereits im Ticketpreis enthalten. Wer die Insel per Schiff verlässt, muss den Betrag in bar bezahlen. In Barbados beträgt die Departure Tax 55 BB-$/27 US-$, in St. Lucia 33 EC-$/13 US-$ und in Grenada 60 EC-$/22 US-$.

Abgesehen von den Zoll- und Drogenbestimmungen unterliegt die Ausreise keinen besonderen Auflagen. Bei der Aus- und Weiterreise innerhalb der Kleinen Antillen muss man sein Rückflugticket nach Europa bereithalten.

Rückbestätigungen des transatlantischen Rückfluges sind heute in der Regel nicht mehr erforderlich. Wer die Gelegenheit dazu hat, kann einen Blick auf die Website der Airline werfen oder sich eine Benachrichtigung aufs Smartphone schicken lassen. Bei Pauschalreisen wird man in der Regel von der Reiseagentur informiert. Immer häufiger wird 48 bis 24 Stunden vor Abflug ein **Online-Check-in** erbeten, bei dem man seine Sitzplätze reservieren kann (und sollte). Am Flughafen wird dann nur noch das Gepäck abgegeben. Wer nicht online einchecken kann, hat am Flughafen meist nur noch sehr eingeschränkte Platzwahl. Zudem sollte für die Bedienung der Check-in-Automaten vor Ort mehr Zeit eingeplant werden.

Autofahren

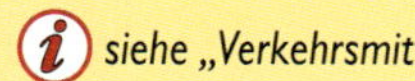
siehe „Verkehrsmittel"

Behinderte

Flugzeuge und Kreuzfahrtschiffe sind zum größten Teil auf die Bedürfnisse von Reisenden mit Handicap eingestellt. Somit gibt es auf der Anreise zu den Kleinen Antillen normalerweise keine Probleme. Vor Ort wird es hingegen schwieriger. Es gibt nur wenige Hotels, die rollstuhlgerecht ausgestattet sind. Zudem sind in den Orten kaum ausreichende Gehwege vorhanden oder diese sind mit sehr hohen Bordsteinkanten versehen. Allerdings besteht eine sehr **große Hilfsbereitschaft** der Inselbewohner, Menschen mit Behinderung zu unterstützen.

Diplomatische Vertretungen

Die aktuellen Adressen und Telefonnummern der diplomatischen Vertretungen auf den Kleinen Antillen findet man im Internet unter www.auswaertiges-amt.de, indem man zunächst auf „Reise und Sicherheit" klickt und dann aus der alphabetischen Liste den Namen der jeweiligen Insel heraussucht.

▸ Diplomatische Vertretungen in Europa
Honorarkonsulat von Barbados, Seitzstraße 9–11, 80538 München, ☏ 089-215-78630
Honorarkonsulat von St. Lucia, Weidebornweg 21, 61348 Bad Homburg, ☏ 06172-302-324

Grenada hat keine diplomatische Vertretung mehr in Deutschland oder Europa. Die Adresse in den USA lautet: **Embassy of Grenada**, 1701 New Hampshire Ave. NW, Washington, DC 20009, Vereinigte Staaten, ☏ +1-202-265-2561. Die zuständige Staatssekretärin heißt Arlene Buckmire-Outram, ☏ +1-473-440-2640, foreignaffairsgrenada@gmail.com.

‣ Diplomatische Vertretungen in der Region
Botschaft der Bundesrepublik Deutschland/Consulate of Germany, 19 St. Clair Avenue, St. Clair, Port of Spain, Trinidad W.I., ☏ +1-868-628-1630, info@ports.diplo.de, www.port-of-spain.diplo.de. Die Botschaft in Port of Spain ist für alle drei Inseln im Reisegebiet zuständig. Zusätzlich gibt es noch Honorarkonsulate auf Barbados, St. Lucia, Grenada.

Barbados

Honorarkonsulat der Bundesrepublik Deutschland, Bridgetown Pasea Financial Building, Suite 1, Ecke Harts Gap und Dayrells Rd., Christ Church BB14030, Barbados, W.I., ☏ +1-246-427-1876, bridgetown@hk-diplo.de.
Österreichisches Honorarkonsulat, Knowlton, Exeter Rd., Navy Gardens Gap, Christ Church, Barbados, W.I., ☏ +1-246-439-3000, mschwaiger@caribsurf.com. Die übergeordnete Botschaft befindet sich in Venezuela, www.aussenministerium.at/caracas.
Consulate General of Switzerland, The Goddard Building, Haggatt Hall, St. Michael, Barbados, BB-11059, ☏ +1-246-227-3045, barbados@honrep.ch. Die übergeordnete Botschaft befindet sich in Venezuela, www.eda.admin.ch/caracas.

St. Lucia

Honorarkonsulat der Bundesrepublik Deutschland, Soufrière Saphire Estate, Diamond, Soufrière, St. Lucia, W. I., ☏ +1-758-459-7977, +1-758-459-7421, soufriere@hk-diplo.de. Das schwarz, rot, gold angemalte Gebäude liegt in der Hauptstraße von Soufrière, die von Castries nach Vieux Fort führt.
Österreichisches Honorarkonsulat, Cap Estate, St. Lucia, ☏ +1-758-456-3500, konradinstlucia@hotmail.com.

Grenada

Honorarkonsulat der Bundesrepublik Deutschland, St. George's St., George's Bay Gardens, Grenada, W. I., ☏ +1-473-409-7260, st-georges@hk-diplo.de.
Consulate of Switzerland, Le Phare Bleu Boutique Hotel & Marina, Petit Calivigny Bay, St. George's, Grenade, ☏ +1-473-409-7187, grenada@honrep.ch.

Einkaufen

Die Einkaufsmöglichkeiten sind auf allen drei Inseln gut. Auf Barbados befinden sich im Süden und Westen der Insel zahlreiche große **Supermärkte**, auf Grenada befinden sich diese im Bereich der Grand Anse und auf dem Weg nach St. George's.

Auf St. Lucia fährt man zum Einkaufen nach Castries und Rodney Bay, wo sich neben dem Casino zwei kleine Shoppingmalls und ein großer Supermarkt finden. Duty-free-Shops sind auf allen Inseln bei den Kreuzfahrtterminals anzutreffen. Bei den **lokalen Märkten** sticht

St. Lucia mit seinen Rooftop-Märkten in der Innenstadt hervor, wo es neben schönen bunten Hemden und Strandkleidern auch die lokalen Gewürze und die sehr guten scharfen Soßen (lokale Spezialität!) zu günstigen Preisen gibt.

Grenadas Spezialität sind Produkte aus der Muskatnuss

Einreise

Für die Einreise nach Barbados, St. Lucia und Grenada benötigt man einen **Reisepass**, der noch mindestens sechs Monate gültig sein muss. Für Kinder reicht ein Kinderreisepass, es sei denn, man fliegt über Miami und reist damit in die USA ein. Dann benötigen auch Kinder in jedem Alter einen Erwachsenenreisepass (ePass). Generell muss man ein Rück- oder Weiterreise-Ticket vorweisen. Im Flugzeug wird per Fragebogen abgefragt, ob ausreichende Geldmittel für die Dauer des Aufenthalts vorhanden sind.

Im Flugzeug wird ein **Einreiseformular** ausgehändigt, das korrekt auf Englisch ausgefüllt werden muss. Wer nicht während des Flugs im Handgepäck herumkramen möchte, sollte sich **Reisepassnummer** und **Flugnummer** zurechtlegen. Der Ablauf in den Zielflughäfen ist relativ unkompliziert, die Flughäfen von Barbados, St. Lucia und Grenada sind sehr klein und die Wege kurz. Für den Fall, dass ein Gepäckstück fehlt, kann man sich markante äußere Merkmale des Koffers oder der Tasche auf Englisch zurechtlegen, damit die Reklamationsstelle (*lost baggage*) es möglichst schnell wiederfinden kann. Auf jeden Fall sollte man die Identifikationsabschnitte fürs Gepäck griffbereit haben. In der Regel findet sich das Gepäck wenige Tage später wieder ein und kann dann am Flughafen abgeholt werden.

Bei einem Flug über Miami reist man in die USA ein (auch wenn man bei der Durchreise nur im Transitbereich bleibt) und benötigt deshalb seit 2009 ein Visum in Form einer elektronischen Reisegenehmigung (ESTA). Diese muss mindestens 72 Stunden vor dem Antritt der Reise in die Vereinigten Staaten beim US-Zoll beantragt werden. Das Formular wird im Internet unter *https://esta.cbp.dhs.gov* ausgefüllt, dabei wird eine Gebühr von derzeit 14 US-$ fällig (zahlbar per Kreditkarte). Wer einen Flug online bucht, findet das Formular auch bei der jeweiligen Buchungsagentur.

Hinweis

Auch Kinder benötigen einen maschinenlesbaren Reisepass mit einem biometrischen Passbild.

Jede Flugreise von einer Antilleninsel zur anderen ist in der Regel eine **internationale Strecke**. Das bedeutet, dass die üblichen Zollbestimmungen befolgt werden müssen, Reisepass und Rückflugticket ins Handgepäck gehören und rechtzeitiges Erscheinen am Flughafen verlangt wird. Wer von Grenada aus zu einer anderen Insel reist, muss nachweisen, dass er die Insel auch wieder verlässt. Der Nachweis des Transatlantikfluges, z. B. von einer dritten Insel aus nach Frankfurt, reicht nicht aus. Demnach muss im Vorfeld entschieden werden, wann man von Grenada beispielsweise nach St. Lucia fliegt, wie lange man sich dort aufhalten möchte und wohin die Reise von dieser Insel aus weitergehen soll.

siehe auch „Inselhüpfen" und „Zoll"

Essen und Trinken

siehe auch S. 69

Im Gegensatz zu anderen Regionen der Karibik haben sich auf Barbados, St. Lucia und Grenada nicht nur große Hotelanlagen mit Pauschalangeboten und guten Restaurants etabliert, sondern auch **eigenständige Gastronomie-Szenen** entwickelt. So gibt es neben dem Nachtleben in den Hotelanlagen oder in recht überschaubaren Casino-Komplexen auch ein buntes und musikalisches Treiben in Bars und lokalen Restaurants, an dem sowohl Einheimische als auch internationale Besucher teilhaben.

Viele lokale Restaurants haben nur mittags geöffnet oder abends nur solange der Vorrat reicht. Das gilt vor allem für Regionen, in denen es touristisch ruhiger ist. Möchte man abends warm essen, sollte man tagsüber im gewünschten Lokal die Abendöffnungszeiten erfragen.

Blick von der Bay Tavern in der Martin's Bay (Barbados)

Feste und Feiertage

Allgemein gelten auf allen Inseln folgende Feiertage: Neujahr (*New Year's Day*), Karfreitag (*Good Friday*), Ostermontag (*Easter Monday*), Pfingstmontag (*Whit Monday*), Fronleichnam (*Corpus Christi*), Weihnachten (*Christmas Day*: 25.12., *Boxing Day*: 26.12.)

Fotografieren und Filmen

An guten Motiven für eine reiche Foto- oder Filmausbeute herrscht auf den Antilleninseln kein Mangel! Umso wichtiger ist es, eine funktionierende **Kameraausrüstung** dabei zu haben. Akkus, Speicherkarten, Aufladekabel o. ä. sind vor Ort teurer als in Europa und außerhalb der Zentren nicht zu bekommen. Wegen der starken Sonnenstrahlung sollte ein UV-Filter nicht fehlen. Ein Universaladapter für Auflade- und Überspielkabel sollte ebenfalls dabei sein, da in vielen Hotels nicht ausreichend Leih-Adapter vorhanden sind. Trotz oder gerade wegen der vielen Sonnenstunden in den Tropen gibt es dort weniger günstige Momente für Aufnahmen als in Mitteleuropa. Morgen- und Abenddämmerung dauern jeweils nur 15 bis 20 Minuten und die Sonne steht sehr lange steil und senkrecht am Himmel. Den Motiven fehlt dadurch eine gute seitliche Beleuchtung. Es lohnt sich also durchaus, schon **frühmorgens** mit der Kamera loszuziehen.

Wer immer schon mit dem Gedanken gespielt hat, sich eine **Unterwasserkamera** zu kaufen, der sollte vor dem Karibik-Urlaub nicht länger zögern: Klares Wasser, Korallen und bunte Fischbestände bieten tolle Motive für einzigartige Aufnahmen.

 *siehe auch „Verhalten im Alltag"*

Gesundheit

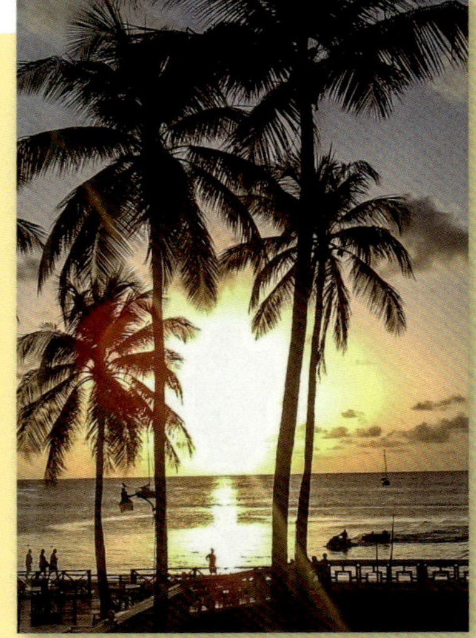

Der Sonnenuntergang ist durch die Nähe zum Äquator kurz

Infektionskrankheiten

Weltweit treten immer häufiger Infektionskrankheiten auf, die Kleinen Antillen bilden da leider keine Ausnahme. Die Wahrscheinlichkeit, an Gelbsucht, Wundstarrkrampf, Typhus oder Diphtherie zu erkranken, ist jedoch geringer als auf den Großen Antillen oder in vielen anderen tropischen Ländern. Zum Schutz vor Bilharziose sollte man das Baden in stehenden Gewässern vermeiden.

Da Prostitution und Drogenkonsum (noch) nicht die Ausmaße etwa von Haiti, Jamaika oder der Dominikanischen Republik erreicht haben, ist die Gefahr einer Ansteckung mit HIV/AIDS auf den Kleinen Antillen geringer. Dennoch ist sie natürlich – genau wie in Europa – bei ungeschütztem Geschlechtsverkehr gegeben.

 *siehe auch „Impfungen"*

Magen-/Darmerkrankungen

Trotz aller Vorsicht kann es vorkommen, dass man auf Reisen von Sodbrennen, Magenschmerzen, Übelkeit, Krämpfen und Völlegefühl geplagt wird. Medikamente gegen Magen- und Darmbeschwerden sind in der Apotheke erhältlich und gehören in jede Reiseapotheke.

Klima

Um den Urlaub richtig genießen zu können, sollte man **dem Körper Zeit geben**, sich an das neue Klima mit im Winter bis zu 40 Grad Temperaturunterschied gegenüber der Heimat anzupassen. Zu Beginn der Reise ist es ratsam, einen Ruhetag einzulegen und sich nicht nur in klimatisierten Räumen aufzuhalten. Der Wechsel von schweißtreibender Außentemperatur und polar anmutenden Verhältnissen in Hotels, Restaurants und Büros führt leicht zu einer hartnäckigen Erkältung, die einen dann oft die ganzen Ferien über begleitet. Zum Glück sind viele Hotels so geschickt gebaut, dass der Nordostpassat eine Klimaanlage überflüssig macht – diese fehlt dann bei der Auflistung der „Extras" in der Hotelbeschreibung (auch bei Luxusherbergen).

Sonne

An der am häufigsten vorkommenden Erkrankung sind Urlauber selbst schuld. Gemeint ist der Sonnenbrand, der durch die sehr **intensive UV-Strahlung** in tropischen Breitengraden schnell auftreten kann – selbst bei bewölktem Himmel oder im Schatten. Ein paar einfache Regeln helfen bei der Vorbeugung:

- Sonnencreme mit einem hohen Lichtschutzfaktor verwenden (mind. LV 30, besser LV 50)
- Sonnenbäder möglichst in die Zeit nach 17 Uhr legen; zudem ist empfehlenswert, die Dauer des Aufenthaltes in der Sonne langsam zu steigern, also beispielsweise am ersten Tag 20 Minuten sonnenbaden, am zweiten Tag 30 Minuten usw.
- stark parfümierte Kosmetika oder Rasierwasser vermeiden, da diese die UV-Strahlung potenzieren können
- auf dem Segelboot und am Strand immer eine Kopfbedeckung tragen, evtl. sogar dünne Handschuhe und geschlossene Segelschuhe gegen Sonnenbrände auf den Hand- und Fußrücken
- beim Schnorcheln ein T-Shirt oder Sonnenschutzkleidung anziehen und wasserfeste(!) Sonnencreme auftragen

Guter UV-Schutz ist besonders bei Aktivitäten am und auf dem Wasser wichtig

Tiere

Fast überall in der Karibik sind unter den Tieren die **Mücken** (*mosquitoes*) die ärgsten Urlaubsverderber. Sie belästigen einen in der Dämmerung und nach Einbruch der

Dunkelheit. Die Moskitos auf den Kleinen Antillen tragen keine Malaria-Erreger in sich. Eine Malaria-Prophylaxe ist daher nicht notwendig. Das Dengue-Fieber dagegen, eine von Mücken übertragene Virusinfektion, kommt in der Reiseregion durchaus vor. Die Symptome sind ähnlich wie bei einer Grippe, es gibt aber keine Impfung. Genauso wenig kann man sich gegen das Zika-Virus impfen, das ebenfalls hauptsächlich von Mücken übertragen wird und Auslöser des Zika-Fiebers ist. Symptome können Gelenk- und Muskelschmerzen sowie Erbrechen sein. Bei mit dem Zika-Virus infizierten Schwangeren treten seit 2015 in Südamerika zahlreiche Fälle von Mikrozephalie bei Neugeborenen auf.

Wichtig ist daher ein ausreichender Mückenschutz. Beim abendlichen Bummel sollten lange Kleidung, entsprechende Cremes oder Sprays obligatorisch sein. Für die Innenräume bieten Hotels oftmals Rauchspiralen (bzw. deren elektrische Varianten) an. Die natürlichste Mückenbekämpfung sind allerdings Insektenfresser wie Geckos – man sollte diese also nicht aus dem Zimmer verjagen. Unter diesem Aspekt sind vielleicht auch die Quakkonzerte der Frösche vor dem Fenster besser zu ertragen...

Aktuelle Informationen: www.auswaertiges-amt.de, www.tropeninstitut.de, www.reisevorsorge.de, www.fit-for-travel.de

Unangenehm sind Bisse von den häufig am Strand vorkommenden **Sandflöhen** (*sandflies*), die vor allem nachmittags und abends aktiv sind. Neben speziellen Schutzmitteln hilft oft auch schon der Wechsel vom Sand auf einen Liegestuhl. Auch nasse Haut mögen die Sandflöhe nicht. Im Inneren der Inseln gibt es einige furchterregend aussehende Spinnen, die allerdings meist harmlos sind. Da es mitunter aber auch giftige Artgenossen gibt, hält man am besten generell Abstand. Gleiches gilt für die Schlangen, die man zu Gesicht bekommen kann – sie sind i. d. R. ungiftig und vom Typ der Würgeschlange.

Begegnungen mit **Haien** sind äußerst selten, da diese meist von den Korallenriffen abgehalten werden und sich nur selten in die flachen Küstengewässer verirren. Dieser Vorzug der Korallen ist gleichzeitig jedoch auch eine Verletzungsquelle für Schwimmer und Schnorchler. Die scharfen Ecken und Kanten der Korallenbänke und -riffe führen oft zu schlimmen Schnittwunden oder Schürfverletzungen. Weit verbreitet sind Seeigel, deren Stacheln schmerzhafte Wunden hervorrufen und nicht leicht zu entfernen sind (im Zweifelsfall Badeschuhe tragen). Taucher sollten sich vor Attacken von Muränen in Acht nehmen!

Giftig sind die Stacheln des **Feuerfisches** (*lionfish*). Dieser Zierfisch ist unglücklicherweise in der Karibik ausgesetzt worden, breitet sich aufgrund mangelnder natürlicher Feinde sehr schnell aus und verdrängt die heimischen Fische. Einige Hotels veranstalten deshalb regelmäßig Lionfish Days, bei denen die Fische gefangen werden. Sind die Stacheln einmal abgekniffen, kann das Fischfleisch gegessen werden – die Hoffnung bleibt, dass der Bestand schwindet.

▸ Pflanzen

Ebenfalls von oben droht eine Gefahr der ganz besonderen Art: die **Kokosnusspalmen**! Sie sehen am Strand zwar fantastisch aus, sich direkt darunter zu legen kann allerdings für eine böse Überraschung sorgen. Wegen der beträchtlichen Höhe, aus der die Kokosnüsse fallen, können beispielsweise spielende Kinder regelrecht erschlagen werden. Auf gar keinen Fall sollte man einen Kinderwagen unter diesen Pflanzen abstellen.

Heiraten

Eine paradiesische Kulisse, türkis schimmerndes Wasser, warme Temperaturen und Sonnenschein: Die Inseln der Kleinen Antillen bieten wahrlich traumhafte Voraussetzungen, um den Bund fürs Leben zu besiegeln. Viele Hotels auf Barbados, St. Lucia und Grenada haben spezielle Arrangements im Angebot.

Impfungen

Auf den Kleinen Antillen gibt es für Touristen, die aus Europa einreisen, **keine Impfpflicht**.

Das **Zentrum für Impfmedizin und Infektionsepidemiologie** (Beltgens Garten 2, 20537 Hamburg, ☏ 040-428-544420, www.hamburg.de/impfzentrum) empfiehlt Touristen jedoch, sich gegen Tetanus (Wundstarrkrampf), Diphtherie und Hepatitis A/B impfen zu lassen. Diese Impfungen empfehlen sich vor allem, wenn man sich nicht nur in der unmittelbaren Umgebung des Hotels aufhalten, sondern z. B. auf Wanderungen Land und Leute näher kennenlernen möchte.

Weitere Infos zu Impfungen gibt es beim **Bernhard-Nocht-Institut für Tropenmedizin** (Bernhard-Nocht-Str. 74, 20359 Hamburg, ☏ 040-428-18400, www.bni-hamburg.de). Das Institut bietet Reiseinformationen auch online unter www.gesundes-reisen.de.

Inselhüpfen

Inselhopper seien darauf hingewiesen, dass alle Flüge zwischen den drei Inseln internationale Flüge sind. Durch die international geltenden Sicherheitsbestimmungen muss man bei jedem Flug die übliche intensive **Sicherheitskontrolle** durchlaufen. Beim Packen muss man darauf achten, dass auch die in letzter Minute am Flughafen gekauften Souvenirs wie spitze Muscheln, scharfe Soßen oder Bananenketchup nicht ins Handgepäck gehören.

Auf den Internetseiten der regionalen Fluggesellschaften kann man recht unkompliziert die innerkaribischen Flüge online buchen. Vor allem Liat und Caribbean Airlines bieten mehrere Kombinationsmöglichkeiten mit dem sogenannten **Round Trip** an.

Wer von Grenada aus zu weiteren nicht zur EU gehörigen Inseln möchte, benötigt den durchgehenden Nachweis bei der Einreise für die jeweilige Insel.

 *Adressen der relevanten Airlines siehe „Anreise"*

Internet/WLAN

Nicht nur die größeren Hotels, sondern nahezu jede Unterkunft bietet kostenfreien Internetzugang über eine Drahtlosverbindung (engl.: Wifi). In Zeiten von Smartphones und Tablets können auch unterwegs die zahlreich vorhandenen offenen WLAN-Verbindungen in Restaurants, Supermärkten sowie manchen Bars genutzt werden. Aus diesem Grund werden Internetcafés auf den Inseln immer seltener. Internetzugänge per Computer gibt es aber in der Regel noch in größeren Hotels.

Internetadressen

Die Kleinen Antillen sind vielfältig im Internet vertreten:

- Die **Arbeitsgemeinschaft Karibik e. V.** bietet für Karibik-Neulinge einen Überblick zu allen Inseln unter www.karibik.org. Auch unter www.onecaribbean.org gibt es zahlreiche Tipps und Infos.
- Die **Caribbean Tourism Organization** informiert auf www.caribbeantravel.com über Sehenswertes, Unterkünfte, Anreisemöglichkeiten etc. aller Karibikinseln.
- Allgemeine Länderinformationen bietet das **Auswärtige Amt** unter www.auswaertiges-amt.de.

Darüber hinaus verfügt jede Antillen-Insel über ihre eigene(n) Internetseite(n):

Barbados	www.barbados.org, www.visitbarbados.org
St. Lucia	www.jetzt-saintlucia.de
Grenada	www.grenadagrenadines.com

Kartenmaterial

St. Lucia und Grenada verfügen über ein sehr übersichtliches Straßensystem mit jeweils einer Straße, die rund um die Insel führt, sowie einer Hauptquerverbindung vom Westen in den Osten der Insel. Barbados kann mehr Straßenkilometer vorweisen, die zudem auch breiter ausgebaut und verzweigter sind. Dennoch: Für alle drei Inseln reichen die in diesem Reisehandbuch abgebildeten Landkarten und Stadtpläne zusammen mit den Broschüren und Karten der Fremdenverkehrsämter für den „normalen" touristischen Bedarf völlig aus.

Wer allerdings auf eigene Faust, etwa als Wanderer oder Segler, die Karibik bereist, braucht genauere **Wander-, See- und Detailkarten**. Das umfangreichste Angebot hat in Deutschland das Internationale Landkartenhaus/Geo Center Touristik Medienservice, Schockenriedstr. 44, 70508 Stuttgart, ☏ 0711-788-9340, www.geocenter.de.

Kinder

Für Kinder sind die Inseln der Kleinen Antillen ein einziges **Paradies**: Piratengeschichten, alte Befestigungsanlagen, Kanonen, feine Sandstrände und seichte Meereszugänge, kühle Flussbecken, Wasserfälle und Urwaldatmosphäre. Die Sonne scheint fast die ganze Zeit, was T-Shirt und Badehose von morgens bis abends bedeutet. Auch was Krankheiten angeht, ist die Region für Kinder weitgehend unbedenklich. Es gibt weder Malaria noch andere in tropischen bzw. Entwicklungsländern verbreiteten Krankheiten. Zudem ist die Flugzeit von acht bis zehn Stunden sowie die Zeitumstellung auch für kleinere Kinder gut zu bewältigen. Wegen der abwechslungsreichen Landschaften, der Bauruinen und bunten Holzhäuser sowie der vielen Menschen in den Straßen gibt es für Kinder auch während einer Inselrundfahrt immer etwas zu schauen. Das Meer lädt immer wieder zum Abkühlen ein und die Strände sind geradezu ideal zum Spielen. Die Bevölkerung ist sehr kinderfreundlich. Es gibt nur wenige Hotels (z. B. die Unterkünfte der Sandals-Gruppe),

Sonne, Sand und Meer – für Kinder ein Paradies

die ausdrücklich keine Kinder als Gäste wünschen. Meist werden dagegen Extras wie Kinderbetten, Hochstühle, Spielzeug, Kinderclubs etc. angeboten.

Hinweis

Kinder sollten an der Atlantikseite wegen oftmals gefährlicher Unterströmungen nur mit den Füßen ins Wasser gehen. Generell sollten Kinder auch an der Karibikseite natürlich nur unter Aufsicht eines Erwachsenen baden!

Die Verständigung ist für Kinder trotz des oftmals vorherrschenden Sprachengewirrs meist kein Problem. Obwohl nur in seltenen Fällen Deutsch gesprochen wird, kommen die Kleinen aufgrund ihrer Mimik, mit Hilfe von Handzeichen oder durch gemeinsame Aktivitäten in der Regel schnell miteinander klar.

Da Kinder sensibler auf Bakterien reagieren, sollten sie nur in Flaschen abgefülltes Wasser trinken. Wegen des feuchtschwülen Klimas brauchen die Kleinen mindestens zwei Liter Flüssigkeit am Tag. Sonnenschutzmittel, Oberkörperbekleidung beim Baden sowie eine Kopfbedeckung sollten selbstverständlich sein. Auch bei bedecktem Himmel ist die Sonnenintensität sehr hoch. Kinder sollten zudem auch tagsüber mit Mückenschutz eingecremt werden.

Kleidung

Mit sportlicher und **lockerer Kleidung** aus Naturfasern, T-Shirts, Shorts und einem Sommerkleid mit Sonnenhut ist man in der Karibik genau richtig angezogen.

Für den Aufenthalt in einem exklusiven Resort oder Hotel gehört noch eine schöne Abendgarderobe ins Gepäck. Wer sein Glück in Spielcasinos versuchen möchte oder abends gerne ausgeht, sollte Jackett und Krawatte bzw. Cocktailkleid nicht vergessen. Ansonsten sind für den Abend lange Hosen sowie Hemden mit langen Ärmeln nützlich, weil sie ein guter Insektenschutz sind.

Für eine Wanderung durch den **Regenwald** sind leichte Wanderschuhe zu empfehlen, außerdem ein Wechselshirt und eine Regenjacke. Tropische Regenschauer können plötzliche Temperaturstürze verursachen und auch auf schattigen Wegen kann man im T-Shirt schon einmal frösteln.

Für „**Inselhüpfer**" empfiehlt sich, Zahnbürste und Ersatzkleidung im Handgepäck zu haben, um unabhängig vom Gepäcktransport per Flugzeug zu sein – das eine oder andere Gepäckstück kommt schon mal später an.

Kreuzfahrten

Die meisten Besucher der Inseln kommen per Kreuzfahrtschiff

So vielfältig wie die Eindrücke auf einer Kreuzfahrt sind, so umfangreich sind auch die Angebote der Veranstalter von Touren in der Karibik: Auf dem nahezu **unüberschaubaren Markt** tummeln sich die größten Passagierschiffe der Welt neben kleinen, luxuriösen Jachten. Schiffe, auf denen vor allem Amüsements und Glücksspiele im Vordergrund stehen, teilen sich die Hafenplätze mit Anbietern von Studienkreuzfahrten. Schließlich sind in der Karibik auch mit modernster Technik ausgerüstete Großsegler anzutreffen. Diese bieten unter voll aufgereckten Segeln einen spektakulären Anblick. Wenn ein großes Kreuzfahrtschiff anlegt, ist das immer ein Erlebnis. Hoch überragt die „schwimmende Kleinstadt" dann die Inselhauptstädte. Kleinbusse warten auf die Tagesbesucher, am Hafen wird geschäftig Nachschub geladen. Wer sich das Spektakel aus der Nähe anschauen möchte, sollte zu Fuß unterwegs sein.

Welche Tour auf welchem Schiff? Die Antwort auf diese Frage hängt mindestens genauso vom Geldbeutel wie vom bevorzugten Reisestil und vom Interesse an den Zielhäfen ab. Die Kosten einer Karibik-Kreuzfahrt variieren enorm: Dauer und Termin der Reise, gewählte Kabinen-Kategorie, Kategorie des Schiffes, Trinkgelder, Flug oder Anschlussprogramm usw.

Die aktuellen Preise, Routenpläne, Fahrtzeiten etc. erfragt man am besten im Reisebüro, da diese mehrere Schiffe verschiedener Reedereien im Programm haben.

Einen ersten Überblick kann man sich auf Kreuzfahrt-Portalen wie www.shipedia.eu verschaffen. Einen kritischen Blick auf Angebot und Preise hat sich auch der „Cruise Report" zur Aufgabe gemacht, hier sind viele Linien mit Zielen aufgeführt: www.cruisereport.com.

info

Von der einstigen Pionierfahrt ins Paradies bis zum Wirtschaftszweig Kreuzfahrt

Samuel Cunard kann getrost als Pionier der modernen Kreuzfahrtschifffahrt bezeichnet werden. Als er mit seinem Segelschiff „Britannia" am 4. Juli 1840 Liverpool in Richtung Boston verließ, befanden sich neben Auswanderergruppen und der Post zum ersten Mal auch Passagiere an Bord, die nichts weiter wollten, als den Luxus ihres „schwimmenden Hotels" genießen und ihren Horizont erweitern. Aus diesen bescheidenen Anfängen ist einer der am stärksten wachsenden Zweige des Fremdenverkehrs geworden. Die Karibik ist am weltweiten Geschäft mit weit über 50 Prozent beteiligt – zumindest, was die Passagierzahlen, das Anlaufen von Hafenstädten und die Frequentierung der Gewässer angeht. Im Vergleich zu der Zahl der Kreuzfahrtpassagiere ist die Zahl der Flugreisenden und Hotelgäste zwar höher und wirtschaftlich interessanter für die Region, aber der Unterschied ist nicht überwältigend groß.

Eine ganze Industrie hat sich inzwischen aus dem Kreuzfahrttourismus entwickelt, der auch für die lokalen Geschäfte, Straßenhändler, Casinos, Taxifahrer und Fremdenführer der Kleinen Antillen von elementarer Bedeutung ist. Immerhin gibt jeder Kreuzfahrttourist pro Hafen durchschnittlich fast 80 US-$ aus.

Während früher Kreuzfahrten im karibischen Raum ausschließlich eine Domäne der Nordamerikaner waren, entdeckten ab den 1970er-Jahren auch immer mehr Europäer den Reiz der „Karibik auf See". Wie bei den klassischen europäischen Kreuzfahrtzielen – dem Mittelmeer, der Ostsee und der norwegischen Küste – liegen auch im Karibischen Meer die größten Reize in der Vielfalt der geografischen Einheit: Einerseits hat man es mit einem mehr oder weniger geschlossenen Raum zu tun, andererseits kann man als Kreuzfahrer jeden Tag ein anderes Land, eine andere Kultur, eine andere landschaftliche Umgebung kennenlernen. Darin liegt eines der großen wirtschaftlichen Potenziale der Karibik.

Auch wenn Anbieter und Touren von Saison zu Saison variieren, stehen die Inseln der Kleinen Antillen doch bei den meisten Kreuzfahrtanbietern durch das Karibische Meer auf dem Programm. **AIDA** (www.aida.de) steuert mit der AIDADiva bis zu zehn Inseln der Kleinen Antillen an, darunter auch Barbados, St. Lucia und Grenada. **Tui Cruises** (www.tuicruises.com) bietet mit Mein Schiff 3 sowohl eine Route vom Mittelmeer in die Karibik an, bei der auch Barbados angesteuert wird, als auch eine spezielle Tour in der südlichen Karibik, u. a. mit den Stationen Barbados und Grenada.

Schön (und leider auch sehr teuer) sind Touren auf den **großen Segelschiffen**, die die Seefahrtromantik vergangener Tage mit modernster Hightech verknüpfen. Fast lautlos kreuzen Großjachten mit klangvollen Namen wie Sea Cloud (www.seacloud.com) durch das Karibische Meer und prägen das Landschaftsbild. Mit den prächtigen Segelbooten Star Clipper und Royal Clipper (www.starclippers.com) geht es zum Beispiel zu den Leeward-Inseln oder zu den Windward-Inseln. Auf dem 115,5 m langen und 15 m breiten Viermaster Star Clipper mit einer Segelfläche von 3.365 m^2 mangelt es den maximal 170 Passagieren und 70 Besatzungsmitgliedern an nichts. Zwei Pools, ein Restaurant, zwei

Bars, eine Bibliothek, eine Krankenschwester, ein Ausflugsbüro, ein Spa wie auch eine Wassersportplattform stehen den Gästen zur Verfügung. Die Royal Clipper ist sogar noch größer, mit 134 m Länge gilt sie als das größte Segelschiff der Welt.

 Tipp

Einen guten Überblick über das Angebot an Kreuzfahrtschiffen bietet die Internetseite **www.cruisecritic.com**. Hier kann man nach Schiffsnamen, Reedereien, Zielgebieten und Bewertungen suchen und spart sich die mühsame Suche in unzähligen Katalogen. Besonders hilfreich: die vielen Erfahrungsberichte der Nutzer, die Rubrik „How to cruise" für Kreuzfahrtanfänger, Infos zu so gut wie allen Destinationen sowie die Rubrik „Best Cruises" für Paare, Alleinreisende, Naturliebhaber etc. Einen kritischen Blick auf Angebot und Preise hat sich auch die Internetseite www.cruisereport.com zur Aufgabe gemacht.

Kriminalität

Barbados, St. Lucia und Grenada können im Vergleich zu den Großen Antillen sowie Mittel- und Südamerika als verhältnismäßig sicher gelten. Trotzdem haben gestiegener Drogenkonsum und soziale Ungleichheiten auch hier zu einem Anstieg der Diebstahl-Delikte geführt. Man sollte daher in der Öffentlichkeit keinen teuren Schmuck tragen, möglichst die Zimmer- oder Hotelsafes nutzen, den Mietwagen abschließen und Wertgegenstände nicht offen oder unbeaufsichtigt herumliegen lassen.

 *siehe auch „Verhalten im Alltag"*

Mietwagen

Viele lokale und internationale Firmen bieten Mietwagen, Jeeps und Mopeds an. Fast alle Anbieter haben Büros an den Flughäfen oder in den größeren Hotels. Je länger im Voraus der Mietwagen gebucht wird, umso billiger ist er. Bei einer Verlängerung schlägt für die neue Mietdauer der normale Tarif zu Buche. Neben dem deutschen bzw. internationalen Führerschein braucht man eine lokale *driving license* (erhältlich beim Autovermieter oder bei der Polizei und in bar zu bezahlen).

Nachtleben

Nennenswertes Nachtleben gibt es fast nur auf Barbados. Auf St. Lucia und Grenada geht es – abgesehen von lokalen Festen in den Fischerdörfern – im Allgemeinen eher ruhig zu.

 *siehe auch S. 116*

Notruf

Die Telefonnummern für den Notruf (Polizei, Krankenwagen, Feuerwehr) sind von Insel zu Insel unterschiedlich.

siehe „Wichtige Telefonnummern auf einen Blick" in den Reisepraktischen Informationen der jeweiligen Inseln

Öffnungszeiten

siehe „Öffnungszeiten" in den Reisepraktischen Informationen der jeweiligen Inseln

Post

An die Daheimgebliebenen eine Karte aus der Karibik zu schicken lohnt sich nicht nur wegen der hübschen Postkartenmotive, auch die Briefmarken sind absolut sehenswert: Mit wunderschönen Motiven der vielfältigen Fauna und Flora der Karibik warten die Postämter der einzelnen Inseln auf.

Um sicherzugehen, dass Post in die Karibik ankommt, sollte hinter den jeweiligen Inselnamen das Kürzel „**W. I.**" für West Indies gesetzt werden.

Reiseveranstalter

Neben den großen Anbietern wie Meier's Weltreisen (www.meiers-weltreisen.de) oder Dertour (www.dertour.de) gibt es kleine Spezialanbieter, die auf Wunsch eine maßgeschneiderte Reise zusammenstellen können:
avenTOURa, Rehlingstr. 17, 79100 Freiburg, ☏ 0761-211-6990, www.aventoura.de. Gruppen- und Individualreisen.
Reba Touristik, ☏ 07161-88199, www.reba-touristik.de. Spezialist für Karibik-Reisen, Inselhopping mit dem Segelboot oder Flugzeug, Tauch- und Erlebnisreisen.
atambo Tours, ☏ 069-7422-0986, www.atambo-tours.de. Zusammenstellung individueller Karibik- und Honeymoon-Urlaube. Nachhaltige Urlaube (zertifiziert).

Reisezeit

Die Gefahr, in einen Hurrikan zu geraten, ist zwischen August und Oktober zwar gegeben, aber für den einzelnen so gering, dass sich niemand davon abhalten lassen sollte, seinen Urlaub in diese Zeit zu legen. Daraus ergibt sich, dass als Reisezeit **das ganze Jahr** in Frage kommt. Im Winter ist es klimatisch für Europäer angenehmer, da es in der Regel trocken und warm und die Luftfeuchtigkeit nicht so hoch ist wie in den anderen Jahreszeiten. Doch auch während der Regenzeit von Mai/Juni bis Ende November regnet es keinesfalls permanent. Oft kommen nachts ergiebige sowie nachmittags kurze Schauer herunter. Typisch für diese Jahreszeit sind schöne weiße Wolken vor blauem Himmel. Auch eine Reise in dieser Zeit hat ihren Reiz: Wochenlang wird Karneval gefeiert, es gibt weniger Kreuzfahrtbesucher und die Unterkünfte sind deutlich günstiger.

Die ideale Reisezeit ist jedoch nicht nur eine Frage des Wetters am Urlaubsort. Wenn es in unseren Breiten grau, kalt und unangenehm feucht wird, locken die Antillen natürlich wesentlich mehr, als wenn in Europa Sommer ist. Aus diesem Grund sind um Weihnachten herum und im Januar nicht nur die Preise am höchsten, sondern auch die touristischen Zentren der Inseln am vollsten. Auch während des Karnevals und wenn Musikfestivals stattfinden kann es in den Wunschunterkünften schon mal eng werden. Aber selbst dann sind die Besucherzahlen nicht im Entferntesten so hoch wie auf den beliebten europäischen Ferieninseln.

Hinweis

Wer es zeitlich einrichten kann, sollte die Kleinen Antillen besuchen, bevor der Trubel beginnt, also Ende November/Anfang Dezember, oder wenn die Besucherwelle ab Anfang Februar/März wieder abflaut. Das Wetter ist dann immer noch stabil, die Kosten vor Ort sind aber geringer. Viele Reiseveranstalter locken zu diesem Zeitpunkt zudem mit Sonderangeboten.

Segeln

Die Karibik das schönste Segelrevier der Welt zu nennen, ist mit Sicherheit nicht übertrieben. Das ganzjährig gute Wetter, zauberhafte Landschaften, **türkisblaues Wasser**, die kulturellen Eindrücke und der ständig wehende Nordostpassat lassen nicht nur Seglerherzen höher schlagen. Vor allem zwischen Antigua und St. Lucia zeigt sich die Karibik von ihrer schönsten Seite. Die mit Jachten jeder Größe belegten Marinas auf den Kleinen Antillen zeigen, dass der Zauber der karibischen Inselwelt auf die Skipper ungebrochen wirkt.

Wenn in Europa die Bäume ihre Blätter zu verlieren, brechen jedes Jahr Hunderte von Segelbooten auf und steuern zunächst Barbados an. Nachdem dort Weihnachten und Neujahr gefeiert wurden, werden die Schiffe für Regatten wie z. B. die Internationale Segelwoche von Antigua (Ende April/Anfang Mai) klargemacht. Viele dieser Segelschiffe sind **Charter-Boote**, d. h. sie können mit oder ohne Besatzung gemietet werden. Wer sich selbst hinter das Steuerruder stellen möchte, muss sehr gute nautische Fähigkeiten und den entsprechenden Segelschein besitzen. Denn obwohl man beispielsweise im Bereich der Jungferninseln oder der Grenadinen immer das nächste Ziel vor Augen hat, ist die Karibische See nicht ohne Gefahren. Auch ohne hohe Brandung wie beim Atlantik kann die Dünung zur Herausforderung werden. Auch auf eine plötzliche Änderung der Windverhältnisse oder im schlimmsten Fall auf einen Hurrikan muss man vorbereitet sein.

Wer ein Boot chartern möchte, sollte dies möglichst frühzeitig und vom Heimatland aus tun. Eine gute Möglichkeit, mit entsprechenden Anbietern in Kontakt zu kommen, stellen Fachzeitschriften dar. Auf den großen Segel-Messen (etwa die „boot" in Düsseldorf oder die „Hanseboot" in Hamburg) sind die Veranstalter sogar meistens selbst vertreten. **Moorings** ist eines der größten amerikanischen Jacht-Charter-Unternehmen, das auch in Deutschland vertreten ist: Moorings Deutschland GmbH, Theodor-Heuss-Straße, 61118 Bad Vilbel, ☏ 06101-5579-1522, www.moorings.de. Weitere Anbieter finden sich z. B. unter www.sunsail.de oder www.dreamyachtcharter.com.

Einheimische genießen den Sonnenuntergang auf einem Segelboot (Grenada)

Auch wer nicht selbst segeln kann, muss nicht auf das Segelvergnügen verzichten. Man kann dann entweder – bei entsprechendem Budget – ein Boot mit Crew chartern oder als zahlendes Crew-Mitglied an Bord selbst mit anpacken. Die Kosten variieren je nach Kojenplatz, Schiffstyp und Größe der Crew (Anreise und Bordkassenanteil für Essen, Hafengebühren, Treibstoff etc. sind in den Preisen meist nicht enthalten). Auch hier sollten entsprechende Arrangements möglichst weit im Voraus getroffen werden.

Weitere Auskünfte erteilt der **Verein Deutscher Jacht-Charterunternehmen e. V.**, Haydnstr. 24, 22761 Hamburg, ☏ 040-3742-1332, www.vdc.de.

Wer – als Segelanfänger oder auch als erfahrener Segler ohne eigenes Boot – auf einem Segelschiff mitreisen und dabei selbst Hand anlegen möchte, kann im Internet Gesuche von Schiffseignern finden, die nach Mitreisenden suchen, z. B. für Törns ab Vieux Fort (St. Lucia) oder ab Bridgetown (Barbados). Infos unter www.handgegenkoje.de/segeln-barbados/bridgetown.html.

Achtung!

Verhältnismäßig gering, aber nie auszuschließen ist die Gefahr, vor der süd- oder mittelamerikanischen Küste **Piraten** bzw. Drogenschmugglern zu begegnen. Beides bedeutet eine lebensgefährliche Situation! Wichtig ist dann, nicht den Helden zu spielen, sondern möglichst auf eventuelle Geldforderungen einzugehen.

siehe auch „Jachthäfen und Ankerplätze" in den Reisepraktischen Informationen der jeweiligen Inseln

Völlig problemlos vor Ort zu buchen ist die Teilnahme an einem **touristischen Segeltörn**. Hier lauert auf manchen Booten die größte Gefahr allerdings in der Vergnügungsecke. Der Rum-Punsch fließt bereits in Strömen, wenn die Sonne noch hoch am Himmel steht.

Sport

Die Sportmöglichkeiten auf den Inseln sind sehr vielfältig und werden von Jahr zu Jahr umfangreicher. Sowohl für Anfänger als auch für Fortgeschrittene und sogar für Extremsportler wird ein breites Spektrum geboten.

Neben Tennis, Reiten, Wasserski, Schnorcheln, Kanu- und Kajakfahren, Surfen, Schwimmen, Golf, Cricket, Boule, Hochseeangeln, Fahrradfahren bzw. Mountainbiking werden vor allem die Sportarten Segeln und Tauchen auf den Inseln großgeschrieben. Die Unterwasserwelten von Barbados, St. Lucia und Grenada bieten sowohl für Anfänger wie auch für Fortgeschrittene faszinierende Eindrücke.

Der neueste Sporttrend nennt sich *Water Biking* und wird in den Sugar Beach Resorts von St. Lucia angeboten, man fährt dabei mit Hybrid-Fahrzeugen aus Carbonfasern, einer Mischung aus Fahrrad und Katamaran.

Eine interessante Alternative zum Strandleben ist eine **Wanderung in den Regenwäldern** von St. Lucia und Grenada. Die tropische Vegetation in den unterschiedlichsten Grüntönen, die Vogelwelt, die Wasserfälle und Badegumpen garantieren ein tolles Naturerlebnis. Festes Schuhwerk und ausreichend Trinkwasser sind dabei selbstverständlich Voraussetzung.

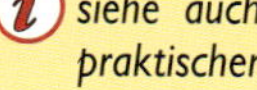
siehe auch „Sport", „Exkursionen", „Wandern" und „Veranstaltungen" in den Reisepraktischen Informationen der jeweiligen Inseln

Sprache

Auf Barbados, St. Lucia und Grenada ist Englisch die Amtssprache. Auf jeder Insel gibt es zudem das sogenannte Patois, die jeweils inselspezifische Sprache, in der sich die Einheimischen untereinander verständigen.

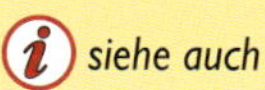
siehe auch S. 60

Strände

siehe „Strände" in den Reisepraktischen Informationen der jeweiligen Inseln

Strom

Auf den Inseln der Kleinen Antillen gibt es 110 Volt bzw. 220/240 Volt Wechselstrom. Das bedeutet, dass es in der Regel keine Probleme mit europäischen Elektrogeräten geben dürfte, die heute weitgehend auf beide Stromspannungen ausgelegt sind. Um sicherzugehen, dass auch die Steckverbindungen von Gerät und Steckdose passen, ist es ratsam, einen internationalen **Adapter** für amerikanische, britische und französische Steckdosen dabei zu haben (in den Hotels kann man solche Adapter aber auch oft ausleihen).

Telefonieren

Jede Insel hat ihre eigene Insel- bzw. Landesvorwahl. Die internationalen und nationalen Vorwahlnummern finden sich in den Reisepraktischen Informationen zu den jeweiligen Inseln.

Von allen drei Inseln lautet die internationale Vorwahl 011-49 nach Deutschland, 011-43 nach Österreich und 011-41 in die Schweiz, anschließend wählt man die Vorwahl der jeweiligen Stadt ohne die erste Null sowie die private Rufnummer.

Das Telefonieren in der Karibik ist mit einem Handy kein Problem, allerdings ist es sehr teuer, dies über den eigenen Mobilfunkanbieter zu tun. Möchte man länger und öfter nach Europa telefonieren, lohnt es sich, eine lokale Prepaid-SIM-Karte zu kaufen, mit der man wesentlich günstiger telefonieren kann und die Kosten unter Kontrolle hat. Die SIM-Karte kauft man am besten in einem Telefonladen vor Ort, wo sie auch gleich freigeschaltet wird. Weiteres Guthaben kann dann an vielen Stellen aufgeladen werden, sie sind gut an den Werbeschildern der Internetanbieter zu erkennen.

Trinkgeld

Normalerweise ist überall auf den Kleinen Antillen eine Service-Gebühr (*service charge*) von 10–15 Prozent im Preis enthalten, trotzdem ist es üblich, den Rechnungsbetrag aufzurunden. Zimmerpersonal bekommt in der Regel einen US-Dollar bzw. den Gegenwert in örtlicher Währung pro Tag, Gepäckträger das Gleiche pro Gepäckstück.

Trinkwasser

Das Leitungswasser auf den Inseln ist kein Trinkwasser. Zum Zähneputzen ist es jedoch in den Hotels problemlos geeignet. Für unterwegs sollte man Wasserflaschen im Supermarkt kaufen.

Unterkunft

Bei den Unterkünften auf Barbados, St. Lucia und Grenada hat man die Qual der Wahl. Auf **Barbados** gibt es eine große Auswahl an Hotels, in denen jeglicher Komfort geboten wird und die zudem auch noch direkt am Strand liegen. Jede Preisklasse wird bedient, wobei die Hotels an der Westküste generell teurer und luxuriöser sind als die an der Südküste, wo sich die meisten Hotels und Apartmentanlagen befinden. Im Südosten, wo sich viele Kitesurfer einquartieren, gibt es auch günstige Selbstversorger-Apartments. Ganz im Osten der Insel locken Boutique-Hotels an die wilde Atlantikküste.

Auf St. Lucia und Grenada ist die Auswahl wesentlich überschaubarer, aber nicht weniger exquisit. Die Bandbreite reicht auf **St. Lucia** von All-inclusive-Hotelanlagen verschiedener Preisklassen im Norden der Insel über charmante Hotels in exquisiten Lagen, teilweise mit einmaligen Ausblicken auf die Vulkankegel, bis hin zu kleineren Gästehäusern im Süden. Im Südosten bietet eine große Hotelanlage sowohl Familien wie auch Paaren, die ihre Ruhe genießen möchten, das entsprechende Angebot.

Und auch **Grenada** macht mit seinem breiten Angebot an verschiedensten Hotels und Gästehäusern die Entscheidung bei der Unterkunft nicht leicht. Der Südwesten bietet Luxushotels direkt am Strand, aber auch bezahlbare Zimmer entweder am Strand oder nicht weit davon entfernt. Zudem gibt es kleine Hotels ganz im Norden und an der Südküste in spektakulären Lagen.

Auf allen drei Inseln bieten immer mehr Privatleute Zimmer und ganze Häuser an – zum Teil mit Meerblick oder in Strandlage. Diese Unterkünfte sind z. B. unter www.airbnb.de im Voraus buchbar.

 *siehe „Unterkunft" in den Reisepraktischen Informationen der jeweiligen Inseln*

▸ Übernachtungsmöglichkeiten auf einen Blick
Die in diesem Reisehandbuch genannten Übernachtungsmöglichkeiten sind überwiegend Unterkünfte der Mittel- bis Luxus-Klasse. Die Auswahl erhebt weder Anspruch auf Vollständigkeit noch soll die Ansicht ausgedrückt werden, andere Hotels seien nicht akzeptabel. Die Klassifizierung durch $-Zeichen orientiert sich am regulären Preis für das

Doppelzimmer mit Frühstück (ohne Steuern, sonstige Abgaben oder weitere Mahlzeiten – sofern nicht anders angegeben). Abweichungen zum tatsächlichen Zimmerpreis können sich durch saisonale Unterschiede, Pauschalangebote oder eine veränderte Preispolitik des Leistungsträgers ergeben. Die Angaben dienen also nur als Richtlinie.

Übernachtungskategorien (Doppelzimmer mit Frühstück pro Nacht)

$	unter 80 US-$
$$	von 80 bis ca. 110 US-$
$$$	von ca. 110 bis ca. 130 US-$
$$$$	von ca. 130 bis ca. 180 US-$
$$$$$	über 180 US-$

Resorts

So werden Hotelanlagen der Mittel- bis Luxusklasse genannt, in denen man eine große Anzahl an Freizeitangeboten und Sportmöglichkeiten sowie zum Teil auch eigene Tennis- und Golfanlagen vorfindet, außerdem Fitnesszentren, Tauch- und Windsurfschulen, Reitställe und diverse Wassersporteinrichtungen.

Hotels gehobener Klasse

Hier findet man den internationalen Standard einer modernen Anlage mit entsprechender Ausstattung. Vielfach verfügen die an der Küste gelegenen Hotels über separate Strandzugänge. Die Zimmer sind in der Regel mit Bad, WC und zum Teil mit Klimaanlage versehen. Immer mehr kleinere Hotels bauen die Zimmer aber auch so großzügig und winddurchlässig, dass auf eine Klimaanlage verzichtet werden kann – ganz im Sinne der Nachhaltigkeit und des Naturerlebnisses. Bar, Restaurant, Swimmingpool, Tennisplätze, diverse Sporteinrichtungen zu Wasser und Land, Tresore für Wertsachen und ein Sicherheitsdienst gehören in der Regel zum Standard. Doppelzimmer und Suiten sowie Studios mit mehreren Zimmern werden angeboten. Die Steigerung in dieser Kategorie

Ausblick vom Zimmer-Pool im Jade Mountain Resort auf St. Lucia

sind **Hotels der Extraklasse**, die einen individuellen Butler-Service anbieten, mit telefon- und internetfreien Zimmern werben und oftmals den Swimmingpool in das nach außen offen gehaltene Zimmer verlegt haben.

All-inclusive-Hotels

Für einen **Rundum-sorglos-Urlaub** steht diese Art von Hotel. Es gilt ein Pauschalpreis für Übernachtung und Verpflegung und vor Ort ist alles organisiert. Während des Urlaubs fallen kaum noch Kosten an, wenn man in der Hotelanlage bleibt. Jedem, der ein farbiges Plastikarmband trägt, wird freier Zugang zu Buffets und Spezial-Restaurants gewährt und auch die meisten Getränke sind frei verfügbar. Auch das Sport- und Animationsprogramm ist zum großen Teil frei und beliebig nutzbar. Um Land und Leute der jeweiligen Insel kennenzulernen, ist diese Art von Unterkunft jedoch kaum geeignet. Zu leicht kann man der Versuchung erliegen, den ganzen Urlaub am Pool oder am hoteleigenen Strand zu verbringen. Für **Familien mit Kindern** können solche Hotels allerdings durchaus interessant sein: Während die Kinder am Pool, am Strand oder beim sonstigen Animationsprogramm unterhalten werden, können die Eltern in Ruhe entspannen.

Immer mehr setzt das Hotelgewerbe auf **nachhaltigen und ökologisch verträglicheren Tourismus**. Zunehmend eröffnen beispielsweise auf St. Lucia kleinere, familiengeführte Unterkünfte, die vor allem mit Naturnähe punkten. Dort gibt es dann z. B. eine Regenwalddusche, offene Schlafzimmer, ein Yoga-Angebot, lokales Personal, Speisen aus regionalen Produkten etc. Dabei reicht die Palette von einfachen Gästehäusern bis zu Fünf-Sterne-Hotels.

Verhalten im Alltag

Die Gewohnheiten und das Verhalten der Einheimischen auf den Kleinen Antillen stehen ganz im Zeichen des **karibischen Lebensgefühls**. Die typische lockere und entspannte Art empfindet der urlaubsreife Reisegast oft als angenehme Abwechslung zu seiner sonstigen Lebens- und Arbeitswelt. Allerdings ändert sich diese Grundeinstellung auch dann nicht, wenn man es einmal eilig haben sollte. Pünktlichkeit gilt auf den Kleinen Antillen nicht unbedingt als die wichtigste Tugend. Man sollte sich also möglichst nicht ärgern, wenn es mal nicht in dem aus Europa gewohnten Tempo geht, der Hotelmanager nicht erscheint oder der Taxifahrer nicht wartet. Ratsam ist, sich einfach auf den Rhythmus der Inselbewohner einzulassen – meist klappt doch am Ende alles irgendwie.

Allzu oft neigen Touristen zu der Erwartung, dass sich die Einheimischen im Urlaubsland auf jeden Fall über ihr Erscheinen freuen und zudem noch dankbar sein müssen, dass sie Devisen bringen. Die großen **sozialen Unterschiede** zur westlichen Freizeitgesellschaft führen aber stattdessen oft zu Frustration bei den Insulanern – manchmal sogar zu Aggression! Deshalb sollten Besucher potentiell unangenehme Situationen durch freundliches und respektvolles Verhalten möglichst schon im Vorfeld entschärfen. Oftmals helfen ein Lächeln und ein nettes „Hello". Auch Humor kann Wunder wirken – selbst beim abweisenden Flughafenbeamten und beim mürrischsten Kellner!

- **Baden**: Wer gerne nahtlos braun wird, ist auf vielen Inseln fehl am Platz! FKK ist nur selten erlaubt. „Topless" am Strand zu liegen wird meist toleriert, allerdings nicht so gerne gesehen.

- **Fotografieren und Filmen**: Eine Reise in die Karibik ohne einen Fotoapparat ist wie Baden ohne Wasser! Traumhafte Strände, Sonnenuntergänge und die verschiedenen Grüntöne des Regenwaldes bieten hervorragende Motive. Wer allerdings Fotos von Einheimischen machen möchte, sollte immer vorher um Erlaubnis fragen! Viele Inselbewohner haben z. B. aus religiösen Gründen grundsätzlich etwas dagegen, fotografiert zu werden. Andere möchten nicht wie „Tiere im Zoo“ abgelichtet werden. Auch Menschen, die z. B. an Bächen und Flüssen ihre Wäsche waschen, fühlen sich oftmals in ihrer Privatsphäre gestört. Pietät und Respekt sollten beim Filmen und Fotografieren also immer eine Selbstverständlichkeit sein. Auf Schnappschüsse durchs geöffnete Wohnungsfenster, beim Gottesdienst oder während einer Beerdigung sollte man verzichten, auch wenn gerade niemand dagegen protestiert.
- **Kleidung**: Bei gleichbleibend angenehmer Wärme bietet es sich an, von morgens bis nachts in Badesachen herumzulaufen. Aber auch auf den Kleinen Antillen gelten Anstandsregeln, die man unbedingt beachten sollte. Die Menschen hier, und mögen sie noch so arm sein, legen großen Wert auf angemessene Kleidung – ob zu Hause, in ihren Siedlungen oder beim Kirchgang. Strandmode sollte man aus Respekt auch als Tourist möglichst nur am Strand tragen.

Verkehrsmittel

 **Hinweis**

Auf den Inseln herrscht Linksverkehr!

Generell ist der **Bus** das billigste Fortbewegungsmittel auf allen Inseln der Kleinen Antillen, trotz unterschiedlich ausgebauter und funktionierender Verkehrssysteme. Hier bekommt man zudem garantiert und gratis viel Lokalkolorit mit. Auch ein Hauch Abenteuer schwingt mit, denn der Fahrplan ist oftmals ein Geheimnis bzw. existiert einfach nicht: Es wird gefahren, solange sich die Fahrten lohnen, und das ist vor allem in den frühen Morgenstunden und am späten Nachmittag, wenn die Einheimischen zur Arbeit bzw. nach Hause wollen.

Unter „Bus“ versteht man auf St. Lucia und Grenada Minibusse, in die so viele Menschen reindürfen wie reinpassen. Auf Barbados gibt es zudem ein sehr gut ausgebautes Bussystem mit großen blauen Bussen, die an regulären Haltestellen halten und jeweils anzeigen, ob sie sich von der Hauptstadt Bridgetown wegbewegen oder dorthin fahren.

Taxis sind ebenfalls auf allen Inseln verfügbar und haben häufig festgelegte Fahrpreise. Zu halbwegs moderaten Tarifen kann man mit ihnen auch Inselrundfahrten unternehmen, wobei der Taxifahrer als Fremdenführer fungiert. Als Routentaxis bezeichnet man Minibusse, die nach einer bestimmten Route fahren und – soweit noch Platz ist – auf Handzeichen Fahrgäste aufnehmen. Die Fahrer dieser häufig überfüllten Vehikel kennen vielleicht die Strecke, nicht aber irgendwelche Verkehrsregeln, sie rasen zum Teil mit abenteuerlicher Geschwindigkeit und „Mut zum Risiko“ übers Land. Dazu dröhnt aus den Verstärkerboxen Reggae oder Rap – die Musik ist oft schon zu hören, bevor das Routentaxi in Sichtweite ist.

Barbados verfügt über ein hervorragendes Bussystem

Wer es sich zutraut (auf den Inseln herrscht Linksverkehr), kann fast überall auch einen **Mietwagen** bekommen. Hierzu benötigt man unbedingt einen internationalen Führerschein und eine Kreditkarte, von der die Kaution abgebucht wird. Wenn keine Mängel aufgetreten sind und die Transaktion geklappt hat, erscheint am Schluss die Summe wieder als Guthaben auf dem Konto. Auf allen drei Inseln ist neben dem deutschen bzw. Internationalen Führerschein noch eine örtliche Fahrerlaubnis notwendig. Diese erhält man in der Regel direkt bei der Mietwagenfirma (ansonsten bei der Polizei vor Ort), die Gebühr dafür ist in bar zu zahlen.

Besonders in der Dunkelheit, wenn Mopeds, Fahrradfahrer und Fußgänger auf den unbeleuchteten Straßen unterwegs sind, ist Vorsicht geboten! Doch auch tagsüber muss man auf plötzlich auf die Fahrbahn laufende Kinder und Tiere jederzeit gefasst sein. Besonders tückisch sind die Schlaglöcher, die durch abgesackte Asphaltplatten entstehen: Je abgelegener die Straße, desto tiefer sind die Löcher!

Nach amerikanischem Vorbild gibt es auf fast allen Inseln **Bodenschwellen** (*bumper*), um die Autofahrer in Ortschaften oder an gefährlichen Stellen abzubremsen. Manchmal sind diese Beton- oder Metallschwellen aber selbst gefährlich – zumindest für den unerfahrenen Europäer, der seinen Mietwagen damit demoliert oder plötzliche Bremsmanöver vollführt.

Auch bei der größten Vorsicht kann ein **Unfall** passieren. Unabhängig davon, wer die Schuld trägt, sollte man immer folgende Regeln beachten:

- Ruhe bewahren und einen klaren Kopf behalten; erst einmal tief durchatmen!
- Höflich bleiben – auch wenn der Ärger groß ist.
- Die Unfallstelle weiträumig absichern, damit nicht noch mehr passiert. Warnblinklichter einschalten und das Warndreieck in ausreichendem Abstand zur Unfallstelle aufstellen
- Verletzte versorgen.
- Krankenwagen und Polizei benachrichtigen.
- Von allen Unfallbeteiligten Namen, Anschrift, Kennzeichen und Fabrikat des Fahrzeugs notieren.
- Unfallort und -zeit festhalten.
- Auf keinen Fall ein Schuldeingeständnis unterschreiben
- Ein Foto vom Schaden machen.

Versicherung

Vor Antritt der Reise sollte man seine bereits abgeschlossenen Versicherungen prüfen, ob diese auch für das Reisegebiet gelten. Auf jeden Fall ist der Abschluss einer

Reisekrankenversicherung zu empfehlen, die im Ernstfall auch den Rücktransport einschließt. Im Reisebüro kann man sogenannte „Rundum-sorglos-Pakete" abschließen.

Währung/Geld

Wer alle drei Inseln bereist, muss sich mit drei verschiedenen Währungen auseinandersetzen. Auf Barbados ist der **Barbados Dollar** die offizielle Währung. Er ist seit 1975 im Verhältnis 2 BB-$ = 1 US-$ an den US-Dollar gekoppelt (1 BB-$ = 0,44 €/1 € = 2,26 BB-$).

Auf St. Lucia und Grenada wird mit dem **East Caribbean Dollar** (Ostkaribischer Dollar) bezahlt. Er ist ebenfalls an den US-Dollar gekoppelt: 1 US-$ = 2,70 EC-$ (1 EC-$ = 0,32 €/1 € = 3,04 EC-$). Überall kann man auch mit dem **US-Dollar** (1 US-$ = 0,91 €/1 € = 1,09 US-$) bezahlen. Das Wechselgeld erhält man dann in einheimischer Währung.

US-$-Noten (in kleiner Stückelung, keine 100-Dollar-Scheine) und **Kreditkarten** (z. B. Visa, Mastercard) sollte man immer dabei haben. Letztere benötigt man in jedem Fall um ein Auto zu mieten oder auch, wenn man von unterwegs online eine Unterkunft buchen möchte.

Bei den meisten Banken kann man Geld in die örtliche Währung **umtauschen**, wobei der Euro zu einem schlechteren Kurs als der US-Dollar umgetauscht wird. Auf St. Lucia gibt es eher kleine Banken, die auf die Bedürfnisse der lokalen Bevölkerung ausgerichtet sind und über keine ausländischen Sorten verfügen. Am Flughafen bekommt man zwar einen günstigeren Kurs als in den Hotels, die Prozedur ist aber oft äußerst langwierig. Auf der Internetseite www.oanda.com kann man vorab den Kurs checken. Empfehlenswert ist es, eine gewisse Summe an US-Dollar von zu Hause mitzunehmen, einen Teil vor Ort in die jeweilige Landeswährung umzutauschen und wenn möglich mit der Kreditkarte zu bezahlen.

Zeit

Auf Barbados, St. Lucia und Grenada gilt die *Atlantic Standard Time*, d. h. MEZ minus fünf Stunden (12 Uhr mittags in Frankfurt entspricht 7 Uhr morgens auf den Inseln) bzw. minus sechs Stunden während der europäischen Sommerzeit (12 Uhr mittags in Frankfurt entspricht dann 6 Uhr morgens auf Barbados).

Zoll

Die karibischen Staaten gestatten in der Regel die zollfreie Einfuhr von Gegenständen des persönlichen Bedarfs: zwei Stangen Zigaretten, 50 Zigarren, 250 g Tabak, 250 g Kaffee, zwei Liter alkoholischer Getränke und eine „angemessene" Menge (ca. 50 g) Parfum. Verstöße gegen Drogengesetze werden scharf geahndet. Der Kauf von Andenken, die z. B. aus der Haut gefährdeter Tiere wie Schildkröten und anderer Reptilien oder aus schwarzen Korallen gemacht wurden, steht durch das Washingtoner Artenschutzübereinkommen (CITES) unter Strafe.

Das kostet der Aufenthalt auf Barbados, St. Lucia und Grenada

Stand: November 2016

Auf den „Grünen Seiten“ geben wir einige Preisbeispiele für einen Urlaub auf Barbados, St. Lucia und Grenada. Die Angaben können natürlich nicht mehr sein als eine grobe Richtschnur. Sie zeigen aber einerseits, dass man im Winter richtig viel Geld für einen Urlaub auf höchstem Luxusniveau ausgeben kann, andererseits, dass im Sommer eine durchaus bezahlbare Traumreise mit Aufenthalten an den schönsten Orten der Karibik möglich ist.

Allgemeines Preisniveau

Die Preise auf Barbados, St. Lucia und Grenada sind von günstig (lokales Essen, Selbstversorgerunterkünfte) über moderat (Lebensmittel, Benzin, Gästehäuser) bis hin zu ziemlich teuer (Resorts, Luxushotels) einzustufen. Die Gerichte in Restaurants sind, je nach Lokalität, zwischen preisgünstig (Gemeindeküche) und moderat (Strandrestaurant, lokale und unabhängige Restaurants) bis hin zu teuer und sehr teuer (z. B. exquisite Restaurants von Sterne-Hotels). Wer Restaurant-Preise in Hamburg oder München gewöhnt ist, wird von dem Preis eines frischen Fischgerichtes in einer Strandbar eher positiv überrascht sein.

An- und Weiterreise

Flüge

Transatlantikflüge (Hin- und Rückflug) gibt es ab Frankfurt/Main mit Condor direkt auf die Inseln oder alternativ mit British Airways über London. Wer den Flug zusammen mit anderen touristischen Leistungen als Paket bucht, kann bisweilen unter dem offiziellen Tarif fliegen. Hier machen sich saisonale Unterschiede preislich kaum bemerkbar.

Kinder unter zwei Jahren erhalten je nach Fluggesellschaft bis zu 100 Prozent Rabatt, Kinder im Alter von zwei bis elf Jahren 25–50 Prozent. Bei einem Flug **über London** muss der Flughafen gewechselt werden. Zwischen London-Heathrow und London-Gatwick verkehren Busse vom National Express (33 € pro Fahrt). Hinzugerechnet werden muss auch noch eine Übernachtung im Hotel, denn die Zubringer aus Deutschland fliegen am Abend vor dem Morgenflug in die Karibik.

Preisbeispiele für Flüge nach Barbados, St. Lucia und Grenada verschiedener Fluggesellschaften (inkl. Einreise-, Ausreise- und Flugsicherheitsgebühren sowie Steuern). Grundsätzlich gilt, dass die Flüge nach Grenada etwas teurer sind, Barbados und St. Lucia ungefähr gleich teuer:

Flugpreise pro Person		
	Dezember 2016	**Mai–August 2017**
Condor (ab Frankfurt direkt)	ab 739 €	ab 839 €
British Airways (über London, plus Flughafentransfer und Hotel)	ab 1.566 €	ab 867 €
American Airline (über London, Visa-Kosten und Hotel)	ab 979 €	ab 952 €

Inselhüpfen

Liat bietet das umfangreichste Flugrepertoire und die günstigsten Flüge in der Region an. Auf der Webseite www.liat.com lassen sich über die Option „Multi-City" Flüge über mehrere Inseln unkompliziert buchen. Preisbeispiele (ohne jeweilige Abflugsteuern):

Barbados – St. Lucia	106 € (1 Flug)
St. Lucia – Barbados – Grenada	180 € (2 Flüge)
St. Lucia – Barbados – Grenada – Barbados	308 € (3 Flüge)

Fährtarif

Die einzige Fähre, die im Reisegebiet verkehrt, ist die zwischen St. George's und Carriacou (Grenada):
1 Erwachsener = 7 €, 1 Kind = 3,50 €

Mietwagen

Auf St. Lucia kostet ein Mittelklassewagen ab 43 € pro Tag ab/bis Mietstation, inkl. Teilkasko mit Selbstbeteiligung, unbegrenzte Kilometer, Insassenversicherung und alle Steuern (bei Vorausbuchung, höhere Preise bei Tagesmiete, bei einer Mietdauer ab sieben Tagen sind Preisnachlässe üblich).

Mietwagen pro Woche		
	Dezember 2016	**Mai–August 2017**
Barbados (Grandley Adams Airport)	ab 350 €	ab 250 €
St. Lucia (Vieux Fort Hewanorra Airport)	ab 367 €	ab 293 €
Grenada (St. George's)	ab 367 €	ab 305 €

Kreuzfahrten

In den Programmen der großen Touristik-Unternehmen und der Spezial-Reiseveranstalter finden sich etliche Karibik-Kreuzfahrten, bei denen auch die Kleinen Antillen im Mittelpunkt stehen. Hier Beispiele für die Saison 2016/2017:

TUI Cruises/Mein Schiff 5
Karibik ab/bis Barbados: 14 Nächte Kreuzfahrt, inkl. Flug, Innenkabine, ab 3.263 € p. P. Route: Barbados, Guadeloupe, Martinique, **St. Lucia**, **Grenada**, Curaçao, Bonaire, Aruba, Dom. Republik, Dominica, **Barbados**.
Mittelmeer trifft Barbados: 19 Nächte, inkl. Flug, Innenkabine, ab 2.449 € p. P. Route: Mallorca, Málaga, Lanzarote, Kapverden, **Barbados**, Guadeloupe, Tortola, Dom. Republik, Dominica, **Barbados**.
AIDA Cruises/AIDA Diva
Karibik: 14 Nächte, inkl. Flug, Innenkabine, ab 2.275 € p. P. Route: Dom. Republik, Aruba, Curaçao, Bonaire, **Grenada**, St. Vincent und die Grenadinen, **Barbados**, **St. Lucia**, Dominica, Guadeloupe, Antigua, Dom. Republik.

Aufenthalt

Exkursionen (Auswahl)	
Barbados	
Inselrundfahrt (6–7 h/max. 6 Personen)	ab 76 € p. P.
Fahrt mit dem Unterseeboot Atlantis inkl. Transfers	ca. 67 € p. P. (online-Buchung)
geführte Tour in den Harrison Caves	17–26 € p. P.
St. Lucia	
Inselrundfahrt (1 Tag, inkl. 1–12 Teilnehmer)	165 €
Tagestour ab Castries bis Soufrière (Pitons) (7 h/2–8 Teilnehmer)	ab 59 €
Sunset-Jazz-Tour (Anse Chastanet mit Delfinsuche und Getränken)	89 €
Wassertaxi von Soufrière zur Anse Chastanet	ab 80 €
Grenada	
Inselrundfahrt (8 h, inkl. Mittagessen und Eintritte)	76 €
Tour zu den Seven-Sister-Wasserfällen und durch den Regenwald (4 h)	24 €
Whale Watching (4 h, Bootstour inkl. Transfers)	ca. 86 €

Unterkunft

Bei den Unterkünften sind die Kleinen Antillen insgesamt eine hochpreisige Destination, andererseits wird für die hohen Übernachtungskosten auch viel geboten.

Preise pro Woche Aufenthalt im Dezember 2016		
Barbados		
Rest Haven Beach Cottages (Bathsheba)	ab 378 €	Apartment, 1 Doppelbett, 50 m², Patio/Veranda, Meerblick, eigenes Badezimmer, kostenfreies WLAN
Ocean Spray Beach Apartments	ab 689 €	Studio, 1 großes Doppelbett, 51 m², Kochnische, Patio/Veranda, Balkon, Meerblick, Klimaanlage, TV, eigenes Badezimmer
Accra Beach Hotel	ab 931 €	Doppelzimmer, Balkon, Gartenblick, Flachbild-TV, Klimaanlage, eigenes Badezimmer, kostenfreies WLAN
The Crane Resort	ab 1.572 €	Junior Suite mit 1 Kingsize-Bett und 1 Schlafsofa, Kochnische, Gartenblick, Klimaanlage, Whirlpool, eigenes Badezimmer, kostenfreies WLAN
Little Good Harbour Boutique Hotel	ab 2.748 €	1-Schlafzimmer-Suite mit Doppelbett, Kochnische, Klimaanlage, eigenes Badezimmer, Gartenblick, kostenfreies WLAN
St. Lucia		
La Panache Holiday Apartments	ab 297 €	Studio mit 1 Doppelbett, 28 m² (inkl. Balkon), eigenes Badezimmer
Rex Resort St. Lucian	ab 1.367 €	2 Doppelbetten, Klimaanlage, Meerblick, Patio, eigenes Badezimmer, TV, kostenfreies WLAN
The Hummingbird Beach Resort	ab 1.634 €	Extra großes Doppelbett, Klimaanlage, Ausblick: Meer/Garten, kostenfreies WLAN
Jade Mountain Resort	ab 9.086 € (all-inclusive)	Offenes Zimmerkonzept mit Pool, privater Butler, Blick auf Meer und Pitons, alle Annehmlichkeiten
Grenada		
Cabier Ocean Lodge	ab 661 €	Zimmer mit 3 Betten, Meerblick, eigenes Badezimmer
La Sagesse Hotel	ab 785 €	Zimmer mit extragroßem Bett, Meerseite, Veranda
Blue Horizons Garden Resort	ab 1.446 €	Superior Studio mit Gartenblick, extragroßes Doppelbett, 40 m², Kochnische, Patio/Veranda, Klimaanlage, eigenes Badezimmer, kostenfreies WLAN
Petite Anse Beachfront Cottages	ab 1.648 €	Chalet mit Meerblick, großes Doppelbett, 38 m², Klimaanlage, kostenfreies WLAN
Spice Island Beach Resort	ab 9.015 € (all-inclusive)	Suite mit Kingsize-Bett, 58 m², Flachbild-TV, Klimaanlage, Badewanne, Whirlpool, eigenes Badezimmer, kostenfreies WLAN

3. BARBADOS

Überblick

Das 36 km lange und 24 km breite Barbados (ausgespr. Ba-bei-dos) ist mit 431 km² nur wenig größer als z. B. die Hansestadt Bremen, gehört aber trotzdem zu den größeren Inseln der Kleinen Antillen. Sie ist außerdem die östlichste Insel der Karibik, gleich einem weit in den Atlantik hinausgeschobenen Vorposten, den Schiffsreisende aus Europa als ersten Teil der Neuen Welt erblicken. Die anderen Inseln über dem Winde liegen 160 km weiter westlich und sind von Barbados durch den 2.700 m tiefen Tobago-Graben getrennt.

Das landschaftliche Profil wird durch ein altes **Korallenplateau** bestimmt, das von über 300 m Höhe (höchster Punkt: 343 m) treppenförmig zu den Küsten abfällt. Trotz ihres verhältnismäßig flachen Gepräges weist die Insel reizvolle landschaftliche Kontraste auf – vor allem an der wilden, zerklüfteten Ostküste. An der geschützten Westseite liegen die karibischen Strände mit den meisten Ferienhotels. Hier ist die Luft milde und die Brandung weniger stark. Im Inselinneren fiel das ursprüngliche Pflanzenkleid des Regenwaldes bis auf einige kleine Restbestände schon früh der Ausbreitung der **Zuckerrohrkultur** zum Opfer.

Es waren die Portugiesen, die die Insel unter dem Namen „Los Barbados" (= die Bärtigen) auf die Seekarten setzten. Sicher waren damit nicht die indianischen Ureinwohner, sondern die Fikusbäume gemeint, deren Luftwurzeln wie herunterhängende Bärte aussehen. Viel prägender war jedoch der rund 300 Jahre währende englische Einfluss, sodass man Barbados innerhalb der Kleinen Antillen lange die britischste aller Inseln oder

Redaktionstipps

- Am Freitagabend in einem der Restaurants auf dem Fish Fry-Markt in **Oistins** Fisch, Leute, Tanzshows und Musik genießen, S. 150.
- Einen der über 1.200 **Rum Shops** der Insel besuchen und ein lokales Bier trinken. Vielleicht erwischt man einen, in dem gerade Karaoke gesungen wird, S. 118.
- Am Samstag in Bridgetown? Dann unbedingt schauen, ob gerade ein **Pferderennen** in der historischen Garrison Savannah stattfindet und auf seinen Favoriten setzen, S. 143.
- Ein Spaziergang auf dem **Boardwalk**, der Strandpromenade an der Südküste, S. 147.
- Ein Ausflug an die wilde Ostküste nach **Bathsheba** und zu den Andromeda Botanic Gardens mit Mittagspause im Atlantis Hotel, S. 174.
- Zur Felsenküste ganz im Norden fahren und den stürmischen Atlantik oben von den Felsen und unten in der **Animal Flower Cave** spüren, S. 168.
- Bei einer Tour im Norden lohnt sich der Besuch der **St. Nicholas Abbey** als Beispiel eines herrschaftlichen Plantation House, S. 172.
- Ein Spaziergang durch die **Welchman Hall Gully**, dem letzten Stückchen Regenwald auf Barbados, darf auf keinen Fall fehlen, S. 182.
- Einen **Sonnenuntergang** in einer Strandbar an der Westküste erleben, ab S. 157.

Jugendliche am Needham's Point

Die Emancipation Statue erinnert an die Aufhebung der Sklaverei

auch „Little England" nannte. Heute nimmt der **US-amerikanische Einfluss** immer mehr zu, und sowohl die Produktauswahl in den Supermärkten als auch die Aussprache orientiert sich immer mehr an den USA.

Schon 1639 trat ein Parlament zusammen: das drittälteste im Commonwealth – nach London und den Bermudas. Nach englischem Vorbild wurde die Insel in elf Kirchspiele eingeteilt, die nach den anglikanischen Kirchen benannt sind. Von Norden nach Süden sind dies: St. Lucy, St. Peter, St. Andrew, St. James, St. Joseph, St. Thomas, St. John, St. Michael, St. George, St. Philip und Christ Church (s. Karte S. 37). Interessanterweise beherbergte die Insel bereits in der ersten Besiedlungsphase so viele Menschen, dass sich einige davon später für die Emigration entschieden. So wurde das amerikanische South Carolina von einer Siedlergruppe aus Barbados (und nicht etwa von England aus) erschlossen. Für ein ganzes Jahrhundert galt Barbados als Mutter der amerikanischen „Tochterkolonie".

Im 20. Jh. war die Insel gut auf die Unabhängigkeit vorbereitet, die ihr am 30. November 1966 von London verliehen wurde. Staatsoberhaupt ist derzeit immer noch Königin Elizabeth II., allerdings hat Premierminister Freundel Stuart angesichts des 50. Jubiläums im Jahr 2016 angekündigt, dass Barbados weiter an der wirklichen Unabhängigkeit arbeiten muss: „We must continue to make the transition to real independence. We must take the lead in shaping our own future." (*www.50barbados.com/about/letter-from-the-prime-minister*).

Die vielschichtige koloniale Vorgeschichte lässt erahnen, weshalb Barbados schon immer eine der am dichtesten besiedelten Inseln der Region gewesen ist. Heute hat sie rund 280.000 Einwohner, das entspricht bei einer Fläche von 431 km² über 660 Menschen pro Quadratkilometer.

Die Bevölkerung setzt sich zu über 90 Prozent aus Menschen mit afrikanischen Wurzeln zusammen, von den restlichen zehn Prozent haben die meisten einen europäischen Hintergrund (England, Irland und Schottland). Alle Einwohner identifizieren sich stolz mit ihrem Mini-Staat und betrachten sich gemeinsam als Barbadians oder kurz Bagians bzw. **Bajans**.

Inseltouren

Übersichtskarte Barbados siehe hintere Umschlagklappe

Hinweis

Museen und **historische Gebäude** dokumentieren die oftmals bewegte Geschichte von Barbados. Einige von ihnen sind immer zur Besichtigung offen, andere nur im Rahmen des „Open House Programme" des Barbados National Trust, zu ausgewählten Terminen von Januar bis März (Termine unter www.barbados.org und www.barbadosnationaltrust.org). Leicht zugänglich ist **Garrison**, der südlichste Stadtteil der Hauptstadt Bridgetown und **UNESCO-Weltkulturerbe**, S. 141.

Ostküste

Eine Fahrt zur wildzerklüfteten Landschaft bei Bathsheba an der Ostküste, wo der Atlantik mit voller Wucht auf die Felsküste trifft, sollte definitiv auf dem Programm stehen. Immerhin ist Barbados die östlichste Insel der Karibik und somit völlig ungeschützt den Winden vom Atlantik her ausgesetzt. Zum Lunch bieten sich das Round House (S. 180) oder das Atlantis Hotel in Bathsheba an (ebd.).

Norden

Ganz im einsamen Norden der Insel kann ebenfalls eindrucksvoll die Wucht des Atlantiks beobachtet werden, wenn die hoch spritzenden Wellen an den Klippen der Nordküste zerschellen. Hier bietet die **Animal Flower Cave** ein Restaurant mit Café unter freiem Himmel direkt über den Klippen (S. 169).

Inselinneres

Im Inselinneren geht es durch sanfte Hügellandschaft mit Zuckerrohr und alten Windmühlen zur **St. Nicholas Abbey**, einem lohnenden Ausflugsort (S. 172). Die Gemeinden St. George und St. Thomas sind die beiden einzigen, die nicht ans Meer grenzen. Die hügelige Landschaft von St. Thomas erlaubt dafür grandiose Ausblicke auf die Insel und das Meer. Auf einem der höchsten Punkte der Insel liegen einige kleine Töpfereien, die vor Ort produzieren und ihre Handwerksprodukte verkaufen (S. 120).

Auch der **Welchman Hall Gully** (S. 182), das letzte noch bestehende Urwaldreservat der Insel und Heimat der Green Monkeys, verspricht ein beeindruckendes Erlebnis. Es versetzt den Besucher in einen üppigen tropischen Regenwald inmitten einer Insel, die sonst überwiegend von leicht hügeligem Farmland dominiert

Urwald

Green Monkey im Welchman Hall Gully

wird. Kombinieren kann man den Besuch der kleinen Schlucht gut mit der in der Nähe liegenden Tropfsteinhöhle **Harrison's Caves** (S. 181).

Die tropischen Gärten im Inselinneren (Andromeda Garden in St. John (S. 175), Flower Forest und Hunte's Garden in St. Joseph (S. 182/183), die Orchid World in St. George (S. 184) oder der Farley Hill National Park in St. Peter (S. 171) lohnen ebenfalls einen Abstecher.

 Tipp

Unbedingt einplanen sollte man eine **Rum-Tour**. Da die Insel keinen vulkanischen Ursprung hat und über keinen üppigen und dichten Regenwald verfügt wie die meisten anderen Inseln der Kleinen Antillen, wurden im flachen Hinterland der Küste Zuckerrohrplantagen eingerichtet. Viele Plantagenhäuser bieten einen Direktverkauf. Besonders zu empfehlen ist ein Besuch der Rumfabrik **Mount Gay Rum Distilleries**, die seit 1703 in Betrieb ist und damit eine der ältesten Rumsorten der Welt anbietet (S. 138).

Westküste

Die Westküste, bekannt als „Platinum Coast", wird von Luxus-Hotels, traumhaften Villen mit Strandzugang und exzellenten Restaurants gesäumt, die die Kulisse für den feinen weißen Sandstrand und das türkise, sanft dahinplätschernde Meer bieten. In der Saison kann es auf der Küstenstraße allerdings recht voll werden. Umwerfende Sonnenuntergänge bietet die gesamte Westküste, aber auf der Strandpromenade von **Holetown** kann man dabei auch noch wunderbar spazieren gehen (S. 159). Einen guten Zugang zum Meer, schattige Picknickplätze, Parkmöglichkeiten, Toiletten und einen sanft abfallenden Strand bietet der **Folkstone Marine Park** (S. 160). Auch der Fischerort **Speightstown** mit seinen alten Holzhäusern, Fischmarkt und kleinen Restaurants ist einen Ausflug wert (S. 162). Der Hauptstadt Bridgetown sollte man in jedem Fall einen Besuch abstatten.

Südwestküste

Touristenzentrum

Die Südküste ist in ihrem westlichen Teil mit breiten und hellen Sandstränden gesegnet. Sie bietet am St. Lawrence Gap mit reichlich Bars und Restaurants ein buntes Nachtprogramm und beste touristische Infrastruktur. Berühmt ist der große Fischmarkt in Oistins mit seinem günstigen Essen in den zahlreichen Buden, die am Freitagabend beim Fish Fry aus allen Nähten platzen, wenn Einheimische und Besucher erst essen und dann bis in die frühen Morgenstunden tanzen und singen (S. 150). Die östliche Südküste bietet gute Bedingungen für Surfer.

Die schönsten Strände – eine Auswahl (in alphabetischer Reihenfolge)	
Südküste	
Die Südküste mit ihren breiten, feinen, von Palmen gesäumten Sandstränden, an denen immer ein kühlender Wind weht, wird eher von sportinteressierten Leuten besucht, die das breite Wassersportangebot nutzen. Familien genießen das seichte, von Riffen geschützte Wasser an der südwestlichen Küste, das sicheres Schwimmen garantiert und für Kinder und Schnorchler ideal ist. Am South Point bieten leichte Wellen die idealen Bedingungen für Surfanfänger. Je weiter östlich man kommt, desto höher werden die Wellen und stärker weht der Wind vom offenen Atlantik. Dort herrschen ideale Surfbedingungen auch für Könner.	
Accra Beach (Highway 7)	Der beliebte Strand liegt in der Nähe von Rockley (auch Rockley Beach genannt). Leichte Wellen, feiner weißer Sand und überwachte Abschnitte durch Lifeguards machen diesen Strand besonders für Familien attraktiv. Strandbars und -restaurants gibt es in der Nähe, Strandliegen und Sonnenschirme können gemietet werden. Am Accra Beach beginnt auch die **Strandpromenade** in Richtung Westen. Sie führt bis nach Hastings und bietet einen schönen Spaziergang entlang der Küste.
Bottom Bay (Südosten)	Ein beliebtes Fotomotiv ist dieser Strand, und wenn man ankommt fühlt es sich tatsächlich so an, als stehe man in einer Postkarte. Garant für absolute Karibikatmosphäre mit hohen Kokosnusspalmen, weißem Sandstrand, türkisem Wasser und Steilküste als imposanter Kulisse. Ein Ausflug hierher ist ein absolutes Muss!
Hastings Beach (mit Sugar Beach und Needham's Point)	Der Sugar Beach vor dem Sugar Bay Hotel ist ein sehr kleiner Strand, der vor allem von den Hotelgästen genutzt wird. Von hier aus gibt es jedoch einen Zugang zur durch zwei Riffe geschützten Bay, in der sich wunderbar schnorcheln lässt. Richtung Westen kann man anschließend bis zum Needham's Point einen langen Strandspaziergang machen. Der beste Zugang mit dem Auto ist unterhalb von Ann's Fort (schattige Park- und Picknickplätze). Geht man vom Sugar Beach Richtung Osten, gelangt man an Strandbars und alten Villen vorbei bis zum Beginn der Strandpromenade, auf der man bis zum Accra Beach gehen kann.
Miami Beach (Oistins)	In unmittelbarer Nähe des Fischerortes Oistins liegt dieser besonders bei den Einheimischen beliebte Strand mit feinem weißen Sand, der eigentlich Enterprise Beach heißt. Schattenplätze und Picknicktische sowie die leichte Ausrichtung Richtung Westen machen diesen Ort zudem zu einem beliebten Treffpunkt für den Sundowner an der Südküste.
Pebbles Beach (Carlisle Bay)	Dieser Strand mit feinem hellen Sand liegt nur wenige Minuten von Bridgetown entfernt zwischen dem Hilton und dem Radisson Aquatica-Hotel. Die Bucht ist ein beliebter Ankerplatz für Segler und am Strand gibt von Sonnenschirmen und Liegen bis zu Kanus und Fahrten zu Schildkröten alles zu mieten. Kleine Bars und die vielen Einheimischen sorgen hier für ein buntes Strandleben. Gute Parkmöglichkeit.

Maxwell Beach	Breiter und langer Sandstrand, schön zum Spazierengehen. Viele Wassersportmöglichkeiten mit Kajak, Hobie Cat und Surfbrett. Zugang über die Maxwell Coast Road, in der es einen kleinen Supermarkt gibt und mittags einen Minibus mit Lunch zum Take away.
Sandy Beach (Dover Beach)	Der Strand verfügt über seichtes und ruhiges Wasser und eine bildschöne Lagune, die das Baden vor allem für kleine Kinder sicher macht. Der Strand ist groß genug, um im Wasser spazieren gehen zu können. Parkmöglichkeiten gibt es an der Hauptstraße. Sonnenschirme und Liegen können gemietet werden; Snackbars sorgen fürs leibliche Wohl.
Silver Sands/ Silver Rocks	Diese Strände liegen an der südlichsten Stelle der Insel zwischen dem South Point und dem Inch Marlow Point.Vom Silver Point Hotel kann man den hellen, feinsandigen Strand überblicken, an dem immer ein mehr oder weniger starker Wind weht. Daher ist der Strand auch beliebt bei Wind- und Kitesurfern. Es bieten sich Spaziergänge durch die Dünenlandschaft an. Kleiner Spielplatz für Kinder und schattige Picknickplätze, Parkplätze.

Ostküste
Bei aller landschaftlicher Schönheit der Ostküste: Vor dem Schwimmen wird an diesem Abschnitt der Atlantikküste gewarnt. Starke Unterströmungen machen das Baden hier äußerst gefährlich. Dafür gibt es auf der Insel aber auch genug Alternativen. Der Anblick der hohen Wellen und bizarren Felsenformationen ist die Fahrt hierher aber auf jeden Fall Wert.

Breiter Sandstrand am Maxwell Beach

Bathsheba Beach	Die kilometerlange Küstenlinie entlang der East Coast Road in der Gemeinde St. Joseph bietet ideale Bedingungen für lange Küstenspaziergänge mit einer steifen Brise im Gesicht und Ausblicke auf Atlantik und eine Küstenlandschaft, deren Vegetation sich den windigen Bedingungen angepasst hat. Nähert man sich der Bathsheba **Soup Bowl**, dem südlichsten Küstenabschnitt von Bathsheba kurz vor der Tent Bay, kann man die Kraft der schäumenden Wellen besonders eindrucksvoll erleben. Hier treffen sich die weltbesten Surfer jedes Jahr im November zur Austragung des Barbados Independence Pro.
Cattlewash Beach (**Barclays Park**)	Auch hier ist das Schwimmen hinaus in den Atlantik nicht zu empfehlen, man sollte immer den Boden unter den Füßen spüren. Auf jeden Fall kann man hier lange Spaziergänge mit den Füßen im Wasser genießen. Der 20 ha große Barclays Park bietet schattige Picknickplätze, ein Toiletten- und Umkleidehäuschen und ein Strandrestaurant.
Crane Beach	Für viele ist der helle, leicht rosa schimmernde Sandstrand einer der schönsten der Insel. Und tatsächlich ist der Blick vom The Crane Beach Hotel, das oben auf den hohen Felsen gebaut wurde, spektakulär. Die stetig wehende Brise macht den Strandtag angenehm und sorgt immer für einen hohen Wellengang. Schöne Beachbar mit Mittagessen. Wer den östlichen Strandzugang wählt, muss nicht über das Hotelgelände gehen.
Foul Bay	Lang gezogener, breiter Strand, Zugang von der Foul Bay 500 m südlich von „The Crane Beach Hotel", Zugang beim Hinweisschild „Public Access to Foul Bay Beach".

Der stürmische Atlantik an der Ostküste

Wichtiger Hinweis

Der hochgiftige Manchinel-Baum ist ein Wolfsmilchgewächs

Vorsicht vor dem Manchinel-Baum
Entlang der Westküste wachsen sogenannte Manchinel-Bäume (engl. *Manchineel*), die zu den Wolfsmilchgewächsen gehören. Es sind große Bäume mit dickem Stamm und dichtem Blattwuchs, die ideal als Schattenspender dienen könnten, wenn die Berührung mit einem der Blätter nicht heftige Brandblasen verursachen könnte. Das Gleiche kann auch nach einem Regenschauer durch die hinabfallenden Tropfen passieren. Die Früchte des Baumes, die wie unreife Äpfel aussehen, sind ebenfalls sehr giftig. Zu erkennen sind die Manchinel-Bäume an großen Hinweisschildern, meiste rote Schrift auf weißem Grund, oder durch einen roten Streifen, der auf die Rinde gemalt wurde. Da die Bäume mit ihrem Wurzelwerk dafür sorgen, dass die Westküste nicht noch weiter von Erosion betroffen wird, dürfen sie nicht gefällt werden.

Westküste

Die Westküste zeichnet sich durch seichte Wellen, klares Wasser, feinen, hellen Sandstrand und Schatten spendende Mahagonibäume aus. Das Wasser ist perfekt zum Schwimmen, Schnorcheln und für Wassersport. Wie an einer Perlenkette reihen sich die kleinen Buchten zwischen Bridgetown und Speightstown aneinander, zuweilen kann man ohne Unterbrechung von Bucht zu Bucht spazieren. Der Name „Platinküste“ rührt von den vielen eleganten Hotels und Villen direkt am Strand her, die hier zahlreich vertreten sind.

Die Strände an der Westküste sind alle wesentlich schmaler als an der Südküste und die Stürme in der Regensaison nagen hartnäckig an der Küstenlinie. Da die Strände aber selten voll sind, findet sich hier immer ein Plätzchen. Ein ganz klarer Vorteil zum Süden ist an der Westküste die Möglichkeit, abends die Sonne im Meer oder mindestens im Wolkenmeer versinken zu sehen. Wassersport oder Touren mit einem Glasbodenboot werden an vielen Stellen angeboten. Und auch wenn man nicht Hotelgast ist, bieten viele Beachside-Restaurants ein Mittagessen direkt am Wasser (nur „*cover-up*“, also Rücken und Schultern müssen bedeckt sein). Für ein Picknick am Strand gibt es Supermärkte in Holetown oder die kleinen Garküchen in Minibussen (siehe Stichwort Essen und Trinken).

Brighton Beach/ Brandons Beach	Wie in einer riesigen Badewanne plätschert am Brighton Beach das Wasser sanft an den hellen und langen Sandstrand. Hier kommt man leicht mit den Einheimischen ins Gespräch, die sich an einem heißen Tag hier mal kurz abkühlen. Wunderbar für lange Strandspaziergänge mit Blick auf den Kreuzfahrtterminal. Gut vom Spring Garden Hwy. zu erreichen.

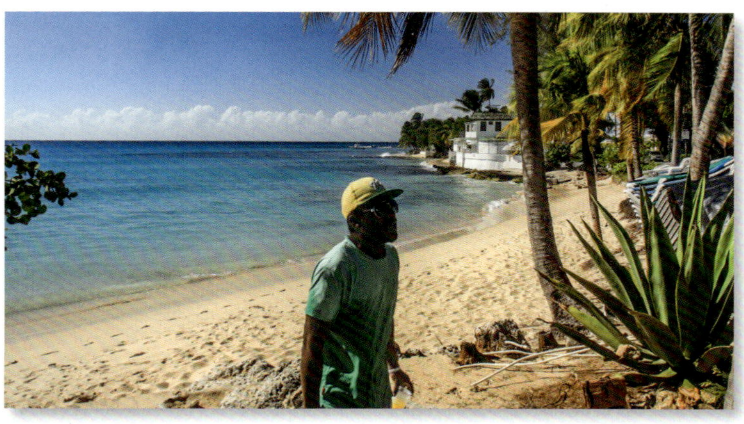

Der Mullins Beach an der Westküste ist sehr beliebt

Mullins Beach	Mullins Beach ist der „*Place to be*" an der Westküste, unweit südlich von Speightstown. Nicht nur zum Sonnenuntergang trifft man sich im Mullins Restaurant, um zu reden, zu trinken und Livemusik zu hören. Am Wochenende werden Liegen und Sonnenschirme vermietet und eine kleine Ecke füllt sich mit Souvenirständen und Anbietern von Wassersportaktivitäten. Der Sand ist fein und hell und das Schwimmen sicher. Nur wenige Meter von dem Zugang zum Strand entfernt hat man selbst an einem Sonntag seine Ruhe. Parken ist am einfachsten in einer der Nebenstraßen.
Paynes Bay Beach	Der Strand der Paynes Bay liegt gleich südlich vom Sandy Lane Resort und wird von Luxus-Hotels wie Tamarind, The House und Treasure Beach gesäumt. Hier reihen sich viele kleine Buchten mit feinem hellen Sand aneinander und bieten immer wieder schöne Aussichten auf die Küstenlinie. Das ruhige Wasser ist ideal zum Schwimmen und Schnorcheln. Zugänge zum Strand vom Hwy. 1, Parkplätze findet man eher auf der anderen Seite des Hwy.

Allgemeine Reisepraktische Informationen zu Barbados

Wichtige Telefonnummern auf einen Blick

Internationale Vorwahl: *+1-246*
Diplomatische Vertretung *(Honorarkonsulat): 427-1876*
Ambulanz: *511*
Feuerwehr: *311*
Polizei: *211 und 430-7100*
Krankenhaus: *Queen Elizabeth Hospital (24h-Notaufnahme) 436-6450, Bayview Hospital (Privatkrankenhaus) 436-5446*
Tauchunfälle: *684-8111*
Küstenwache: *436-6185*

Information

Tourism Information, *Harbour Rd., Bridgetown, ☏ 467-3600, www.visitbarbados.org und www.barbados.org.*

Informationsbüros *befinden sich auch im Grantley Adams International Airport und am Kreuzfahrtschiffshafen.*

Essen und Trinken

Namhafte Köche haben den Restaurants der Insel zu einem hervorragenden Ruf verholfen. Dazu kommen viele außergewöhnliche Lokalitäten. Das gute und vielfältige Essen inmitten perfekter karibischer Kulisse hat natürlich seinen Preis. Es gibt aber auch viele Lokale mit günstigeren Menüs. Vor allem am Fish Fryday gibt es lokale Gerichte zu fairen Preisen, auch wenn sich hier das Niveau der touristischen Nachfrage angepasst hat.

Auf Barbados sind besonders die frischen **Fischgerichte** *und* **Meeresfrüchte** *zu empfehlen. Fliegende Fische (***flying fish***) sind dabei das Nationalgericht, das auf verschiedenste köstliche Arten zubereitet wird, z. B. als* **salt fish cakes**. *Daneben gibt es als* **Catch of the Day** *oft Barrakuda (Pfeilhechte), Snapper (gehören zur Familie der Barsche), Mahi Mahi, der auch Dolphin genannt wird (damit ist allerdings nicht das Fleisch von Delfinen gemeint) und zur Familie der Goldmakrelen gehört, Thunfisch (tuna), Kabeljau oder Dorsch (Codfish und Kingfish). Daneben stehen auf vielen Speisekarten Hummer und Shrimps. Wer's feurig mag, nimmt einen kräftigen Löffel von der* **red hot pepper sauce** *dazu.*

Tipp

Gut und lecker: das Essen aus dem Minibus

Sehr günstige und **köstliche lokale Küche** (*Bajan* oder *local Food*) wird an vielen Orten auf Barbados von Minibussen aus verkauft. Ursprünglich wurden damit Arbeiter auf entfernten Feldern oder Baustellen mit Essen versorgt. Heute stehen die mobilen Kantinen um die Mittagszeit auch an beliebten Stränden, zentralen Plätzen oder in der Nähe von Hotels, wie z. B. dem Dover Beach oder in der Maxwell Coast Road an der Südküste und neben dem Sandy Crest Medical Center an der Westküste. Eine Portion gibt es für ca. 12 BB-$ und besteht wahlweise aus Fisch (meist *Saltfish*) oder Fleisch in Form von Gulasch (*beef stew*). Dazu kann man Beilagen wie Reis mit Bohnen, Süßkartoffeln meist in Form eines Kartoffelbreis, Macaroni-Käse-Auflauf und gebackene Bananen sowie grünen Salat oder Kohlsalat (*Cole Slaw*) auswählen.

Ein „Muss" vor dem Essen ist ein **Rum Punch**, *der traditionelle einheimische Rum-Cocktail. Spezialitäten, die man unbedingt probieren sollte, sind* **Cou-Cou**, *ein Gericht aus Maismehl und Okra,* **Jug-Jug**, *aus Maismehl und Erbsen zubereitet,* **Pepperpot**,

ein würziger Eintopf mit verschiedenen Fleischsorten, **Rôti**, *ein ursprünglich aus Ostindien stammendes karibisches Gericht mit* **currygewürztem Fleisch** *in einem* **Chipatée** *(einer Art Brotteighülle) und* **Conkies**, *eine Mischung aus Maismehl, Kokosnuss, Kürbis, Rosinen, Süßkartoffeln und Gewürzen, die in ein Bananenblatt eingewickelt und anschließend gedünstet werden.*
Neben zahlreichen Rumsorten ist ein inseltypisches Getränk der **Mauby**, *der aus Rindenextrakt, Zucker und Gewürzen besteht. Wer* **Sea Eggs** *bestellt, bekommt scharf gewürzte und gegrillte Seeigel serviert. Auf Barbados beheimatete Gemüsesorten sind z. B. Brotfrüchte, Yamswurzeln, Auberginen, Okras, Kürbisse und Pisangs (Bananenfeigen).*

Exkursionen

Um Barbados zu erkunden, kann man entweder auf einen Tourveranstalter zurückgreifen, ein Auto mieten oder die öffentlichen Busse des Barbados Transport Board nutzen, die fast die komplette Insel abdecken *(S. 130)*.

Touranbieter
Island Safari 4x4 Tours, *CWTS Complex, Salters Rd., Lower Estate, St. George, ☏ 429-5337, www.islandsafari.bb. Ausflüge in einem offenen Jeep über die Insel mit Stopp zum Schnorcheln, zudem werden Bootstouren angeboten.*
Coconut Tours, *Kelvin, Dayrell's Rd., Rockley, Christ Church, ☏ 437-0297, http://coconutcars.com/Tours/. Verschiedene Inseltouren, ganztägig inkl. Buffet und Getränken z. B. 75 US-$.*

Auch für die Erkundung der **Unter- und „Oberwasserwelt"** *gibt es ein breit gefächertes Angebot. Schön sind Touren mit Katamaranen, auf denen man beim Schnorcheln mit etwas Glück Schildkröten sehen kann. Anbieter sind u. a.*
Jammin Catamaran Tours, *BTI Carpark, Cavans Lane, Bridgetown, ☏ 436-4456, www.jammincats.com*
Calabaza Sailing Cruises, *☏ 826-4048, http://sailcalabaza.com.*
El Tigre Cruises, *Cavans Lane, Bridgetown, ☏ 417-7245, www.eltigrecruises.com*

Auch die sogenannten **Cocktail-Cruises** *können reizvoll sein; obwohl (oder weil?) der Konsum beliebig vieler Rum-Punchs inbegriffen ist. Solche Mini-Kreuzfahrten bietet u. a. das „Piratenschiff" „Jolly Roger" (Carlisle House, The Careenage, Bridgetown, ☏ 826-7245, www.barbadosblackpearl-jollyroger1.com); Startpunkt ist stets Bridgetown.*

Auf Tauchgang mit dem U-Boot

Ein fantastisches Unterwassererlebnis bietet **Atlantis Submarine** *(Shallow Draught Marina, ☏ 436-8929 und 243-1069, http://barbados.atlantissubmarines.com)*

zu den Fischen und Riffen der Westküste. Dieses U-Boot hat große Fenster auf jeder Seite und ist mit starken Scheinwerfern ausgestattet; es befördert 48 Passagiere in eine Tauchtiefe von bis zu 50 m. Angeboten werden Tages-, Nacht- und private Touren. Gegen eine kleine Gebühr kann ein Transfer von und zum Hotel dazu gebucht werden.

Zu **Wandern** *s. S. 131.*

Feiertage

Neujahr	1. Januar
Errol Barrow Day	21. Januar
Karfreitag	variabel
Ostermontag	variabel
Tag der Arbeit	1. Mai
Pfingstmontag	variabel
Kadooment Day (Karneval)	1. Montag im August
Tag der Vereinten Nationen	1. Montag im Oktober
Unabhängigkeitstag	30. November
Weihnachten	25./26. Dezember

Medien

Die lokalen Zeitungen „The Advocate" (www.barbadosadvocate.com) und „The Nation" (www.nationnews.com) behandeln vor allem nationale Themen. Internationale Presse ist problemlos erhältlich. Touristen-Zeitungen und Insel-Magazine liegen in den Hotels aus.

Die meisten lokalen Sender sind auf UKW zu empfangen, CBC Radio und Starcom Gospel auf Mittelwelle. Außer einem Lokalsender empfängt man auf der Insel über die allgemein übliche Satellitenschüssel jede Menge US-Sender.

Nachtleben

Im Gegensatz zu den meisten anderen Antilleninseln bietet Barbados ein umfangreiches Abendprogramm und lebhaftes Nachtleben. Durch ausgezeichnete Restaurants, zahlreiche renommierte Nightclubs, Pubs, Open-Air-Bars mit Livemusik, Dinner-Shows und Party-Cruises wird das ganze Jahr über Entertainment geboten. Die meisten Clubs nehmen um die 15 US-$ Eintritt (je nach Getränke-Voucher bzw. ob eine Band auftritt wird es mehr oder weniger). In vielen Clubs gibt es Livemusik, die meist gegen Mitternacht beginnt und um 4 Uhr morgens aufhört.

Das Nachtleben außerhalb von Clubs beginnt schon vor Einbruch der Dunkelheit mit dem Sundowner bei Sonnenuntergang und endet in der Woche in einer Hotelbar oft schon um 22 Uhr. Freitags wird die Nacht dann zum Tag gemacht und die Einheimischen gehen zum Fish Fry nach Oistins und in die Restaurants und Bars nach St. Lawrence Gap. Hier findet man ein lebhaftes Nachtleben, eine breit gefächerte Musikszene und viele gute Clubs.

Fish Fry in Oistins

Beliebte Nightlife-Spots

Bridgetown (Careenage): *Die Hauptstadt der Insel bietet mit dem Waterfront Café einen beliebten Anziehungspunkt zu fast jeder Tageszeit. Von November bis April gibt's hier Live-Jazz am Donnerstag, Freitag und Samstag.*

Baxters Road in Bridgetown: *Restaurants und Bars mit karibischer Küche, viel Rum und Bier, Karaoke, Fish Fry mit Straßenständen, kleine Läden und jede Menge Party - hier bekommen Besucher das Bajan-Wochenendgefühl. Eines der ältesten Lokale ist das „Pink Star", wo sich die Bajaner bevorzugt aufhalten.*

1st und 2nd Street in Holetown: *Die beiden Straßen in Holetown sind die beliebtesten Orte für das Nachtleben an der Westküste. Sonntagabend wird hier Karaoke gesungen.*

Speightstown: *In der zweitwichtigsten Stadt der Insel, die eher ein Städtchen ist und noch recht verträumt erscheint, gibt es einige kleine Restaurants und Beachbars. Nett zum Spazierengehen, Schauen und natürlich „Limen".*

Bay Street: *Die Bay Street verbindet die Westküste mit der Südküste und verläuft entlang der wunderschönen Carlisle Bay. Hier befinden sich noch kleine lokale Bars, wo Fischer, Taxifahrer und Lebenskünstler abhängen. Gleich nebenan wird in den schön gestalteten Strandbars The Boatyard (www.theboatyard.com) und Harbour Lights (www.harbourlights barbados.com) professionelles Abendprogramm geboten. Die Lage am Strand ist einfach top!*

St. Lawrence Gap: *The Gap (= dt. die Lücke, der Spalt) ist die Hauptausgehmeile von Barbados mit einer Reihe von etablierten Nachtclubs, Bars, Restaurants sowie Unterkünften und überwiegend internationalem Publikum.*

Oistins Bay Garden & Fish Fry: *Der Fish Fry am Freitagabend in Oistins, dem wichtigsten Fischerort der Insel, ist schon lange kein Geheimtipp mehr. Trotzdem ist ein Besuch hier ein Muss: lokales Essen, lockere Beachfront-Atmosphäre und Unterhaltung mit Tanzeinlagen und lauter Musik.*

The Crane Resort Hotel & Residences: *Das Nachtleben an der Ostküste findet bei den Einheimischen mangels Angebot eher im kleineren Kreis in der Nachbarschaft oder in einem der Rum Shops statt. Wer sich in dieser Gegend etwas gönnen möchte, der geht nach Crane Beach, „the most beautiful spot on earth", oder wie die Einheimischen sagen: „where the time stands still" (http://thecrane.com).*

info

The Barbadien Rum Shop

Auf ein kühles Banks-Bier im Rum Shop kann man sich verlassen

Der Rum Shop ist eine einzigartige und mit die älteste „Institution" auf Barbados. Seine Geschichte reicht so weit zurück wie die Gründung der Kirchen auf der Insel. Es heißt, dass man für jede Kirche einen Rum Shop finden kann, so manches mal direkt daneben. Und Kirchen gibt es auf der nur 431 m² großen Insel reichlich. In vielerlei Hinsicht kann man sagen, dass die Kirchen und die Rum Shops auf Barbados die beiden zentralen Einrichtungen eines typischen Ortes sind. Dabei ziehen die Kirchen eher die Frauen an und die Rum Shops die Männer. Wie viele Rum Shops es nun genau gibt ist nicht amtlich belegt. Man munkelt Zahlen wie 5.000 oder auch „nur" 800. Die Wahrheit scheint laut Touristenamt bei rund 1.200 zu liegen. Ganz genau ist die Zahl nicht auszumachen, denn Alkohollizenzen besitzen auch Restaurants und Bars, die nicht zu der Kategorie Rum Shop zählen. Einzigartig macht ihn seine Doppelfunktion als kleiner Supermarkt, in dem man alles Notwendige kaufen kann, und Taverne oder Bar. Die Bajans kommen natürlich nicht nur zum Rum-Trinken in die Bar, zumal sowieso eher das lokale Bier Banks getrunken wird. Der Rum Shop ist der zentrale Treffpunkt eines Ortes, hier tauscht man sich über Politik, Cricket und die Top-Themen des Tages aus und spielt eine Partie Domino, Karten oder Dart. Manche Shops haben dafür extra ein Hinterzimmer, ansonsten wird der Spieltisch vor die Bar auf die Straße gestellt und das Licht der Straßenlampe genutzt.

Öffnungszeiten

Geschäfte: *Mo–Fr 8–16, Sa 8–12/13 Uhr*
Supermärkte: *meistens bis 18, teilweise bis 20 Uhr*
Banken: *Mo–Do 8–15 Uhr, Fr 8–13 und 15–17 Uhr*
normale Postämter: *Mo–Fr 8–12 und 13–15.15 Uhr*

Post

Postämter sind in jedem größeren Ort und im Flughafen zu finden. Am längsten ist das **General Post Office**, *Cheapside, Bridgetown, geöffnet: tgl. 7–17 Uhr. Briefmarken werden außer in Postämtern auch in Geschäften und an Hotelrezeptionen verkauft. Am Sonderschalter des Philatelic Bureau der Hauptpost bekommt man Sondermarken oder Ersttagsbriefe.*

Shopping

Bridgetown

Bridgetowns **Broad Street** *ist die Haupteinkaufsstraße im Zentrum der Hauptstadt. In einem historischen Kolonialgebäude befindet sich* **The Colonnade Mall** *mit mehr als*

25 Geschäften. Hier bekommt man fast alles, von der teuren Markenuhr bis hin zur Postkarte (www.dacostas mall.com). Schräg gegenüber bietet die **Mall 34** *immerhin 22 Läden mit Duty-Free- und Souvenirartikeln. Auch das* **Kaufhaus Cave Shepherd** *ist vertreten (www.mycaveshepherd.com). Die größte Ansammlung an Geschäften bietet das Cruise-Ship-Terminal mit 30 Läden, Duty-Free-Ware sowie Handwerksprodukten der Insel.*

Samstag ist Markttag in Bridgetown

Wer auf der Suche nach **Caribbean Art** *ist, wird fündig werden. Auf Barbados gibt es eine Vielzahl heimischer Künstler, aber auch zahlreiche kreative Köpfe aus Amerika und Europa haben sich unter der Sonne der Karibik ein Atelier eingerichtet. Eine erste Orientierung, was die Insel an Kunsthandwerk zu bieten hat, erhält man im* **Pelican Craft Center** *am Princess Alice Highway bei Bridgetown (Mo–Sa 9–18 Uhr), angefangen bei Flechtarbeiten aller Art (Strohhüte, Körbe, Matten, Taschen) bis hin zu Schmuck, Malereien, Schnitz- und Tonarbeiten.*

Colonnade Mall in der Broad Street

 Hinweis

Bridgetown Shopping Shuttle: Ein kostenfreier Shuttle bringt Hotelgäste von der Süd- und Westküste nach Bridgetown, um dort die Sehenswürdigkeiten anzuschauen und shoppen zu gehen. Montags bis samstags: 9.30–11 Uhr Hinfahrt und 13.30–15 Uhr Rückfahrt. Ein Platz im Shuttle sollte einen Tag vorher im Hotel reserviert werden.

Westküste

In Holetown liegen nicht weit voneinander entfernt das gehobene **Limegrove Lifestyle Center** *(www.limegrove.com) mit Designer-Boutiquen und Kino (dem einzigen der Insel) und das bunte* **Chattel House Village** *mit lokalen Produkten (Souvenirs, Strandkleidung). Dazwischen liegt die* **Sunset Crest Mall** *mit Cave Shepherd-Kaufhaus (www.caveshepherd.com; große Auswahl an Kleidung und Haushaltswaren), Bank,*

Apotheke und einige kleinere Läden. Weiter südlich kann man in der **West Coast Mall** *seine Duty-Free-Artikel schon vor dem Einchecken kaufen. Alle Einkaufsmöglichkeiten liegen direkt am Highway 1.*

Besonders schöne Töpferarbeiten gibt es bei **Earthworks Pottery** *(2 Edghill Heights, Shop Hill, St. Thomas, ☏ 425-0223, http://earthworks-pottery.com). Das Familienunternehmen stellt vom Türschild bis zum kompletten Service alles her. Charakteristisch sind die blauen, grünen, orangenen und braunen Farbtöne. Mancher wird sie in dem einen oder anderen Hotel wiedererkennen. Die Produkte der Töpferei kann man auf der gesamten Insel erwerben, die größte Auswahl sowie Zweite-Wahl-Produkte gibt es direkt bei der Töpferei.*

Direkt nebenan liegt die **On the Wall Art Gallery** *(www.onthewallartgallery.com, ☏ 438-9246). Neben Künstlern aus Barbados wird hier auch Kunst aus Kuba, Haiti oder Guyana ausgestellt. Eine zweite Niederlassung gibt es im Champers Restaurant am Accra Beach (Rockley, Christ Church, Öffnungszeiten wie Restaurant).* **Öffnungszeiten Töpferei und Galerie**: *Mo–Fr 9–17, Sa 9–13, So geschl.*

Bilder von Künstlern aus dem gesamten karibischen Raum stehen in Speightstown, St. Peter, in der **Gallery of Caribbean Art** *(Northern Business Centre, Queen's Street, ☏ 419-0858, www.artgallerycaribbean.com, Mo–Fr 10–16, Sa 10–14 Uhr).*

Südküste

Das **Chattel House Village** *in St. Lawrence Gap ist eine Ansammlung kleiner Läden, in denen lokale Produkte und Souvenirs erstanden werden können. In Rockley (Christ Church) gegenüber dem Accra-Hotel gibt es im kleinen* **Quayside Shopping Center** *alles Notwendige für den täglichen Bedarf. Hier findet man auch einen der Shops der Marke* **Best of Barbados**. *Sie ist die Idee von Jimmy Walker, der 1975 beim Sandpiper Inn in Holetown einen Shop eröffnete, um vor allem die Kunstwerke seiner Frau Jill auszustellen. Damals gab es in Barbados kaum Kunsthandwerk und die Arbeitslosigkeit war hoch. Durch den Laden wurden lokale Kunsthandwerker angeregt, ihre Produkte hier zu verkaufen. Heute gibt es fünf Best-of-Barbados-Läden ausschließlich mit in Barbados hergestellten Produkten wie Kunstdrucken, Stofftieren, Küchenzubehör, Strandutensilien, Tierhalsbändern, Büchern, CDs etc. Jeder, der die Insel verlässt, kennt mindestens ein Bild von Jill Walker. Es gibt Filialen an der Westküste im Chattel House Village in Holetown, im Cruise Ship Terminal in Bridgetown, im Quayside Center (s. o.) und im Southern Palms Hotel (St. Lawrence Gap) an der Südküste sowie in der Airport Departure Lounge.* **Infos**: *☏ 573-6900, www.best-of-barbados.com.*

Sport

Zu **Wandern** s. S. *131*

Da zu Wasser, zu Land und in der Luft ideale Bedingungen herrschen, die Bajans zudem sehr sportbegeistert und aktiv sind, gibt es fast keinen Sport, der auf Barbados nicht ausgeübt wird. Besonders reizvoll sind natürlich alle Sportarten, die mit dem marine- bis türkisblauen Karibischen Meer und mit dem stürmischeren Atlantik zu tun haben. Wer lieber beim Sport zuschauen mag, kann das beim Barbados Run/Barbados Marathon Anfang Dezember (www.runbarbados.org) tun sowie bei Cricket, Pferderennen (s. u.) und Polo auf der Garrison Savannah und bei Rugby-Spielen. Das beliebteste Tischspiel, fast schon eine nationale Leidenschaft, ist Domino, dicht gefolgt von Dame.

Wassersport an der Maxwell Coast

Wassersport

Ob Wasserski, Windsurfen, Stand-Up-Paddling oder Schnorcheln, Catsegeln oder Tauchen, Parasailing oder einfach nur Baden – alles ist möglich. Interessant sind auch Touren über und unter Wasser mit Glasbodenbooten, Segeljachten, Katamaranen oder in U-Booten (s. „Exkursionen“).

 Seeigel-Alarm

Schwarze, stachelige Seeigel halten sich gerne an den flacheren Stellen im Wasser und in der Nähe von Riffen auf. Ihre mit Gift gefüllten Stacheln können schmerzhafte Stiche verursachen – sogar durch Neoprenanzüge hindurch. Besonders Taucher, aber auch Wassersportler und Schwimmer ohne Wasserschuhe müssen besonders wachsam sein, wenn sie durch eine Welle gegen eine Steinwand oder ein Riff gedrückt werden. Bei Stichen sollte sofort der Arzt aufgesucht werden, denn eine hohe Dosis des Giftes kann Muskellähmungen und Atemnot verursachen.

Surfen

Zum Surfen (Wellenreiten) herrschen wegen der ständigen Passatwinde immer gute Bedingungen. Das Mekka für Windsurfer und Wellenreiter liegt im Osten an der Küste von **Bathsheba**. *An der rauen Atlantikküste wird wegen der hohen Brandung jedes Jahr im November, wenn die Wellen am höchsten sind, ein Wettbewerb veranstaltet. Der internationale „Independence Classic Surfing Championship“ wird an der Bathsheba „Soup Bowl“ ausgetragen. Die Gegend eignet sich aber nur für erfahrene Wellenreiter.*

Informationen zu diesem und anderen Surfevents gibt die **Barbados Surfing Association** *Bathsheba, St. Joseph, ☏ 433-9247, www.barbadossurfingassociation.org.*

Kurse und Verleih von Surfbrettern

Dread or Dead Surf Shop, *Hastings Main Rd., Hastings, Christ Church, ☏ 228-4785, www.dreadordead.com. Wer schon immer einmal Surfen lernen wollte, der sollte das Versprechen von den Betreibern des Dread or Dead Surf Shop ernst nehmen, die sicher sind, Jedermann von Null bis zum Hochkommen im Wasser und Lossurfen zu bringen – an einem Nachmittag. Der 3-Stunden-Kurs, der solange dauert bis man aufgibt oder losfährt, kostet 75 US-$ pro Person und beinhaltet Material, Anweisungen und das Heranführen an die Welle. Weitere Kurse (je 2,5 Std.) kosten 50 US-$. Erfahrene Surfer können ein Brett ab 25 US-$ pro Tag mieten. Außerdem wird Stand-Up-Paddling angeboten (Kurse und Verleih).*

Zed's Surfing Adventures, *Surfer's Point, Inch Marlow, Christ Church, ☏ 262-7873, www.zedssurftravel.com. Surfschule, die Ausrüstung verleiht, Surfunterricht gibt und Surftouren mit einem Tourenführer, Ausrüstung und Transport zu den Surfspots anbietet.*

Paddle Barbados, *The Barbados Cruising Club, Aquatic Gap, Bridgetown, ☏ 249-2787, www.paddlebarbados.com. Stand-Up-Paddling-Kurse und Touren sowie Verleih von SUP- und Surfboards und Kajaks.*

Weitere **Adressen** *für Surfer:* **Barry's Surf School** *(verschiedene Standorte auf der Insel, ☏ 256-3906, www.surfing-barbados.com);* **Ride The Tide** *(48 Husbands Crescent Apt. 2, St. James, ☏ 234 2361 www.surfschoolbarbados.com); allg. Infos unter www.wannasurf.com/spot/Central_America/Barbados.*

Wind- und Kitesurfen

Barbados ist eine Top-Adresse für Windsurfen und zunehmend auch Kitesurfen. Von November bis April sind die Winde am stärksten auf der Insel und damit herrscht ideales Surfwetter, besonders an der Südküste am **Silver Sands** *und* **Silver Rock Beach**. *Während Windsurfmaterial an einigen Hotels ausgeliehen werden kann, manchmal auch von Nicht-Hotel-Gästen, ist Silver Sands der einzige Spot, an dem die Ausrüstung ausgeliehen und Unterricht zum Erlernen des Kitesurfens erteilt wird.*

Wellen und klares Wasser am Needham's Point

deAction Surf Shop, *Silver Sands, Christ Church, ☏ 428-2027, 826-7087, www.briantalma.pro. Brian Talma bietet in seiner Surfschule Wind- und Kitesurf-Kurse für Anfänger und Fortgeschrittene sowie Surf- und SUP-Kurse und Touren. Die Bedingungen in der Bucht von Silver Sands sind ideal, in der Lagune ist das Wasser ruhiger, hinter den Riffen warten die Wellen. Für einen Kitesurf-Anfängerkurs muss man mindestens 6 Stunden Unterricht einplanen, die in 2–3 Einheiten gegeben werden. Das Material wird gestellt.*

Tauchen und Schnorcheln

Entlang der Westküste zwischen Maycocks Bay und Bridgetown und weiter bis nach St. Lawrence an der Südküste liegen allein mehr als zwei Dutzend Tauchspots. Erfahrene Taucher können flache Korallenriffe und Seefarne entdecken, riesige Schwämme und mehr als 50 Fischarten. Neun Schiffswracks bieten zusätzliche künstliche Riffe, die von vielen Anbietern angefahren werden. Hinzu kommen weitere zehn Wracks für Spezialisten. Die Sichtweite unter Wasser beträgt um die 25 m.

Im seichten und ruhigen Wasser der Westküste lässt sich oft direkt vom Strand aus hervorragend **Schnorcheln**. *Die besten Strände sind von Norden nach Süden: Mullins Beach, Holetown Beach, Brighton Beach/Brandons Beach und an der Südküste Grave's End Beach, Sugar Beach und Palm Beach/Dover Beach.*

Es gibt zudem zwei Marine Parks entlang der Küste, die wunderschön zum Schnorcheln sind. Der **Folkstone Marine Park** *mit seinen Korallenformationen ist gut vom Strand aus zu erreichen. Die* **Carlisle Bay** *südlich von Bridgetown bildet einen natürlichen Hafen. Vom Strand werden Bootstouren inkl. Schnorchelausrüstung angeboten. Neben doch reichlich Müll kann man Kanonen, Kanonenkugeln, Anker und 6 Schiffswracks entdecken. Taucher können alle Wracks mit einem Tauchgang erreichen.*

Tauchshops

Dive Shop Ltd, *Amey's Alley, Upper Bay St., neben den Nautilus Beach Apartments, Bridgetown, ☏ 426-9947, www.divebds.com. In der Nähe des Carlisle Marine Park süd-*

Die Sugar Bay ist ideal zum Schnorcheln

lich von Bridgetown. Der älteste Tauchshop auf Barbados bietet täglich Tauchgänge zu Riffen und Wracks an. Kurse für Anfänger und Fortgeschrittene sowie Einführungen in die Unterwasserfotografie. Unterwasserkameras können gemietet werden. Kostenfreier Transport zwischen Hotel und Dive Shop.

Hightide Watersports, *Coral Reef Club, Hwy 1, Holetown, ☏ 432-0931, www.divehightide.com. Der Shop liegt an der Westküste und bietet 3 Tauchgänge tgl. für bis zu 8 Taucher an: 1- und 2-Flaschen-Tauchgänge sowie nächtliches Wracktauchen; PADI-Kurse (Professional Association of Diving Instructions); Vermietung von Ausrüstungen und kostenfreier Transport vom/zum Hotel.*

Reefers & Wreckers Dive Shop, *Queen St., Speightstown, St. Peter, ☏ 422-5450, www.scubadiving.bb. Der nördlichste Tauchshop liegt in Speightstown. Von hier gibt es den leichtesten Zugang zu den unberührten Riffs im Norden.Tauchfahrten zu den Spots im südlichen Teil der Westküste (Carlisle Bay) werden auch angeboten.*

Golf

Angesichts der Tatsache, dass auf Barbados aufgrund der großen Anzahl von Hotels bereits das Trinkwasser knapp ist und die Insel an sich auch immer trockener wird, mag die Frage berechtigt sein, warum hier auch noch Golf gespielt werden muss. Da dieser Sport jedoch eine extrem große Bedeutung für Barbados hat, die Insel Austragungsort zahlreicher internationaler Turniere ist und Golf auch von den Besuchern stark nachgefragt wird, werden an dieser Stelle die vier Anlagen kurz vorgestellt.

Die anspruchsvolle 18-Loch-Anlage des **Royal Westmoreland Golf Course** *(www.royalwestmoreland.com) gehört zum offiziellen Austragungsort der PGA European Tour (nur für Hotelgäste). Zu den absoluten Top-Golfplätzen gehört die 18-plus-9-Loch-Anlage des* **Sandy Lane Golf Clubs** *(www.sandylane.com/barbados-golf/). Mit spektakulärem Panorama über die Karibische See ist der Platz für Anfänger und Könner gleichermaßen geeignet. Zu der Anlage gehört auch der in einem alten Steinbruch gelegene 18-Loch-Platz des Green Monkey (nur für Hotelgäste). Am Country Club bieten zwei Driving Ranges eine wahre Seltenheit: Auf der einen spielt man mit dem Wind, auf der anderen gegen den Wind. Der hoteleigene 120.000 m² große 9-Loch-Golfplatz des Almond Beach Resort verfügt über Spielbahnen von 60 bis 190 m: ein idealer Platz für das tägliche Training, allerdings nur für Hotelgäste (www.almondbarbados.com).*

Der **Barbados Golf Club** *lädt Golfer auf einem 18-Loch-Platz in Durants an der Südküste der Insel zum Spiel. Wind, 5 Wasserlöcher rund um den riesigen See und 4 Korallensand-Bunker fordern die Spieler heraus (www.barbadosgolfclub.com). In dem* **Rockley Golf Club** *(9-Loch-Platz) dürfen nicht nur Hotelgäste der All-inclusive-Anlage spielen (http://rockleygolfclub.com).*

Tennis, Squash, Radeln

Die meisten größeren Hotels verfügen über mindestens einen **Tennisplatz** *(oft mit Flutlicht). Nicht-Hotelgäste können auf diesen Anlagen meist gegen eine Gebühr spielen, ansonsten gibt es auch öffentliche Plätze, z. B. im Folkestone Park in Holetown.*

Für **Squash***-Spieler stehen ebenfalls mehrere Anlagen zur Verfügung. Da die wenig gebirgige Insel auch für Radfahrer attraktiv ist, vermieten viele Hotels und private Verleiher* **Fahrräder**.

Road Tennis

Der eigentliche Nationalsport auf Barbados ist nicht Cricket, sondern Road Tennis. Wie der Name schon sagt, wurde diese Sportart ursprünglich auf der Straße ausgetragen. Heute gibt es Meisterschaften auf professionellen Plätzen in der Halle. Zurück geht dieser Sport auf die 1930er-Jahre und sieht eher aus wie Tischtennis ohne Tisch. Die korrekten Abmessungen eines Feldes sind 21 x 10 feet (= 6,4 x 3,35 m) und in der Mitte steht ein Netz (20 cm hoch und 3,67 m lang) und die Schläger sind etwas größere Tischtennisschläger aus Holz.

Reiten

Auf Pferdefreunde warten mehrere Reitschulen im Landesinneren, u. a. **Ride Barbados** *(Cleland Plantation, St. Andrew, ☏ 422-7433, www.funbarbados.com/activities/ridebarbados.cfm) und* **Ocean Echo Stables** *(Newcastle, St. John, ☏ 433-6772, www.barbadoshorseriding.com, auch Wandertouren im Angebot).*

Pferderennen

Pferderennen auf Barbados sind eine Wochenendveranstaltung für die ganze Familie. Wenn Renntag ist, stehen entlang der 5 km langen Pferderennbahn Garrison Savannah die Zuschauer im Schatten der Bäume und erleben zum Teil hautnah den Start der Rennpferde und ihrer Reiter mit. Ausgetragen wird das Spektakel vom Barbados Turf Club an verschiedenen Samstagen im Jahr. Die Renntage werden groß in der Zeitung angekündigt.

Die **wichtigsten Rennen** *finden beim Sandy Lane Barbados Gold Cup Ende Februar/Anfang März und beim United Insurance Barbados Derby Anfang August statt. Beginn ist jeweils 13.30 Uhr. Eintritt 10 BB-$, wer auf der Tribüne sitzen möchte bezahlt 20 BB-$ und 50 BB-$ für das Clubhaus.*

Infos und Termine: *Barbados Turf Club, Garrison, St. Michael, ☏ 626-3980, www.barbadosturfclub.org*

Sprache

Die offizielle Landessprache ist Englisch, wobei die Einheimischen das Bajan, einen mitunter schwer verständlichen Dialekt mit kreolischen Elementen, sprechen.

Strände

Barbados ist von einem fast ununterbrochenen, 110 km langen Kranz paradiesischer **weißer Sandstrände** *umgeben. Während die West- und Südküste zum Baden, Tauchen und Surfen völlig gefahrlos sind, hat die Ostküste wegen starker Unterwasserströmungen und Brandung ihre Tücken. Man muss darauf aufpassen, immer festen Boden unter den Füßen zu haben. Dazu sind auch die Hinweistafeln auf den einzelnen Strandabschnitten unbedingt zu beachten. Kleine bis mittelgroße Wellen an den meisten Stränden sorgen für ideale Bedingungen zum Schnorcheln, Surfen und Wind- und Kitesurfen.*

Zu mehr **Infos** *zu Stränden s. S. 109.*

info

Barbados Sea Turtle Project

Eines der besonderen Erlebnisse auf Barbados ist es, beim Schnorcheln Schildkröten zu sehen und mit ihnen zu schwimmen. Auf der Insel werden die meisten Eier von den vom Aussterben bedrohten **Hawksbill Sea Turtles** (Karettschildkröte) abgelegt. An der Südküste halten sich viele Schildkröten kurz vor Oistins auf, dort, wo die Fischer ihren Fang reinigen und der ein oder andere Bissen ins Wasser fällt. Zwischen Mai und November bewegen sich die Schildkröten nachts an den Strand, um ein Loch in den Sand zu buddeln und an die 100 Eier oder mehr hineinzulegen, die wieder mit Sand bedeckt werden. Dann kehrt die Schildkröte ins Wasser zurück und überlässt die tennisballgroßen Eier sich selber. Manchem Strandspaziergänger sind die schlüpfenden Schildkröten-Babys auf ihrem Weg ins Meer schon fast über die Füße gelaufen. Der kurze Weg vom Strand ins Wasser birgt nicht nur die Gefahr, dass ein Mensch auf sie tritt. Auch große Krebse und Vögel bedrohen den Start ins Leben der kleinen Schildkröten.

Wer eine kleine Schildkröte findet, sollte sofort die Sea Turtle Hotline anrufen

Studenten der University of the West Indies versuchen, die Wasserschildkröten auf Barbados mit Hilfe des **Barbados Sea Turtle Project** durch Fortbildungen und Aufklärungsprogramme zu schützen. Wenn Sie ein Nest mit Eiern am Strand entdecken, rufen Sie das Barbados Sea Turtle Project unter der Hotline ☏ 230-0142 an, damit der Bereich am Strand gesichert werden kann. **Weitere Infos** unter www.barbadosseaturtles.org.

Strom

Die Stromspannung beträgt 110 V, 50 Hz. Ein Adapter ist erforderlich. Man kann sich diesen in den meisten großen Hotels an der Rezeption ausleihen.

Telefonieren

Barbados erreicht man mit der internationalen Vorwahl +1-246. In Barbados telefoniert man nach Deutschland unter der Nummer 011-49, nach Österreich unter 011-43 und in die Schweiz unter 011-41; dann wählt man die Vorwahl ohne die erste Null.

Das **Festnetz ist gut ausgebaut**. *Für einen Festnetzanruf wählt man die 7-stellige Rufnummer. In jedem Ort gibt es ein öffentliches Telefon, das über Münz- oder Kartenbetrieb funktioniert. Telefonkarten gibt es im Supermarkt und im Rum Shop.*

Mit dem eigenen **Handy** *zu telefonieren funktioniert auf Barbados gut. Die teuerste Variante ist mit Roaming, daher sollte man bei seinem Telefon nach der Ankunft die Option „Mobile Daten“ deaktivieren. Kostenfrei bzw. günstiger wird es über WLAN (WiFi) und Online-Dienste wie Skype. Die meisten Hotels bieten im Zimmer oder an der Rezeption kostenfreies WLAN an. Eine weitere Möglichkeit ist es, eine lokale SIM-Karte zu kaufen und nach der Registrierung im Mobile-Shop ein Guthaben aufzuladen. Bei einem Dual-SIM-Handy kann man zwischen beiden SIM-Karten hin- und herschalten. Anbieter sind u.a. Digicel (www.digicelbarbados.com) und Flow (https://discoverflow.co/barbados/).*

Unterkunft

Wer auf den Kleinen Antillen **Luxusunterkünfte** *sucht, ist auf Barbados genau richtig. Besonders an der Westküste, aber auch im Süden der Insel kann man, wie beispielsweise im exquisiten Sandy Lane Resort, vor allem in der Hauptsaison leicht über 500 US-$ pro Nacht für ein Zimmer ausgeben. Dennoch gibt es einige* **günstigere Alternativen**, *z. B. Apartments und kleine Hotels oder Gästehäuser mit einfachem Standard. Plant man von vornherein, seinen Urlaub in einem größeren Hotel oder einem Resort zu verbringen, sollte man das Hotel von zu Hause durch ein Reisebüro buchen lassen. Oder man überlegt sich, ob man auf ein Pauschalangebot zurückgreifen möchte. Ist man nicht darauf angewiesen, im Dezember oder Januar Urlaub zu machen, gibt es zudem günstige Angebote vieler Reiseveranstalter. Auch die Wahl, an welcher Küste man übernachten möchte, hängt von den Interessen ab. Wassersportler zieht es eher an die raue Ostküste (Surfer!) oder Südküste, Familien mit Kindern eher an die sanfte West- oder Südwestküste.*

In über 150 Hotel-Anlagen jeder Kategorie stehen auf Barbados ca. 12.000 Betten zur Verfügung. Das Angebot umfasst Villen, Luxusresorts, Strandhäuser, Hotels der 2–5-Sterne-Kategorie, 13 All-inclusive-Anlagen sowie Apartments, Pensionen und Gästehäuser auf einem moderaten Preisniveau. Die Anlagen passen sich zum großen Teil der karibischen Umgebung an, Hochhauskonstruktionen fehlen gänzlich.

Hinweise

Die Barbados Hotel & Tourism Association bietet Infos über ihre Mitglieder und erste Eindrücke unter **www.bhta.org**.
Auf der Seite **www.intimatehotelsbarbados.com** finden sich kleinere und auch günstige Hotels.
Das Fremdenverkehrsbüro von Barbados bietet auf **www.visitbarbados.org/de** eine gute Übersicht über Hotels, private Unterkünfte und Selbstversorger-Apartments. Einige Bajans vermieten Privatzimmer inklusive Familienanschluss.

Ferienwohnungen

Entlang der Westküste gibt es in St. James und St. Peter viele private Villen und Eigentumswohnungen (condos), die für die Ferienvermietung auf dem Markt sind. Die 1–8-Zimmer-Unterkünfte lohnen sich vor allem für große Familien bzw. mehrere Familien oder Paare. Voll ausgestattet für die Selbstverpflegung und mit Putz- und Verwaltungspersonal kann man hier seinen karibischen Traum in sehr privater Atmosphäre leben. Die Preise variieren zwischen 100 und 500 BB-$ pro Einheit und Nacht je nach Saison, Ausstattung und Lage. Eine ganze Villa kann auch deutlich teurer sein.

Anbieter

Alleyne Real Estate, *Weston, St. James, ☏ 432-1159, www.jalbarbados.com*

Altman Real Estate, *Hwy 1, Derricks St., St. James, ☏ 432-0840, www.aaaltman.com*

Blue Sky Luxury Villas, *Newton House, Battaleys, St. Peter, ☏ 622-4466, www.blueskyluxury.com/Barbados*

Island Villas, *Trents Bldg., Holetown, St. James, ☏ 432-4627, www.island-villas.com*

Sea Spray Villas, *Hwy 1, Half Moon Fort, St. Lucy, ☏ 1-718-455-9560, www.seaspraybarbados.com. Villa mit 2 Apartments für 3 bzw. 5 Personen vom einheimischen Eigentümer.*

Terra Luxury, *Newton House, Battaleys, St. Peter, ☏ 422-2618, www.terraluxury.com*

Ein paar ausgewählte Tipps: Wo übernachten auf Barbados?

Das ist bei der Auswahl an Hotels und Apartmentanlagen tatsächlich eine berechtigte Frage. Ist die Entscheidung gefallen, ob man eine oder zwei Wochen auf der Insel bleibt, dann steht die Wahl der Küste an. Denn ob Ost-, Süd- oder Westküste ist ein entscheidender Unterschied. Ausflüge kann man von allen drei Standorten machen, aber die Wahrnehmung der Insel ist an allen drei Küsten unterschiedlich. Das **Bougainvillea Beach Resort** (S. 155) an der Südküste z. B. ist eine tropische Oase mit Wohlfühlgarantie und erlaubt einsame Strandspaziergänge in der frühen Morgensonne und Wassersport am breiten, feinsandigen Maxwell Beach. Von hier aus ist es nicht weit nach Oistins zum Fish Fry oder nach Bridgetown zum Sundowner im Boatyard. An der Südküste selber machen sich nämlich am späten Nachmittag lange Schatten breit. Mietet man sich im Schwesterresort **Sugar Bay Beach** (S. 145) ganz im Westen der Südküste ein, so kann man zu Fuß am Strand entlang bis zum Needham's Point und damit zum westlichsten Punkt der Südküste gehen und nach Osten bis zur Strandpromenade von Hastings Rock und weiter bis zum Accra Beach. Auch der Pebbles Beach oder das Boatyard sind entlang des Highway 7 bequem zu Fuß durch den Stadtteil Garrison, das historische Zentrum von Bridgetown, zu erreichen. Die Sugar Bay selbst bietet zudem hervorragende Schnorchelmöglichkeiten. Beides sind Hotels, die vom Preis-Leistungsverhältnis stimmen.

Was bezahlbare Hotels angeht, so ist das an der Westküste schwieriger. Eine sehr gute Alternative ist **Sunset Crest**, ein Stadtteil im Süden von Holetown (S. 160). Hier wohnen viele Briten, die sich den Winter über unter der karibischen Sonne einquartieren oder ein Ferienhaus in Übersee haben und dieses zu günstigen Preisen vermieten. Ärztehaus, Supermärkte, Banken, alles ist vorhanden, was man für einen längeren Aufenthalt oder für die Selbstverpflegung braucht. Als Pool-Anlage für die Bewohner von Sunset Crest gibt es das Beach House direkt am Strand von Holetown in Fußgehnähe. Mitten in der Anlage befindet sich das **All Seasons Resort** mit geräumigen Studios und zusätzlich eigenem Pool. Ein günstiger und sympathischer Ausgangspunkt für die Erkundung der Westküste (S. 163).

Unterkünfte an der **Ostküste** schließlich sind rar gesät, dafür allerdings auch richtige Perlen. Ein Handvoll kleiner Gästehäuser haben sich rund um Bathsheba angesiedelt. Das von einer Deutschen geführte **Sea-U!** (S. 179) wird sogar zu den ganz besonderen Boutique-Hotels gezählt und auch das **Atlantis Hotel** (ebd.) bietet einzigartige Naturerlebnisse direkt am brausenden Atlantik.

Veranstaltungen

Auf Barbados finden das ganze Jahr über zahlreiche Veranstaltungen statt. Besonders beliebt sind:

Oistins Fish Festival, *Ende März/April, mit Ausstellungen zur Fischindustrie, zu Angeltouren und -wettbewerben, Bootsrennen, Aktionen der Küstenwache, Foodmarket etc.;*

Crop Over Festival = Karneval (Kadooment) *im Juli/August zum Ende der Zuckerrohrernte: Das Highlight der Festsaison wird auf der ganzen Insel mit Kostümparaden, Calypsomusik, Steelbands, Märkten mit Snacks, Getränken und Kunsthandwerk etc. gefeiert, Infos und Programm unter www.ncf.bb und www.facebook.com/Barbados.Crop.Over.Festival;*

Run Barbados *ist der bekannte Marathonlauf im Dezember, www.runbarbados.org.*

Darüber hinaus gibt es Mitte bis Ende Februar das **Holetown Festival** *zur Erinnerung an die Ankunft der ersten Siedler im Jahre 1627 mit Paraden, Straßenzügen, Musikfestival u. v. m. sowie unmittelbar vor dem Unabhängigkeitstag am 30. November das* **National Independence Festival of Creative Arts**, *ein Festival mit Show, Tänzen, Musik, Kunstausstellungen etc.*

Ein genauer **Veranstaltungskalender** *findet sich im Internet unter www.visitbarbados.org.*

Tanzen zu bunten Farben und unterschiedlichsten Klängen

info

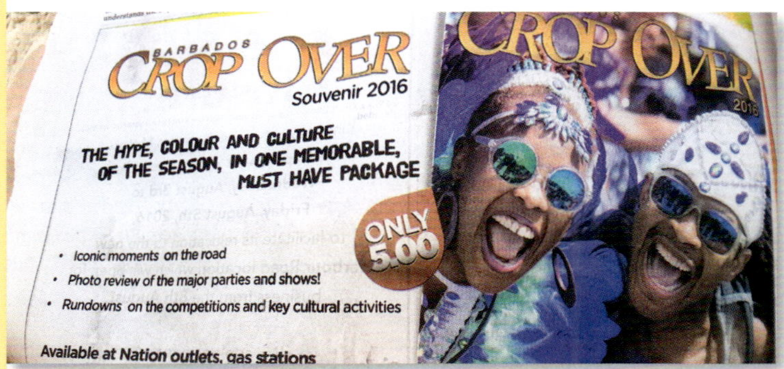

Auf Barbados heißt die Karnevalssaison „Crop Over"

Der **Grand Kadooment**, wie der Karneval auf Barbados genannt wird, ist der Höhepunkt der Crop-Over-Saison am ersten Montag im August und steht ganz im Zeichen von Feder- und Pailletten-Schmuck, Musik und Tanz. Wochenlang wird an den aufwendig gestalteten Kostümen gearbeitet, geklebt und genäht, bis sie bei der Parade in Bridgetown in ihrer ganzen bunten Pracht vorgetragen werden. Nicht nur Karnevals-Gruppen aus Barbados, sondern auch von den Nachbarinseln präsentieren in verschiedenen Kategorien ihre Kostüme. Hinzu kommen ab Juni zahlreiche Musikwettbewerbe, die sich über die ganze Insel erstrecken. Stars wie Rihanna, die von der Insel stammt, oder Lewis Hamilton, dessen Großeltern auf Grenada leben, machen zum Finale der Insel ihre Aufwartung und mischen sich unters feiernde Volk. Wer im Juli/August auf der Insel ist, darf diese Veranstaltung auf keinen Fall verpassen.

info

Crop Over (engl. crop = Ernte) war einst ein traditionelles Erntefest, das erstmals in der Kolonialzeit im Jahr 1688 auf den Zuckerplantagen gefeiert wurde und das Ende der Ernte signalisierte, wobei vor allem die mühsame Zuckerrohrernte gemeint war. Es wurde gesungen, getanzt und Musik gemacht. Nach dem Ende des 2. Weltkrieges kam es zu einem deutlichen Niedergang in der Zuckerrohrindustrie, viele Plantagen schlossen oder stellten kein Geld mehr für die Festivitäten bereit. Mit Hilfe der Regierung und Tourismusbehörde wurde die Tradition 1974 wiederbelebt. Heute ist Crop Over das größte nationale Festival, ein sich über acht Wochen erstreckendes Spektakel.

Verkehrsmittel

Mit einer Gesamtlänge von über 1.300 km asphaltierter Straßen ist das Verkehrsnetz gut ausgebaut. Es herrscht Linksverkehr, die Beschilderung entspricht international üblichem Standard. Innerhalb von Ortschaften darf nicht schneller als 35 km/h (21 mph), außerhalb nicht schneller als 60 km/h (37 mph) gefahren werden. Im Ballungsgebiet von Bridgetown kommt es oft zu Staus und Problemen bei der Parkplatzsuche.

Bus

Jeder Teil der Insel ist bequem mit dem öffentlichen Transportsystem zu erreichen. Ein regelmäßiger **Busverkehr** *verbindet Bridgetown mit allen Teilen der Insel, wobei die Hauptstadt als zentraler Knotenpunkt fast immer angefahren wird. Busse erkennt man an der blauen Farbe mit gelbem Streifen, das Fahrtziel ist an der Windschutzscheibe angeschrieben. Eine Fahrt, egal wohin, kostet ca. 2 US-$, man zahlt jede Fahrt einzeln.*

Mit dem Bus kann man zu den **Hauptattraktionen** *der Insel fahren wie z. B. zu den Andromeda Gardens, der Animal Flower Cave, dem Barbados Museum, zum Barcleys Park, nach Bathsheba, Brandons Beach, Chalky Mount Potteries, Cherry Tree Hill und vieles mehr. Fahrpläne gibt es auf der Webseite oder mit Hilfe der App http://beepbus.com/.*
Barbados Transport Board Weymouth, *Roebuck St., St. Michael, www.transportboard.com, ☏ 535-3500, wochentags 8–16.30 Uhr*

Taxi

Die zahlreichen **Taxis**, *die am Buchstaben „Z" auf dem Nummernschild und an den Leuchtsymbolen auf dem Autodach leicht zu erkennen sind, fahren bis spät in die Nacht. Sie haben keinen Taxameter. Die Fahrpreise sind gesetzlich festgelegt, es ist jedoch sehr zu empfehlen, sich den Endpreis vom Fahrer bestätigen zu lassen bzw. zu vereinbaren. Je größer und komfortabler das Taxi, desto höher der Preis. Als groben Anhaltspunkt: Von Bridgetown Innenstadt nach Bathsheba kostet eine Strecke etwa 30 US-$, nach Oistins 15 US-$, zum Flughafen 25 US-$.*

Neben den normalen Taxis gibt es sogenannte **Routentaxis**, *die auf einer festgelegten Strecke fahren und die man per Handzeichen anhält. Man erkennt sie an der Kombination „ZR" auf dem Nummernschild.*
Sun Crest Taxi Services, *Holetown, ☏ 432-1006*
Sun Tours Barbados, *St. Michael, ☏ 434-8430, www.suntoursbarbados.com*
Coast 2 Coast Taxi Service, *Rockley Beach, ☏ 251-0999.*

Mietwagen

*Zur Anmietung eines Autos benötigen ausländische Fahrer eine lokale Fahrerlaubnis (***local driving license***), die man im Flughafen, bei den Polizeidienststellen oder direkt bei den Mietwagenfirmen bekommt. Es gibt Dutzende von Firmen, die meisten sind auch am Flughafen vertreten und offerieren alle üblichen Wagen-Kategorien. Beliebt sind die* **Mini Mokes***: kleine, offene Fahrzeuge. Fahrräder und Motor-Scooter sind oftmals auch im Angebot. Eine kleine Auswahl:*

Coconut Car Rentals, *Coconut Tours, Kelvin Dayrells Rd., Rockley, Christ Church, ☎ 437-0297, www.coconuttoursbarbados.com. Niederlassungen am Flughafen und am Cruise Terminal, inselweiter Abholservice.*

Drive-a-Matic Car Rental, *CWTS Complex, Lower Estate, ☎ 434-8440, www.carhire.tv. Auch Niederlassung am Flughafen.*

Drive Barbados, *Henrys Ville, 786 Fontabelle Rd., Bridgetown, ☎ 624-0702, http://drivebarbados.com. Mindestmietdauer 3 Tage.*

Stoutes Car Rental, *Kirtons, St. Philip, ☎ 416-4456/57, www.stoutescar.com*

Wandern

Die sicherlich intensivste Art, Barbados kennenzulernen, ist die zu Fuß. Wanderer können Trassen der ehemaligen Zucker-Eisenbahn nutzen oder sich auf gut 65 km markierter Wege vor allem im östlichen Teil der Landesnatur nähern. Sonntags bietet die **Barbados Hikers Association***, dem Barbados National Trust zugehörig, geführte Wanderungen zu einem jeweils anderen Schauplatz der Insel an. Diese gemeinnützige Institution will damit Besuchern und Einheimischen Flora und Fauna sowie die Kulturschätze von Barbados näherbringen.*

Die Teilnehmer können zwischen verschiedenen **Schwierigkeitsstufen** *wählen: Die kostenlosen Touren (Spenden willkommen), die alle rund 3 Stunden dauern, starten an den verschiedenen Ausgangspunkten morgens um 6 Uhr, manchmal gibt es auch eine Nachmittagstour um 15.30 Uhr. Schöne Variante: eine geführte Wanderung im Mondschein (Beginn: 17.30 Uhr).*

Infos *und* **Termine***: Barbados Hikers Association, ☎ 230-4583 oder 426-2421, http://barbadoshikingassociation.com, www.facebook.com/groups/hikebarbados, www.barbados.org/hike.htm*

Währung

Die Währung ist der Barbados-Dollar, der an den US-Dollar gebunden ist (1 US-$ = 2 BB-$). Alle gängigen Kreditkarten sowie US-$ werden überall auf der Insel akzeptiert.

Jachthäfen und Ankerplätze (Auswahl)

Bridgetown, Carlisle Bay, Port St. James

Wer eine eigene Jacht hat, Freude an luxuriösem Ambiente und dazu das nötige Kleingeld, wird mit Sicherheit einen Abstecher zur Marina des **Port St. Charles** *machen wollen (www.portstcharles.com). Mit Ankerplätzen direkt vor der Apartmenttür, eigenem Strand und hervorragendem Restaurant könnte man hier ein zweites Zuhause finden – oder einfach einen schönen Abendspaziergang machen.*

Barbados entdecken

Die Hauptstadt Bridgetown

Geschichte

Als die Briten 1627 nach Barbados kamen, siedelten sie zuerst an der Westküste und nannten den Ort Jamestown, das heute Holetown heißt. Der Ort stellte sich jedoch für den Häuserbau und die Anlandung von Schiffen nicht als ideal heraus, sodass ein Jahr später Bridgetown als zweiter Ort von einer Siedlergruppe, die der Earl of Carlisle geschickt hatte, an der geschützten Carlisle Bay an der Südküste gegründet wurde. Die Bucht bot den Schiffen Schutz und das Land konnte leichter mit Häusern bebaut werden, was wichtiger erschien als der Schutz vor Fieber in den tiefer gelegenen Mangrovensümpfen und -wäldern.

Während die weit geschwungene Bucht nach dem Initiator dieser Expedition benannt wurde, hat die Stadt selbst ihren Namen nach einer damals vorgefundenen Brücke über den **Constitution River**, die nur die indianischen Ureinwohner angelegt haben konnten. So war der erste Name der Neugründung auch „Indian Bridge". Als das Land in Kirchenspiele unterteilt wurde, wurde der Ort als St.

Michael bekannt. Als 1654 die neue Brücke über die Careenage gebaut wurde, bekam die Stadt den Namen Bridgetown. Mit dem Aufschwung der Kolonie wurde die Bucht von Carlisle ein Anlaufhafen für Schiffe aus aller Welt, die 300 Jahre lang die schmale, innere Bucht der Careenage, den heutigen Jachthafen, aufsuchten.

Größtes Ballungsgebiet

Heute ist Bridgetown nicht nur das politische und administrative Zentrum der Insel, sondern auch deren größtes Ballungsgebiet mit ungefähr 7.000 Einwohnern in der Stadt selbst und rund 90.000 in den Vororten. Um der steigenden Zahl größerer Schiffe (Fracht- und Kreuzfahrtschiffe) adäquate Möglichkeiten zu bieten, wurde in den 1960er-Jahren etwas weiter nördlich der heutige **Deep Water Harbour** konstruiert.

Ein lohnendes Ziel für Besucher ist die Stadt schon wegen ihrer vielen historischen Gebäude, die man auf einem Rundgang kennenlernen sollte. Darüber hinaus sind die ausgezeichneten Einkaufsmöglichkeiten und das Nachtleben attraktiv. Schließlich bietet Bridgetown, die nicht nur als sauberste, sondern auch als sicherste Hafenstadt in der Karibik gilt, ein interessantes Ambiente, in dem der englische Einfluss – sichtbar an bedeutenden Bauwerken **britischer Kolonialarchitektur** wie den Parliament Buildings, dem alten Barbados Mutual Building, der St. Michael's Cathedral, der Anlage des Harrison College und der St. Anne's Garrison – mit typisch karibischem Flair harmoniert. 2011 wurde die **Garrison**, der älteste Teil von Bridgetown, als UNESCO-Weltkulturerbe anerkannt.

Sehenswürdigkeiten

1 Parliament Buildings
2 St. Mary's Church
3 Old Town Hall
4 Cheapside Market
5 Pelican Craft Center
6 Methodist Church
7 Public Library
8 Nidhe Israel Synagoge und Museum
9 St. Michael's Cathedral
10 Queen's Park
11 Baobab Tree
12 Harrison's College
13 Government Offices
14 St. Patrick's Cathedral

Essen und Trinken

1 Waterfront Café
2 Marina Bar & Restaurant
3 The Boatyard
4 Lobster Alive
5 Copacabana Beach Bar & Grill
6 Harbour Lights

0 100 m

© igraphic

Stadtzentrum

The Careenage

Die Careenage ist Bridgetowns alter, natürlicher Hafen, der seit der Eröffnung des Deep Sea Harbour nur noch für kleine Fischerboote, Jachten und die Schiffe der Küstenwache zugelassen ist. Früher wurden hier die Segelboote neu gestrichen und repariert (engl.: *to careen*), was dem Hafen – ebenso wie dem von St. George's auf Grenada – seinen Namen verlieh. Es gibt heute zwei Brücken über die Careenage, beide waren ursprünglich aus Holz gebaut und wurden durch Hurrikans und Feuer mehrfach zerstört: die Charles Duncan O'Neal Bridge am

Der Independence Arch vor der Brücke über die Careenage (Bridgetown)

Waterfront Café an der Careenage

inneren Ende und die Chamberlain Bridge mit dem Independence Arch. Letztere, erstmals im Jahre 1872 gebaut und dann immer wieder erneuert, wurde gewöhnlich zur Seite gefahren, wenn Schiffe passieren wollten. Im Jahre 2006 dann wurde die alte Brücke durch eine moderne Hebebrücke ersetzt.

Der **Independence Arch**, ein steinernes Tor vor der Chamberlain Bridge, war 1987 gebaut worden, um den 21. Unabhängigkeitstag der Insel zu feiern. Oben am Torbogen ist das Nationalwappen mit dem Motto „Pride and Industry" zu sehen. Der Fliegende Fisch und ein Pelikan, beides wichtige Nationalsymbole, wurden ebenso wie die Blume „Pride of Barbados" in den Bogen eingefügt. Das nationale Gelöbnis ist am Fuße des Bogens zu lesen.

Einst war die Careenage das Zentrum der Hafenindustrie, heute sind zu beiden Seiten die sorgfältig restaurierten, alten Lagerhäuser mit Restaurants, Kneipen und Läden zu neuem Leben erwacht; hier treffen sich Einheimische und Touristen bis weit in die Nacht hinein. Der beliebteste Treffpunkt ist das **Waterfront Café**, von dem aus wunderbar die an- und ablegenden Schiffe und auch die Beamten der Hafenpolizei zu beobachten sind, die in ihren pittoresken, aus Lord Nelsons Zeit stammenden Matrosenanzügen mit flachen Strohhüten Dienst tun. Vor allem im November/Dezember ist hier viel los, wenn die Jachten aus Europa auf ihrem Weg in die Karibik hier ihren ersten Stopp einlegen. Sie bleiben meist über Weihnachten bis Neujahr und segeln dann zu anderen Zielen weiter.

Zwischen den beiden Brücken erstreckt sich am Südrand des Inner Basin der **Independence Square**. Früher als Parkplatz genutzt, wandelte man ihn anlässlich des Cricket World Cup 2007 in einen Platz mit Bäumen und Bänken im Schatten der Statue des ersten Premierministers von Barbados um, Errol Walton Barrow. Hier treffen sich abends die Einheimischen und lassen sich den einen oder anderen Sundowner schmecken.

National Heroes Square (Trafalgar Square)

Blick von der Chamberlain Bridge auf das Parlament

Am Nordufer betritt man den imposanten National Heroes Square mit den wichtigsten und sehenswertesten Baudenkmälern der Stadt. Dominiert wird er vom interessanten Komplex der Public Buildings, 1871–74 ausgeführt. Dazu gehören die beiden neugotischen **Parliament Buildings (1)** (House of Assembly und Senate Chamber), die drittältesten des Commonwealth, mit schönen Glasfenstern und dem wertvollen Speaker's Chair. Der Westflügel des Parlaments wurde zur 40-Jahres-Feier der Unabhängigkeit renoviert und beherbergt die National Heroes Gallery und das Museum of Parliament. Das House of Assembly, das jeden Dienstag zusammenkommt, ist für Besucher geöffnet.

House of Assembly und Senate Chamber, *Parlamentsgebäude Mo–Fr 8–17 Uhr, www.barbadosparliament.com.*

Museum of Parliament, *Mo, Mi–Fr 10–16, Sa 10–15 Uhr, 10 BB-$.*

Davor erhebt sich das **Nelson Monument**. Die Bronze-Statue des Seehelden der Schlacht von Trafalgar (1805) wurde 1813 aufgestellt und ist damit 36 Jahre älter als die ungleich berühmtere Konkurrentin auf dem gleichnamigen Platz in London. In jüngster Zeit änderte man die Blickrichtung der ehemals auf die Hauptverkehrsstraße blickenden Statue. Wegen der Erinnerung an die koloniale Vergangenheit wurde einst eine Beseitigung der Statue diskutiert. Ebenfalls sehenswert sind nahebei die 1865 vollendete Brunnenanlage aus Korallenkalk innerhalb der **Fountain Gardens**, mit der das Trinkwasser erstmals durch Rohre nach Bridgetown geleitet wurde, und der Obelisk mit der Gedenktafel der für Großbritannien in den Weltkriegen Gefallenen. Westlich wird der Platz durch das moderne Verwaltungsgebäude **The Treasury** abgeschlossen.

Rund um die Broad Street

Nach Westen hin führt vom National Heroes Square die Broad Street, die für ihre Funktion als wichtigste Verkehrs- und Einkaufsstraße recht schmal anmutet. Ihr Erscheinungsbild unterlag einem starken Wandel: Aus ehemaligen Wohnhäusern wurden Duty-Free-Läden, Einkaufspassagen, Banken und Büros. Rings um die Broad Street gibt es eine ganze Reihe kleinerer Parallelstraßen, auf die sich mittlerweile das Geschäftsleben mit Boutiquen und Duty-Free-Läden ausgedehnt hat, allen voran die **Swan Street** mit ihren hübschen, balkongeschmückten Häuschen.

Am Ende der Broad Street steht rechter Hand inmitten einer schönen Grünanlage die große **St. Mary's Church (2)** (18. Jh.). An der Grenze zwischen Broad

Swan Street

Street und Cheapside Road liegt der Jubilee Gardens genannte Platz, an dem sich die **Old Town Hall (3)** (ehemaliges Rathaus) befindet. Heute ist hier das Polizeihauptquartier untergebracht. Nebenan herrscht vor allem samstags dichtes Gedränge im Supermarkt **Cheapside Market (4)**, weil dort die Lebensmittel recht günstig sind. Bekannt geworden war die Broad Street nämlich als **Cheapside** – ein Name, der heute noch zum westlichen Ende der Straße passt, wo das wenig ansehnliche Gebäude der Hauptpost zwischen Markthalle und Busstation liegt und lokale Bauern ihre Waren anbieten.

Wer von der Broad Street aus über die Prince William Henry Street nördlich spaziert, erreicht nach wenigen Hundert Metern ein Ensemble schöner Baudenkmäler: Eng beieinander stehen hier die **Methodist Church (6)** an der James Street, ein beachtenswerter Bau aus dem 19. Jh., das Oberste Gericht (*Law Court*) aus dem 18. Jh. und daneben, in der Coleridge Street, die modern ausgestattete **Public Library (7)** von 1905. Auf der dreieckigen Grünfläche gegenüber der Bibliothek sieht man einen alten Trinkbrunnen (Montefiore Fountain), der 1865 an anderer Stelle errichtet und 1940 hierhin versetzt wurde.

Grabstein auf dem Jüdischen Friedhof

Nidhe Israel Synagoge und Museum (8)

Geht man nun von hier aus wieder in Richtung Stadtmitte, kommt man an der alten **Synagoge** vorbei. 1654 erbaut, gilt sie – zusammen mit der berühmteren Synagoge von Willemstad auf Curaçao – als eines der beiden ältesten jüdischen Gotteshäuser der Neuen Welt und blickt auf eine bewegte Geschichte zurück: 1831 durch einen Hurrikan zerstört und 1833 wieder aufgebaut, wurde sie 1929 verkauft und verfiel danach zusehends. Als viel beachtetes Sanierungsobjekt ist die Synagoge mit ihrem schönen Innenraum und dem sehenswerten Friedhof inzwischen komplett restauriert. Die Grabsteine wurden gereinigt und die Inschriften wieder sichtbar gemacht. Die recht kleine, jedoch aktive

jüdische Gemeinde, Nachfahren jüdischer Auswanderer im 17. Jh. aus Brasilien, hat hier das kleine, interessante **Nidhe Israel Museum** eingerichtet. Zu sehen ist auch die 2008 von Archäologen entdeckte und international Aufsehen erregende, vollständig erhaltene Mikvah, ein Wasserbecken in der Größe eines kleinen Swimmingpools für rituelle Zwecke.
Nidhe Israel Museum, *Synagogue Lane, ☏ 436-6869, www.barbados.org/barbados-jewish-museum.htm. Mo–Fr 9–12 und 13–16 Uhr, 12,50 US-$.*

Nördlich des Stadtzentrums

Wer den **National Heroes Square** in westlicher Richtung über die Hafenstraße The Wharf und später den Princess Alice Highway verlässt, fährt entlang des **Fischereihafens** mit einer künstlich angelegten, sturmsicheren Bucht. Ihm schräg gegenüber befindet sich eine kleine Ansiedlung von Holzhäusern mit Kunsthandwerk, das **Pelican Village/Pelican Craft Centre (5)** (S. 119).

Frachter und Kreuzfahrtschiffe

Am Pelican Village vorbei befindet sich der **Tiefseehafen** (*Deep Sea Harbour*), der mit großen Lagerschuppen (Kapazität 80.000 t) und Verladeeinrichtungen für Zuckerrohr und Rohrzucker ausgestattet ist. Hier legen am **Bridgetown Cruise Terminal** auch die Kreuzfahrtschiffe an. Um schnell aus dem Industriegebiet nach Norden zu fahren, sollte man hinter dem Pelican Village rechts fahren und dann gleich wieder links auf die Fontabelle Road zum Spring Garden Highway (Highway 1) einbiegen. An der Grünanlage des **Kensington Oval** vorbei, dem zum Cricket World Cup ausgebauten Cricket Stadium, stößt man bald auf den Zubringer zum Spring Garden Highway, mit dem die Westküstenroute beginnt (S. 157). Im Stadion wird nicht nur Cricket gespielt, sondern finden auch Konzerte und andere Großveranstaltungen statt. Infos unter ☏ *537-1600, http://kensingtonoval.org*. Tickets für Spiele kann man direkt am Stadion kaufen.

Cricket Museum

Cricket spielt bereits seit Mitte des 18. Jh., seit Beginn der britischen Besiedlung auf Barbados, eine große Rolle. Das erste Spiel, das im karibischen Raum registriert wurde, fand 1864/1865 auf dem Grün der Garrison Savannah statt, die Gegner hießen Barbados und British Guyana. Trotzdem ist es erstaunlich, dass eine Insel von der Größe Barbados etliche international bedeutende Cricket-Spieler hervorgebracht hat. Unter anderem ihnen ist das Museum „Cricket Legends of Barbados" gewidmet, das sich direkt gegenüber vom Stadion befindet.
Cricket Legends of Barbados, *Herbert House, Fontabelle Rd., ☏ 227-2651, www.cricketlegendsbarbados.com/museum. Mo–Fr 9–16.30 Uhr, Touren alle 30 Min. Mo–Fr 10–16 Uhr.*

U-Boot Atlantis Submarine

Auf der linken Seite erkennt man die Lagerhalle für Zucker an ihrem riesigen Spitzdach. In einem eigenen, nördlich gelegenen Hafenbecken des Bridgetown Harbour (Shallow Draught Marina) legt das U-Boot von Atlantis Submarine zu Unterseefahrten ab. Auch luxuriöse Katamarane warten dort auf Passagiere für Vergnügungsfahrten (S. 115).

Mount Gay Rum Distilleries

Weiter nördlich befindet sich auf der rechten Seite des Highways das Visitor Center der Mount Gay Rum Distilleries. Auf einem Rundgang kann man alle Stufen der Kunst der Rumherstellung kennenlernen. Die Destillerie wurde um 1662/63 von William Gay gegründet und mit Hilfe von Sklaven aufgebaut, als die Zuckerindustrie noch die Lebensader der karibischen Inseln war. Aus den Abfallprodukten entwickelten sich verschiedene Rummischungen, unter denen Mount Gay der Marktführer auf Barbados ist. Diese sehr produktive Rum-Brennerei gehört zweifellos zu den besten der Welt. Preislich günstig, kann man den braunen Rum dank seines milden Geschmacks auch gut pur trinken. Experten sprechen von einem rauchigen, etwas süßlichen Aroma mit Vanille. Man kann ihn auch einfach als warm, weich und rund beschreiben.

Marktführer in Sachen Rum

Hier wurde der erste Rum der Insel produziert

Mount Gay Rum Visitor Center, *Exmouth Gap, Brandons, Spring Garden Highway, St. Michael, ☏ 227-8800, www.mountgayrum.com. Besichtigungstour (45 Min.) Mo–Fr alle 60 Minuten zur halben Stunde von 10.30 Uhr bis 14.30 Uhr, in der Saison auch Sa 10.30–14.30 Uhr, 10 US-$; Cocktail-Tour, Mo, Mi und Fr 13.30 Uhr, 50 US-$; Bajan Buffet Lunch Tour Di, Do 12 Uhr, 62 US-$, Kinder zahlen den halben Preis und der Transport ist inbegriffen.*

info

Wo kommt der Rum eigentlich her?

Rum hat Tradition: Für über 300 Jahre, von 1655 bis zum „Black Tot Day“ am 31. Juli 1970, wurde ein täglicher „tot“ („Schlückchen“, zu Beginn immerhin rund 250 ml) für jeden Matrosen der British Navy angeordnet, sozusagen als eine Gesundheitsration. Später wurde diese Menge aufgrund von Alkoholproblemen der Seemänner allerdings drastisch verringert bzw. durch Bier ersetzt. Zu jener Zeit hatte Rum noch weniger den Zweck, den Gaumen zu erfreuen, als das Leben an Bord erträglicher zu machen. Als Admiral Nelson im Jahre 1805

info

während der Schlacht von Trafalgar auf seinem Schiff verstarb, wurde sein Leichnam gar in einem Behältnis aufbewahrt, das mit seinem bevorzugten Rum gefüllt war, bis er ordentlich bestattet werden konnte.

Die Mount Gay Rum Distilleries liegen im Norden von Bridgetown

Es gibt kaum eine Karibikinsel, die nicht ihren eigenen Inselrum produziert. Aber Barbados ist die Insel, wo der Rum quasi seinen Ursprung hat. Mount Gay, die älteste Rum-Destillerie weltweit, hat seit 1703 ununterbrochen gemäß der originalen Dokumente über das Mount Gay Estate operiert. Diese zeigen auf, dass es zwei Windmühlen aus Stein gab, ein Kochhaus, sieben Kupferbehälter und ein Haus zum Destillieren. Noch ältere Vorrichtungen zum Herstellen von Rum deuten darauf hin, dass die Vorbesitzer der Plantage lange vor dem Jahr 1703 bereits Rum produzierten. Rum wird meistens aus fermentierter Melasse (eigentlich ein Abfallprodukt der Zuckerrohrindustrie), seltener aus frischen Zuckerrohrsaft destilliert. Heutzutage wird auf einem Großteil des Inselinneren noch immer Zuckerrohr angebaut, einige historische Häuser wie das Sunbury Plantation House können besichtigt werden (S. 186).

Tyrol Cot Heritage House and Village

Das kleine Häuschen aus Korallenstein, erbaut im Jahr 1854, gilt als ein Paradebeispiel der damaligen Architektur. Besondere Bedeutung gewann es, als hier 1929 der erste Premierminister von Barbados geboren wurde: Sir Grantley Adams, Namensgeber des internationalen Flughafens. Das Haus ist heute Teil des Barbados National Trust und wird mit Spendengeldern und Hilfe von Ehrenamtlichen so gerade eben in Stand gehalten. Es ist das Kernstück eines „lebenden Museums", dem Tyrol Cot Heritage Village, wo Künstler und Handwerker einst ihre Ateliers und Werkstätten in traditionellen Chattel Houses hatten. Heute gehen hier ein Friseur und eine Kosmetikerin ihrem Handwerk nach. Eine kleiner Rum Shop bietet die Möglichkeit für ein Erfrischungsgetränk.

„Lebendes Museum"

Im Inneren des Geburtshauses von Sir Grantley Adams gibt es antike Möbel von Sir Grantley und Lady Adams und Erinnerungsstücke an die damalige Zeit zu sehen.
Tyrol Cot, *Codrington Rd. 2 (Ecke Hwy. 2), St. Michael, ☏ 424-2074, www.barbadosnationaltrust.org. Mo–Fr 8–16 Uhr.*

Östlich des Stadtzentrums

St. Michael's Cathedral (9)

Wenn man das Stadtzentrum über die St. Michael's Row nach Osten verlässt, kommt man nach wenigen Metern zunächst zur St. Michael's Cathedral. Die anglikanische Bischofskirche wurde bereits 1665 eingeweiht, ist allerdings Ende des 18. Jh. durch einen Brand so stark beschädigt worden, dass man sie anschließend wieder aufbauen musste. Sehenswert sind im Inneren u. a. einige Grabdenkmäler, das Baptisterium und vor allem der weit gespannte, offene Dachstuhl aus Holz. *Höchstes Gebäude* Unübersehbar erhebt sich hinter der Kathedrale die **Zentralbank**, mit elf Stockwerken zweifellos das höchste Gebäude von Stadt und Land. Sie beherbergt auch die **Frank Collymore Hall**, die beste Konzerthalle der Insel (*www.fch.org.bb*).

Queen´s Park (10)

150 m weiter östlich beginnt an der **First Baptist Church** das Gelände des Queen's Park. Das Hauptgebäude, **Queen's Park House**, war 1784–1906 die offizielle Residenz des Kommandierenden der Britischen Westindischen Garnison und hieß vor Königin Victorias Regentschaft „King's House". Später beherbergte das Gebäude eine Kunstgalerie (Queen Parks Gallery, zzt. im Pelican Village zu finden) und ein Theater. Diese sind aber leider mittlerweile geschlossen, über eine Renovierung wird diskutiert. Zudem ist im Park ein Solar-Haus gelegen, dass zeigen soll, wie man ein Haus komplett mit Sonnenenergie versorgen kann.

Baobab Tree im Queens Park

Nicht nur Botaniker wird der riesige **Affenbrotbaum (11)** (engl.: *Baobab Tree*) interessieren, der inmitten des Parks steht: Mit ca. 18 m Umfang dürfte er der mächtigste Baum der ganzen Insel sein. Sein Alter wird auf 1.000 Jahre geschätzt. Dies ist insofern mysteriös, als die Heimat der Pflanze in Afrika liegt und daher niemand erklären kann, wie der Baum – 500 Jahre vor Kolumbus! – die Reise über den Atlantik geschafft hat …

Nördlich des Parks ist das **Harrison College (12)** mit seinen Sportanlagen und historischen Gebäuden sehenswert. Die Schule wurde im Jahre 1733 gegründet und nach dem Händler Thomas Harrison aus Bridgetown benannt, der eine öffentliche Bildungseinrichtung für arme und mittellose Jungen aus dem Parish im Sinn hatte.

Östlich des Queen's Park ist im Nobelviertel **Belleville** noch ein weiteres Haus aus der Kolonialzeit einen Abstecher wert, nämlich das **Government House**. Das wunderschön in einem Park gelegene Gebäude mit seinen Veranden, Fensterläden und Verzierungen stammt aus dem 17. Jh. und wurde ab 1736 als Residenz des jeweiligen britischen Gouverneurs genutzt. Heute ist hier das Staatsoberhaupt zu Hause.

Emancipation Statue

Die riesige Skulptur eines Sklaven, auch als Bussa Statue bekannt, der die eisernen Ketten zerrissen hat und dem beide Enden der Ketten noch von den Fesseln

an den Handgelenken herunterhängen, symbolisiert die Zeit der Sklaverei auf der Insel wie auch die Aufhebung durch den Emancipation Act vom 1. August 1834. Die Skulptur wurde von dem gebürtigen Barbadier Karl Brodhagen erstellt und 1985 errichtet.
JTC Ramsey-Kreisverkehr an dem Abschnitt, an dem ABC-Highway und Highway 5 aufeinandertreffen, Haggat Hall, St. Michael.

Südlich des Stadtzentrums

Vom heutigen Zentrum rund um die Careenage geht es Richtung Süden zum historischen Zentrum von Bridgetown. Über den Highway 7, der hier **Bay Street** heißt, geht es am Bayshore Komplex und den **Government Offices (13)**, den Amtsräumen des Premierministers, vorbei zur St. Patrick's Cathedral.

St. Patrick's Cathedral (14)

Katholische Gemeinde

Die Bischofskirche aus dem Jahr 1840 ist das Zentrum der katholischen Gemeinde, die vor allem aus Nachfahren irischer Einwanderer besteht. Zusammen mit Kingstown (St. Vincent) bildet Bridgetown eine Diözese. Das Gotteshaus wurde 1897 durch einen Brand zerstört und später wieder aufgebaut.

Weiter geht es auf der Bay Street an einigen Strandbars, Kaufhäusern und Büros vorbei Richtung **Garrison**.

Das historische Bridgetown und die Garnisonsstadt

Im Süden von Bridgetown (rund zwei Kilometer vom Independence Square) liegt das historische Zentrum der Stadt. Die Garnison ist eine äußerst sehenswerte Anlage aus der militärischen Vergangenheit. Rund um den ehemaligen Paradeplatz, der Garrison Savannah, steht eine Vielzahl historischer Gebäude aus dem 17., 18. und 19. Jh. Im Jahre 2011 wurde das historische Bridgetown zum **UNESCO-Weltkulturerbe** ernannt. Es gilt als außergewöhnliches Beispiel britischer Kolonialarchitektur. Die Militäranlage weist dabei geschwungene Straßenzüge auf, was die britische Architektur von der der Spanier und Niederländer unterscheidet, die ihrer Planung eher ein Gitternetz zugrunde legten (*mehr Infos zum Weltkulturerbe unter whc.unesco.org/en/list/1376*).

Die nationale Kanonensammlung steht an der Garrison Savannah

Garrison Savannah und Barbados Turf Club

Das große, parkähnliche Gelände liegt links des Highways, aber auch auf der anderen Straßenseite sind zuvor schon etliche ehema-

Stafford House mit Kanonenmuseum

lige Baracken und Überreste des alten Forts mit authentischen Kanonen zu sehen. Einige der Gebäude werden immer noch militärisch genutzt, da Barbados über eine kleine Freiwilligen-Armee von Männern und Frauen verfügt.

Der **alte Paradeplatz** wird von einer ganzen Reihe Kanonen unterschiedlicher Größe und aus verschiedenen Epochen umstanden (Nationale Kanonen-Sammlung). Seit dem Abzug der

Garrison

Unterkunft
1 Nautilus Beach Apartments
2 Radisson Aquatica Beach Resort
3 Island Inn Hotel
4 Hilton Barbados
5 Savannah Beach Hotel
6 Sugar Bay Beach Resort

Essen und Trinken
7 Coffee Barbados Café
8 Brown Sugar

Government Headquarter
Strand-promenade mit Pavillon
Chelsea Road
Brownes Beach
Yacht Club
Engineers Pier Road
George Washington House & Museum
Garrison Road
Pebbles Beach
Aquatic Gap
Bay Street
Garrison Road
Nationale Kanonen-sammlung
Stafford House
Main Guard House
Carlisle Bay
Garrison Hill
Military Cemetery
St. Ann's Barracks
St. Ann's Fort
Fort Charles
Recreation Area
Naval Magazine
Needham's Point
Drill Hall Beach
Graves End Beach
The Savannah
Caribbean Sea
N
0 100 m

Truppen im Jahre 1906 wird er für Erholung und Sport sowie für feierliche Anlässe genutzt. Die **Tradition der Pferderennen**, die früher die Offiziere austrugen, ist immer noch lebendig, heute freilich in Zivil. Beachtenswert sind die zwölf vorzüglich erhaltenen, mit Arkaden versehenen Baracken, das alte **Main Guard House** mit dem Uhrenturm (Clock Tower), der **Signal Tower** und andere Gebäude von **St. Ann's Fort**. Die Gesamtanlage der Festung geht auf die Regierungszeit von Queen Anne (1665–1714) zurück, obwohl nach dem schlimmen Hurrikan von 1831 vieles neu errichtet werden musste. Jeden Donnerstag um 12 Uhr (außer September) findet vor dem Uhrenturm der „Changing of the Sentry" statt, der Wachwechsel.

Festungsanlage

Garrison Savannah, *historische Touren zu den Sehenswürdigkeiten rund im die Garnison, auch „Night Tour". Touren buchbar unter www.barbadosgarrison.net. Infos und Termine zu den Pferderennen auch unter www.barbadosturfclub.org und S. 125.*

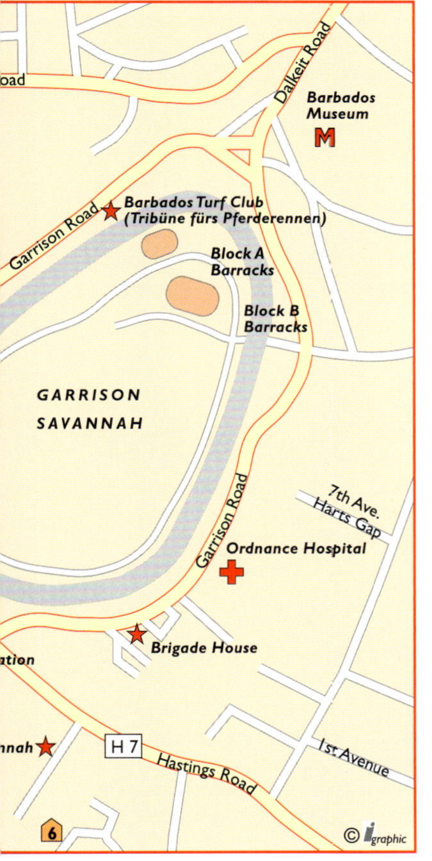

Barbados Museum

Wo früher etwa 2.000 Soldaten stationiert waren, finden sich heute Museen und andere Institutionen. Das wichtigste ist das **Barbados Museum**. Seine imponierende, zweistöckige Westfassade mit Veranda und mächtiger Kanone lässt kaum darauf schließen, dass hier früher das Militärgefängnis untergebracht war. Der Bau aus dem Jahre 1853 beherbergt sehr interessante Sammlungen, die 400 Jahre Inselgeschichte dokumentieren. Zu sehen sind alte Landkarten und Porträts, indianische Artefakte, Erinnerungen an Sklaverei und Zuckerindustrie, alte Puppen und Spiele sowie viktorianische Möbel. Sehenswert ist auch die African Gallery, die Daten und Bilder zur

Das Barbados Museum in Garrison

Geografie und Geschichte Afrikas präsentiert, das Erbe des Kontinents an die karibische Gesellschaft verdeutlicht sowie Aufschluss über deren Zusammensetzung gibt.
Barbados Museum, *St. Ann's Garrison, ☏ 427-0201, www.barbmuse.org.bb. Mo–Sa 9–17, So 14–18 Uhr, 20 BB-$.*

George Washington House and Museum

Auf dem Weg in die Stadt lohnt kurze Zeit später, schräg gegenüber dem Elektrizitätswerk, das George Washington House and Museum einen Besuch. In seinem Bush Hill House lebte der damals 19-jährige George Washington, später der erste Präsident der Vereinigten Staaten von Amerika, während seines Aufenthaltes auf Barbados. Er hatte wegen des gesunden Klimas 1751 seinen Bruder Lawrence hierher gebracht, der an Tuberkulose erkrankt war – und leider später daran starb. Ohne es zu wissen, war Washington der erste Tourist der Insel und gab damit den Startschuss für den heute wichtigsten Erwerbszweig. Es gibt einen kurzen Film sowie die Ausstellung über George Washington und ein nettes **Café** (Frühstück und leckerer Lunch, Mo–Fr 7.30–16 Uhr). Vor wenigen Jahren entdeckt und im Rahmen einer interessanten Tour zugänglich sind unter dem Haus verlaufende Tunnel, die das Regenwasser ableiten und so das Mücken-(Malaria-) Problem rund um die damals noch sumpfige Militäranlage lösen sollten.

Erster Tourist auf Barbados

George Washington House and Museum, *Garrison Rd., ☏ 228-5461, www.barbadosgarrison.net/george-washington-house. Mo–Fr 9–16.30 Uhr, September geschl., 20 BB-$, mit Tunnel 30 BB-$. In der Hauptsaison wird jeden Montag ein „Dinner mit George Washington" angeboten, ein 5-Gänge-Dinner mit Livemusik und Schauspielern mit Kostümen jener Zeit (120 US-$). George Washington in Person des Historikers Karl Watson nimmt natürlich auch an dem Dinner teil und berichtet über sein Leben und seinen Aufenthalt auf Barbados. Buchung unter www.barbadosgarrison.net/dinner-with-george.*

Needham´s Point

Auf beiden Seiten der weit ins Meer ragenden Landzunge, die die Südküste von der Carlisle Bay trennt, gibt es schöne, z. T. künstlich aufgeschüttete Sandstrände. Mehrere Hotel-Anlagen sorgen für touristische Akzente und stehen in architektonischer Konkurrenz zum Leuchtturm. Weiter kann Needham's Point aber auch mit kulturhistorischen Sehenswürdigkeiten aufwarten, so mit den Überresten des Fort Charles aus dem 17./18. Jh. (auf dem Gelände des Hilton Hotels) und vor allem mit dem schönen Militärfriedhof.

Barbados Military Cemetery

Der Militärfriedhof ist auch bekannt als **Garrison Military Cemetery** und liegt im Schutz des historischen Fort St. Ann's. Im Jahr 1780 wurde der Friedhof erstmals genutzt, als die Umgebung noch aus feuchtem Sumpfland bestand. Damals wurden die Toten in Erdvertiefungen oder sogar einfach nur auf den Sumpf gelegt, in den die Verstorbenen dann nach einigen Tagen versanken. Zu Beginn des 20. Jh. wurden einige Gräber aufgelöst, um Platz für die Lagerung von Öltanks zu schaffen; die geretteten Grabsteine wurden auf einem Ehrenmal zusammengetragen, das 1920–

Sumpfbestattungen

24 entstand. 1982 war bereits ein Opferkreuz, ein „Cross of Sacrifice", zu Ehren aller gestorbenen Soldaten errichtet worden. Ein zweites Mahnmal aus dem Jahre ehrt die im Zweiten Weltkrieg gestorbenen Seehandelsleute aus Barbados.
Military Cemetery, *Graves End, in der Nähe des Hilton Barbados, Needham's Point, St. Michael, tgl. 8–16 Uhr.*

Reisepraktische Informationen Bridgetown

Unterkunft

siehe Karte S. 142/143

Nautilus Beach Apartments $–$$ (1), *Bay St., St. Michael, ☏ 426-3541, www.nautilusbeach.com. 5 Minuten von Bridgetown und 20 Minuten vom Flughafen entfernt liegen die Nautilus Beach Apartments in der schönen Carlisle Bay. Die 10 einfachen Selbstversorgerapartments und 4 Studios verfügen über eine Klimaanlage. Einkaufsmöglichkeiten und Restaurants sind in der Nähe. Leicht zu Fuß erreichbar ist die Carlisle Bay mit ihren zahlreichen Wassersportmöglichkeiten.*
Radisson Aquatica Beach Resort $$$–$$$$ (2), *Pier Rd., Brownes Beach, St. Michael, ☏ 426-4000, www.radisson.com/st-michael-hotel-bb/brbbbds. 4 km von Bridgetown entfernt, mit ins Meer auf einem Pier ragenden Restaurant; Außenpool, Fitnesscenter, WLAN kostenfrei, AC, TV, Balkon, Bad mit Badewanne/Dusche, Haartrockner, iPod-Dockingstation, CD-Player. Unkompliziertes, bezahlbares Hotel mit tollen Ausblicken aus den höheren Stockwerken über die ganze Insel.*
Island Inn Hotel $$$$$ (3), *Aquatic Gap, Bridgetown, ☏ 436-6393, http://islandinnbarbados.com. Das kleine exklusive All-inclusive-Hotel mit nur 24 Zimmern und Suiten in 5 Kategorien hat eine hervorragende Lage durch die Nähe zur Carlisle Bay und den Stränden sowie zum historischen Zentrum von Bridgetown. Persönlicher Service, modern gestaltete Zimmer mit AC, Telefon, Kabel-TV, Bad, Wecker, Safe, Bügelmöglichkeit, Föhn. Pool.*
Hilton Barbados $$$$$ (4), *Needham's Point, Garrison, ☏ 426-0200, www.hiltonbarbadosresort.com. Das Hilton liegt auf der Halbinsel von Needham's Point, 10 Autominuten von Bridgetown entfernt. Auf beiden Seiten der weit ins Meer ragenden Landzunge, die die Südküste von der Carlisle Bay trennt, gibt es schöne weiße Sandstrände. 350 Zimmer, 77 mit Blick auf die Karibische See wie auch auf die Küstenlandschaft, 33 Suiten. Alle Zimmer verfügen über modernste Medien.*
Savannah Beach Hotel $$$$$ (5), *Hastings Main Rd. (H7), ☏ 434-3800, www.savannahbarbados.com. Die 93 im Kolonialstil eingerichteten Räume (Plantation Rooms, es gibt auch moderne Zimmer) passen zum idyllischen Ambiente des ehemaligen Plantagenhauses aus dem 19. Jh., das zum Weltkulturerbekomplex gehört und durch die zierlichen Eisengitter der Balkone ins Auge sticht. Pool, AC, Kabel-TV, Haartrockner, freies WLAN-Zugang, Wasserkocher, Bügelmöglichkeit etc. 2 Restaurants und eine Nudel-Bar.*
Sugar Bay Beach Resort $$$$$ (6), *Sugar Bay, Garrison Rd., ☏ 622-1101, http://sugarbaybarbados.com. 3 km von Bridgetown entfernt, 4,8 km von St. Lawrence Gap. Das familienbetriebene All-inclusive-Resort mit 138 Zimmern wurde nach einem Umbau im November 2015 wiedereröffnet. Das sehr freundliche Resort verbreitet eine angenehme familiäre Atmosphäre. Das Gartenhaus ist mit WLAN, Kicker, DVD/TV, Schminktischen und Aufladestationen gut auf Familien mit mehreren Kindern unterschied-*

Blick aus der Ocean Front Suite im Sugar Bay Beach Resort

licher Altersstufen zugeschnitten. Kinderbetreuung für die ganz Kleinen gibt es natürlich auch. Das All-inclusive-Konzept (5 Restaurants, u. a. das japanische UMI, verschiedene Bars, Afternoon-Tea, alle üblichen Getränke, Wassersport, WLAN) soll zudem den Eltern maximale Erholung garantieren. Direkt an der Sugar Bay mit 150 m feinem hellen Sandstrand dürfte das nicht schwer fallen, zumal die ruhige Lagune mit 2 vorgelagerten Riffen optimale Bedingungen zum Baden und Schnorcheln bietet. Das Barbados Museum und George Washington House liegen in Fußgehnähe. Lange Strandspaziergänge bis zum Needham's Point sowie entlang von schönen Buchten, alten Strandvillen und über die Strandpromenade (Boardwalk) bis zum Accra Beach sind möglich. 56 Standardzimmer für 2 Personen mit Pool- und Gartenblick, die Deluxe Signature Zimmer verfügen zusätzlich über ein Schlafsofa und die Oceanfront-Zimmer bieten neben allen Annehmlichkeiten einen spektakulären Meeresblick durch die Palmenreihe hindurch. Für Familien interessant sind die Family Suites mit Platz für bis zu 5 Personen.

Essen und Trinken

siehe Karten S. 132/133 und 142/143

Waterfront Café (1), *The Careenage, ☏ 427-0093, www.waterfrontcafe.com.bb. Das In-Café liegt direkt am belebten Hafen auf der Careenage im alten Stadtkern von Barbados. Ein schöner Platz zum Beobachten des bunten Treibens am Hafen. Zudem gibt es ausgesuchte Gerichte und Do–Sa Livemusik (von Jazz bis Steel Pan Music). Mo–Mi 9–18, Do–Sa 9–22 Uhr, So geschlossen.*

Marina Bar & Restaurant (2), *The Careenage, ☏ 436-9753, www.marina-restaurant.com. Das Restaurant direkt am Hafen liegt im 1. Stock des Bridge House. Neben einem schönen Blick wird hier die Zubereitung von Fisch und Meeresfrüchten in der offenen Küche geboten. Tgl. 8–22 Uhr, Mi und Fr Livemusik, Mo ist Karaoke-Abend.*

The Boatyard (3), *Bay St., ☎ 436-2622, www.theboatyard.com. Farbenfrohe Beachbar mit Restaurant. Gute Fischgerichte und entspanntes Ambiente mit Fackeln direkt am Strand. Tolle Location für den Sundowner am wunderschönen Strand der Carlisle Bay. Tgl. 9–22 Uhr.*

Lobster Alive (4), *Wesley House, Bay St., ☎ 435-0305, www.lobsteralive.net. Hier drehen sich alle Gerichte rund um frischen Hummer – und das in bester Strandlage und mit Livemusik (Jazz). Mo–Sa 12–16 und 18–21, So 12–16 Uhr.*

Copacabana Beach Bar & Grill (5), *Bay St., ☎ 622-1910, http://copacabanabb.com. Unkomplizierte Strandbar in toller Lage und lockerer Atmosphäre. Mo–Do 10–18, Fr–So 10–24 Uhr.*

Harbour Lights (6), *Marina Villa, Bay St., ☎ 436-7225, www.harbourlightsbarbados.com. Beliebter Nachtclub mit Dinner-Shows Mo und Mi. Hier gibt's tolle Tanzeinlagen zu den Beats von lokalen Bands.*

Coffee Barbados Café (7), *Bush Hill, direkt am George Washington House, ☎ 249-7613. Nettes Café mit Gartenblick und dem nach eigenen Angaben besten Kaffee der Insel. Leckeres Frühstück mit Omelette und Früchten, Kleinigkeiten zum Mittagessen, Kuchen. Mo–Fr 7.30–16, Sa/So 8–14 Uhr.*

Brown Sugar (8), *Aquatic Gap, Ecke Bay St., ☎ 426-7684, http://brownsugarbarbados.net. Gute karibische Küche, familienfreundlich, in einem traditionellen Bajan-Holzhaus mit Patio, der mit vielen Pflanzen dekoriert ist. Die Einheimischen kommen gerne für Geschäftsessen zum Lunch hierher, wenn es das All-you-can-eat-Buffet mit 30 lokalen Gerichten (Bajan-Buffet) gibt. Abends gibt es ein A-la-Carte-Menü mit Flying Fish, Coconut Shrimps, Mahi-Mahi-Fisch, Lamm-Curry, Rinderfilet oder Hühnchen mit scharfer Soße. Als Dessert ist der warme Papaya Pie zu empfehlen (Paw-Paw) oder der Rum-Pudding mit Rum-Soße (Inselspezialität). Ein Hauptgericht kostet rund 28 BB-$. So–Fr 12–14.30, tgl. 18–21.30 Uhr, am Samstag gibt es keinen Lunch, im Oktober kein Dinner.*

Die Südküste: zwischen Needham's Point und South Point

Von Needham's Point, dem westlichsten Punkt der Südküste, gelangt man, wenn man rechts auf den Highway abbiegt und die Garrison Savannah mit den historischen Gebäuden hinter sich gelassen hat, in die Außenbezirke der Hauptstadt Bridgetown. Folgt man dem Highway 7 weiter in westlicher Richtung, bieten sich rechter Hand immer wieder Möglichkeiten, zu einem der zahlreichen Strände abzubiegen. Die Zufahrten sind dabei nicht immer leicht zu finden, da sich hier, wie fast überall auf Barbados, ein Hotel an das andere reiht.

Hastings

Hastings ist ein kleiner Ort in der Gemeinde Christ Church, der direkt an das historische Zentrum von Bridgetown grenzt und sich durch seine schönen Strände und Buchten mit einigen Hotels auszeichnet. Der **Richard Haynes Boardwalk** ist

Unterkunft

7 Coconut Court Beach Hotel
8 Margate Gardens
9 Healthy Horizons
10 Pirates Inn
11 Accra Beach Hotel and Spa
12 Blue Orchids Beach Hotel
13 Worthing Court Apartment Hotel
14 Cleverdale Guesthouse
15 South Gap Hotel
16 Divi Southwinds Beach Resort
17 Bouganvillea Beach Resort
18 Bed & Breakfast Barbados
19 Little Arches Hotel

Essen und Trinken

9 Shaker's
10 Champers
11 Café Sol
12 Apsara Samudra
13 Pureocean
14 Rude Boyz Jerk Kitchen
15 Oistins Bay Gardens
16 Café Luna

das jüngste Bauwerk (2012) und das Herzstück von Hastings. An und auf der Strandpromenade treffen sich die Leute von Sonnenauf- bis Sonnenuntergang, um zu walken, zu joggen, sich beim Spazierengehen zu unterhalten, um am Pavillon Musik oder Yoga zu machen oder in einer der Bars und Restaurants zu Mittag zu essen oder den Abend zu verbringen.

Die Südküste

© igraphic

Aquatic Center
National Sports Center
Elizabeth Park
ABC
Regency Park
Sheraton Park
Bartletts
Sargeants
Grantley Adams,
Concord Experience
CHRIST CHURCH
Errol Barrow Highway
ABC
Tom Adams Highway
Rendezvous
Graeme Hall
Nature
Sanctuary
Maxwell Hill
Kendal Hill
Graeme Hall Rd.
Graeme Hall
Swamp
Maxwell Hill Road
Maxwell
Montrose
St. Dominic's Church
Maxwell Top Road
St. Lawrence
Cane Hill
14
H7
Maxwell Coast Road
Cane Vale
St. Lawrence
Church
11
16
Dover
12
15
St. Lawrence Gap
14
Welches
Chattel House
Village
13
Dover Rd.
St. Lawrence
Beach
Turtle Beach
Maxwell Coast Rd.
17
18
H7
15
16
19
Maxwell Beach
Golden Sands Beach
Oistins
Dover Beach
Oistins Bay

Rockley Beach

Das Zentrum von Rockley bildet das Accra-Hotel und das kleine Quayside Shopping Center, in dem man alles Notwendige für den täglichen Bedarf findet. Der Rockley Beach (oder auch Accra Beach genannt) weist eine belebte Atmosphäre auf. Die beliebte Badebucht war einst der Strand des Bischofs, heute liegt in der Luft der Duft von Sonnencremes und Schnellimbiss-Restaurants. Trotzdem ist der Strand nicht überfüllt.

Der Richard Haynes Boardwalk in Hastings

Auf der Weiterfahrt Richtung Oistins kommt man nun in das touristisch am besten erschlossene Gebiet der Insel. Vom Highway 7 bringt einen die Abzweigung zur **Dover Road** zum **St. Lawrence Gap**, die für ihre Restaurants und Bars bekannte Amüsiermeile, sowie zum Dover Beach, der in den Küstenstreifen von St. Lawrence übergeht. Zurück auf der Hauptstraße geht es etwas später in die **Maxwell Coast Road** ab, die zum Maxwell Beach mit seinen Dutzenden von Hotels, Pensionen und Restaurants führt. Der Strand ist hier breiter als weiter westlich, die Dünung oft höher und insgesamt geht es etwas ruhiger zu.

St. Lawrence Gap

Ob man nun St. Lawrence Beach und Rockley Beach als die „**Riviera von Barbados**" bezeichnen will oder nicht: Fest steht, dass die von Kasuarinen gesäumten Strände einen Vergleich nicht scheuen müssen, ebenso wenig wie die touristische Infrastruktur. Die weißen Sandflächen sind gut besucht, jedoch niemals gedrängt voll, und zwischen den hoteleigenen Liegestühlen bleibt immer reichlich Platz. Jugendliche spielen Volleyball oder machen selbst Musik, Kinder bauen Sandburgen und Verkäufer versuchen, ihre Ware (meist Textilien und Souvenirs) an die Kunden zu bringen.

Strandidylle

Abends gehört der Strand den Romantikern, die beim fantastischen Farbenspiel des Sonnenuntergangs träumen können. Dahinter reihen sich die Hotels wie Perlen an der schmalen Küstenstraße. Einige sind architektonisch sehr gelungen, andere eher langweilig (aber selten störend), und immer finden sich in den tropischen Gartenanlagen der Hotels einige Palmen, die die Dächer überragen. Dementsprechend ist auch das Angebot an **Restaurants**, Schnellimbissen und Kneipen breit gefächert, und selbst bei einem längeren Urlaub fällt es nicht schwer, jeden Abend woanders zu speisen.

Graeme Hall Nature Sanctuary

Das letzte noch existierende Sumpfgebiet auf Barbados kann leider nur noch von Weitem besichtigt werden, da der Park geschlossen wurde. Das Café ist aber noch geöffnet und bietet Aussicht auf eine grüne Oase mit See, man kann Fische füttern und Vögel beobachten.

Sanctuary Café, *Worthing (Christ Church), kurz vor der Verbindungsstraße zum Errol Barrow Highway Richtung Westküste, ☏ 435-9727, www.graemehall.com. Di–Sa 9–17 Uhr, manchmal geschlossene Gesellschaften.*

Oistins

Der nächste Ort ist das zentrale Fischerdorf **Oistins**, dem man seine historische Bedeutung nicht mehr ansieht: Hier gingen Truppen Oliver Cromwells an Land und zwangen die königstreuen Barbadians zur Kapitulation. Im heute nicht mehr existierenden „Ye Mermaid's Inn" mussten sie 1652 die „Charta von Barbados" unterzeichnen, die sie zu unbedingtem Gehorsam gegenüber dem Londoner Parlament verpflichtete.

Kapitulation

Fischerboote vor Oistins

Besucher des Ortes können mit etwas Glück den Stapellauf eines neu gebauten Holzbootes miterleben. Oft sieht man auch heimkehrende Fischer mit einem besonders prächtigen Fang, der anschließend auf den großen und viel besuchten **Fischmarkt** von Oistins wandert. Probieren sollte man den Fisch am Freitagabend, wenn sich das Fischerdorf ins liebste Ausgehziel der Einheimischen verwandelt. Gut und – im Vergleich zum teuren Restaurant-Essen – günstig ist eigentlich unbesehen der „Catch of the day", der bei dem einen oder anderen Fischer aus der Inselspezialität „Fliegender Fisch" besteht. Wenn alle Bänke für den Verzehr belegt sind, findet sich zumeist am weißen Sandstrand hinter den bunten Buden noch ein Plätzchen.

Fliegende Fische

info

Der vierflügelige Typ des Flying Fish (wissenschaftlich: Atlantischer Kinnbartel-Flugfisch oder Cypselurus heterurus) stammt aus der Klasse der Knochenfische und besitzt vergrößerte Flossen, die sich zu „Tragflächen" entwickelt haben. Trotz der Länge der zurückgelegten Strecken ist die Bezeichnung „fliegender Fisch" eigentlich falsch, da er nicht wie ein Vogel mit seinen Schwingen schlägt. Es ist vielmehr ein Gleitflug, der bei günstigen Windverhältnissen **bis zu 90 m** betragen und zehn Sekunden dauern kann.

Der Fisch jagt, durch schnelle Schläge der unteren verlängerten Schwanzflossen unterstützt, **mit großer Geschwindigkeit** durchs Wasser, durchbricht dann die Wasseroberfläche und schwebt über der See dahin. Sein häufiges Vorkommen in den Gewässern von Barbados hat ihn zu einer Art nationalem Symbol werden lassen, dem man nicht nur auf den Speisekarten der Restaurants begegnet, sondern auch vielgestaltig als Logo oder zu Werbezwecken.

Dünenlandschaft an der Südostküste (Silver Sands)

South Point

Von Oistins aus bietet sich ein Abstecher zum South Point an. Das Kap ganz im Süden ist am Leuchtturm zu erkennen, der am Ende einer Sackgasse oberhalb eines kleinen Villengebietes liegt. Zum Westen hin gelangt man über die Enterprise Road zum offiziell gleichnamigen Strand, der aber unter dem Namen **Miami Beach** bekannt ist. Und für den man – als gäbe es nicht genug natürliche Strände auf der Insel – die Klippen weggesprengt hat! In Oistins an der **Cotton House Bay** kommt man wieder auf den Highway 7.

Barbados Concord Experience

Ein weiterer Abstecher von Oistins führt zum nahegelegenen Flughafen. Wenn man auf dem **Grantley Adams International Airport** zum ersten Mal den Landesboden betritt, hat man vielleicht schon ein gutes Stück seines Urlaubszieles aus der Luft gesehen: Meist fliegen die Piloten von Süden auf die Küste zu und daran entlang, wobei linker Hand die weißen Strände zwischen Silver Sands und der Carlisle Bay mit ihrer fast ununterbrochenen Reihe von Hotels zu erkennen sind.

Herausragende Persönlichkeit

Der moderne Flughafen trägt seinen Namen nach Sir Grantley Adams, jener herausragenden Persönlichkeit, die vor der Unabhängigkeit das politische Leben bestimmte und die Partei „Barbados Progressive League" führte. Sein Sohn Tom Adams wurde übrigens 1976 Staatschef und hatte dieses Amt bis zu seinem Tod im Jahre 1985 inne.

Neben dem Flughafen befindet sich die **Barbados Concorde Experience**, ein Gelände mit einem 2.600 m² großen Hangar, in dem eine Concorde-Maschine der British Airways seit 2007 von einer Plattform aus besichtigt werden kann. Die

Maschine überflog im November 2003 als letztes Flugzeug den Atlantik in weniger als vier Stunden. Multimedia-Shows, ein Flugsimulator und eine virtuelle Flugschule vermitteln Live-Erlebnisse eines Concorde-Fluges. Allerdings ist der Eintritt etwas überteuert. **Barbados Concorde Experience**, *☏ 420-7738, www.barbadosconcorde.com. Tgl. 9–18 Uhr, 20 BB-$.*

Routenhinweis

Vom Flughafen führt der **Tom Adams Highway** über den Henry-Ford-Kreisverkehr wieder zum Highway 7, der küstennah zur Hauptstadt führt. Wer zum Strand möchte oder zur Unterkunft an die südlichste Inselspitze fahren muss, nimmt noch vor dem Kreisverkehr ab **Pilgrim Place** eine der kleinen Landstraßen in Richtung Süden. So gelangt man zu den Badestränden rund um den South Point mit den Namen Woman's Bay, Little Bay, Bottom Bay, Long Bay und Silver Sands Beach.

Wer vom Flughafen aus schnell zurück nach Bridgetown möchte, nimmt den Tom Adams Highway (ABC). Dabei passiert man auf dem Highway in Sichtweite die burgähnliche Gemeindekirche **Christ Church**, die dem Verwaltungsbezirk den Namen gibt. Sollte man in einheimischer Begleitung sein, wird einem sicher eine der mysteriösen Geschichten erzählt, die sich um diese Kirche ranken. Vor allem die Gruft Chase Vault (Mystery Vault) auf dem Friedhof war und ist Gegenstand schauriger Legenden über wandernde Särge und andere übernatürliche Erscheinungen, die sogar wissenschaftlich untersucht werden.

Reisepraktische Informationen Südküste

Unterkunft

siehe Karte S. 148/149

Pirates Inn $–$$ **(10)**, *Browne's Gap, Christ Church, ☏ 426-6273, www.piratesinnbarbados.com. 22 freundliche, einfache Zimmer mit WLAN, einige mit Küchenzeile, Klimaanlage mit Aufpreis. Kleiner Pool vorhanden. Rockley Beach, Restaurants und ein kleiner Supermarkt können zu Fuß erreicht werden.*

Worthing Court Apartment Hotel $–$$ **(13)**, *Worthing Main Rd., ☏ 434-8400, www.worthingcourt.com. 5 Minuten zu Fuß vom Worthing Beach entfernt liegen die hellen Studios und Apartments mit Gartenblick in einer gepflegten Anlage mit Pool, Restaurant und Bar; kostenfreies WLAN, Kabel-TV, Küchenzeile, Sitzbereich; kostenfreie Parkplätze.*

Cleverdale Guesthouse $$ **(14)**, *4th Avenue, Worthing, ☏ 428-3172, www.barbados-rentals.com/Barbados_strandhaus.htm oder über www.airbnb.de. Das Gästehaus unter deutscher Leitung liegt ca. 150 m vom Strand und dem Sandy Beach Hotel entfernt und verfügt über 5 Schlafzimmer, einen Frühstücksraum, eine Gemeinschaftsküche und 2 Badezimmer. Alle Schlafzimmer sind einfach eingerichtet, haben einen Ventilator, Insektenschutz an den Fenstern und teilweise ein Waschbecken.*

South Gap Hotel $$ **(15)**, *St. Lawrence Gap, ☏ 420-6431, www.southgapbarbados.com. Direkt am Meer und 100 m zum Dover Beach und trotzdem mitten im St.-Lawrence-Gap-Viertel; Pool mit Liegen; die Zimmer sind zweckmäßig gestaltet, mit Terrasse oder Balkon; AC, Kabel-TV, Telefon, Bad, Küchenzeile.*

Margate Gardens $$$ (8), *Hastings Main Rd., ☏ 622-1836, www.margatebarbados.com. Apartments auf 2 Etagen mit 3 Schlafzimmern für bis zu 6 Personen in einer idyllischen Gartenanlage; auf der anderen Straßenseite liegt der Strand mit seinem Boardwalk, der sich von Rockley Beach bis zum Coconut Court Beach Hotel erstreckt; kostenfreies WLAN, voll ausgestattete Küchen mit Backofen, Mikrowelle, Toaster, Kaffeemaschine, Wasserkocher etc. Kabel-TV, Musikanlage, Dockingstationen.*

Healthy Horizons $$$ (9), *nahe Rockley Beach, Hastings, ☏ 435-9195, www.uniquelybarbados.com. Die große Terrasse des Apartment-Hauses in Traumlage liegt nur von einer Hecke getrennt direkt am Boardwalk von Hastings. Von dort sind es nur ein paar Schritte an den Strand und ins Meer. 6 Studioapartments sowie 2 Apartments für Selbstversorger; mit AC, TV, WLAN, Balkon und Küchenzeile; Restaurant und Bar „Bistro Monet".*

Coconut Court Beach Hotel $$$–$$$$ (7), *☏ 427-1655, www.coconut-court.com. Am Rande des UNESCO-Weltkulturerbes, dem historischen Zentrum von Bridgetown, liegt dieses familiengeführte Hotel direkt am Strand von Hastings und in der Nähe vom South Coast Boardwalk. Alle Zimmer verfügen über einen Balkon und bieten einen traumhaften Ausblick auf den feinen Sandstrand mit Picknickplätzen, Palmen und das leuchtend blaue Meer. Elegante Zimmer mit schön eingesetzten Farbakzenten, AC, WLAN, Kabel-TV, Mikrowelle, Kühlschrank, Kaffeemaschine; Souvenirladen, Restaurant, Snack-Bar. Die Lage ist sehr gut, da nur 4 km bis zum Nachtleben von St. Lawrence Gap und 10 Minuten mit dem Auto bis zur Careenage von Bridgetown.*

Blue Orchids Beach Hotel $$$–$$$$ (12), *18 Worthing St., Worthing Beach, ☏ 435-8057, www.blueorchidsbarbados.com. Das Hotel liegt den anderen Hotels an dem Küstenabschnitt etwas vorgelagert, sodass der Garten mit Pool ein kleines Paradies ist, von dem man schöne Ausblicke auf den Strand (Wassersport) hat. Studios mit 1-, 2- und 3-Bett-Zimmern mit Garten- und Meerblick, Sitzecke, Küchenzeile mit Kühlschrank, Mikrowelle und Kaffeemaschine; AC oder Ventilator. Das private Badezimmer ist mit einem Haartrockner und Pflegeprodukten ausgestattet; Einkaufsmöglichkeiten in der Nähe.*

Bed&Breakfast Barbados $$$–$$$$$ (18), *Maxwell Coast Rd., Saint Lawrence, ☏ 833-8418, www.accommodation-barbados.com. Direkt am Traumstrand liegen die Apartments in einer Villa mit eigenem Strandbereich. In der ruhigen Maxwell Coast Road gibt es einen kleinen Supermarkt für den täglichen Bedarf. Die Apartments im Erdgeschoss und im 1. Stock sind für 4 Personen, daneben gibt es ein doppelstöckiges Apartment für 8 Personen und das Penthouse-Apartment (4 Personen). Die Küchenzeilen sind jeweils so ausgestattet, dass eine Selbstversorgung möglich ist (Toaster, Backofen, Mikrowelle, Kühlschrank etc.); WLAN ist verfügbar.*

Accra Beach Hotel and Spa $$$$ (11), *Rockley Beach, ☏ 435-8920, www.accrabeachhotel.com. Alle 224 Gästezimmer sind elegant und komfortabel eingerichtet. 47 Zimmer bieten vom Balkon über die groß angelegte Pool-Anlage mit Bar einen Blick auf Strand und Meer. 24 Luxus-Suiten liegen direkt zum Strand hin. Der Strandabschnitt mit zum Teil recht hohen Wellen ist überwacht. Fitness-Center, Restaurants im Hotel, Nightlife und Läden in Fußgehnähe.*

Divi Southwinds Beach Resort $$$$ (16), *Highway 7, St. Lawrence, ☏ 428-7181, http://www.diviresorts.com/divi-southwinds-beach-resort-babados.htm. 800 m vom Strand liegen die hell eingerichteten Suiten mit Küche, Balkon, TV, Wohnbereich mit Schlafsofa, WLAN; großer Tropengarten mit 3 Pools, Minigolfanlage, Fitnesscenter, Tennisplatz; das Restaurant Baian Breeze liegt im Resort, am Meer gibt es zudem das Restaurant The Pure Ocean und das Café Joslyn's für Kleinigkeiten zum Lunch.*

Tropische Poollandschaft direkt am Maxwell Beach: das Bougainvillea Beach Resort

Bougainvillea Beach Resort $$$$–$$$$$ (17), *Maxwell Coast Rd., St. Lawrence, ☏ 628-0990, www.bougainvilleresort.com. Das familienbetriebene Hotel liegt traumhaft schön am östlichen Ende des hellen, feinsandigen Strandes von Maxwell. Beim Frühstück im Restaurant Lanterns by the Sea, das Abends hervorragende karibische Küche anbietet, stecken die Füße quasi schon im Sand – Frühstücken im karibischen Postkartenmotiv. Im zweiten Restaurant Water's Edge werden überwiegend italienische Gerichte serviert; weitere Angebote des Hotels sind Livemusik, Fitnesscenter, Boutique, Spa. Die Swim-up-Bar und die 3 Pools wurden harmonisch in eine tropische Oase umgewandelt; die 138 farbenfrohen, hellen Studios und Suiten haben alle einen eigenen Balkon oder eine Terrasse und Pool-, Garten- oder Meerblick, Kabel-TV, Küche bzw. Küchenzeile, WLAN. Vom Conchita Point aus, wo die Trauungen abgehalten werden, bieten sich traumhafte Ausblicke auf das türkisfarbene Meer. Das Resort liegt 5 Minuten mit dem Auto zum Nachtleben von St. Lawrence Gap und Oistins, bis zur Innenstadt von Bridgetown sind es 15 Minuten. Aber auch zu Fuß kann man gut von der ruhigen Maxwell Beach Road zum Highway 7 gelangen und dort ein Stück entlang der Straße in östlicher Richtung gehen, bis man nach kurzer Zeit wieder einen Strandzugang hat und an der Bucht entlang gehen kann. Dann muss man wieder die Bucht verlassen und erreicht wenig später Oistins.*

Little Arches Hotel $$$$$ (19), *Enterprise Beach Rd., Oistins, ☏ 420-4689, www.littlearches.com. Dieses kleine Luxus-Boutique-Hotel am feinen weißen Miami Beach sticht in jeder Hinsicht aus der großen Masse von Hotels auf Barbados heraus und garantiert unvergessliche Momente. Hier stimmt alles, die Architektur, das Design, das Ambiente. Bei den Suiten, aber auch beim Pool und den Außenanlagen bleibt kein Wunsch offen. Das* **Café Luna** *auf dem Dach ist nicht nur für Hotelgäste ein Erlebnis (s. u.).*

Essen und Trinken

siehe Karte S. 148/149

Shaker's (9), *Browne's Gap, Christ Church, ☏ 228-8855, www.shakersbarbados.com/menu.html. Einheimische wie Besucher schätzen diesen sympathischen, farbenfrohen Rum Shop der gehobenen Kategorie, denn hier kann man ein Banks trinken, einen Rum Sour, eine Margarita oder wonach einem gerade so ist. Dazu gibt es gute lokale Küche. Ein Hauptgericht gibt es ab 15 $. Keine Kreditkarten, am Sonntag und Montag geschlossen; frühes Erscheinen sichert einen Platz, ansonsten reservieren.*

Champers (10), *Skeetes Hill, nahe dem Hwy. 7, Rockley, Christ Church, ☏ 434-3463, http://champersrestaurant.com. Vielfältige Gerichte. Schickes Restaurant in einem alten Bajan-Haus direkt am Meer, auf den Klippen am Ende des Accra Beach. Viele Mittags-Gäste sind Geschäftsleute aus Barbados, die gerne gegrillten Beef-Salat, Barracuda oder Fischbällchen essen. Abends werden Lamm-Gerichte serviert, der Barracuda mit Parmesan überbacken und alles mit karibischen Gewürzen ganz nach dem Geschmack der Einheimischen abgestimmt. Der Blick vom Restaurant ist fantastisch. Die Kunstwerke an den Wänden stammen alle von einheimischen Künstlern. Kinderkarte.*

Café Sol (11), *St. Lawrence Gap, Dover, Christ Church, ☏ 420-7655, www.cafesolbarbados.com. Nachos, Tacos, Burritos, Empanadas, Fajitas und Tostadas und fast alle anderen mexikanischen Spezialitäten gibt bei dem Mexican Bar and Grill am Anfang des lebhaften St. Lawrence Gap. Wer mag, kann auch Burger und Hühnchen in Barbecue-Soße essen. Es gibt Leute, die kommen nur wegen der Margaritas hierher – 15 verschiedene Fruchtvariationen gibt es und der Glasrand wird mit Bajan-Zucker anstatt mit Salz versehen. Für ein Hauptgericht zahlt man rund 20 US-$, keine Reservierung möglich, Mo kein Mittagstisch.*

Apsara Samudra (12), *Waverley House, Christ Church, ☏ 420-5453 oder 420-5454, www.apsara-samudra.com. Das Restaurant liegt in St. Lawrence Gap direkt am Wasser und bietet nicht nur authentische indische und thailändische Küche, sondern auch eine großartige Location. Es gibt einen überdachten und etwas höher gelegenen Sitzbereich und eine zum Meer hin tiefer gelegene offene Terrasse für ein Dinner unter Sternenhimmel und mit Meeresrauschen. Hauptgericht 15–48 BB-$, tgl. ab 18 Uhr.*

Pureocean (13), *Dover, Christ Church, ☏ 418-7303, 418-7300, www.diviresorts.com/divi-southwinds-dining.htm. Bajan-Küche mit internationalem Flair. Wer an der Südküste in modernem Ambiente, an einem der schönsten Strände, etwas feiner Essen gehen möchte, der geht ins Pureocean. Direkt am feinsandigen Sandstrand bietet das Restaurant des Divi Resorts eine fein abgestimmte Küche. Romantik und Karibik-Feeling garantiert. Öffnungszeiten für Frühstück: 7.30–10.30 Uhr, Lunch:11–14.30 Uhr, Imbisse: 14.30–18 Uhr, Dinner: 18–22 Uhr, Hauptgericht mit Mahi-Mahi-Fisch 58 BB-$.*

Rude Boyz Jerk Kitchen (14), *3rd Ave., Dover, Christ Church, ☏ 841-6175. Das Restaurant ist bekannt für sein großartiges Jerk Chicken (Hähnchen auf jamaikanische Art), das in eine speziell gewürzte Marinade eingelegt wird, bevor es auf den Grill kommt. Das nette farbenfrohe Restaurant liegt oberhalb des Dover Marktes inmitten des lebhaften St. Lawrence Gap. Probieren sollten Sie auch die auf Bajan-Art gewürzten Fish Cakes und die jamaikanischen Paprika-Shrimps. Hauptgericht 23–49 BB-$, Mo–Do u. Sa 17–22.30 Uhr.*

Oistins Bay Gardens (15), *☏ 434-8460. Hier kann man jeden Tag günstig Essen, aber auf jeden Fall traditionell am Freitagabend, wenn der Fish Fryday eingeläutet wird, und man an den vielen Essenständen günstige und frisch gegrillte Speisen mit vorbereiteten Salaten kaufen kann. Dazu wird jede Menge Bier und Rum getrunken und laute Musik gehört. Später am Abend trauen sich dann die Karaoke-Sänger und getanzt wird eh an jeder Ecke. Mittlerweile ist das Spektakel kein Geheimtipp mehr und stark von Touristen besucht, trotzdem immer noch ein Muss bei einem Inselbesuch und ein wunderbares Erlebnis. Tgl. 17.30–22 Uhr.*

Café Luna (16), *Little Arches Hotel, Enterprise Beach Rd., Oistins, Christ Church, ☏ 420-4689, www.littlearches.com. Das Setting ist schon einmalig! Wie auf einem*

Schiffsdeck sitzt man auf dem Dach des Little Arches Hotel und hat eine spektakuläre Aussicht über den Miami Beach und den Fischerhafen von Oistins zur Mittagszeit und erlebt eine mediterran-romantische Atmosphäre im Mondschein beim Dinner. Die Speisekarte ist international beeinflusst und verspricht Schottischen Lachs zur Perfektion gegrillt, im Ofen gegrilltes neuseeländisches Lamm, eine frische Bouillabaisse aus Meeresfrüchten und nicht zuletzt eine Hühnerbrust von einheimischen Tieren in Mangochutney. 3-Gänge-Menü; Do und Fr Sushi (Dinner), Hauptgericht ab ca. 30 BB-$, Reservierung erwünscht.

Die Westküste: von Bridgetown nach Speightstown

Die Fahrt entlang der Westküste kann zwar nicht die spektakulären Landschaftseindrücke der östlichen Seite der Insel bieten, führt jedoch durch einige hübsche Städtchen und an verschiedenen Sehenswürdigkeiten, vor allem aber an den schönsten Badebuchten der „Platin Coast“ vorbei. Nicht umsonst antworten Einheimische auf die Frage, wo man denn am besten schwimmen oder schnorcheln könne, mit „west is best“.

Die maßgebliche Straße in den Norden ist der Highway 1, den man vom Stadtgebiet Bridgetowns über den Princess Alice Highway erreicht bzw. vom Flughafen über die autobahnähnliche Umgehungsstraße, den ABC-Highway (Tom Adams Highway). Nördlich von Bridgetown reiht sich am Highway ein Hotel an das andere. Der parallel verlaufende Highway 2a führt durch kleine Dörfer in das Hinterland, das vom Zuckerrohranbau geprägt ist. Vom **Tiefseehafen** (*Deep Water Harbour*) und von der Mount Gay Rum Distillery (S. 138) gelangt man an der Küste zunächst zur **Fresh Water Bay**. Oben auf dem Hügel Cave Hill ist der Campus der 1963 eröffneten Universität zu sehen, die zusammen mit den Hochschulen von Trinidad und Jamaika die **University of the West Indies** bildet. Dort gibt es auch

Blick auf die Westküste

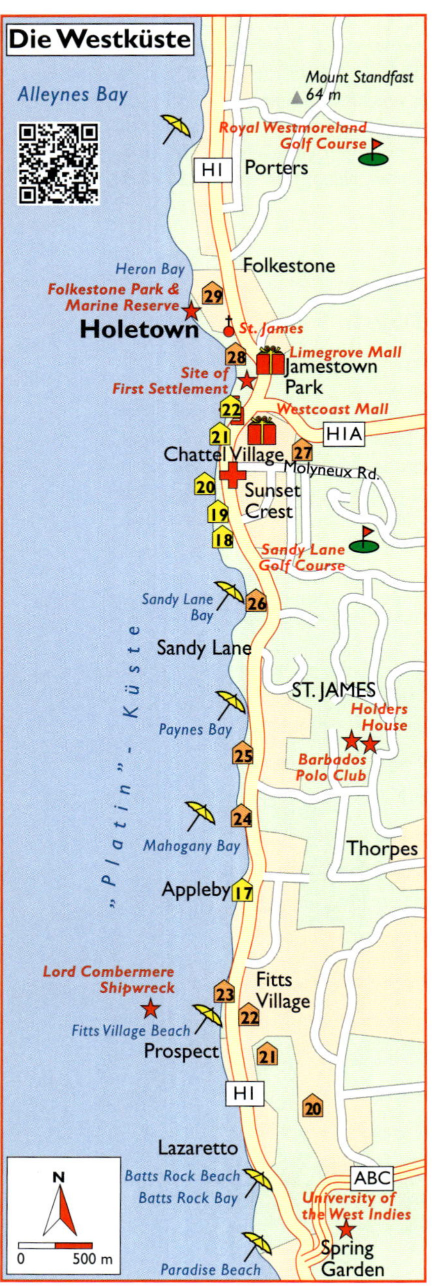

einen Park mit künstlich angelegtem Wasserfall und einem Gebäude aus dem 19. Jh., ehemals eine Krankenstation für Leprakranke, das heute u. a. das Barbados-Archiv beherbergt.

Die Straße führt bis Holetown erst am beliebten **Paradise Beach** mit der Mündung eines unterirdischen Baches vorbei, danach am schmalen Sandstrand der **Batts Rock Bay** und an der schönen **Paynes Bay** mit ihrem großen Poloplatz auf dem Holder's Hill. Und schließlich zur **Sandy Lane Bay**, die eine der besten Badebuchten der Insel aufweist und mit dem berühmten Sandy Lane Hotel samt seinen beiden 18-Loch-Golfplätzen einen Glanzpunkt der Insel-Hotellerie setzt. Von hier aus sind es entlang der Straße 15 Gehminuten nach **Holetown**.

Unterkunft

20 Best E Villas
21 Villa Marie
22 Becky's Guest House
23 Crystal Cove Hotel
24 Beach View
25 Tamarind Resort
26 Sandy Lane Hotel und Golf Club
27 All Seasons Resort
28 The Sandpiper
29 Coral Reef Club

Essen und Trinken

17 The Cliff
18 The Beach House
19 Drift Ocean Terrace Lounge
20 Zaccios
21 The Tides
22 Surfside Restaurant and Bar

Tipp: Holders House Farmers Market

Holders ist ein traditionelles Barbadian Plantation Haus aus dem 17. Jh. und von einem 20.000 m^2 großen Park umgeben. Vom Haus aus hat man eine wunderschöne Aussicht auf den großen Gartenpool, das Polo-Feld und den Atlantik. Jeden Samstag (9–14 Uhr) gibt es auf dem Gelände einen **Farmers Market** mit Obst und Gemüse, Schmuck, Kleidung, Kosemetika etc. von Künstlern, Bauern und anderen Produzenten der Insel. Zudem beherbergt das Haus ein Musikstudio und bietet die Kulisse für das **Art Festival Holders Season**.

Holders House, *Paynes Bay, St. James, von Süden kommend biegt man kurz vor der Esso-Tankstelle rechts in die Holders Hill Rd. ein, nach ca. 1 km geht links der Abzweig ab (direkt neben dem Polo Club), ☏ 844-1729 (Markt) oder 432 7338 (Festival), www.holdersseason.com und www.holdersfarmersmarket.com.*

Holetown

Kurz hinter der Sandy Lane Bay kommt man in die historisch bedeutsame Ortschaft Holetown. Hier ging am 17. Februar 1625 die erste britische Gruppe von 80 Männern und Frauen sowie zehn Sklaven an Land und gründete das damals sogenannte **Jamestown**. Nach der Ankunft wurde zum Entladen des Schiffes ein kleiner Kanal, das sogenannte „*hole*" (dt. Loch), neben der Siedlung genutzt. So wurde Jamestown als Holetown bekannt.

An diese Zeit erinnert nicht mehr allzu viel, obwohl man sich inzwischen sehr um die Restaurierung des alten Ortskerns bemüht. Immerhin sind neben Geschäften, Restaurants und einem Einkaufszentrum auch das ehemalige **Plantation Fort** (oder Fort James) aus dem 18. Jh. zu sehen, in dem sich heute die Polizeistation befindet, sowie einige Kanonen und das eine oder andere recht hübsche Haus. Ein beliebtes Fotomotiv stellt der Obelisk dar, der im Gedenken an Kapitän Powell aufgestellt wurde. Er sichtete 1625 als erster Brite Barbados, und seine begeisterte Beschreibung führte zwei Jahre später zur Siedlungsexpedition.

Die Strandpromenade von Holetown (Westküste)

Holetown ist ein kleines quirliges Städtchen mit Einkaufsmöglichkeiten, Restaurants und Hotels. Mitte Februar findet hier in Gedenken an die ersten Siedler ein einwöchiges **Festival** statt. Sonntagabends kann in der 1st Street Karaoke gesungen werden.

Die St. James' Church

Als Erstes passiert man kurz hinter dem Ortseingang von Süden kommend auf der rechten Seite eine kleine Ansammlung von Läden mit einem Café, einem Liquor-Shop und einer Eisdiele sowie einem Einkaufszentrum mit einem Duty-Free-Shop, einer Bank und einer Boutique. Auf der linken Seite, also direkt an der Küste, werden nach und nach neue Luxus-Villen gebaut. Hier beginnt das Gebiet von **Sunset Crest**, einer groß angelegten Bungalow- und Villen-Anlage, die viel von Langzeiturlaubern aus Großbritannien bewohnt wird. Biegt man rechts in die Mahoe Street ab, gelangt man über die Palm Avenue zum All Season Europa Resort mit dem indischen Restaurant Spice of Asia. Der nächste Abzweig vom Highway nach rechts führt zum Sunset Medical Center und einem großen Parkplatz. Von hier ist es zu Fuß nur noch eine kurze Strecke zum bunten **Chattel House Village** mit allerlei Souvenir-Artikeln. Dahinter verkauft die Westcoast Mall nach US-amerikanischem Vorbild vornehmlich von dort importierte Produkte. Schräg gegenüber vom Chattel House Village liegt das **Beach House Restaurant und Bar** direkt am Strand. Daneben gibt es einen öffentlichen Zugang zur Küste und man kann von hier aus zu Fuß über die Strandpromenade und die feinsandigen hellen Strände bis zum Folkstone Marine Park gehen.

Eine der größten Sehenswürdigkeiten ist die im Norden von Holetown zwischen Straße und Küste gelegene **St. James' Church**, deren Erbauung 1627 sie als die älteste der Insel ausweist. Allerdings ist von dem ehemaligen Holzbau nichts mehr erhalten, da er 1872 durch das jetzige Gotteshaus aus Korallengestein ersetzt wurde. Neben der Kirche befindet sich in einem kleinen Anbau die erste Glocke, die man 1696 aus England importierte. In sie ist die Inschrift „God Bless King William, 1696" eingraviert.

Folkstone Park & Marine Reserve

Gleich hinter der Kirchhofsmauer von St. James' Church führt ein kleiner Weg zum Parkgelände von Folkstone mit seinem schönen, von Kasuarinen gesäumten Strand mit Picknickplätzen und dem Folkstone Marine Park, der nicht nur der meeresbiologischen Forschung dient. In dem Unterwasserpark kommen auch Schnorchler auf ihre Kosten. In einem kleinen Museum wird die Welt des Meeres erklärt, in der etwas weiter draußen auch Wasserschildkröten leben. Mit etwas Glück kann man diese beim Schnorcheln beobachten. Außer von den vielfarbigen Korallenriffen, die sie auf einem Unterwasserpfad kennen lernen können,

Schnorcheln und Tauchen

sind Taucher vom Wrack des griechischen Frachters „Stavronikita“ fasziniert, der nach einem Brand im Jahre 1976 hier versenkt wurde. Es werden Touren mit dem Glasbodenboot angeboten und Schnorchel-Equipment verliehen.
Folkstone Park & Marine Reserve, *Highway 1, Church Point, Holetown, St. James, ☎ 422-2314. Der Park ist rund um die Uhr geöffnet, das Museum Mo–Fr 9–17 Uhr, Eintritt in den Park frei, 60 Cent für die Ausstellung.*

Sir Frank Hutson Sugar Museum

Im Hinterland steht auf dem Gelände der Portvale Sugar Factory (nur in der Erntezeit in Betrieb) ein altes Boiling House, eine von zwei Zuckerraffinerien auf Barbados, die noch in Betrieb sind. Das dazugehörige, etwas heruntergekommene Museum beherbergt eine kleine Sammlung von originalen Maschinen, alte Fotografien und Gegenstände, um Zucker und seine Nebenprodukte herzustellen. Während der Erntezeit von Februar bis Mai können Führungen auf dem Fabrikgelände telefonisch angefragt werden. Der Führer ist ein pensionierter Arbeiter der Zuckerfabrik.
Sir Frank Hutson Sugar Museum, *Abfahrt vom Hwy. 2A, Rock Hall, St. Thomas, ☎ 432-0100, 4 BB-$; 25 BB-$ inklusive Führung, Mo–Sa von 9–17 Uhr.*

Routenhinweis

Kurz hinter Holetown quert der Highway 1A in Richtung Osten die Insel, der Highway 1 bleibt nahe der Küste und führt entlang schöner Strände bis nach Speightstown. Namen wie **Discovery Bay**, **Alleynes Bay**, **Settler's Beach**, der sehr schöne **Mullins Beach**, **Glitter Bay** und **Godings Bay** stehen für einen ununterbrochenen Streifen herrlichen weißen Sandes, an dem sich eine ähnliche touristische Szenerie wie weiter südlich etabliert hat.

Das Sir Frank Hutson Sugar Museum

Speightstown

Hinter einem hübschen Badestrand liegt Speightstown, die nördlichste Ortschaft der Insel. Ihr Name (engl. wie „*spice*" ausgesprochen) hat natürlich nichts mit Gewürzen zu tun, sondern geht auf den Plantagenbesitzer Speights zurück, auf dessen Grund und Boden sie entstand. Früher war das Städtchen ein wichtiges, eng mit dem englischen Bristol verknüpftes **Handelszentrum**. Von hier brachen die beladenen „Zuckerschiffe" nach Europa auf. An die vergangenen Zeiten erinnern, anders als in Holetown, noch die alte Straßenführung und mehrere Häuser des 19. Jh., die die typische Architektur mit einer Holzgalerie aufweisen. Leider sind etliche Galerien durch vorbeifahrende Busse und Lkws in Mitleidenschaft gezogen worden und verbreiten eine heruntergekommene Atmosphäre. Die Straßen sind jedoch durch die vielen Obst- und Gemüsehändlerinnen mit Leben gefüllt.

Das älteste Gebäude ist **The Manse** aus dem 17. Jh., das auch als Kirche genutzt wurde, während vom ehemaligen **Fort Denmark**, der heutigen Speightstown Esplanade, kaum noch etwas erhalten ist.

Kolonialhaus

Einen Besuch lohnt das **Arlington House Museum** in einem restaurierten Kolonialhaus aus dem 18 Jh. im Zentrum des Ortes. Die Ausstellung informiert anschaulich und teilweise interaktiv über die ersten Siedler, die Sklaverei, die Plantagenwirtschaft und das Leben auf Barbados heute.
Arlington House Museum, ☏ *422-4064, Mo–Fr 9–17, Sa 9–15 Uhr, 25 BB-$.*

Bei der **St. Peter's Church** in Speightstown lohnt ein Blick auf die Geschichte: St. Peter's war eines der ersten sechs Kirchenspiele. Der erste Grundstock wurde 1629 gebaut, 36 Jahre später wurde die zweite, 1837 die dritte Kirche errichtet. St. Peter's wurde, mit Ausnahme des Glockenturms, durchgängig im georgischen Stil erbaut, wie überall hier auf der Insel.

Die St. Peter's Church

Reisepraktische Informationen Westküste

Unterkunft

siehe Karten S. 158 und in der hinteren Umschlagklappe

Villa Marie $ (21), *Lashley Rd., Fitts Village, St. James, ☏ 417-5799, www.barbados.org/villas/villamarie. Das Gästehaus ist nur 5 Minuten vom Fitts Village Beach entfernt und verfügt über 7 Zimmer mit Bad und Ventilatoren auf 2 Etagen sowie eine Gemeinschaftsküche. Im Erdgeschoss gibt es 2 große Doppelzimmer für 4 Personen und ein Standard-Doppelzimmer, eine Küche und einen Frühstücksbereich. Im ersten Stockwerk liegen 2 weitere Doppelzimmer und 2 Apartments mit Terrasse für jeweils 4 Personen.*

Becky's Guest House $–$$ (22), *Fitts Village, St. James, ☏ 424-0281, www.beckysbythesea.com. Das Gästehaus in geschmackvollem afrikanisch-karibischen Stil verfügt über 2 Zimmer für jeweils 2 Personen. Bettwäsche und Strandtücher sowie ein Safe sind im Preis inbegriffen. Von der Dachterrasse bietet sich eine tolle Aussicht auf die Küste. Eine voll ausgestattete offene Küche mit Ess- und Wohnbereich bieten alles für die Selbstversorgung. Nur wenige Meter entfernt liegt der Strand mit vielen Wassersportmöglichkeiten. Die Besitzerin Davette Reid kommt ursprünglich aus Brooklyn, New York, und hat sich vor 5 Jahren auf Barbados angesiedelt. Ihren Gästen gibt sie gerne Tipps zu den Sehenswürdigkeiten der Insel, z. B. wo man den besten Rum Shop findet oder ein gutes Restaurant.*

Best E Villas $$ (20), *Green-Ridge, Crusher Site Rd., Prospect, St. James, ☏ 425-9751, http://bestevillas.com. Die Selbstversorger-Häuser mit 2 Schlafräumen, Küche, Wohn- und Essraum sowie einem kleinen Balkon (Klimaanlage/TV) gewähren einen schönen Blick auf die Westküste. Zudem sind es nur wenige Minuten Fußweg zum Strand. Bridgetown lässt sich in zehn Autominuten erreichen, genauso wie Holetown mit Restaurants, Nachtleben, Geschäften und Banken.*

Cassandra 2 Apartments $$$ (30), *Road View, Mullins, ☏ 422-6401, www.cassandra2.com. Die beiden sauberen, einfachen Apartments nahe Speightstown haben je eine eigene Terrasse mit direktem Zugang zum Strand, an dem man gut Schnorcheln kann. Auch der Mullins Beach ist nur wenige Meter entfernt. Gut ausgestattete Küche, zudem viele Restaurants in der Nähe. Hilfsbereite Eigentümer.*

All Seasons Resort $$$–$$$$$ (27), *Palm Ave., Sunset Crest, Holetown, St. James, ☏ 432-5046, www.allseasonsresort.bb. Die verhältnismäßig günstige Unterkunft ist sowohl für Familien mit Kindern als auch für Paare geeignet, die von hier aus die Westküste erkunden wollen. Das Resort liegt mitten in der Bungalow-Anlage von Sunset Crest und passt sich mit seinen Doppelbungalows mit jeweils einem Schlafzimmer (mit Klimaanlage), einer Küche und Wohn- und Essbereich perfekt in seine Umgebung ein. Leicht erhöht wurden die Unterkünfte um einen Palmengarten und großen Pool gruppiert. Die Bungalows mit Gartenblick liegen in zweiter Reihe. Das Restaurant Spice of Asia bietet indische Küche. Mit einer Membership-Card (50 BB-$ Kaution) erhält man in den Läden und Restaurants von Sunset Crest Vergünstigungen und kann den Poolbereich vom Beach House direkt am Meer nutzen, der rund 10 Minuten zu Fuß entfernt liegt. Freundliches und hilfsbereites Personal.*

Tamarind Resort $$$$ (25), *Hwy. 1, Paynes Bay, St. James, ☏ 432-1332, www.tamarindbarbados.com. Das Tamarind erstreckt sich über mehr als 200 m entlang der Paynes Bay. Das Resort ist groß genug, um die Bedürfnisse von Familien und die von*

Zweisamkeit suchenden Paaren unter einen Hut zu bekommen. Wassersport ist inklusive, das Frühstücksbuffet könnte etwas liebevoller sein.

Crystal Cove Hotel $$$$$ (23), *Hwy. 1, Appleby, St. James, ☏ 432-1484, www.crystalcovehotelbarbados.com. Familienfreundliches All-inclusive-Hotel mit geräumigen Zimmern mit Pool-, Garten- und Meerblick. Die Cottages beeindrucken durch die karibische Farbgestaltung; es gibt gutes Essen, einen schönen Strand und abwechslungsreiches Dinner-Programm.*

Beach View $$$$$ (24), *Paynes Bay, St. James, ☏ 432-2300, www.beachviewbarbados.com. Familienfreundliches Hotel mit großem Pool und 1- bis 3-Bett-Zimmern und geräumigen Apartments für Selbstversorger mit ausgestatteter Küche, Klimaanlage und TV. Zudem stehen ein großer Pool mit separatem Kinderbecken, ein Café und eine Sunset Bar mit Meerblick zur Verfügung. Auf Wunsch kann ein Abendessen ins Apartment bestellt werden. Das Hotel liegt direkt an der hellsandigen Paynes Bay, Holetown ist 4 km entfernt.*

Sandy Lane Hotel und Golf Club $$$$$ (26), *Sandy Lane Bay, St. James. ☏ 444-2000, www.sandylane.com. Das Hotel der absoluten Luxusklasse, in britischem Kolonialstil gehalten, liegt direkt am feinen Sandstrand und gilt als „grande dame" der Barbados-Hotellerie. Die 112 Luxus-Zimmer bzw. -Suiten, davon einige 300 m² groß, sind mit allem ausgestattet, was man zum Wohlfühlen braucht. Swimmingpool, ein exzellentes Restaurant in perfektem Ambiente, Dinner am Strand, Bars, 18-Loch-Golfplatz, Tennis, Reitgelegenheiten, Wellness-Bereich, Kinder-Animation etc. gibt es ebenfalls vor Ort.*

The Sandpiper $$$$$ (28), *St. James, Holetown, ☏ 422-2251, www.sandpiperbarbados.com. Das Resort liegt am nördlichen Ende von Holetown an einem nahezu nur von den Hotel-Gästen genutzten, schmalen feinsandigen Strand und inmitten eines fast 30.000 m² großen tropischen Gartens. Wenn Geld keine Rolle spielt und man unter sich bleiben möchte, findet man hier sein Glück und Idylle pur. Die luxuriösesten Unterkünfte sind die Tree Top Suiten.*

Der Poolbereich für das Sunset-Crest-Gebiet liegt direkt am Meer

Coral Reef Club $$$$$ (29), *Hwy. 1, Porters, St. James, ☏ 422-2372, www.coralreefbarbados.com. Hochpreisiges Resort mit 29 Zimmern, 57 Suiten und 2 Villen. Die aus Korallenstein gebauten weißen Häuser verschwinden nahezu in einem gut 50.000 m² großen üppigen Tropengarten. Die Anlage ist der Inbegriff der klassischen Eleganz in lockerer Atmosphäre. Angesichts der Großartigkeit des Resort fällt der Strand eher bescheiden aus, denn je nach Wetterlage ist von dem schmalen Sandstreifen so gut wie nichts mehr übrig.*

Cobblers Cove $$$$$ (31), *Road View, Hwy. 1, Speightstown, St. Peter, ☏ 422-2291, www.cobblerscove.com. 40 Suiten umfasst das Hotel im englischen Landhausstil, das zu den besten kleinen Hotels der Karibik zählt, flankiert vom Meer auf der einen und einem tropischen Garten auf der anderen Seite. Jede Suite verfügt über einen komfortablen Sitzbereich mit einem Schlafsofa, eine kleine Bibliothek und weit zu öffnenden Tür zur überdachten Terrasse. Für Liebhaber von Ruhe und Idylle eine traumhafte Unterkunft. Jan./Feb. keine Kinder unter 12 Jahren.*

Little Good Harbour $$$$$ (32), *Hwy. 1, Shermans, St Lucy, ☏ 439-3000, www.littlegoodharbourbarbados.com. In der ruhigen Fischergegend von Sherman an der Six Men's Bay liegt das wunderschön renovierte Steinhaus in Chattel-Haus-Optik mit pastellfarbenen Fensterläden, genau eingepasst zwischen Highway und Meer. Wer den absolut besonderen Ort sucht, kann sich hier zurücklehnen und genießen. Alle 21 Suiten sind Selbstversorgerunterkünfte mit Wohnbereich und Außenbalkon. Infos zum Restaurant „The Fish Pot" s.u.*

Essen und Trinken

siehe Karte S. 158

The Cliff (17), *Derricks, St. James, ☏ 432-1922, www.thecliffbarbados.com. Wie der Name schon sagt, wurde das Restaurant direkt über dem Meer auf Klippen gebaut. Wenn die Abendbeleuchtung in vollem Glanz erstrahlt, hat das Etablissement etwas von einem Piratenschiff auf Angriffsfahrt. Kulinarisch fällt es vor allem durch seine kreative und innovative internationale Küche auf. Nur Abendessen.*

The Beach House (18), *Holetown, St. James, Barbados, ☏ 432-1163, www.thebeachhousebarbados.com. Direkt an der Strandpromenade, tagsüber die perfekte Location zum Beobachten der Wassersportler auf dem türkis strahlenden Wasser und abends für ein romantisches Abendessen mit tropischer Geräuschkulisse und sanft plätscherndem Meer. Geöffnet ab 11 Uhr, Lunch wird ab 12 Uhr serviert, So gibt es zwischen 12 und 15 Uhr ein traditionelles Bajan Buffet (85 BB-$).*

Drift Ocean Terrace Lounge (19), *Holetown, St. James, ☏ 432-2808, www.driftinbarbados.com. Maritim gestaltete Bar in Toplage direkt an der Strandpromenade (Boardwalk) von Holetown. Hier muss man sich nach Anbruch der Dunkelheit einen Drink bestellen, direkt an den Boardwalk mit Blick aufs Meer setzen und die Komposition aus Meeresrauschen, Hits von Rihanna und dem tropischen Naturlärm von Vögeln, Fröschen und Grillen genießen. Wem das nicht reicht, der kann die wechselnden Ausstellungen lokaler und internationaler Künstler in der Lounge anschauen.*

Zaccios (20), *Holetown, ☏ 432-0134, www.zaccios.com. Die Außenterrasse grenzt direkt an den feinen Sandstrand von Holetown. Die Tische im Fackelschein am Strand sorgen für eine schöne Atmosphäre. Gerichte mit Fisch und Meeresfrüchten, aber auch Pizza und Pasta stehen auf der Speisekarte. Mittag- und Abendessen. Ein Hauptgericht kostet 26–58 BB-$.*

The Tides (21), *Holetown, St. James, ☏ 432-8356, www.tidesbarbados.com. Wunderschön direkt am Meer gelegenes Restaurant, das zu den drei beliebtesten Lokalen auf der Insel gehört. So–Fr ist es zum Lunch und tgl. zum Dinner geöffnet. Eine gelungene Kombination aus Eleganz und karibischem Flair, gemischt mit Kunstwerken der Tides Art Gallery. Und auch wer meint, er habe schon genug guten Fisch gegessen, der sollte hier auf jeden Fall noch den Flying Fish probieren.*

Surfside Restaurant and Bar (22), *hinter der Polizeistation von Holetown, ☏ 432-2105. Die Strandbar und Restaurant in dem türkisen einfachen Holzhaus erscheint zwischen all den großen Restaurants und Hotels wie aus dem karibischen Bilderbuch hierhin versetzt, Livemusik verschiedener Bands am Freitag und Steelpan-Band jeden Sonntag von 19.30–22.30 Uhr (Programm unter www.facebook.com/surfsidebarbados). Prima Cocktails, gutes Essen (Burger, lokale Küche) mit Rauschen des Meeres im Hintergrund und immer etwas los. Happy Hour von 16.30–17.30 Uhr. Was will man mehr?*

Hinweis

Folgende Restaurants siehe Karte in der hinteren Umschlagklappe.

Mullins Beach Bar & Grill (23), *Mullins Beach, St. Peter, ☏ 422-2044. Beliebte Beach Bar, um tagsüber einen Drink, einen kleinen Snack oder Lunch zu sich zu nehmen oder später am Nachmittag auf den Sonnenuntergang zu warten. Das Essen ist gut und ein Tisch ist nicht immer leicht zu bekommen. Dann aber hat man einen tollen Blick auf den schönen Strand und das seichte Meer, das besonders Familien mit Kindern lieben. Am Sonntag verbringen die einheimischen Familien gerne den Tag hier. Liegen und Schirme kann man mieten und die kleinen Strandbuden am Strandzugang sorgen für etwas buntes Treiben. Mo–Sa 10–19, So 10–16 Uhr.*

Bombas Beach Bar (24), *Turtle Bay, St. Peter, ☏ 432-5664, www.bombasbeachbar.net. Im Norden von Mullins in der Turtle Bay liegt diese farbenfrohe, in Reggae-Farben gestrichene Beachbar mit nettem Service, vielfältiger Musik und vor allem leckeren, frisch zubereiteten Gerichten. Der Catch of the Day wird von den Fischern um die Ecke geliefert. Dazu gibt es Sonnenuntergänge und Sternenhimmel gratis. Ein kleiner Laden bietet Sarongs und Schmuck aus Tansania an.*

Platz mit Aussicht in der Mullins Beach Bar

Juma's Restaurant (25), *2 West End, Queen St., Speightstown, ☏ 432-0232, www.jumasrestaurant.com. Französische, karibische und thailändische Küche steht auf der Speisekarte des Restaurants mitten in Speightstown mit Meeresblick. Am Strand stehen für* *die Gäste Liegen, Sonnenschirme und eine Dusche zur Verfügung. Zum Lunch sind als Vorspeise die Bajan Salt Fishcakes und die verschiedenen Suppen wie Süßkartoffel und Kokossuppe (je 20 BB-$) und als Hauptgericht der Flying Fish mit handgeschnittenen Kartoffeln (35 BB-$) zu empfehlen. Die Abendspeisekarte zeichnet sich durch hervorragende Fisch- und Fleischgerichte aus. Der Catch of the Day, leicht gewürzt und mit Limonenbutter überzogen, ist immer zu empfehlen (55 BB-$). Tgl. ab 12 Uhr geöffnet.*

Fisherman's Pub (26), *Queen St., Speightstown, St. Peter, ☏ 422-2703. Wer auf der Suche nach der Seele von Barbados ist, der findet sie hier, zumindest einige echte Bajan-Seelen. Der Pub ist ein Restaurant direkt an der Waterfront von Speightstown und bietet täglich günstigen Mittagstisch vor allem für die Locals in Form eines Buffets für 20 BB-$. Es gibt in der Regel frittierten Fisch, gebackenes Hühnchen, Ziegen- oder Lammcurry, Makkaroni-Auflauf, frittierte Kochbananen, Cou-Cou (Beilage aus Maismehl und Okra) und gemischten grünen Salat. Mittwochs gibt es abends Livemusik mit Steelpan-Band oder Calypso-Musik. Dann wird getanzt!*

The Fish Pot (27), *Sherman, St. Peter, ☏ 439-2604, www.littlegoodharbourbarbados.com. Das Lokal liegt im ruhigen Fischerdorf Sherman im Norden der Westküste und zeichnet sich allein durch seine Lage aus. Das schön renovierte Steinhaus, ein ehemaliges Fort aus dem 18. Jh. mit hellgrün gestrichenen Fensterläden und Terrassengeländer passt sich harmonisch in die Landschaft ein und verströmt einen Hauch von mediterranem Flair: direkt am Meer mit leicht in den Wellen schaukelnden Fischerbooten. Das Restaurant ist auch wegen des ausgezeichneten karibischen Essens gut besucht und man sollte unbedingt einen Tisch reservieren, bevor man sich auf den Weg macht.*

Der Norden von Barbados

Zum North Point

Der nördlichste Punkt der Insel ist durch eine bizarre **Karstlandschaft** geprägt, die besonders bei stürmischer See vom Land wie auch vom Wasser aus äußerst beeindruckend ist.

Die St. Charles Marina

Nördlich von Speightstown kommt man zunächst an **Port St. Charles** mit seiner Luxus-Marina vorbei. Wer eine Villa direkt am Wasser mieten oder kaufen und zudem seine Jacht direkt vor dem Frühstückstisch vor Anker bringen will, ist hier richtig. Aber auch „normale" Touristen können die Anlage, das Meer, den Ausblick und die

Sonne beim Flanieren entlang diverser Läden genießen. Weiter die Küste entlang, auf dem Highway 1B, gelangt man zum kleinen Fischerort Six Men's an der Six Men's Bay mit schönem Strand und einigen wenigen Hotels (S. 165). Während tagsüber die Fischer beim Einholen ihres Fangs beobachtet werden können, lohnt es sich, freitag- und samstagabends beim Fish Fry dabei zu sein und sich unter die Einheimischen zu mischen.

Routenhinweis

Um weiter bis zur äußersten Nordspitze zu kommen, gibt es **zwei Möglichkeiten**.
Zum einen kann man über die schmaler werdende Küstenstraße Highway 1B (H1B) fahren: Von der Six Men's Bay geht es geradeaus zunächst an der Arawak-Zementfabrik vorbei Richtung Harrison Point, dessen Leuchtturm in einiger Entfernung zu sehen ist. Über die Stichstraße zur **Archers Bay** (lohnende, von Kasuarinen umstandene, stille Bucht) erreicht man diesen schroffen Küstenabschnitt. An der Stichstraße vorbei geht kurz darauf ein Weg nach links zum North Point und der Animal Flower Cave.
Als **Alternative** fährt man hinter der Six Men's Bay über den Highway 1C (H1C) auf die Gemeindekirche des Distrikts/Parish **St. Lucy** zu. Nach zwei Kreisverkehren geht es über Flatfield zum **North Point**. Auf beiden Wegen durch die zum Teil karge, verkarstete Landschaft des Nordens sieht man im Distrikt St. Lucy – aber auch an anderen Stellen auf der Insel – die kleinen sogenannten Chattel Houses, die als Besonderheit der Bajan-Architektur gelten.

Die felsige Nordküste

Animal Flower Cave

Schroffe Klippen und tiefe Höhlengänge prägen die nördliche Küstenlandschaft. Die sehenswerte **Animal Flower Cave**, 1750 entdeckt, ermöglicht nicht nur Tauchern den Blick auf Meereshöhe durch Höhlenöffnungen auf das tosende Meer. Sie ist die einzige zugängliche Meereshöhle. Den Namen „Tierblumengrotte" verdankt die Höhle den vielen Seeanemonen (= Blumentiere), die hier in Fels- und Höhlenteichen sowie an den Grottenwänden wuchsen – heute nicht mehr ganz so zahlreich. Die Höhle entstand durch die starke Brandung des Meeres. Die Korallenschichten der Grotte sind 126.000–500.000 Jahre alt. Durch den porösen Kalkboden sickerndes Regenwasser schuf hingegen Tropfsteinformationen, die der Höhle ein amphibisches, surreales Aussehen geben. Von windgeschützten Bänken aus kann man das tosende Meer beobachten. Auch das dazugehörige **Restaurant** bietet von der Terrasse einen schönen Blick auf das Meer.

Animal Flower Cave, ☏ *439-8797, www.animalflowercave.com. Eingang über eine schmale, steile Treppe. Man sollte gutes Schuhwerk tragen, das auch nass werden kann, wer mag kann auch in einem Höhlenpool schwimmen. Bei schlechtem Wetter ist manchmal geschlossen. Mo–Sa 9–16.30 Uhr, Tour 10 US-$.*

 Tipp

Besonders schön ist es, mit einer nicht zu großen Gruppe in die Animal Flower Cave hinabzusteigen. Selbstfahrer sollten deshalb eine Tour hierher besser für den Nachmittag planen, da vormittags vor allem in der Hochsaison immer öfter organisierte Gruppen die Höhlen besuchen.

Blick von der Höhle auf den Northern Point

Chattel Houses

info

Auf Barbados wurden in der Vergangenheit nicht nur elegante Plantagenhäuser gebaut, sondern auch kleine, billige und vor allem mobile Häuser. Diese Chattel Houses, die man mittels Wagen oder Esel von einem Ort zum nächsten transportieren konnte, entstanden in der Zeit der Sklavenbefreiung, als die Plantagenbesitzer den Arbeitern zwar gestatteten, auf ihrem Grund eine Bleibe zu bauen, sie aber auch von einem Tag auf den anderen entlassen konnten. So hatten die Sklaven die Möglichkeit, ihre Häuser auf der Suche nach Arbeit komplett auseinanderzubauen und mitzunehmen.

Besonders schön ausgestaltete Hütten stammen aus der Zeit, als viele Bajans am Bau des Panamakanals beteiligt und zu bescheidenem Wohlstand gekommen waren. Die häufig hübsch angemalten und mit Treppen und Zäunen ausgestatteten Häuschen, früher typisch für die untere Mittelschicht, sind heute der Besitz stolzer und um ihren Erhalt besorgter Eigentümer. Selbst wer heute zu Geld gekommen ist und sich ein modernes Haus aus Beton leisten kann, versucht zumeist, das alte, rechteckige, ebenerdige und mit vielen Fenster- und Türöffnungen zur Regulierung der Temperatur versehene Holzhaus zu erhalten. Heute stehen zahlreiche Chattel Houses unter Denkmalschutz.

Chattel-Häuser am Highway 1

In St. Lucy muss man in Moon Town anhalten und ein kühles Bier trinken

Weiter entlang der Küste

Eindrucksvolle Landschaft

Wer mehr von der rauen Küstenlandschaft des Nordens sehen möchte, fährt vom North Point weiter auf dem Highway 1C. Gut einen Kilometer südöstlich geht es beim Abzweig nach links zur ruhigen und eindrucksvollen **River Bay** – es lohnt sich! Der von Felsen eingerahmte Strand und die Picknick-Bänke laden zu einer längeren Pause ein. Weiter südlich ist der weiße, bizarr emporragende **Pico Teneriffe** (80 m) an der **Cove Bay** ein landschaftlicher Höhepunkt im Norden der Insel. Der hier ansonsten äußerst flache, landwirtschaftlich genutzte und – im Vergleich zum Süden – bei weitem noch nicht so zersiedelte Inselteil bietet an der Küste überraschende Formationen. Einen guten Blick auf die Bucht hat man vom Kap **Paul's Point** aus. Bei Niedrigwasser kann man vor einer landschaftlich beeindruckenden Kulisse in Tidepools baden, wovon im offenen Atlantik wegen der starken Strömungen jedoch dringend abgeraten wird.

Von Speightstown zur Ostküste über St. Nicholas Abbey

Während der Abstecher zum North Point und zu den nordöstlichen Buchten immer noch vor allem von Selbstfahrern unternommen wird, gehört die Strecke auf dem Highway 1 hinter Speightstown zur üblichen Route einer Inselrundfahrt. Von dort durchquert er die Insel in östlicher Richtung und vereinigt sich bei Portland mit dem Highway 2. Dabei durchschneidet die Strecke den Scotland District, der seinen landschaftlichen Reiz dem zerklüfteten, ca. 200 m hohen und recht abrupt abfallenden Kalkplateau verdankt.

Routenhinweis

Für den Weg zur Ostküste bieten sich **zwei Möglichkeiten** an:
Variante A: Farley Hill National Park – Barbados Wildlife Reserve. Diese Strecke verläuft im Wesentlichen auf dem Highway 2 in Richtung Bathsheba, von dem kurze Stichstraßen zu den einzelnen Sehenswürdigkeiten führen.
Variante B (unser Tipp): St. Nicholas Abbey – Cherry Tree Hill. Diese Strecke verläuft auf schmalen asphaltierten Wegen etwas weiter nördlich. Sie ist landschaftlich reizvoller, bietet einen tollen Ausblick auf die Ostküste und einige kulturelle Sehenswürdigkeiten.

Über den Farley Hill National Park und Barbados Wildlife Resort

Farley Hill National Park

Der Besuch des Farley Hill House in dem kleinen, aber schönen Farley Hill National Park eröffnet aus 260 m Höhe wunderbare Ausblicke über die ansonsten flache Insel. Dieser Ausflug lässt sich hervorragend mit einem Picknick verbinden. Das Farley Hill House, heute nur noch eine Ruine, wurde 1861 von Sir Graham Briggs – dem reichsten und mächtigsten Zuckerbaron seiner Zeit – anlässlich des Besuches von Prinz Albert erbaut. Hohen Besuch gab es auch im Jahr 1879, als die Prinzen Albert, Victor und George (später George V., König von England) im Farley Hill House residierten. Nachdem das hochherrschaftliche Anwesen eine Zeit lang geschlossen blieb und verfiel, wurde es in den 1950er-Jahren für die Dreharbeiten zu dem Film „Island in the Sun" mit Harry Belafonte instandgesetzt. 1965 brannte der Bau bis auf die Grundmauern nieder und ist heute im Besitz der Regierung, die unentschlossen scheint, ob ein neuerlicher Aufbau die Mühe lohnt. Schließlich genießen auch so die Besucher und besonders gerne auch junge Hochzeitspaare für ihre Erinnerungsfotos die eindrucksvollen Ruinen, den Park mit seinen Königspalmen, den schönen Panoramablick vom Hügelpavillon und das Mahagoniwäldchen, das für alte Plantagenhäuser typisch ist.

Farley Hill National Park, *www.barbados.org/fhill.htm. Tgl. 8.30–17.30 Uhr, 4 BB-$.*

Die Ruinen des Farley Hill House

Barbados Wildlife Reserve

Nächste Station ist das in den 1980er-Jahren von einem Frankokanadier aufgebauten Wildgehege, der hier für Green Monkeys und andere Arten eine natürliche Lebensumgebung

Fütterungszeit im Barbados Wildlife Resort

schuf, sie allerdings auch züchtete und an Zoos und, wie man mutmaßt, Labors verkaufte. Obwohl der Park auch über eine reiche Vegetation, eine große Voliere und viele andere Tiere (u. a. Rehe, Krokodile, Fischotter, Schildkröten, Hasen und Mungos) verfügt, sind die Affen mit ihrem grünlich schimmernden Fell die größte Attraktion. Besonders gut kann man sie während der Fütterungszeiten sehen (ca. 14 Uhr). Auf einem Steg geht es durch die Gehege.

Im Eintrittspreis inbegriffen ist ein Besuch der nahegelegenen **Grenade Hall Forest & Signal Station**, von wo aus man einen schönen Ausblick auf die Insel hat und einen kleinen Spaziergang durch den Wald machen kann. Auch hier leben Green Monkeys.
Barbados Wildlife Reserve, *Farley Hill, St. Peter, ☏ 422-8826, www.barbados.org/reserve.htm. Tgl. 10–17 Uhr, letzter Einlass 16 Uhr, 12 US-$.*

Vom Freigehege führt der Weg weiter durch die Ortschaften Greenland und Belleplaine und an der Gemeindekirche St. Andrew's Church vorbei bis zur Ostküste.

Über St. Nicholas Abbey und Cherry Tree Hill

Historisches Plantagenhaus

Die **St. Nicholas Abbey** ist keine kirchliche Institution, sondern eines der ältesten Plantagenhäuser in der gesamten Karibik und wurde 1650–1660 von dem Engländer Benjamin Beringer erbaut. Nach dem Verkauf im Jahre 1810 war das Anwesen mit seinen 180 ha großen Plantagen (hauptsächlich Zuckerrohr) bis 2006 im Besitz derselben englischen Familie. Heute gehört es den Architekten Larry und Anna Warren, die nicht nur das Haupthaus renoviert, sondern das Plantagenhaus auch für Besucher neu konzipiert haben. Empfangen wird man allerdings nach wie vor von der Eingangsallee mit ihren alten Mahagonibäumen, durch die hindurch man das malerische Haus mit seinen geschwungenen Giebeln und vier Eckkaminen (!) inmitten einer üppigen Vegetation erblickt.

Für Architekturbegeisterte wird es interessant sein, dass die hier angewandte Renaissance-Stilrichtung als „jakobinisch" bekannt ist und nur drei Plantagenhäuser dieses Stils erhalten sind (neben St. Nicholas die Drax Hall in Barbados und das Bacon's Castle in Virginia/USA).

Außer den Räumlichkeiten des Haupthauses und der Nebengebäude sind vor allem die exquisite Möblierung und die Innenraumgestaltung aus dem 18./19. Jh. sehenswert, aber auch die Plantage selbst und der Hof, in dem ein riesiger

Brotfruchtbaum Schatten spendet. Einen faszinierenden historischen Einblick gewährt die Vorführung eines 20-minütigen Films aus dem Jahre 1934. Dieser wurde von dem Großvater des letzten Eigentümers gedreht und zeigt die Schiffsfahrt über den Atlantik, die Ankunft in Barbados, Straßenszenen in Bridgetown und immer wieder die beschwerliche Arbeit auf den Zuckerplantagen von St. Nicholas Abbey. Hinter dem Herrenhaus befindet sich das Rum- und Zuckermuseum (einen Rum- oder Fruit Punch gibt es gratis), außerdem gibt es ein Café.

St. Nicholas Abbey, *☏ 422-5357 oder 422-8725, www.stnicholasabbey.com. So–Fr 10–15.30 Uhr, 40 BB-$.*

St. Nicholas Abbey

Nach dem Besuch von St. Nicholas fährt man hinauf zum 259 m hohen **Cherry Tree Hill**, der seinen Namen noch nach den vielen Kirschbäumen trägt, die hier einmal standen. Sie wurden 1763 durch stattliche und nicht minder schöne Mahagonibäume ersetzt. Der Cherry Tree Hill bietet einen der schönsten Aussichtspunkte auf die raue Ostküste der Insel und die gesamte atlantische Küste. Nun windet sich die Straße vom Scotland District hinab und dem Highway 2 entgegen, vorbei an Cricket-Spielfeldern und Baudenkmälern der kolonialen Epoche. Einen Stopp lohnt die **Morgan Lewis Windmill** aus dem 17. Jh., eine der letzten arbeitsfähigen Zuckerwindmühlen der Welt (*nur während der Erntesaison Dezember bis April tgl., ☏ 462-2421, www.barbadosnationaltrust.org*).

Morgan Lewis Windmill

Die Ostküste: über Bathsheba in den Süden

Eine Fahrt entlang der Ostküste ist vor allem durch die dicht am Atlantik verlaufende Straße sehr attraktiv, die Blicke auf Meer, Strand und Felsen ermöglicht. Von Norden kommend, erreicht man die Ostküste über den Highway 2 von Farley Hill aus oder über die nördliche Landstraße von Cherry Tree Hill und Morgan Lewis Mill. Hinter Greenland kommt man dann zum schön gelegenen Dorf **Belleplaine**, von wo der Highway 2, vorbei am höchsten Berg der Insel und an vielen Sehenswürdigkeiten, Barbados in südwestlicher Richtung durchquert.

Südöstlich und nahe am Wasser verläuft hingegen der ebenfalls von Belleplaine abzweigende Highway 3 (Ermy Bourne Hwy.), der auf den folgenden Kilometern herrliche Sandstrände und bizarre, eindrucksvolle Felsklötze passiert und zu Recht als **schönste Küstenstraße** von Barbados gerühmt wird.

Barclays Park

Einen ersten Stopp sollte man am Barclays Park einlegen, der mit seinen Picknickplätzen, einer guten Snackbar, die gerade renoviert wurde, und dem Sandstrand auch bei den Bajans für ein Picknick am Wochenende sehr beliebt ist. Benannt wurde er nach seinem Sponsor Barclays Bank, die jetzige First Caribbean International Bank. Sie schenkte den Park Barbados 1966 zur Unabhängigkeit. Es gibt Toilettenhäuschen, Umziehräume und natürlich einen schönen Blick auf die Küste.
Ermy Bourne Hwy., Cattlewash, St. Andrew.

Hinweis

Unbedingt die Warnschilder beachten! Man darf sich keinesfalls von wagemutigen Surfern verleiten lassen, hinaus in die Brandung des mächtig heranrollenden Atlantiks zu schwimmen. Nicht umsonst sprechen Einheimische wegen der Opfer, die die hohen Wellen und gefährlichen Unterströmungen gefordert haben, von einer „Killer Coast".

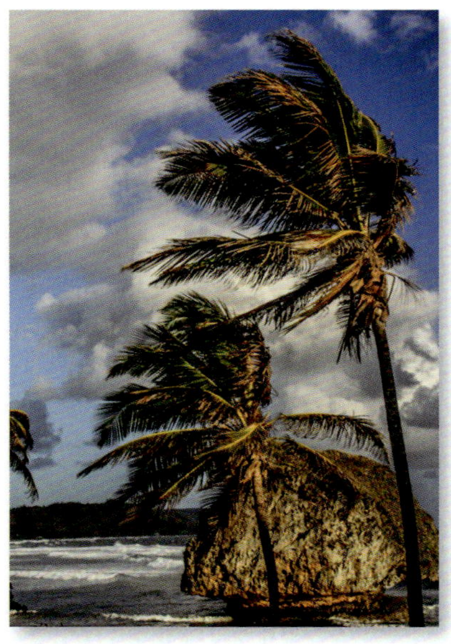

Felsen in der „Soup Bowl" von Bathsheba

Bathsheba

Zwischen dem **Chalky Mount** (S. 183) zur Rechten und dem Ozean zur Linken geht es weiter bis zur **Tent Bay** mit dem Ort Bathsheba. Die malerische Siedlung an der Atlantikküste gilt als Geheimtipp für Surfer, die in der Brandung des Atlantiks gefährliche Herausforderungen suchen. Schwimmen bzw. im Wasser liegen kann man hingegen in den vom Atlantik geschaffenen Vertiefungen im Gestein, den sogenannten Tidepools. Den Bewohnern bietet der Ort inmitten der grandiosen Landschaft ein beschaulich-ruhiges Leben mit einigen Fischerbooten, Wochenendhäuschen, B&Bs, Bars und dem **Hotel Atlantis**, in dem man unmittelbar am Atlantik gut zu Mittag essen kann (S. 180).

Am südlichen Ortsausgang liegt ein Parkplatz hoch auf den Klippen (**Hillcrest**), wo häufig Bajans mit Schmuck und Kokosnüssen auf Kundschaft warten. Hier hat man den wohl schönsten Panoramablick auf die Strände mit den mächtigen Steinblöcken, die wie von urzeitlichen Riesen hinterlassene Würfel aussehen. Im Inland, einige Kilometer von der Küste entfernt, rundet das steile, gut 170 m hohe **Hackleton's Cliff** die wilde Szenerie ab. Von hier aus gelangt man auf der Küstenstraße in wenigen Minuten zu den Andromeda-Gärten, von denen sich wieder ein hübscher Blick auf die Küste und Bathsheba ergibt.

Andromeda Botanic Gardens

Die Andromeda-Gärten stellen das Lebenswerk von **Iris Bannochie** dar, die von 1954 bis zu ihrem Tod 1988 das Land, das ihrer Familie schon seit über 200 Jahren gehörte, in den vielleicht prächtigsten Garten der Karibik verwandelte. Frau Bannochie, die sich all ihre Kenntnisse über Botanik und Landschaftsgestaltung selbst aneignete, war eine der herausragenden Persönlichkeiten des Inselstaates, die viele wichtige Kontakte knüpfte und ihre Parkanlage gegen alle Widerstände kreierte. Durch ihre Reisen sowie auf dem Wege des Austausches mit anderen berühmten botanischen Gärten sind Tausende von Pflanzen aus der ganzen Welt hierher gekommen, einschließlich einiger sehr seltener Arten. Ab 1964 lebte sie mit ihrem Mann in dem schönen Haus mitten im Park. Heute gehören die Andromeda-Gärten zum **Barbados National Trust**. Zu sehen sind u. a. Kohlpalmen, der Baum des Reisenden, Baumfarne, Brotfruchtbäume, Kakteen, Papyrus, Bougainvilleas und viele Oleander-, Orchideen- und Hibiskusarten, z. B. die nach Johann Wolfgang von Goethe benannte Goethea cauliflora.

Die Nationalpflanze „Pride of Barbados"

Natürlich darf auch die Zwerg-Poinciana (Caesalpinia pulcherrima) nicht fehlen, die nicht umsonst den englischen Namen „Pride of Barbados" trägt. Sie ist ein bis zu sechs Meter hochwachsender Strauch aus der Familie der Johannisbrotbäume, der mit den Flamboyants ver-

Ein Ficusbaum mit seinen Luftwurzeln, Namensgeber von Barbados

wandt ist und dessen flammend rote Blütenstände ihn zum wohl schönsten der Tropen machen. Es gibt ein kleines Café (Di–Sa Speisen, sonst nur Getränke) mit Shop.
Andromeda Botanic Gardens, *☏ 433-9384, www.andromedabarbados.com. Tgl. 9–16.30 Uhr (letzter Einlass), 30 BB-$ (mit dem Ticket kann man den Garten innerhalb von 3 Wochen beliebig oft besuchen).*

St. John's Church

Kurz hinter dem Park sollte man bei Newcastle die Küstenstraße verlassen und auf einem Weg, der noch bis 1938 als Eisenbahnstraße gedient hat, hinauf auf das Kalkplateau bis zur **Gemeindekirche St. John's Church** fahren. Aus kunsthistorischer Sicht kann der inmitten eines stimmungsvollen Friedhofes gelegene Bau nur wenig bieten, denn das alte Gotteshaus wurde durch den Hurrikan im Jahre 1831 vollständig zerstört, sodass man heute vor einem neugotischen Bau von 1836 steht. Aber die angenehme Atmosphäre im Inneren (schöner, offener Dachstuhl) und vor allem die Aussicht von den Klippen auf die grandiose Küste rechtfertigen den Besuch. Auch sollte man sich nicht entgehen lassen, die Kirche einmal zu umrunden und den interessanten Grabsteinen und Steinsarkophagen Beachtung zu schenken. In einem soll **Ferdinando Paleologus** beigesetzt sein, ein von den Türken vertriebener byzantinischer Kaiser, dessen Abstammung auf Konstantin den Großen zurückgeht und der 1678 auf Barbados starb.

Grab des byzantinischen Kaisers

Bei der nächsten Weggabelung hinter der Kirche fährt man nach links bis Coach Hill und von dort nach rechts in Richtung Sealy Hall. Dabei kommt man linker Hand an einer schönen Palmenallee vorbei, die auf das **Codrington College** zuläuft.

Codrington Theological College

Die eindrucksvolle und kulturhistorisch bedeutsame Anlage ist das Vermächtnis des Lehrers, Plantagenbesitzers, Philanthropen und Gouverneurs der Leeward Islands, **Christopher Codrington**, der hier 1716 starb und testamentarisch die Errichtung einer Hochschule auf seinem Grund und Boden verfügte. Das Hauptgebäude (mansion house) mit den 1743 ausgeführten College Buildings gilt als älteste theologische (anglikanische) Hochschule der westlichen Hemisphäre. Vor der Eröffnung der West Indies University war sie die einzige höhere Lehranstalt des Landes, aus der viele berühmte Persönlichkeiten der Antillen hervorgegangen sind. Das 1987–91 umfassend restaurierte College lohnt einen Besuch nicht nur wegen der Architektur und der Gartenanlagen, sondern auch aufgrund der Hügellage des College-Geländes mit Ausblicken auf die Ostküste der Insel. Bei

Das Codrington Theological College

klarem Wetter sieht man die gesamte Ostküste bis hinauf zur Cove Bay und dem Pico Teneriffe.

Codrington College, *Sargeant St., Conset Bay, St. John, ☏ 416-8051, www.codrington.org. Tgl. von Sonnenauf- bis untergang geöffnet, Spenden sind willkommen.*

Auch eine Fahrt zum Eastpoint mit dem weißen **Ragged Point Lighthouse** ist sehr reizvoll. Dafür biegt man hinter dem Codrington College wieder auf den Highway ab bis zur Kreuzung und fährt dort östlich weiter in Richtung Küste bis zur äußersten Ostspitze. Die kahle, windgefegte Landschaft mit den steilen Klippen, der weite Blick auf den Ozean an zwei Seiten der Insel entlang, ausgezeichnete Wandermöglichkeiten – für all das sollte man etwas Zeit mitbringen. Anschließend geht es – nun in südwestlicher Richtung – nahe am Steilufer vorbei, wo nach wenigen Minuten links das einstige Anwesen des Seeräubers Sam Lord, das **Sam Lord's Castle**, auftaucht.

Bottom Bay

Zuvor lohnt jedoch ein Abstecher vom Highway 5 zur ausgeschilderten Bottom Bay, eine der wenigen Buchten, an der kein einziges Haus steht. Die Anfahrt führt durch ein größeres Neubaugebiet, an dessen Ende man parken kann. Nach einem kurzen Fußweg ein paar Stufen hinunter entlang eines großen Felsens erreicht man den meist wenig besuchten Strand, der von zum Teil überraschend hohen Wellen überflutet wird.

Sam Lord's Castle

Es war einst kein geringerer als der Bukanier Samuel Hall Lord, der das „Schloss" 1830 im georgianischen Stil errichten ließ – einer jener staatlich unterstützten Piraten, die für ihr grausames Handeln meist noch belohnt oder geadelt wurden. Der Legende nach soll Lord die fremden Schiffe durch falsche Signalfeuer, die er in Palmen oberhalb der Klippen aufhängte, an die gefährliche Küste gelockt und zum Kentern gebracht haben. Danach ließ er die Überlebenden töten und die Beute bergen. An den Ausmaßen des Gebäudes kann man erkennen, dass dies ein einträgliches Geschäft war. Zwei Strände sind von dem Grundstück aus zu erreichen. Lange Jahre wurde das Anwesen als Hotel genutzt, jedoch 2004 geschlossen und 2010 zudem durch einen Brand verwüstet. Seitdem verfiel das Gebäude zusehends, bis Mitte 2016 wieder die Bagger anrückten: bis 2018 soll hier mit Geld aus China ein neues Luxus-Hotel mit 450 Zimmern entstehen, das Wyndham Grand Resort.

Crane Beach

Nach zwei Kilometern ist ein Halt am wunderschönen Strand von Crane mit seinem weißen bis rosafarbenen Korallensand ein Muss. Vor Palmenbäumen erstreckt sich der Crane Beach unterhalb der spektakulär auf einem Felsvorsprung errichteten Nobelherberge **The Crane**. Heute erinnert nichts mehr daran, dass sich hier einst ein Hafen befand, dessen Schiffe mittels eines Krans (engl.: *crane*) von den Klippen aus be- und entladen wurden. Stattdessen hat sich hier bereits im Jahre 1887 mit dem berühmten Resort die erste Touristenunterkunft angesiedelt. Sie ist wegen der historischen Hotelzimmer vor allem bei Hochzeitspaaren und Flitterwöchnern beliebt und wegen ihres altertümlichen Burgcharakters auch bei Besuchern ein gefragtes Fotomotiv. Durch Investitionen in einen riesigen Poolbereich, Tennisplätze, Suiten und Residential Apartments, fünf Restaurants, eine umfangreiche Spa-Anlage und in **The Crane Village** mit eigener Gastronomie, Entertainment- und Shoppingangebot, kurz: Durch die Errichtung einer kompletten Infrastruktur sollen in Zukunft vermehrt Tagesbesucher und Käufer von Ferien-Apartments angezogen werden.

Erstes Hotel der Insel

Vom Hotel führen schmale Straßen zur schönen Badebucht **Foul Bay** – nicht von dem Namen abschrecken lassen – und kurze Zeit später am Grantley Adams Airport vorbei. Hier hat man Anschluss an den Highway zur Südwestküste bzw. nach Bridgetown, biegt vor dem Henry-Ford-Kreiseverkehr in die Pilgrims Road zu den Stränden an der südlichsten Spitze ab oder nimmt die Umgehungsstraße Highway 7 Richtung Westküste.

Reisepraktische Informationen Ostküste

Unterkunft

siehe Karte in der hinteren Umschlagklappe

Rest Haven Beach Cottages $–$$ **(34)**, *Bathsheba, St. Joseph, ☏ 433-9203, http://resthavenbeachcottages.com. Die 5 einfachen Holzhütten für 2 bis 6 Personen liegen direkt im „Soup Bowl"-Gebiet, das für seine Surfwettbewerbe bekannt ist. Innerhalb der Hütten hat man das Gefühl, direkt im Atlantik zu stehen, so nah liegen sie am ewig rauschenden Meer.*

Ocean Spray Beach Apartments $–$$$ **(38)**, *Inch Marlow, Christ Church, ☏ 428-5426, http://oceansprayapartments.com. Die Studios und Apartments für 2 bis 6*

Personen mit gut ausgestatteter Küche bieten einen Blick auf Palmengarten und stürmischen Atlantik; Restaurant/Café (Produkte aus dem eigenen Obstwald), Yoga- und Surf-Kurse, Fahrradverleih. In der Nähe befindet sich ein Surf- und Kitesurf-Spot.

Sea-U! $$–$$$ (35), *Tent Bay, Bathsheba, St. Joseph, ☏ 433-9450, www.seaubarbados.com. An der landschaftlich reizvollen Ostküste liegt das kleine Hotel inmitten eines Palmengartens und oberhalb der zum Teil recht rauen Küste. Liebevoll wurde das Hauptgebäude von der deutschen Reisejournalistin Uschi Wetzels gestaltet und nach und nach im Stil eines karibischen Landhauses erweitert. Wer einmal vom großen Balkon aus den atemberaubenden Blick durch den Palmenwald auf den Atlantik genossen hat, weiß, warum Uschi Wetzels hier ihren Traumplatz gefunden hat. Wer will, kann viele Insel-Infos bekommen – und bei rechtzeitiger Buchung ein geschmackvoll eingerichtetes Zimmer mit Bad oder ein separates Haus. Dinner auf Bestellung. Gute Surfmöglichkeiten in der Nähe an der Tent Bay.*

Atlantis Hotel $$$–$$$$ (36), *Tent Bay, ☏ 433-9445, www.atlantishotelbarbados.com. Das Gebäude stammt aus dem 19. Jh., das rundum erneuerte Hotel liegt direkt an der Tent Bay und ist aufgrund der direkt am Wasser liegenden Restaurant-Terrasse und des guten Essens vor allem um die Mittagszeit sehr beliebt. Das Hotel verfügt über 8 Zimmer im Hauptgebäude und 2 Apartments neben dem Pool. Wer hier bucht, sollte unbedingt nach den Zimmern mit Balkon fragen!*

Round House Inn $$$–$$$$ (33), *Bathsheba, St. Joseph, ☏ 433-9079, www.roundhousebarbados.com. Das Inn liegt schon über 100 Jahre direkt an der rauen Ostküste im historischen Bathsheba und zieht seitdem immer wieder die Besucher in seinen Bann. Gebaut zu Beginn des 18. Jh. bietet es spektakuläre Aussicht auf den brau-*

Küstenhäuser in Bathsheba

senden Atlantik und einen Großteil der nahezu unberührten Küste mit Tidepools. Eine Minute den Hügel hinunter liegt der „Soup Bowl", einer der weltweit besten Surfspots.
Crane Beach Hotel $$$–$$$$ (37), *St. Philips, ☏ 423-6220, www.thecrane.com. Das schön gestaltete Hotel (im Historic House gibt es 18 Zimmer) liegt spektakulär oberhalb des für seinen rosa Schimmer berühmten Crane Beach. Viel von seinem Charme an diesem bezaubernden Küstenabschnitt verliert das Haupthotel durch die angrenzende große Apartment-Timeshare-Anlage, 5 Restaurants, einen umfangreichen Spa-Bereich und durch das Crane Village mit eigener Gastronomie sowie Entertainment- und Shoppingangeboten.*

Essen und Trinken

Round House Restaurant, *Bathsheba, ☏ 433-9678, www.roundhousebarbados.com. Das Restaurant des Round House Inn bietet erstklassiges Essen in familiärer Atmosphäre, dazu den atemberaubenden Blick auf den tosenden Atlantik. Nov.–April tgl. 11.30–20 Uhr (Fr nur bis 16 Uhr), Mai–Okt. nur 11–16 Uhr.*
The Atlantis, *Tent Bay, St. Joseph, ☏ 433-9445, www.atlantishotelbarbados.com. Für Besucher und Einheimische gleichermaßen ist es ein unvergessliches Erlebnis, auf dem Oberdeck des Hotels den Lunch einzunehmen angesichts der beeindruckenden Kulisse des Atlantiks. So sind die Buffets am Mittwoch und Sonntag auch besonders beliebt. Die Dinner-Karte legt den Schwerpunkt auf hochwertige und lokale Fleisch- und Fischprodukte, die zusammen mit traditionellen Beilagen zu kleinen Kunstwerken werden. So kein Dinner.*
Naniki Restaurant (28), *Lush Life Nature Reserve, Suriname, St. Joseph, ☏ 433-1300, www.lushlife.bb. Das Restaurant bietet nicht nur gute Gerichte aus der lokalen Küche, sondern auch einen wunderbaren Ausblick auf die Atlantikküste und die Hügellandschaft des Hinterlandes. Tgl. außer Mo Lunch, So mit Livemusik.*
Bay Tavern (29), *Martins Bay, St. John, ☏ 433-5118. In dem kleinen Fischerort am Atlantik scheint die Zeit stehen geblieben zu sein. Die felsige Küstenlandschaft schafft ideale Voraussetzungen für die Hummer-Fischerei. Und so ist auch in der Taverne, in der es ansonsten lokale Gerichte gibt, am Donnerstag Seafood-Tag. Direkt an der Martins Bay gelegen, toller Blick über die Bucht.*

Das Inselinnere: quer durch Barbados

Gutes Straßennetz

Das schon in frühester Kolonialzeit gut ausgebaute Straßennetz hat die wirtschaftliche Entwicklung des Landes gewiss positiv beeinflusst und ist für die Inseln der Antillen absolut untypisch. Für den Besucher bedeutet das, zwischen zwei oder mehreren Wegvarianten wählen zu können oder einfach einige Strecken mehrfach zu fahren – was angesichts geringer Entfernungen und schöner Landschaft nicht allzu schlimm ist.

Die im Folgenden aufgezählten Sehenswürdigkeiten liegen alle an oder in der Nähe der Highways 2, 3, 4, 5 und 6. Ihr Besuch kann ohne weiteres mit der Küstenroute verknüpft werden, sodass sich jeder sein individuelles Barbados-Sightseeing zusammenstellen kann.

 Tipp

Am besten kombiniert man Strecken an der Küste und im Inselinneren und/oder nutzt die Möglichkeiten, die Ausflugsziele im Inselinneren über kleine Querverbindungen miteinander zu verbinden.
Routenvorschlag: Man fährt z. B. an einem Tag von Bridgetown an der Westküste bis zum North Point und über den Highway 2 zurück.
Am zweiten Tag dann über den Highway 3/3A zur Ostküste, diese hinunter und über Highway 4 zurück.
Und am dritten Tag entlang der Südküste und über den Highway 6 zurück.

Von Bridgetown zum Chalky Mount

Auf dieser Route verlässt man Bridgetown auf der Tudor Street, die in den Highway 2 übergeht und in nördlicher Richtung verläuft. Nachdem man an der Peripherie der Hauptstadt das Nationalstadion passiert und die Umgehungs-Autobahn gekreuzt hat, sollte man die **Moravian Church** von Sharon besichtigen. Sie ist eines der wenigen Gotteshäuser des 18. Jh., das die Zeit unverändert überdauert hat. Ihren Namen hat sie von den „Mährischen Brüdern" – das waren Missionare, die als Erste den Sklaven den christlichen Glauben vermittelten.

Harrison's Cave

Die nächste Station erreicht man rechts des Highways, ziemlich genau in der Mitte der Insel. Hinter dem prosaischen Namen Harrison's Cave versteckt sich eine faszinierende unterirdische Welt mit **Wasserfällen**, **Stalaktiten**, **Stalagmiten**, **Grotten** und **Bächen**. Für 200 Jahre in Vergessenheit geraten, wurde sie erst im 20. Jh. wiederentdeckt. Seit einiger Zeit wird sie als absolutes Highlight des Inselinneren vermarktet, und der große Parkplatz verrät, wie populär dieses Ausflugsziel geworden ist. Besichtigungen sind nur innerhalb einer geführten Tour möglich, wobei die Besucher mittels Aufzügen in die Höhlen gebracht und in Elektrobussen durch die künstlich verbreiterten Höhlengänge chauffiert werden. Über der Erde wurde ein großes Visitor Center mit Restaurant angelegt. Wem das zu viel Trubel ist, dem bietet die benachbarte **Cole's Cave** von ähnlichem Aussehen, aber weniger touristisch aufbereitet, eine Alternative. Touren in diese Höhle werden in der Tagespresse angekündigt.

Beeindruckende Formationen in der Harrison's Cave

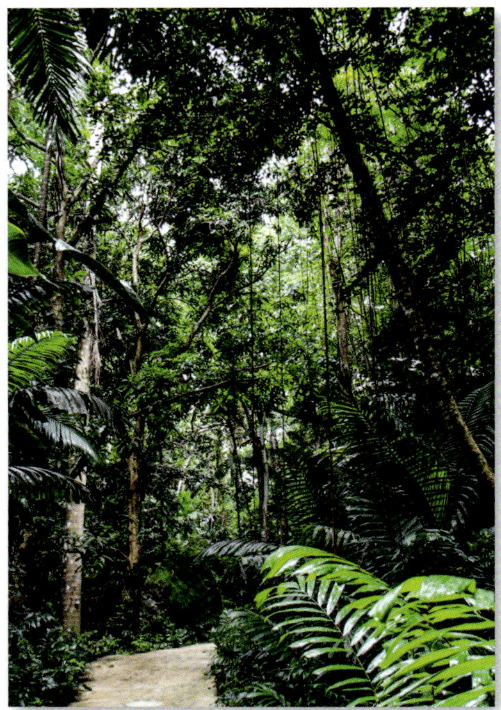
Regenwald im Welchman Hall Gully

Harrison's Cave, *St. Thomas, ☏ 417-3700, www.harrisonscave.com. Einstündige Führungen tgl. 8.45–15.45 Uhr, 30 US-$. Es werden auch längere Wandertouren angeboten, Infos auf der Homepage. Es fährt ein Bus von Bridgetown nach Chalky Mount (Route 4, Shorey Village Bus).*

Welchman Hall Gully

Die nächste Sehenswürdigkeit liegt direkt hinter Harrison's Cave auf der anderen Seite des Highways. Das von hohen Felsen gesäumte Tal wurde 1860 mit zahlreichen **Obst-** und **Gewürzbäumen** bepflanzt und in einen blühenden, tropischen Garten verwandelt. Nachdem dieser im Laufe der Jahrzehnte völlig verwilderte und eine Art Dschungel bildete, ist er inzwischen vom National Trust zu einem **Naturschutzgebiet** erklärt worden, das man auf gewundenen Pfaden durchwandern kann. Reichhaltig vertreten sind auch die Ficusbäume mit ihren **„bärtigen" Luftwurzeln**, die der Insel den Namen gegeben haben.

In den Morgenstunden werden die in der Schlucht lebenden **Green Monkeys** gefüttert. Wer dafür extra einen Besuch plant, sollte sich vorher telefonisch nach den genauen Fütterungszeiten erkundigen.
Welchman Hall Gully, *☏ 438-6671, www.barbadosnationaltrust.org, www.welchmanhallgullybarbados.com. Tgl. 9–16 Uhr, der letzte Rundgang kann um 15.30 Uhr gestartet werden. Es gibt Info-Broschüren und Mo–Fr um 10.30 Uhr eine geführte Tour, 12 US-$.*

Flower Forest

Ab Welchman Hall geht es auf einer Seitenstraße rechter Hand zum Flower Forest. Der „Blumenwald" bildet mit seiner Vielzahl an Blumen, Sträuchern, Bäumen, Blüten und Früchten eine Art Mischung aus Andromeda-Gärten und Welchman Hall Gully. Neben seiner Vegetation bietet der Flower Forest auf einem Rundgang einen schönen Blick auf den Scotland District und die raue Ostküste.
Flower Forest, *☏ 433-8152, www.flowerforestbarbados.com. Tgl. 8–16 Uhr, 12,50 US-$.*

Hunte's Garden

Nur rund 5 km von Welchman Hall entfernt liegt der zauberhafte Hunte's Garden, angelegt von dem Naturliebhaber Anthony Hunte. Auf schmalen Wegen kann man die Gartenlandschaft entdecken. Der Preis ist für das kleine Gelände allerdings recht hoch. **Hunte's Garden**, *Castle Grant, St. Joseph Parish, ☎ 433-3333, www.huntesgardensbarbados.com. Tgl. 9–16 Uhr, 15 US-$.*

Mount Hillaby und Turner's Hall Woods

Bei der Weiterfahrt von Welchman Hall auf dem H2 sieht man linker Hand den **Mount Hillaby**, mit 343 m ü. d. M. der höchste Berg der Insel. Wer die schöne Aussicht von dessen Gipfel genießen möchte, muss von Welchman Hall über Seitenstraßen zur Ortschaft Hillaby und ab da den sehr schmalen Weg bis zur Spitze hinauffahren.

Höchster Berg

Von Hillaby aus lohnt sich auch ein Abstecher zu den **Turner's Hall Woods** mit der natürlichen Erdgasquelle Boiling Spring im Norden. Das Waldgebiet mit einer Fläche von etwa 18 ha weist noch Restbestände der vorkolonialen Vegetation auf, auch sind dort wildlebende Affen gut zu beobachten.

Chalky Mount Potteries

Hinter der Vereinigung der Highways 2 und 3A empfiehlt sich vor der Küste ein letzter Abstecher, und zwar zum **Chalky Mount**. Auf dem skurrilen, 174 m hohen Bergrücken, der aus der Distanz an einen Mann mit über dem Bauch verschränkten Armen erinnert und daher auch „Napoleon" genannt wird, befindet sich in ausblickreicher Lage die kleine Siedlung The Potteries.

Der Ort ist bekannt für seine **Töpferwerkstätten**, in denen noch, wie vor vielen Generationen, mit der Drehscheibe gearbeitet wird. Gegen ein Trinkgeld lassen sich die Handwerker gerne über die Schulter schauen, und natürlich ist ein Kauf der hochwertigen Waren an Ort und Stelle möglich. Auch ein guter Ort, um eine Mittagspause einzulegen. Vom Kalkberg kann man dann über kleine Straßen zur wildromantischen Küste hinabfahren, entweder zum südlich gelegenen **Bathsheba** (S. 174) oder nördlich zum **Barclay's Park** (ebd.).

Gut für eine Pause

Von Bridgetown nach Bathsheba

Ausgangspunkt dieser Route ist der Queen's Park in Bridgetown, hinter dem am Kreisverkehr die Harmony Road in Station Hill, dann Waterford Road und schließlich in den Highway 3 übergeht. Wer diese Straße nimmt, kommt ziemlich exakt nach 20 km zu den Andromeda-Gärten an der Ostküste. Zuvor sollte man jedoch einen Abstecher zum Gun Hill machen.

Gun Hill Signal Station

Auf diesem Hügel hatten die Briten eine ihrer vielen Signalstationen angelegt. Von hier aus konnten sie die gesamte Insel und deren Küsten überblicken und bei Gefahr durch Flaggen-Kommunikation zu den Waffen rufen. Außerdem waren

Die Löwen von 1868 symbolisieren die Macht des British Empire

die Signalstationen selbst mit Kanonen ausgerüstet. Vorbei an einem mächtigen weißen Kalkstein-Löwen von 1868, der die Macht des British Empire symbolisieren sollte, kommt der Besucher auf die hoch gelegene Terrasse mit der eigentlichen Signalstation und kann einen der schönsten Panoramablicke genießen, die Barbados zu bieten hat

Gun Hill Signal Station, *www.barbadosnationaltrust.org. Mo–Sa 9–17 Uhr, 12 BB-$.*

 Tipp

Statt vom Gun Hill wieder auf den Highway 3 zurückzufahren, ist die Strecke über den Highway 3B bis zur Kreuzung bei Knights und dort nach links in Richtung Wilson Hill sehr reizvoll und führt an der historischen Villa Nova vorbei.

Villa Nova

Weiter auf dem Highway 3B liegt 1,5 km vom Gun Hill entfernt eines der letzten großen Plantagenhäuser, die geschichtsträchtige Villa Nova. Das 1834 erbaute Herrschaftshaus, das auch als Briefmarkenmotiv dient, war ein edles Luxushotel und steht nun (geschlossen) zum Verkauf. Die früheren britischen Premierminister von England Sir Anthony Eden und Sir Winston Churchill waren hier ebenso langjährige Gäste wie auch Queen Elizabeth II.

Orchid World

Etwas weiter südlich vom ehemaligen Hotel liegt der 6,5 ha große Orchideen-Garten, umgeben von Zuckerrohrplantagen mitten im landwirtschaftlichen Zentrum von Barbados. Auf dieser früheren Hühner- und Schweinefarm wachsen über 20.000 Orchideen.

Orchid World, *Highway 3B, Groves, St. Georges, ☏ 433-0306, www.barbados.org/orchid-world-barbados.htm. Tgl. 9–16 Uhr, 10 BB-$.*

Hackleton's Cliff

Sobald man den Highway 3 erreicht hat, eröffnet sich ein grandioser Blick vom **Hackleton's Cliff** hinab auf Bathsheba und die gesamte Ostküste. Entlang der gut 170 m steil abfallenden Kalksteinwand gibt es fantastische Wandermöglichkeiten. Auf dem Weg passiert man eine weitere britische Signalstation, nämlich den **Cotton Tower** (nicht zugänglich).

Zum Ufer kommt man, indem man entweder dem Highway weiter nach Bathsheba folgt oder in südöstlicher Richtung oberhalb des Kliffs zur Kirche von St. John fährt.

Von Bridgetown zum Ragged Point Lighthouse

Auch diese Route startet vom Queen's Park, von dem man über die Belmont Road zur Umgehungs-Autobahn gelangt. Vorher passiert man den **Ilaro Court**. Dieses extravagante Domizil aus dem Jahre 1919 stellt in der Tat eine angemessene Residenz für den Premierminister dar.

Weiter dem Highway 4 folgend, führt eine Stichstraße zur Drax Hall, einer ehemaligen Zuckerplantage. Die **Drax Hall** war einer der ersten Plätze auf Barbados für den Zuckerrohranbau. Ob nun Drax Hall oder St. Nicholas Abbey das älteste Plantagenhaus der Insel darstellt, scheint unklar zu sein. Beiden gemeinsam ist jedoch ihr seltener „jakobinischer" Architekturstil, eine Spielart der Renaissance. Die Drax Hall ist in Privatbesitz und nicht zu besichtigen. Auf dem weiteren Weg zur Ostküste kann man entweder zum Ragged Point an der Südostspitze oder zum Codrington College abbiegen.

Von Bridgetown zum Sunbury Plantation House

Harry Bayley Observatory

Ausgehend vom Highway 6, der in Bridgetown an der Careenage beginnt, verläuft dieser in einigem Abstand parallel zur Südküste. Stadtauswärts folgt man den Straßen Fairchild, River und Collymore Rock. Kurz vor Erreichen des Errol Barrow Highway liegt rechter Hand das 1963 erbaute **Observatorium** der Barbados Astronomical Society, bis heute die einzige Sternwarte in der Karibik. 2014 wurde sie umfassend renoviert. Freitags haben Besucher hier die Möglichkeit, durch das riesige Spiegelteleskop den südlichen Sternenhimmel zu beobachten.

Blick vom Ragged Point

Harry Bayley Observatory, *Observatory Rd., Clapham, St. Michael, ☏ 622-2000, www.hbo.bb. Fr ab ca. 20 Uhr (wenn das Wetter gut ist), 20 BB-$.*

Kurze Zeit später gelangt man zum **Aquatic Centre**, eine mit chinesischer Hilfe errichtete große Sportanlage mit Schwimmbad für internationale Wettkämpfe sowie Tennis-, Hockey- und Fußballplätzen. Weiter auf dem Errol Barrow und später Tom Adams Hwy. passiert man die Banks Brewery rechts des Highways.

Banks Brewery Visitor Centre

National-getränk

Wenige Kilometer nördlich von Oistins, direkt südlich des Tom Adams Highway, befinden sich die modernen Anlagen der Banks Brewery. In der Brauerei wird das Nationalgetränk Banks gebraut, das auch auf anderen karibischen Inseln sehr populär ist. Zudem kamen im Jahr 2002 das Legend Premium Lager und 2004 das Legends Export auf den Markt. Auf der Tour wird der Brauprozess erklärt, und ein kühles Bier gibt es natürlich auch.
Banks Breweries Ltd., *Newton, Christ Church, ☏ 271-4594, http://banksbeer.com/tour. Brauerei-Besichtigungen Mo–Fr 10, 12 und 14 Uhr, Shop geöffnet 8–16.30 Uhr.*

Wenig später verlässt man die Straße am Henry Ford Roundabout, um auf dem Highway 6 weiter zu fahren. Kurz dahinter liegt auf der linken Seite der **Plae at Ocean Park**, eine Minigolf- und Picknickanlage sowie Veranstaltungsort. Im weiteren Verlauf des Highway 6, der durch das Herz der Zuckerrohrfelder führt, lohnt vor der Kreuzung mit dem Highway 5 bei Six Cross Roads ein Stopp bei der Rumdestillerie Foursquare.

Foursquare Rum Factory and Heritage Site

Die voll computerisierte Rum-Destillerie Foursquare produziert weißen Rum und hat sich besonders auf die Herstellung von Gewürzrum spezialisiert. Sie selbst bezeichnet sich als die modernste Rum-Destillerie weltweit und wurde an der Seite der historischen Gebäude zur Zuckergewinnung gebaut. Diese sind im Heritage Park zu besichtigen – inklusive der alten Maschinen. Ergänzt wird der historische Teil durch Shops mit verschiedenen Handwerksprodukten, einem Heimatmuseum und der Foundry Art Gallery. Der Eintritt ist frei, man folgt auf dem Rundgang einfach den gelben Fußspuren auf dem Boden.
Foursquare Rum Factory, *10 Min. vom Flughafen entfernt, ca. eine halbe Meile von der Kreuzung Six Roads, St. Philip, www.rumsixtysix.com/foursquare-rum-distillery. Mo–Fr 9–17, Fr–Sa 10–19, So 12–18 Uhr.*

Sunbury Plantation House

Museum und Galerie

An der Six Cross Roads führt die Straße in nördlicher Richtung (auf die Kirche von St. Philip zu) zum Anwesen von Sunbury, das als Museum dient: Mit einer Bauzeit um 1660 ist das Plantagenhaus eines der sechs ältesten des Landes. 1981 wurde es von den heutigen Besitzern erworben und sorgfältig restauriert. Das Museum zeigt u. a. Kostüme, Alltagsgegenstände aus der „Zuckerzeit" sowie eine Sammlung von Kutschen und anderen Fahrzeugen. Daneben gibt es eine Kunstgalerie und ein Restaurant, in dem Tee, Snacks oder Mittagessen serviert werden.
Sunbury Plantation House, *St. Philips, ☏ 423-6270, http://barbadosgreathouse.com. Touren tgl. 10–17 Uhr (letzter Start um 16.30 Uhr).*

4. ST. LUCIA

Überblick

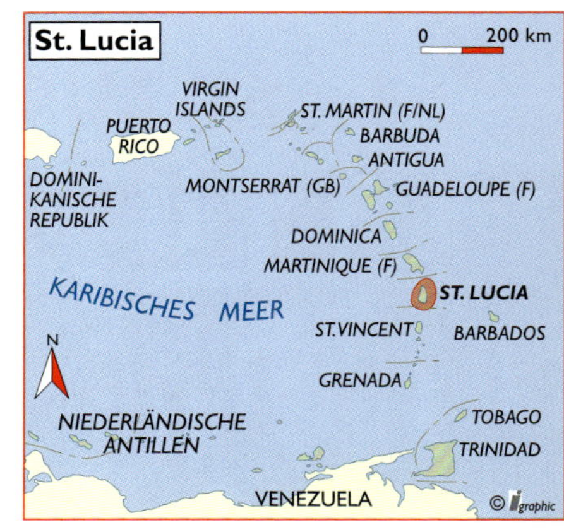

St. Lucia (ausgespr. Sänt Luh-scha) ist ein Teil des **inneren Antillenbogens** und liegt in der östlichen Karibik, 30 km südlich von Martinique und 160 km nordwestlich von Barbados. Mit rund 620 km^2 ist St. Lucia die zweitgrößte der englischsprachigen Windward Islands und hat eine längs gestreckte, kompakte Form (43 km lang und 22 km breit). Das Landschaftsprofil ist gebirgig, allerdings nicht so hoch wie etwa auf Martinique oder Dominica. Der höchste Berg ist der Mount Gimie (ausgespr. Jimmy) mit 951 m.

info

Die ersten Besucher und Einwohner der Insel

Um ca. 200 v. Chr. erreichten die ersten **Amerindians**, die vom Orinoco und von der nördlichen Küste Guineas stammten, St. Lucia. Andere Inseln der Region waren schon früher von Amerindians besucht worden und noch weiß man nicht, warum bei früheren Migrationsbewegungen ein Bogen um St. Lucia gemacht wurde. Es kann allerdings auch sein, dass eventuelle frühere Siedlungen auf St. Lucia noch ihrer Entdeckung durch Archäologen harren. Überreste von Siedlungen, die den **Arawaken** zugesprochen werden, wurden an der Ostküste in der **Grande Anse** gefunden, andere an der Westküste in der **Anse Noir** in der Nähe von Vieux Fort. Die Arawaken wurden um ca. 1450 in St. Lucia von den Kariben abgelöst. Wieso die Arawaken ab diesem Zeitpunkt keine Spuren mehr hinterlassen haben, ob sie vertrieben oder getötet wurden, ist unbekannt. Fest steht, dass die Insel bei der Ankunft der ersten Europäer zu Beginn des 16. Jh. ausschließlich von **Kariben** bevölkert wurde. Diese lebten bis ins späte 17. Jh. auf der Insel, wurden dann jedoch nach St. Vincent und nach Mittelamerika verschleppt. Heute lebt noch eine kleine Gemeinde von Kariben auf **Dominica**.

Die **Kolonialgeschichte** der Insel, die die indianischen Kariben **Hewanorra** nannten, wurde über weite Strecken von den Auseinandersetzungen zwischen Franzosen und Briten geprägt. Lange glaubte man, dass Kolumbus St. Lucia entdeckt habe, was von der neueren Forschung jedoch stark angezweifelt wird. In älterer Literatur kann man lesen, dass er am 13. Dezember 1502, dem heutigen St.-Lucia-Tag, an der Insel vorbeisegelte und ihr den Namen gab, den sie bis heute trägt. Sicher ist, dass eine europäische Besiedlung wegen des **starken Widerstandes der Ureinwohner** erst sehr zögerlich und anfangs auch nicht erfolgreich einsetzte.

Zögerliche Besiedlung

Eine von St. Kitts und den Bermudas aus versuchte **englische Kolonisierung** wurde 1638 nach zwei Jahren von den Kariben vereitelt. 1651 versuchten **Franzosen**, von Martinique aus Fuß zu fassen. Erst 1660 trat eine Beruhigung ein, als zwischen Franzosen, Briten und Kariben ein Waffenstillstand ausgehandelt wurde. Kurze Zeit später jedoch brachen die Kämpfe zwischen den Europäern erneut aus. Bis 1814, als St. Lucia im Vertrag von Paris endgültig zur **britischen Kronkolonie** erklärt wurde, war die Insel abwechselnd siebenmal in französischer und siebenmal in englischer Hand. Zu etwa 90 Prozent der gesamten Zeitspanne bis dahin gehörte die Insel allerdings zu Frankreich, was bis heute an Orts- und Familiennamen ablesbar ist. Die französisch geprägte Kultur St. Lucias wird allerdings immer mehr vom modernen amerikanischen Einfluss überdeckt.

Redaktionstipps

- Die Pitons, die Pitons und noch einmal die Pitons! Sich dem Welterbe vom Meer zu nähern ist ein beeindruckendes Erlebnis, gesteigert werden kann es noch durch eine **Wanderung auf den Gros Piton**, S. 239.
- Wer es auf den Piton geschafft hat, für den ist die Wanderung im **Des Cartiers Rainforest** ein Spaziergang. Riesige Baumfarne, satte Grüntöne, üppige Vegetation – und vielleicht sieht man einen der seltenen Papageien, S. 235 und 249.
- Ein Bad im vom Vulkan gewärmten Wasserbecken tut gut. Die Möglichkeit dazu gibt es in den **Botanical Gardens** (S. 233) oder unter den **Piton Waterfalls**, S. 235.
- Eine Fahrt zu den brodelnden, stinkenden **Soufrière Sulphur Springs** ist ein weiteres Highlight. Es heißt, der Schwefelschlamm lasse die Haut mindestens zehn Jahre jünger aussehen, S. 237.
- **Schnorcheln** im glasklaren Wasser der Marine Parks Anse Chastanet und Sugar Bay – Maske, Schnorchel und Flossen anziehen und rein ins „Aquarium", S. 231 und 236.
- **Friday Jump Up**: Jeden Freitag wird in Gros Islet und in dem kleinen Fischerdorf Anse la Raye gegessen und getrunken, getanzt und gefeiert, S. 219.
- Musikalisches und gesellschaftliches Highlight: Lokale und internationale Stars kommen im Mai zum Festival **St. Lucia Jazz & Arts** auf die Insel, S. 219.
- Vom historischen Fort Rodney selbst ist zwar nicht mehr allzu viel übrig, doch der schöne Spaziergang dorthin und der Blick über die **Rodney Bay** mit ihren hellen Sandstränden lohnen allemal, S. 222.
- Ein Besuch bei Uta Lawaetz auf der ehemaligen Zuckerplantage **Balenbouche Estate** eröffnet einen neuen Blick auf die Natur und Energie dieses bezaubernden Ortes, S. 244.

Seit 1871 dem **Verband der Windward Islands** angeschlossen, bot sich St. Lucia durch den hervorragenden Naturhafen von Castries (auf der Leeseite) eine günstige Erwerbsquelle, die die Nachbarinseln nicht kannten. Für ein halbes Jahrhundert war der Hafen eine der wichtigsten Kohlenbunkerstationen der Welt mit über 1.000 Schiffsanläufen jährlich. Als mit dem Wegfall des Kohlebunkerns eine wirtschaftliche Depression drohte, gestattete man den Amerikanern im **Zweiten Weltkrieg** die Einrichtung zweier militärischer Stützpunkte. So kam es, dass 1942 ein deutsches U-Boot Schiffe im Hafen von Castries torpedierte.

1948 wurde der **US-Stützpunkt** aufgelöst, was zum Verlust vieler Arbeitsplätze führte. Die wirtschaftlichen Folgen wurden jedoch ausgerechnet durch ein Unglück gemildert, als fast gleichzeitig die Hauptstadt Castries völlig niederbrannte und unter großem Arbeitseinsatz wieder aufgebaut werden musste. *Großbrand*

1967 bekam St. Lucia von London den Status eines assoziierten Staates verliehen, am 22. Februar 1979 folgte schließlich die völlige **Unabhängigkeit**.

Alte Militärruine im Pigeon Island National Park

Mit rund **180.000 Einwohnern** ist St. Lucia vor allem im Norden und ganz im Süden relativ dicht bevölkert. Durch die gebirgige Struktur im Inselinneren und im Südwesten steht dort nur begrenzter Siedlungsraum zur Verfügung. Etwa ein Drittel der Einwohner lebt im Großraum Castries. Vieux Fort im Süden und Soufrière im Westen stellen zwei weitere Ballungszentren dar.

Traditionell ist die wirtschaftliche Grundlage der Insel die **Landwirtschaft** und daraus folgend der Export von Bananen, Mehl und Reis. Der Bananenexport ist jedoch sehr von Natureinflüssen abhängig, Hurrikans etwa können die Bananenproduktion erheblich beeinträchtigen. Hinzu kommen politische Entwicklungen wie z. B. die Entscheidung der Europäischen Union, in zunehmendem Maße Bananen aus den USA zu importieren. Die karibische Insel setzt deshalb neben dem Export von Kokosnüssen und Kokosöl verstärkt auf den Anbau von Kakaopflanzen. Inzwischen ist auch der **Tourismus** von großer Bedeutung, der mit einem Anteil von mehr als 50 Prozent des Bruttoinlandsproduktes der größte Arbeitgeber der Insel ist. Aus dem Freihafen von Vieux Fort werden Produkte der Leichtindustrie (Textil- und Kartonagenherstellung, Plastikverarbeitung, Montagewerkstätten) exportiert.

Jobmotor Tourismus

Der 2007 um 50 Jahre verlängerte Vertrag mit dem amerikanischen Öl-Unternehmen Hess Corporation, das einen großen Terminal südlich von Castries erbaut hat, ist von besonderer Wichtigkeit. Die Arbeitsplätze werden dringend benötigt, um die Lebensverhältnisse auf der Insel dauerhaft zu verbessern. Die Bucht Grand Cul de Sac im Süden St. Lucias ist einer der modernsten und tiefsten Tankerhäfen im karibischen Raum und dient zur Verschiffung von Öl.

Seit der Unabhängigkeit im Jahre 1979 waren auf der politischen Bühne wechselweise die United Workers Party (UWP) und die Saint Lucia Labour Party (SLP) die bestimmenden Kräfte. Premierminister ist seit den Wahlen im Juni 2016 Allen

Chastanet von der UWP. 90,5 Prozent der Bevölkerung St. Lucias sind Nachfahren afrikanischer Sklaven. Ein Problem auf St. Lucia ist der hohe Anteil von 12–16-jährigen Kindern, die keine Schule besuchen. Die Amtssprache ist Englisch, unter sich sprechen die Insulaner Kwéyòl (Kreol bzw. Patois).

info

Kwéyòl – kulturelles Erbe und Gegenwart

Die offizielle Sprache auf St. Lucia ist Englisch, doch die meisten Insulaner sprechen unter sich als Alltagssprache Kwéyòl, eine auf dem Französischen basierende Kreolsprache. Ursprünglich handelte es sich dabei um eine rein gesprochene Sprache. Die spätere Verschriftlichung erfolgte nach phonetischen Gesichtspunkten, weshalb sie der französischen Schriftsprache nicht ähnelt. Das Wort „international" wird „entenasyonnal" geschrieben und „Créole" eben „Kwéyòl". Im Klang ist Kwéyòl dem Französischen hingegen sehr nah. Die Sprache St. Lucias unterscheidet sich stark von den Umgangssprachen auf anderen karibischen Inseln, die über einen rein französischen Hintergrund verfügen, wie z. B. Guadeloupe oder Martinique. Sie ähnelt dagegen dem Patois auf Dominica. Das Kwéyòl von St. Lucia und Dominica können die Bewohner der anderen Inseln meist nicht verstehen.

Auf St. Lucia ist der Oktober jeden Jahres dem kreolischen Erbe der Insel gewidmet, es soll bewahrt und weiter gefördert werden. In vielen Orten gibt es dann Veranstaltungen zur Sprache und Kultur sowie kreolische Musik, Tanz, Essen, Theater, Gottesdienste, Spiele, Heilkunstkurse, folkloristische Darbietungen und vieles mehr. Der „Creole Heritage Month" endet mit dem Jounen Kwéyòl (Kreol-Tag) am letzten Sonntag im Oktober.

Inseltouren

Den Großteil von St. Lucia kann man mit einem Taxi oder Mietwagen in gut vier Stunden auf der einzigen **Inselhauptstraße** abfahren, dabei geht es einmal entlang der Küstenlinie rund um die Insel. Einzig den äußersten Nordosten bekommt man auf dieser Route nicht zu sehen. Die Tour ist so aber nur zu schaffen wenn man keine Pause macht und ordentlich aufs Gas tritt – was allerdings nur selten möglich ist. Besonders auf der kurvenreichen Strecke im Süden geht es oft steil bergauf, dann in Haarnadelkurven hinab und langsam durch ein Fischerdorf, bis das Ganze auf dem nächsten Fischerdorf wieder von vorne losgeht. Also: Die ganze Insel an einem Tag zu erkunden und dabei genug Zeit für Stopps und Besichtigungen zu haben, ist nahezu unmöglich. Etwas mehr Zeit sollte man sich für St. Lucia schon gönnen.

Genügend Zeit einplanen

Für die **Westküstenstrecke** zwischen Castries und Soufrière benötigt man etwa 1,5 Stunden, dabei durchquert man zuerst St. Lucias größte Bananenplantage. Mehr als 127 verschiedenen Bananenarten, die auf Kreol „fig" genannt werden, wachsen auf der Insel. Anschließend führt der Weg in Serpentinen die Berge hinauf und hinunter sowie durch zahlreiche Haarnadelkurven in die Fischerdörfer hinein. Zwischendurch winken immer wieder spektakuläre Ausblicke auf das Meer und

St. Lucia
N
0
5 km
Reiseroute
St. Lucia Channel
siehe S. 215
Pt. du Cap
Pt. Hardy
Cas en Bas
Cas en Bas
Pigeon Island National Park
Rodney Bay
Anse Lavoutte
Esperance Harbour
Gros Islet/Reduit (Detailkarte S. 218)
Cuti Cove
Monchy
Cape Marquis
Labrelotte Bay
Choc Beach
Vigie Beach
Mornier
Marquis Bay
Mt. Mornier
Castries (Detailkarte S. 212)
Lushan Country Life
Balata
Babonneau
Grand Anse Beach
Grand Cul-de-Sac Bay
Morne Fortune
Forestière
Anse Massacrée
Marigot Bay
La Croix Maingot
Piton Flore 572 m
Roseau Beach
Marigot
La Sorcière 671 m
Anse Louvet
Bexon
Massacré
L'Abbayée
Anse La Raye
Riche Fond
La Caye
Anse Povert
Anse Galet
Ravine Poisson
Fond D'Or Nature & Historic Park
Anse La Raye Wall
River Rock Waterfall
Grande Rivière
Fond d'Or Bay (Anse Mabouya)
Anse Cochon
Anse La Voutte
Barre de l'Isle
Dennery
Anse La Liberté
Canaries
Errard Plantation & Waterfall
Dennery Bay
Quilesse/ Edmund Forest Reserve
Fregate Is. NP
Diamond Falls Botanical Gardens
FREGATTE IS.
Mt. Gimie 950 m
PRASLIN IS.
Anse Mamin
Praslin
Praslin Bay
Anse Chastanet
Mamiku Gardens
Colombette
Mt. Cochon
Mon Repos
Soufrière (Detailkarte S. 230)
Toraille Waterfalls
Mt. Casteau
Patience
Barre de Isle
Anse Chapeau
Fond St. Jaques
Malgretoute Beach
Sulphur Springs
Pitons Waterfalls
Fond Bay
Sugar Beach
Petit Piton 736 m
Mahaut
Etangs
Ti Rocher
Micoud
Tet Paul Nature Trail/ Fond Doux Plantation
Latille Waterfall
Gros Piton Pt.
Anse l'Ivrogne
Gros Piton 798 m
Saltibus
Mongouge
Belle Vue
Desruisseaux
Caraibe Pt.
Pt. Lamarre
La Riche
Choiseul Bay
Anse Canelle
Choiseul
La Fargue
Anse L'Islet
Anse de la Rivière Dorée
Pt. De Caille
Balenbouche Estate
SCORPION IS.
River Dorée
Hewanorra Airport
Mankoté Mangrove
Laborie Beach
Laborie
Coconut Bay Beach
Vieux Fort (Detailkarte S. 247)
MARIA ISLANDS NATURE RESERVE
Anse de Sables
Vieux Fort Bay
siehe S. 225
Cape Moule à Chique
© graphic

UNESCO-Welterbe: die Pitons im Süden der Insel

die üppige tropische Vegetation. Der Mount Gimie ist mit 951 m der höchste Berg der Insel. Er befindet sich im Edmund Forest Reserve, wo Besucher im üppigen Grün des Regenwaldes wandern und dabei mit etwas Glück den seltenen St. Lucian Parrott entdecken können. In der Umgebung von Soufrière, im „Fruchtkorb" der Insel, wachsen Mangos, Limetten, Orangen, Brotfrüchte, Tomaten und vieles mehr.

Regenwald und Plantagen

Kurz vor Soufrière bieten sich spektakuläre Blicke auf die weltberühmten **Pitons,** die Teil des UNESCO-Welterbes sind. Der Gros Piton (798 m) und der Petit Piton (736 m) erheben sich steil aus dem Meer. Auf der gesamten Insel verteilt gibt es Punkte, von denen man die Spitzen des Vulkangesteins sehen kann. Als Tourist sollte man sich ihnen mindestens einmal vom Wasser aus oder auf dem Landweg genähert haben. Die Pitons entstanden durch vulkanische Tätigkeit in erdgeschichtlich junger Zeit, die sich auch in Schwefelquellen und dem sogenannten **Drive-in-Volcano** bei Soufrière manifestiert.

An den Küsten wechseln tiefe Buchten und Sandstrände mit Steilhängen und Klippen ab. Der ursprüngliche dichte Regenwald musste in der Vergangenheit Zuckerrohr-, Bananen- und Kakaoplantagen weichen oder fiel der Holzgewinnung zum Opfer. Heute ist St. Lucia zwar wieder überwiegend durch Waldlandschaften geprägt, es handelt sich jedoch hauptsächlich um Sekundärwald. Reste des ursprünglichen Regenwaldes haben sich in den höheren Regionen noch erhalten und sind Lebensraum einer artenreichen Flora und Fauna. Insgesamt ist die Insel von außerordentlicher landschaftlicher Schönheit, sie trägt zu Recht den Beinamen **Helen of the Caribbean**.

Landschaftliche Schönheit

Rodney Bay im Norden von St. Lucia

Zwischen den Pitons und Vieux Fort ganz im Süden verändert die Insel komplett ihr landschaftliches Profil. Zunächst geht es noch eine Weile durch üppige Vegetation und kurvenreiche Berglandschaft, bald jedoch verläuft die Straße an der Südküste durch flacheres Gelände und schließlich wird die Landschaft nahezu vollkommen trocken. Im Gegensatz zum sonstigen Relief ist der **Südteil** der Insel nur leicht hügelig (mit Ausnahme der Halbinsel Moule-à-Chique). Wer direkt von Europa oder aus den USA nach St. Lucia kommt und auf dem Hewanorra International Airport landet, bekommt zunächst einen eher untypischen Eindruck von der Insel.

Hat man sich in einem der Resorts rund um Soufrière eingebucht, fährt man genau die oben beschriebene Südküstenstrecke von Vieux Fort nach Soufrière, für die man gut 45 Minuten braucht. Für die Fahrt vom Flughafen nach Castries und **Rodney Bay** ganz im Norden bietet sich die Ostküstenroute an, die trotz längerer Strecke die schnellste Süd-Nord-Verbindung darstellt. Relativ gerade und eher flach führt die Straße durch den Wohnort Micoud und den Fischerort Dennery sowie durch Bananen- und Kokosnussplantagen. Die Atlantikküste mit ihren schroffen Felsen und der oft stürmischen See bietet eine dramatische und beeindruckende Küstenszenerie. Hinter Dennery biegt die Küstenstraße ins Inselinnere ab und steigt langsam an bis zur Barre de L'Isle Ridge, dem Kamm des Bergmassivs, das in Nord-Süd-Richtung die Insel durchläuft. Nun geht es noch eine Weile durch den Regenwald, dann ist Castries erreicht. Wer eine Unterkunft in Rodney Bay oder Gros Islet gebucht hat, fährt von Castries aus noch etwa 15 Minuten.

Dramatische Küstenszenerie

Allgemeine Reisepraktische Informationen zu St. Lucia

Wichtige Telefonnummern auf einen Blick

Internationale Vorwahl: *+1-758*
Diplomatische Vertretung *(Honorarkonsulat): 459-7977, 459-7421*
Feuerwehr/Ambulanz: *911*
Polizei: *999*
Krankenhaus: *Victoria Hospital Castries 452-2421, St. Jude's Hospital Vieux Fort 459-6700*

Information

St. Lucia Tourist Board, *Sureline Building, Vide Boutielle, Castries, ☏ 452-4094, http://saintluciauk.org*

Zweigstellen *des Fremdenverkehrsamtes gibt es auch an der Pointe Seraphine (wenn Kreuzfahrtschiffe da sind), im Hewanorra Airport (☏ 454-6644), im George F. L. Charles Airport (☏ 452-2596) sowie in Soufrière (Sir Darnley Alexander St., ☏ 459-7419).*

In Deutschland
St. Lucia Tourist Board, *Kälberstücksweg 59, 61350 Bad Homburg, ☏ 06172-4994138, www.jetzt-saintlucia.de und www.my-stlucia.org*

Essen und Trinken

Die Restaurants auf St. Lucia lassen sich grob in drei Gruppen einteilen: Zum einen gibt es die **Restaurants in den Luxushotels**. *Sie sind malerisch gelegen, etwa in der Soufrière-Gegend und rund um die Pitons, und bieten nicht nur exquisite internationale Küche mit karibischen Zutaten, sondern bestechen auch durch spektakuläre Locations: das Restaurant des* **Jade Mountain** *mit Blick auf die Pitons über die Bucht von Soufrière (nur für Hotelgäste), das Restaurant Trou au Diable im* **Anse Chastanet** *unter hohen Palmen am dunkelsandigen Strand oder das Dasheene Restaurant des* **Ladera Resorts** *in atemberaubender Hanglage zwischen dem Petit und dem Gros Piton.*
Die zweite Gruppe von Restaurants befindet sich **rund um die Rodney Bay** *und zeichnet sich durch eine große Vielfalt aus, die von lokal geprägter Küche bis zu internationalem Angebot reicht. In Strand-, Hafen- oder Hanglage bieten diese Häuser schöne Ausblicke über das Karibische Meer.*
Als dritte Möglichkeit bietet sich an, so zu essen wie die meisten Einheimischen und sich für kleines Geld an den Mittagsbuffets oder in den **Eaterings**, *offenen Gemeindeküchen mit lokalen Gerichten, zu bedienen. Meist kann man dort zwischen Fleisch und Fisch wählen und Beilagen wie Reis mit Bohnen, Kochbananen, Brotfrucht, Süßkartoffelbrei und Kohlsalat dazu bekommen.*

Fast überall steht kreolische Küche auf der Speisekarte, dazu gibt es Meeresfrüchte sowie Huhn-, Fisch- und Fleischgerichte. Gerne werden die Speisen in einer scharfen Tomatensauce gekocht. Dazu bestellt man am besten ein **Piton,** *das einheimische Bier.*

Exkursionen

Wer keinen Mietwagen hat oder nicht so gerne selbst fahren möchte, kann auf St. Lucia aus einem großen Angebot an Tagesausflügen wählen. Jedes Hotel bietet Touren an oder organisiert einen Fahrer. Auch die Taxifahrer bieten sich als Guides an, dank eines

Bootstour kurz vorm Sonnenuntergang

guten Trainingsprogramms der Regierung sind sie über die Insel gut informiert. Eine Tagestour für bis zu 4 Personen kostet um die 140 US-$, der Preis variiert je nach Route, Eintrittsgeldern und Mittagessen. Möchte man seine eigene Tour zusammenstellen, muss man mit etwa 40 US-$ pro Stunde rechnen (plus Trinkgeld).

Wer individuell unterwegs ist, findet in Soufrière an den Anlegern leicht ein **Taxi**, *das einen zum Wandern zum Gros Piton, zu den Schwefelfeldern des Vulkans, zu einem der Wasserfälle, in den Regenwald oder an einen der zahlreichen Strände bringt. Beliebt – aber nicht ganz billig – sind Fahrten mit dem Wassertaxi vom Hafen von Soufrière aus.*

Ausflüge zu Wasser

Bootsausflüge starten meist im Hafen von Castries, führen an der spektakulären Westküste entlang nach Soufrière und bieten von dort aus Touren zu den Sehenswürdigkeiten der Region an. Inbegriffen ist meistens ein Mittagessen auf einer Plantage.

Touranbieter

Endless Summer Cruises, *Reduit Beach Ave., Rodney Bay Village, ☏ 450-8651, www.stluciaboattours.com. Tagestour entlang der Küste nach Soufrière auf einem 17 m langen Katamaran. Kosten: 105 US-$ inklusive Hoteltransfer, Eintrittsgelder, Mittagessen, Getränke. Angeboten werden auch Halbtagestouren zum Schnorcheln oder Schwimmen sowie Sonnenuntergangstouren mit Dinner und Unterhaltungsprogramm.*

Captain Mike's, *Vigie Marina, Ganthers Bay, Castries, ☏ 452-7044, 716-3440, www.captmikes.com. Sportfischen, Wal- und Delfintouren. 20 Arten von Walen und Delfinen leben in den Gewässern um St. Lucia und die Chancen, einige davon bei einer Tour zu sehen, sind sehr hoch. Eine 3-stündige Tour kostet 50 US-$ pro Person.*

Sea Spray Cruises, *Rodney Bay Marina, ☏ 458-0123, www.seaspraycruises.com. Täglich 2-stündige Sunset-Touren mit der „Black Magic", dem Nachbau eines Schoners aus dem 16. Jh. (60 US-$ inkl. Getränke). Außerdem verschiedene Katamaran- und Thementouren (Piraten).*

Ausflüge an Land

Touranbieter

Guided Climbs of Mount Gimie, *Kontakt: Smith Jean-Philip, ☏ 717-3172, climbgimie.wordpress.com. Wanderungen im Edmund Forest Reserve, z. B. Besteigung des Mount Gimie (für Fortgeschrittene) oder Wanderung zu den Enbas Saut Falls (leichte Tour, 60 US-$ pro Person), außerdem Ausflüge nach Marigot oder auch nach Pigeon Island.*

Jungle Tours, *Cas en Bas, Gros Islet, ☏ 715-3438, www.jungletoursstlucia.com. Spezialisiert auf Wanderungen im Regenwald, es werden Hikes für jedes Niveau angeboten. Eine Wanderung kostet 95 US-$ inklusive Mittagessen, Eintrittsgelder und Transport.*
St. Lucia Heritage Tours, *Pointe Seraphine, Castries, ☏ 451-6058, www.heritagetoursstlucia.org. Die Tourismusvereinigung für das kulturelle Erbe St. Lucias (HERITAS) wird von ehrenamtlichen Mitgliedern betrieben. Sie setzen bei ihren Touren den Schwerpunkt auf Sehenswürdigkeiten, die einen Einblick in die Kultur und in die Traditionen der Insel erlauben. Touren werden auch nach individuellen Wünschen zusammengestellt.*

Ausflüge in der Luft

Rundflüge mit dem Hubschrauber sind sehr beliebt und landschaftlich spektakulär. Der 20-Minuten-Flug über den Süden St. Lucias mit Soufriére und den Pitons kostet rund 180 US-$, ein Flug über den Norden der Insel (10 Minuten) ca. 110 US-$ pro Person. Die Flüge werden häufig in Kombination mit Segelreisen zu den Nachbarinseln Barbados, Martinique, zu den Tobago Cays sowie nach Mustique oder auf die (übrigen) Grenadinen angeboten. Eine Tour mit Abstecher nach Dominica beinhaltet eine Übernachtung und kostet rund 300 US-$. Es gibt aber auch einzeln buchbare Rundflüge, die von wenigen Minuten bis hin zu einem Tag dauern.
Wer das „Inselhüpfen" lieber individuell gestaltet, findet bei der **Fluglinie Liat** *preiswerte Hin- und Rückflüge.*

Touranbieter

St. Lucia Reps & Sun Link Tours, *☏ 456-9100, http://stluciareps.com/tours/helicopter-tours*
St. Lucia Helicopters, *☏ 453-6950, www.stluciahelicopters.com*

Feiertage

Neujahr	1. Januar
Unabhängigkeitstag	22. Februar
Karfreitag	variabel
Ostermontag	variabel
Tag der Arbeit	1. Mai
Pfingstmontag	variabel
Fronleichnam	variabel
Tag der Sklavenbefreiung	1. Montag im August
Erntedankfest	5. Oktober
Sancta Lucia (Nationalfeiertag)	13. Dezember
Weihnachten	25. Dezember

Feiertage, die auf einen Sonntag fallen, werden – nach amerikanischem Muster – am folgenden Montag „nachgeholt".

Die Markthallen in Castries

Medien

Die **Lokalzeitung** *The Star erscheint täglich (https://stluciastar.com). The Voice erscheint dreimal wöchentlich als Papierversion sowie online unter www.thevoiceslu.com. Weitere lokale Onlineangebote sind die englischsprachigen St. Lucia News (www.stlucianewsonline.com) und die St. Lucia Times (http://stluciatimes.com). Über Tanzveranstaltungen und Livemusik informiert außerdem die Touristenzeitschrift Tropical Traveller.*

An **Radiostationen** *sind der private Sender Radio Caribbean International, der sich im heimischen Dialekt und auf Englisch an die Hörer wendet, sowie der regierungseigene Sender RSL (= Radio St. Lucia) zu nennen. Auf der Frequenz 102.2 Mhz sendet ein in Soufrière ansässiger Musiksender, der sich auf die Fahnen geschrieben hat, inselweit auf der gleichen Frequenz gehört werden zu können.*

Das **TV-Programm** *bestimmen die lokalen Stationen HTS auf Kanal 4 und DBS auf Kanal 10. Zudem empfangen die meisten Hotels zahlreiche amerikanische Sender per Kabel.*

Öffnungszeiten

Geschäfte *sind in der Regel Mo–Sa 8–16 Uhr geöffnet, Supermärkte auch bis 18 Uhr, bei einer mindestens halbstündigen Mittagspause zwischen 12 und 13.30 Uhr. Einige Läden sind mittwochs und/oder samstags nachmittags geschlossen.* **Banken** *sind Mo–Fr 8–12 und 15–17 Uhr geöffnet, die* **Hauptpost** *Mo–Fr 8.30–16 Uhr.*

Post

Luftpostbriefe und Postkarten nach Europa sind i. d. R. 10–14 Tage unterwegs. Briefmarken werden in den Hotels und in den Postämtern verkauft. Das General Post Office befindet sich in Castries auf der Bridge Street, angeschlossen ist das Philatelic Bureau, in dem man Sondermarken, Ersttagsbriefe etc. erwerben kann.

Reiseagenturen

Eine Vielzahl von Reiseagenturen bietet Transfers, Ausflüge sowie Hotel- und Flugbuchungen an:

St. Lucia Reps/SunLink Tours, *Reduit Beach Avenue, Rodney Bay Village ☏ 456-9100, http://stluciareps.com*
Barefoot Holidays, *☏ 450-0507, www.barefootholidaystlucia.com*
Solar Tours, *☏ 452-5898, http://solartoursandtravel.com*
Discover Soufriere, *☏ 489-7077, www.discoversoufriere.com*
Cox & Company, *☏ 456-5000, www.coxcoltd.com*
Spice Travel, *☏ 452-0865, www.spicetravelstlucia.com*

Shopping

Gut und günstig einkaufen kann man in Castries in den **Markthallen**, *Souvenirs sowie Obst- und Gemüse auch auf dem samstäglichen Markt nebenan. Für Einkaufsbummler sind außerdem das Duty-Free-Angebot von Pointe Seraphine oder verschiedene Spezialgeschäfte interessant. In den Shopping Malls in Rodney Bay kann man viele einheimische Produkte kaufen*

St. Lucia ist besonders bekannt für **vielfältiges Kunsthandwerk**. *Das Angebot umfasst Schmuck, Kristallwaren, Holzschnitzereien, Töpferarbeiten und verarbeitete Muscheln, außerdem gibt es farbenfrohe Batiken (Caribelle) und hochwertige Textil-Siebdrucke (Seide). Hübsche Souvenirs sind auch Briefmarken, die nicht nur sehr schöne Motive aufweisen, sondern wegen ihrer begrenzten Verbreitung auch bei Sammlern sehr beliebt sind. Interessenten wenden sich am besten an das Philatelic Bureau im General Post Office. Internationale Markenartikel wie Kameras, Uhren, Alkohol, Zigaretten, Parfum etc. bekommt man in den zollfreien Geschäften in Pointe Seraphine und am Hewanorra Airport.*

In Soufrière befindet sich der Shop des Holzkünstlers **Zaka** *(www.zaka-art.com), dessen bunte Skulpturen über die ganze Insel verteilt aufgestellt wurden. Im Norden der Insel wohnt der international bekannte Künstler* **Llewellyn Xavier** *(S. 223).*

Farbenfrohe Masken des Künstlers Zaka

Sport

*Zu **Wandern** siehe S. 209*

Wassersport

Fast alle internationalen Hotels bieten u. a. Segeln, Surfen, Kajaks, Wasserscooter, Stand Up Paddling (SUP), Hochseeangeln und Wasserski an.

Charter-Boote

Rodney Bay und Marigot Bay sind die Zentren für Segler und Bootsbesitzer jeglicher Art, aber auch für alle, die ein Boot chartern möchten. Beide Marinas bieten Charteragenturen, sichere Ankerplätze, Supermarkt, Restaurants, Segelzubehör und Frischwasserzufuhr. Je nach Saison und Schiffstyp bewegen sich die Preise für ein gechartertes Boot zwischen 1.000 US-$ und 8.000 US-$ pro Woche. Für Skipper und Koch muss man noch einmal ca. 230 US-$ dazurechnen. Im August und September, dem Höhepunkt der Hurrikansaison, ist es eher schwierig, ein Boot zu mieten.

Oasis Marigot, *Marigot Bay Marina, ☏ 1-800-263-4202, www.oasismarigot.com*

Destination St. Lucia (**DSL**), *Rodney Bay Marina, ☏ 452-8531, www.dsl-yachting.com*

The Moorings, *Rodney Bay Marina, ☏ 451-4357, www.moorings.com*

Tauchen und Schnorcheln

Die Westküste von St. Lucia bietet zahlreiche hervorragende Tauch- und Schnorchelspots. Es gibt zudem zwei Marine Reserves im Süden, die Schnorchlern ein unvergessliches Erlebnis bieten, die abgetrennten Bereiche der **Marine Reserves** *in der Anse Chastanet und in der Sugar Bay. Beide Schnorchel-Spots sind direkt vom Strand aus erreichbar. Auch Taucher müssen nicht weit auf Meer hinausfahren, um den Zauber der karibischen Unterwasserwelt zu erleben. Das Anse Chastanet und das Sugar Beach Resort haben jeweils eigene Tauchshops. Im Norden gibt es hoteleigene* **Dive Shops** *im The*

Der Anse Chastanet Marine Park

BodyHoliday, Sandals Grande, Royal by Rex und Rendezvous sowie etwas weiter südlich im Ti Kaye Resort. Die Preise variieren je nach Saison, man zahlt für einen Tauchgang vom Strand aus etwa 35 US-$, vom Boot aus etwa 65 US-$. 6 Tauchgänge an 3 Tagen kosten etwa 175–250 US-$. Im Preis enthalten sind Taxifahrten und Boottransfers zu den Spots, Mittagessen und Ausrüstung.

Klarer Favorit unter den Tauch- und Schnorchelspots ist die **Anse Chastanet** *in der Nähe der Pitons mit dem besten Zugang vom Strand bzw. von der Wassertaxi-Anlegestelle aus. Im abgetrennten Bereich des Marine Reserve kann man ungestört entlang der Korallenwand schnorcheln, die mit ihren Unterwasserriffen bis über 40 m in die Tiefe reicht. Zur Anse Chastanet gelangt man entweder im Rahmen einer organisierten Tour, als Hotelgast oder individuell mit dem Wassertaxi von Soufrière aus (eine Fahrt 25 US-$, evt. kann man in der Nebensaison handeln). Wer einen Mietwagen hat, kann sich auch über die Straße von Soufrière aus nähern. Dazu fährt man die schmale und steile Straße am Hummingbird Hotel vorbei, legt einen niedrigen Gang ein, hupt ordentlich und fährt die anspruchsvolle Piste langsam hoch. Nach 15 Minuten erreicht man den Gästeparkplatz der Schwesterhotels Anse Chastanet und Jade Mountain. Dort kann man das Auto abstellen und beim Pförtner nach dem Weg zur Schnorchelstelle fragen.*

In der Anse Cochon wurde 1985 der Frachter **Lesleen M** *versenkt, um ein künstliches Riff zu schaffen. Taucher können in und um das Wrack herum in der neu entstandenen Unterwasserwelt tauchen.*

Die **Keyhole Pinnacles**, *versteinerte Korallenspitzen, die gut drei Meter aus dem Boden ragen. befinden sich bei Soufriére und sind ebenfalls ein beliebter Spot. Entlang der steilen Felsen des Petit Piton kann man sich beim sogenannten* **Superman's Flight** *gleiten lassen.*

Tauchshops

Scuba St. Lucia, *Anse Chastanet Resort, Anse Chastanet Beach, Soufrière, ☏ 459-7755, www.scubastlucia.com. Tägliche Tauchgänge vom Strand und vom Boot aus sowie Tauchkurse nach den PADI-Richtlinien. Sehr guter Shop mit Ausrüstung für Unterwasserfotografie, auch Verleih von Schnorchelausrüstung.*

Dive Fair Helen, *Marina Village, Marigot Bay, ☏ 451-7716, www.divefairhelen.com. Bereits seit 1992 existierender Shop mit PADI-Zentrum, Halb- und Ganztagestouren zum Wrack- und Rifftauchen sowie in die Gebiete der Marine Reserves, auch Nachttauchgänge und Kurse.*

Ti Kaye Island Divers, *Ti Kaye Village, West Coast Highway zwischen Anse la Raye und Canaries, Anse Cochon, ☏ 456-8110, www.tikaye.com. Dive Shop am Ende des Marine Parks in der Anse Cochon, der über 2 Riffe und ein Off-Shore-Wrack verfügt. Im Angebot ist z. B. ein Tagespaket mit Hoteltransfer, Mittagessen, Tauchgang mit 2 Flaschen und Schnorchelausrüstung.*

Kitesurfen

Im Norden der Insel ist Cas en Bas (Cotton Bay) zwar der einzige, aber auch ein sehr guter Spot zum Kitesurfen. Im Südosten bieten 2 weitere, nahe beieinander gelegene Strände gute Kite-Bedingungen: Coconut Bay und The Reef. Beide sind nicht weit vom Flughafen in Vieux Fort entfernt.

Aquaholics, *Cas en Bas/Cotton Bay, ☏ 726-0600, www.aquaholicsstlucia.com*
Coconut Bay Kite Center, *Coconut Bay Resort & Spa, Vieux Fort, ☏ 459-6000, cbayresort.com/kite-surfing*
The Reef Kite & Surf, *Anse de Sables Beach, Vieux Fort, 454-3418, www.slucia.com/kitesurf*

Zu Lande

Außerhalb des nassen Elements werden Gymnastik und Fitness großgeschrieben, hierfür sind die Hotels Sandals Regency La Toc und The BodyHoliday die besten Adressen. Golfer finden auf der Insel 2 Plätze vor: den 18-Loch-Platz des St. Lucia Golf Club und den 9-Loch-Platz des Sandals Regency La Toc. Für Gäste des Sandals-Hotels ist die Benutzung des Letzteren kostenlos. Die großen Hotels im Norden der Insel verfügen in der Regel über Tennisplätze, z. T. mit Flutlicht, auf denen auch Nichtgäste spielen können.

Fahrradfahren

Obwohl St. Lucia vom Höhenprofil her sehr anspruchsvoll ist, haben 2 Touranbieter Fahrradtouren entwickelt, die auch für Nicht-Radprofis machbar sind. Die Mountainbike-Touren werden auch in Kombination mit Wanderungen angeboten, was sowohl Anfänger wie auch geübte Sportler ansprechen kann. Die Preise variieren zwischen 60 und 100 US-$.

Anbieter

Bike St. Lucia, *Anse Mamin Plantation (Hotel Anse Chastanet), Soufrière, ☏ 459-7755, www.bikestlucia.com. Mountainbike-Touren für Anfänger und Fortgeschrittene. Unter dem Namen* **Anse Chastanet Jungle Biking Tour** *wird eine spezielle Tagestour angeboten, die eine Bootsfahrt entlang der Westküste bis zum Anse Mamin Beach an der Anse Chastanet beinhaltet. Weiter geht es von dort aus mit dem Mountainbike durch das 1,4 km² große bewaldete Gelände einer französischen Zuckerplantage aus dem 18. Jh. Man hat die Wahl zwischen unterschiedlich schwierigen Trails. Anschließend ist noch Zeit für einen Strandaufenthalt mit Sprung ins Wasser oder einen Schnorchelgang im Marine Park. Die Tagestour kostet etwa 130 US-$ inklusive Transfer, Bootsfahrt, Mountainbike, Helm, Wasserflasche, Schnorcheln samt Ausrüstung im Marine Park, Strand- und Duscheinrichtungen und Mittagessen in der Jungle Beach Bar & Grill. Weitere Infos zur Jungle Biking Tour unter http://junglereefadventures.com.*

Adventure Tours St. Lucia, *Rodney Bay, ☏ 452-0808, www.luciavibes.com. Eine Mountainbike-Tour für die ganze Familie durch üppige Regenwaldvegetation wird im Treetop Adventure Park in der Nähe von Dennery angeboten. Auf dem Programm steht dabei auch die Fahrt zum Dennery Waterfall (S. 248). Die 4-stündige Tour kostet 42 US-$, darin enthalten sind*

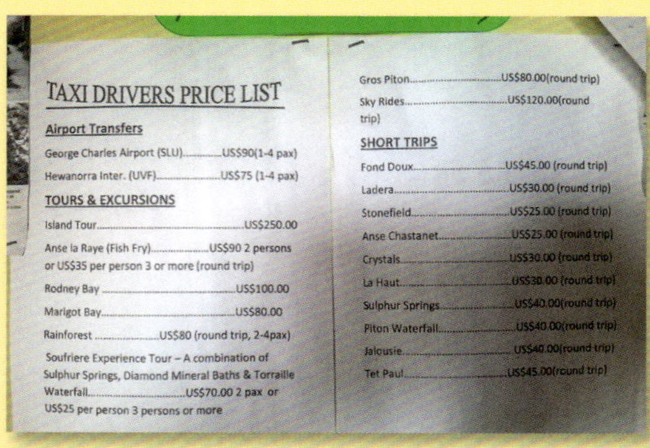

Preise für Ausflüge mit einem Taxi

das Fahrrad, Wasser und Fruchtsäfte. Gegen Aufpreis Transfer von Castries, Gros Islet, Vieux Fort, Marigot Bay und Soufrière. Angeboten wird die Tour für Kreuzfahrtschiffgäste täglich, für Gäste des Coconut Bay Resorts freitags und für Gäste anderer Hotels freitags und samstags. Reservierung erforderlich.

Reiten

Die Pferde auf St. Lucia stammen ursprünglich aus Südamerika und werden Creole Horses genannt. Sie sind relativ klein und – obwohl recht temperamentvoll – auch gut für Anfänger geeignet. Angeboten werden Touren im Inselinneren, Strandausritte, Plantation-Touren, Ausflüge mit Pferdewagen etc. Die Preise liegen bei etwa 40 US-$ für eine Stunde Ausritt bzw. 70–90 US-$ für eine 3–4-Stunden-Tour am Strand oder Reiten im Meer. Transport und Mittagessen sind meist inbegriffen. Wenn einem am Strand ein Ritt auf einem Pferd angeboten wird (auf eigene Gefahr), sind 10–15 US-$ für 30 Minuten angemessen.

Anbieter

Trim's Riding Stables, *Cas en Bas, ☏ 450-8273, www.trimsridingstlucia.com. 4 Reittouren pro Tag (8.30, 10, 14 und 16 Uhr). Die einstündige Tour führt von der Reitstation hinunter zum Atlantikstrand und wieder zurück (50 US-$). Die zweistündige Tour beinhaltet entweder zusätzlich noch einen Ritt auf den Pferden ohne Sattel im Meer („Swim with the Horses") oder führt zu einigen benachbarten Buchten und Stränden (65 US-$).*

Atlantic Shores Riding Stables, *Savannah Bay, Vieux Fort, ☏ 285-1090, www.atlanticridingstables.com. Hier sind Anfänger besonders willkommen, angeboten werden zweistündige Touren in der Hügellandschaft, an der Küste oder am Strand.*

Ziplining

Im Norden und Osten der Insel bieten **Adventure Tours St. Lucia** *rasante Seilfahrten durch den Regenwald an, ☏ 452-0808, www.luciavibes.com.*
Im Süden können sich Abenteuerlustige auf dem **Morne Coubaril Estate** *an einem Seil durch die Baumwipfel schwingen, ☏ 712-5808, www.stluciaziplining.com.*

Sprache

Die offizielle Landessprache ist Englisch, die Umgangssprache der einheimischen Bevölkerung ist Kwéyòl (Kreol) bzw. Patois.

Siehe dazu auch den Kasten auf S. 191.

Strände

Hinweis

Alle Strände auf St. Lucia sind für jeden zugänglich – auch wenn ein großer Hotelkomplex den Strand dominiert.

Die Strände auf St. Lucia können mit einigen der besten Schnorchelstellen in der Karibik, die direkt vom Strand aus zu erreichen sind, punkten. Die Strände selbst variieren in

Boote für Wassersport am Reduit Beach

ihrer natürlichen Erscheinungsform **von golden bis schwarz**. *In der einen oder anderen Bucht findet man den Sand allerdings nicht in seiner natürlichen Farbe vor. So wurde der einst dunkle Strand am Sugar Beach (mit dem Sugar Beach Hotel) zur Erhöhung der Attraktivität mit nahezu weißem Sand aufgeschüttet. Naturbelassen sind etwa die Strände in Soufrière in Höhe des Hummingbird Resort, südlich des Gros Piton sowie in Laborie, wo es kein einziges Hotel gibt. Der Sand dort ist eine Mischung aus vulkanischem Basaltgestein und hellem Korallensand.*

Die insgesamt hellsten, längsten und beliebtesten Strände von St. Lucia befinden sich im Norden. Dies ist auch der flachste Teil der ansonsten gebirgigen Insel und die Region, in der sich die meisten Restaurants, Resorts und Bars befinden. Die meisten großen Resorts liegen entlang der Choc Bay bis hinauf zur Rodney Bay und zum Cap Estate. Im Süden gibt es eher kleinere Strände, sie sind zudem oft nur mit dem Wassertaxi oder einem Katamaran zu erreichen. Am Atlantik, d. h. an der dem Wind zugewandten Ostküste, ist es oft sehr stürmisch und das Meer zum Schwimmen an vielen Stellen nicht zu empfehlen. Dafür weht hier ein erfrischender Wind.

Strände (Auswahl, von Norden nach Süden)	
Cas en Bas (Atlantik/ Nordosten, Bottom Bay)	Cas en Bas ist der nördlichste Strand der Insel und bei Wind- und Kitesurfern sehr beliebt. Bei einer starken Brise lassen sich die Wassersportler gut von Marjorie's Restaurant and Beachbar (☏ *450-8637*) aus beobachten.
Pigeon Island Beach (Westküste, Rodney Bay)	Der Strand ist bekannt durch das historisch bedeutende Pigeon Island. Am Fuß der Halbinsel bieten sich schöne Schnorchelmöglicheiten und der 3 km lange Strand erstreckt sich bis in die Mitte der Rodney Bay. Für Familien sehr gut geeignet.
Reduit Beach (Westküste, Rodney Bay)	An dem wohl bekanntesten Strand St. Lucias hat sich eine touristische Infrastruktur mit vielen Wassersportmöglichkeiten und jüngst sogar einem Wasserpark (am nördlichen Ende, kurz vor der Einfahrt zur Marina) angesiedelt. Schöner heller Sand, es ist immer etwas los und doch herrscht eine sehr entspannte Atmosphäre. Ideal für Kinder.

Choc Beach (Westküste, nördlich von Castries)	Der helle Sandstrand ist wegen des ruhigen Wassers vor allem bei Familien und natürlich bei den Gästen der großen Resorts, die hier ansässig sind, sehr beliebt.
Grand Anse Beach (Atlantik/Nordosten)	Kaum besuchter und schwer zugänglicher Sandstrand an der Ostküste, an dem Seeschildkröten ihre Eier ablegen. Anfahrt durch das Inselinnere über Babonneau, Für das letzte Stück der Strecke braucht man einen Geländewagen. Paradies für Abenteurer!
Marigot Bay (Westküste, südlich von Castries)	Die Bucht gehört zu den schönsten der Karibik, keine Frage. Das Fleckchen Erde, das als Filmkulisse weltweit bekannte kleine Sandfleck mit Palmenwald, kann man allerdings nicht ernsthaft als Strand bezeichnen. Ein Besuch lohnt dennoch allein wegen der Szenerie. Schönen Sand und bunte Unterwasserwelten darf man allerdings hier nicht erwarten.
Roseau Beach (Westküste, südlich von Marigot Bay)	Der einzige große Strand der Insel, an dem es keine Bebauung gibt. Allein deshalb muss man einmal hier gewesen sein. Zudem ist der Strand wirklich schön und beim Schnorcheln gibt es auch Fische zu sehen. Besonders schön ist es, sich von der Marigot Bay aus vom Wasser her zu nähern.
Anse Cochon (Westküste, Ti Kaye Resort)	200 m langer, romantischer Vulkansandstrand, der einen Ausflug lohnt. Beach Bar & Grill im Resort. Wenn man von Castries kommt, befindet sich der Zugang zum Strand hinter Anse La Raye und dem Brigand Hill Estate rechts, man fährt auf die Zugangsstraße zur Küste und hinunter zur Anse Cochon. Das ruhige Wasser bietet hervorragende Schnorchelbedingungen.
Anse Chastanet (Westküste, nördlich von Soufrière)	Der Anse Chastanet Beach ist mit seinen hochgewachsenen Palmen vor wunderschöner grüner Bergkulisse ein bezaubernder Strand mit Karibikatmosphäre. Der dunkle Sand ist besonders fein, weich und bleibt gern zwischen den Zehen kleben. Er heizt sich extrem auf, sodass Strandschuhe auf dem Weg ins Wasser nützlich sind. Ein kleiner Spaziergang in Richtung Norden führt an den Anse Mamin Beach, der weniger von den Hotelgästen frequentiert wird. Gästetoiletten neben dem Dive Shop, Bar und Restaurant im Anse Chastanet Resort. Direkter Strandzugang zum Schnorcheln im Marine Park. Den Strand erreicht man per Wassertaxi oder Auto von Soufrière aus oder im Rahmen einer organisierten Boots-/Schnorcheltour.

Schwarzer Vulkansand in der Anse Chastanet

Soufrière Beach (Westküste, Soufrière)	Ruhiger, dunkelsandiger Strand im Norden von Soufrière, der vor allem von den Einheimischen besucht wird. Der kleine Pier bietet Wassertaxis und Booten mit Tagestouristen eine Anlegemöglichkeit. Das Hummingbird Resort und das The Still Beach House haben direkten Zugang zu diesem Strandabschnitt. Kleiner Parkplatz direkt am Strand.
Malgretoute Beach (Westküste, südlich von Soufrière)	Naturstrand am Fuß des Petit Piton, goldener Sand und Steine wechseln sich ab. Hervorragende Schnorchelbedingungen, klares Wasser, viele Fische.
Sugar Beach (Westküste, zwischen den Pitons)	Der Sugar Beach liegt in der Sugar Bay und wird von dem gleichnamigen Hotel dominiert. Diesem ist es sicherlich auch zu verdanken, dass aus einem eher goldenen bis dunkelsandigen Naturstrand ein nahezu weißer Karibiktraum wurde. Am einfachsten gelangt man mit dem Boot hierher, aber auch auf dem Landweg ist die Anfahrt möglich (S. 236).
Laborie Beach (auch Rudy John Beach, Südwestküste, Laborie)	Der Strand liegt am nördlichen Rand des kleinen Fischerdorfes und besticht durch die authentische Szenerie rund um den Strand. Fischer flicken ihre Netze und werfen Angelseile aus, Jungs spielen Fußball und am Wochenende finden Cricket-Spiele statt. Kleines Café mit günstigem Mittagessen und leckerem Kuchen. Öffentliche Toiletten am südlichen Rand des Sportplatzes.

Coconut Bay Beach (Atlantik/Südosten, Vieux Fort)	Der vermutlich längste Strand der Insel liegt an der Atlantikküste in der Coconut Bay und zieht sich mit seinem hellen und feinen Sand die ganze Bucht entlang. Hier bieten sich bei einer steten und erfrischenden Brise vom Atlantik her lange Strandspaziergänge unter hohen Palmen an.

Strom

Die Stromspannung beträgt 220 V, 50 HZ; die Stecker sind wie in Großbritannien dreipolig und viereckig. Die größeren Hotels verfügen über Adapter. Wer auf Nummer sicher gehen will, sollte jedoch selbst einen Adapter mitnehmen. Wie überall in der Karibik kommt es häufiger zu Stromausfällen.

Telefonieren

St. Lucia erreicht man mit der internationalen Vorwahl +1-758. Von St. Lucia telefoniert man nach Deutschland unter der Nummer 011-49, nach Österreich unter 011-43 und in die Schweiz unter 011-41; dann wählt man die Vorwahl ohne die erste Null.

Das **Festnetz** *ist gut ausgebaut. Für einen Festnetzanruf wählt man die 7-stellige Rufnummer. In jedem Ort gibt es ein öffentliches Telefon, das über Münz- oder Kartenbetrieb funktioniert.*

Das **Telefonieren mit dem eigenen Handy** *ist zwar möglich, aber über den europäischen Anbieter sehr teuer. Eine andere Variante ist es, eine lokale SIM-Karte zu kaufen und nach der Registrierung im Mobile-Shop ein Guthaben aufzuladen. Ein Anbieter ist z. B. Digicel St. Lucia (www.digicelgroup.com).*

Die meisten Hotels bieten im Zimmer oder an der Rezeption **kostenfreies WLAN** *an, unbedingt sollte man bei seinem Telefon nach der Ankunft die Option „Mobile Daten" deaktivieren.*

Unterkunft

St. Lucia gehört bei den Unterkünften sicher zu den eher teuren Antillen-Inseln. Aufgrund der Nähe zu den USA reisen viele Amerikaner hierher, oft auch junge Paare auf ihrer Hochzeitsreise, die sich diese etwas kosten lassen. Es gibt also eine Reihe exklusiver **Luxusunterkünfte***, in denen es vom zimmereigenen Pool bis zum Butlerservice an nichts fehlt.*

Bei den kleineren, teuren Boutique-Hotels werden auch immer mehr die Themen Nachhaltigkeit und Bio großgeschrieben. Dazu gibt es mittelgroße, bezahlbare Hotels sowie viele gute und individuell gestaltete **Gästehäuser***. Die meisten befinden sich im Norden der Insel rund um die Rodney Bay. Die Westküste bietet weniger Unterkünfte, diese sind dafür aber äußerst charmant und exklusiv.*

 Tipp

Wer es etwas lebhafter mag und sich selbst versorgen möchte, der sollte sich im Gebiet von Rodney Bay und Gros Islet einquartieren. Hier gibt es zahlreiche Möglichkeiten, abends auszugehen und für Einkäufe bietet sich die **Rodney Bay Mall** mit Supermarkt an. In Gros Islet findet in der Saison jeden Freitag ein Straßenfest statt, der sogenannte „Friday Jump Up". Dann verwandelt sich jedes noch so alte Holzhaus in eine Rum-Bar und die Straße vibriert durch die Musik aus riesigen Boxen und Hunderte tanzender Menschen.

Extra für den deutschen Markt und Individualtouristen hat das Saint Lucia Tourist Board auf der Internetseite my-stlucia.org kleine, **individuelle Unterkünfte** *zusammengestellt. Die Preise variieren dabei zwischen einfachen Gästehäusern für 60 US-$ und Häusern der obersten Luxusklasse für bis zu 2.000 US-$ pro Nacht.*

Die Preise unterliegen starken saisonalen Schwankungen. In der Zeit von Juli bis November zahlt man oft nur die Hälfte des normalen Zimmerpreises.

Künstler auf dem St. Lucia Jazz & Art Festival

Veranstaltungen

Im Mai findet das viel beachtete **Jazz-Festival** *mit internationalen Spitzenmusikern statt (stluciajazz.org).*

Das größte Inselfest, der **Karneval**, *wird im Juni und Juli gefeiert. Auf dem Höhepunkt der Feierlichkeiten mit Straßenfest, Umzug etc. sind Geschäfte und Banken geschlossen. Daneben gibt es eine ganze Reihe von sportlichen, kulturellen oder religiösen Veranstaltungen. Weitere Infos und Programm im Internet unter www.luciancarnival.com.*

Sankt Peter *(29. Juni) gilt als Feiertag der Fischer (Umzüge, geschmückte Boote).*

Am 30. August wird **La Rose** *gefeiert, das Fest der Heiligen Rose de Lima (Kostümfeste, Blumenkorso).*

Am 22. November ist **St. Cecilia's Day**, *das Fest der Musikanten (Paraden am frühen Morgen in Castries).*

Verkehrsmittel

Auf den insgesamt etwa 880 Straßenkilometern, von denen rund 450 asphaltiert sind, legen die Insulaner meist eine rasante Fahrweise an den Tag.

*Ein freundliches Hupen kündigt ein Überholmanöver rechtzeitig an. Besonders an der Westküste sind die Straßen (**Achtung: Linksverkehr!**) sehr kurvenreich, uneben und nicht immer im besten Zustand. Im Großen und Ganzen kann man die Insel jedoch mit einem **Mietwagen** sehr gut alleine erkunden. Dabei empfiehlt sich eine langsame und vorsichtige Fahrweise, weil man nie weiß, was einen hinter der nächsten Kurve erwartet und das eine oder andere Loch in der Asphaltdecke umfahren werden muss. Die Beschilderung könnte manchmal etwas besser sein, doch im Zweifelsfall helfen die Insulaner gerne weiter.*

*Der **Mietwagen** ist das weitaus beste Transportmittel, um St. Lucia intensiv kennenzulernen. Ausländische Fahrer benötigen eine **Visitor's Driving License**, d. h. eine lokale, zeitlich begrenzte Fahrerlaubnis. Man erhält sie für rund 75 EC-$ bei der Polizei in den beiden Flughäfen und in Gros Islet oder direkt bei der Mietwagenfirma.*

Viele Gesellschaften, die meisten sind an den Flughäfen und in größeren Hotels vertreten, bieten Mietwagen, Mini Mokes, Kleinbusse oder Jeeps an. Die Kosten für einen PKW liegen bei etwa 65 US-$ pro Tag. Zusätzlich sollte man eine Vollkaskoversicherung abschließen (15–20 US-$ pro Tag).

Anbieter (Auswahl)
Drive-a-Matic, ☏ *452-0544, www.drivestlucia.com*
Avis, ☏ *452-2700, www.avisstlucia.com*
Budget, ☏ *452-9887, www.budget.com*
Hertz, ☏ *452-0679, www.hertzcaribbean.com*

Kleinbusse des Öffentlichen Nahverkehrs (Jitneys) verkehren zu unregelmäßigen Zeiten von den ländlichen Gebieten in die Hauptstadt. Halbstündliche Busverbindungen gibt es zwischen Castries und den Hotels und Stränden von Gros Islet.

*Tarifblätter der staatlich festgelegten **Taxi-Preise** sind am Flughafen oder bei der Touristeninformation erhältlich (Beispiel: Flughafen Hewanorra–Castries ca. 90 EC-$). Dennoch sollte man sich vor Fahrtantritt den Preis noch einmal bestätigen lassen oder ihn am besten gleich neu aushandeln. Außer für einzelne Strecken kann man Taxis auch stündlich, für den ganzen Tag oder für Exkursionen mieten. Vorher sollte man sich von der Hotelrezeption den ungefähren Fahrpreis nennen lassen, damit man eine Grundlage für die Preisvereinbarung hat (Handeln ist möglich).*

Wandern

*Der Süden der Insel bietet Wandermöglichkeiten in überwältigend schöner und dichter Regenwaldvegetation. Alle Wanderungen durch das **Edmund Forest Reserve** dürfen nur in Begleitung eines Guides unternommen werden.*

*Wanderungen, die unter Leitung des **St. Lucia Forestry Department** (http://forestryeeunit.blogspot.de) durchgeführt werden, dauern in der Regel etwa 120 Minuten, eine Ausnahme ist der der Cross Country Hike. Die Wanderführer werden gestellt und die Touren sind im Vergleich zu den sonstigen Ausflügen auf der Insel sehr günstig (2–20 US-$). Während der Wanderungen gibt es Erklärungen zur Fauna und Flora.*

Wanderwege (Auswahl):
Barre de L'Isle Trail: *Zugang auf halbem Weg zwischen Castries und Dennery*
Forestière Trail: *20 Min. südlich von Castries*
Millet Bird Sanctuary Trail: *östlich von Marigot*
Union Nature Trail: *nördlich von Castries*

Zu den Wanderwegen im Edmund Forest Reserve siehe S. 234.

Die Wanderung auf den **Gros Piton** *wird durch die Gemeinde Fond Gens Libre durchgeführt. Sie dauert etwa 4–5 Stunden, dabei werden 600 Höhenmeter überwunden. Geführte Touren finden täglich von Sonnenauf- bis Sonnenuntergang statt. Kosten: 30 US-$ inklusive Wanderführer.*

Der **St. Lucia National Trust** *(www.slunatrust.org) veranstaltet Bildungsprogramme und bietet entsprechende Wandertouren an. Unter dem Namen* **Eco South Tours** *werden z. B. Wanderungen im Mangrovenwald angeboten, aber auch Bootstouren, die Erkundung des Maria Islands Nature Reserve, der Besuch von traditionellen Werkstätten, Pferdeausritte etc.*

Weitere **Infos**: *Maria Islands Interpretation Centre, Anse du Sable, Vieux Fort, ☏ 454-5014, ecosouthtoursinc@gmail.com.*

Steiler Anstieg auf den Gros Piton

Währung

Die Währung auf St. Lucia ist der Eastern Caribbean Dollar (EC-$), der an den US-Dollar gekoppelt ist: 1 US-$ = 2,70 EC-$. US-Dollar werden auf der ganzen Insel akzeptiert. Auch wenn die meisten Hotels einen Umtauschservice anbieten, wendet man sich besser an eine Bank, denn dort ist es günstiger.

Jachthäfen und Ankerplätze (Auswahl)

Castries, Anse des Pitons, Cul de Sac Bay, Soufrière Bay, Rodney Bay/Gros Islet Bay, Vieux Fort Bay, Marigot Bay

St. Lucia entdecken

Unvollständig bleibt der Inselbesuch, wenn man nicht die **beiden Pitons** und **den Drive-In-Volcano** gesehen sowie einen Spaziergang zu den brodelnden **Schwefelquellen** unternommen hat. Historisch Interessierte sollten sich die Ruinen von Morne Fortune, die Vigie Peninsula und den Pigeon Island National Park ansehen. Naturliebhaber dürfen eine Fahrt bzw. Wanderung durch den tropischen Regenwald bei Fond St. Jacques ebenso wenig versäumen wie einen Besuch von Fregate Island. Nachhaltig empfohlen sei auch ein **Segeltörn entlang der Küste**.

Attraktionen für jeden Geschmack

Im Folgenden wird zunächst die Hauptstadt mit dem touristisch hoch entwickelten Norden vorgestellt, anschließend werden zwei verschiedene Touren ab Castries zum Südende der Insel bei Vieux Fort beschrieben.

Die Hauptstadt Castries

Die lebhafte Hauptstadt mit gut 3.600 Einwohnern im Stadtgebiet und rund 16.000 Menschen im Umland ist an einem der größten und sichersten Häfen in der Karibik gelegen. Von der alten, einst sehr wohlhabenden Kolonialstadt ist nicht mehr viel übrig geblieben: 1927 zerstörte ein Feuer die halbe und 1948 ein **größerer Brand** fast die gesamte Stadt. Die einzige Ausnahme bildet ein kleiner Teil in der Nähe des ansprechend gestalteten Derek Walcott Square. Der Morne Fortune erhebt sich steil im Süden der Stadt und bietet eine imposante grüne Kulisse. Castries selbst ist keine besonders schöne Stadt und hat auch von der Geschichte her nicht viel zu bieten. Bei einem Gang durch die Straßen kann man jedoch die Lebendigkeit des wirtschaftlichen Zentrums der Insel erleben. Der Hafen von Castries ist einer der geschäftigsten der Karibik: Ständig laufen große Containerschiffe mit Bananen, Kokosnüssen, Kakao, Muskatnüssen, Zitronen, Mangos und vielen anderen tropischen Produkten aus und Kreuzfahrtschiffe laufen ein.

Rundgang durch die Inselhauptstadt

Historische Gebäude am Derek Walcott Square

Stadtzentrum

Derek Walcott Square

Der ehemalige Columbus Square wurde 1992 nach dem von St. Lucia stammenden Literaturnobelpreisträger benannt. Er ist eine kleine grüne Oase und das Zentrum der Hauptstadt.

Den Mittelpunkt des Platzes bildet ein Monument für die Gefallenen des Zweiten Weltkrieges, zudem gibt es hier eine Büste von Derek Walcott. Der Platz wird umgeben von der Brazil, Laborie, Micoud und Bourbon Street. Auf der westlichen Seite des Derek Walcott Square ist die **Bibliothek** (*Library*) zu sehen. In der Brazil Street befinden sich noch ein paar historische Häuser, die vom großen Brand verschont wurden und sich vom sonstigen modernen Einerlei der Hauptstadt abheben. Zur Laborie Street hin steht am Rande des Platzes ein großer Samaan Tree (Regenbaum). Es heißt, er sei 400 Jahre alt. Seine dicken, weit ausladenden Äste versorgen einen Großteil des Platzes mit Schatten.

Historische Häuser

Kathedrale der unbefleckten Empfängnis

Am östlichen Ende des Derek Walcott Square erhebt sich die Kathedrale der unbefleckten Empfängnis (*Cathedral of the Immaculate Conception*), das **wichtigste Bauwerk** der Stadt. Das 1897 fertiggestellte Gotteshaus ist von außen zwar wenig

attraktiv, wegen seiner Wand- und Deckenmalereien aber auf jeden Fall einen Besuch wert. Diese stammen von dem einheimischen Künstler Dunstan St. Omer, der 2015 starb.

Die Kathedrale der Unbefleckten Empfängnis

Markthallen

Den Markt mit seiner auffälligen Metallkonstruktion aus dem Jahr 1894 findet man auf der Jeremie Street, die das Stadtzentrum nördlich begrenzt. Freitags und samstags findet neben den Markthallen zusätzlich ein großer **Obst- und Gemüsemarkt** statt. Von der ganzen Insel reisen dann die Kleinbauern an, um ihre Waren zu verkaufen. Vielfältige Einkaufsmöglichkeiten – insbesondere Kunsthandwerk und Luxusartikel – gibt es auch am **William Peter Boulevard** nördlich des Derek Walcott Square.

Blick vom Morne Fortune auf die Hauptstadt Castries

Am Stadtrand von Castries

Morne Fortune

Am südlichen Stadtrand von Castries, etwa 1,5 km vom Zentrum entfernt, liegt der 260 m hohe **Morne Fortune**. Er ist sowohl wegen seiner **historischen Baudenkmäler** als auch wegen der tollen Aussicht einen Besuch wert. Schon die gewundene Straße von Castries hinauf bietet einzigartige Panoramablicke.

Hoch über Stadt und Hafen gelegen kam dem Morne Fortune während der englisch-französischen Kriege eine Schlüsselstellung zur Kontrolle der Insel zu. Wegen der vorzüglichen strategischen Lage hatten die Franzosen Mitte des 18. Jh. hier eine erste Festung, **Fort Charlotte**, errichtet. Angesichts der vielen Eroberungen und Rückeroberungen verwundert der Name des Hügels: „Berg des Glücks". Die blutigste Schlacht tobte im **Mai 1796**, als die britischen Truppen unter General Moore das Fort belagerten und schließlich einnahmen, woran ein 1932 errichtetes Monument erinnert. Heute sind von den Gebäuden des Forts nur noch Ruinen übrig. Dazwischen findet man Kanonen, alte Batteriestellungen sowie in restau-

Zweifelhafter Name

rierten Gemäuern einen großen Schulkomplex. Von der Hügelspitze hat man einen **weiten Blick** in alle Himmelsrichtungen und kann an klaren Tagen die beiden Pitons sowie die nahe gelegene Insel Martinique erkennen.

Auf dem Morne Fortune gibt es ein paar gute **Restaurants** mit schöner Aussicht.

Government House

Residenz

Auf dem Weg zum Morne Fortune liegt die offizielle Residenz des Generalgouverneurs: das Government House – ein schönes Beispiel für den viktorianischen Baustil. Auf halbem Weg befinden sich außerdem die weithin berühmten **Bagshaw Studios**, die Seiden-Siebdrucke herstellen. Etwas weiter bergauf, an der Victoria Street, ist die Firma **Caribelle Batik** zu besichtigen, die nach traditionellen Methoden Baumwoll- und Seiden-Batiken produziert.

Vigie Peninsula

Nördlich wird der Hafen von Castries von der Vigie-Halbinsel begrenzt, auf der viele Touristen zum ersten Mal den Boden von St. Lucia betreten. Hier befindet sich nämlich nicht nur einer der beiden Inselflughäfen, der **George F. L. Charles Airport**, sondern auch die größte Anlegestelle für Kreuzfahrtschiffe.

Duty-Free-Komplex

Abgestimmt auf die Bedürfnisse der Kreuzfahrttouristen ist der große und moderne Duty-Free-Komplex **Pointe Seraphine**, der aber auch anderen Touristen frei zugänglich ist. Hier findet man in einem ansprechend gestalteten und um einen Innenhof mit Freilichtbühne angeordneten Gebäudekomplex nicht nur eine Vielzahl von Geschäften (Elektronikwaren, Porzellan, Kunsthandwerk, Alkoholika, Textilien, Parfums, Kosmetika usw.), sondern auch Banken, eine Touristeninformation, Restaurants, einen Taxistand und sanitäre Einrichtungen.

Am **Jachthafen** legen auch viele Ausflugsboote an. Eine Sehenswürdigkeit hier war bis vor Kurzem das Segelschiff „**The Brig Unicorn**", das 1948 in Finnland als Kopie einer Brigg aus dem 19. Jh. gebaut wurde. Es wurde zwar als Piratenschiff vermarktet, ist aber wohl eher als ein Sklavenschiff anzusehen und wurde in der TV-Serie „Roots" sowie in der Filmreihe „Fluch der Karibik" als Kulisse genutzt. Leider sank das Schiff im Mai 2014 auf einer Fahrt zu einem Trockendock, wo es repariert werden sollte.

Wer die historischen und landschaftlichen Attraktionen der Vigie Peninsula besuchen möchte, muss um das Ostende der Flugbahn herumfahren. Ab dort ist die Halbinsel mit ihren Grashügeln, Schulgebäuden und Ruinen durch mehrere Straßen erschlossen. Sehenswert sind der **Leuchtturm** (Vigie Lighthouse) sowie die Überreste eines französischen Pulvermagazins aus dem Jahr 1784. An der Nordostseite der Halbinsel erstreckt sich der kilometerlange **Vigie Beach**, an dem sich größere Hotelanlagen angesiedelt haben.

Reisepraktische Informationen Castries

Essen und Trinken
siehe Karte S. 212

The Coal Pot (8), *an der Waterfront der Vigie Marina, ☏ 452-5566. Offen gestaltetes, mit viel Holz eingerichtetes Lokal mit französisch-karibischer Küche, direkt am Wasser gelegen. Eher teuer. Mo–Fr Mittagessen, Mo–Sa Dinner, So geschlossen.*
Castries Market (9). *Hinter den Markthallen gibt es die sogenannte Food Street mit kleinen Imbissbuden, die leckere lokale Küche zubereiten.*

Der Norden St. Lucias

Östlich von Castries

Lushan Country Life Nature Park

Der Park in der Siedlung Balata wurde von Arthur Anthony und seiner Familie mit der Intention gegründet, Einheimischen und Besuchern einen **Einblick in die Kultur**, Geschichte und in die kulinarischen Traditionen von St. Lucia zu bieten. Die sehr informative Tour führt auf einem ansprechend gestalteten Weg durch den üppigen Park, dabei werden die Heilkräfte tropischer **Pflanzen** erklärt und Früchte zum Probieren angeboten (frische Kokosnuss, Zuckerrohr, Bananen und andere Früchte der Saison). Frühmorgens hat man auch die Chance, verschie-

Informative Tour

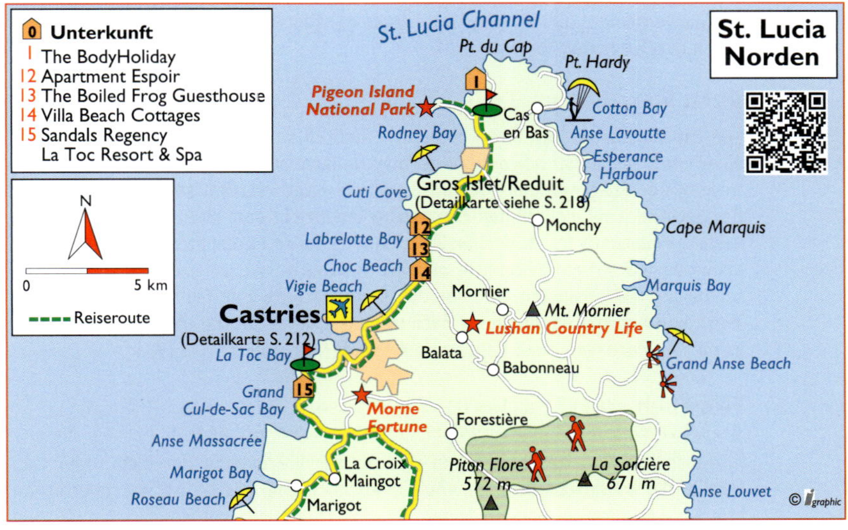

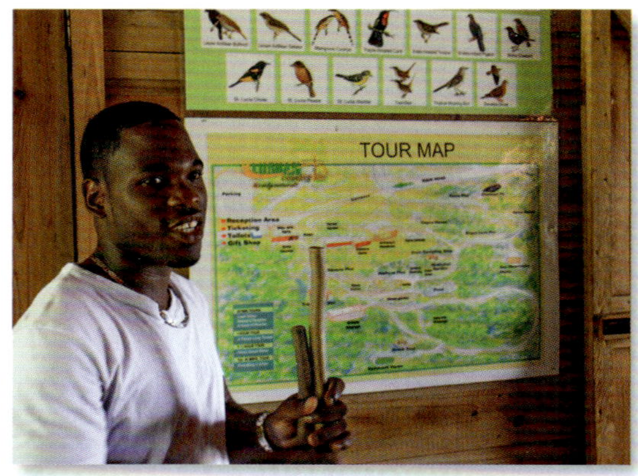

Führung zu Fauna und Flora im Lushan Country Life Nature Park

dene Vögel zu beobachten, die hier ihre Futterstellen haben. In einer traditionellen Strohhütte, der „Kai Pye", gibt es regionstypische Speisen wie Fish Cakes und Hot Bakes, aus Cassava-Mehl hergestellte Teigwaren. Am Ende der Tour gibt es ein Gläschen lokale Limonade. Während der Saison kann man hier auch noch zu Mittag essen, und zwar das Nationalgericht von St. Lucia: Green Fig & Salt Fish (Kochbanane und gesalzener Fish), alternativ gibt es Green Fig Salad mit Huhn (*je ca. 5 US-$*).

Lushan Country Life, *Morne du Don, Balata, ☏ 451-6091 oder 461-6535, www.lushancountrylife.com. Von Castries aus fährt man am besten zuerst auf dem Highway nach Norden bis zur Choc Bay und biegt dann am Kreisverkehr nach Südosten ins Inselinnere ab. Geführte Touren und weitere Angebote nach Voranmeldung. Am besten bei der Anmeldung nachfragen, ob sich für den entsprechenden Tag Touren von Kreuzfahrtschiffen angemeldet haben, denn dann wird es meist voll.*

Babonneau

Fährt man von Balata aus noch ein Stück weiter ins Inselinnere, erreicht man kurz darauf Babonneau. Hier bieten Rainforest Adventures (*☏ 458-5151, www.rainforestadventure.com/st-lucia*) u. a. Ziplining oder eine Fahrt mit einer Gondel durch den **Regenwald** an.

Piton Flore Nature Trail

Wanderung im Regenwald

Die Landschaft um den Piton Flore im Nordteil der Insel bietet die Möglichkeit einer zwei- bis dreistündigen Wanderung (je nachdem wie feucht es ist) durch den Regenwald. Ausgangspunkt des Trails ist die Rangerstation am Ende des Ortes **Forestière**. Ein Großteil der Wanderung entspricht dem alten Weg von Castries nach Dennery aus französischer Zeit. Entlang vieler beschrifteter Bäume kommt man nach gut einem Kilometer an eine Holzhütte, wo es nach rechts in einen schmalen Pfad hineingeht, und von dort auf die Route zum Gipfel des Piton Flore. Von oben hat man einen guten Blick auf das Cul-de-Sac-Tal. Auch hier gilt, dass keine Wanderungen ohne Guide erlaubt sind (*Kontaktdaten S. 234*).

Nördlich von Castries

Nördlich von Castries erstrecken sich bis zur Nordspitze der Insel, dem Cap Estate, die schönsten Strände von St. Lucia. Diese Region ist mit zahlreichen Hotels, Restaurants, Bars und einer Marina touristisch gut erschlossen. Neben den weißen Sandstränden locken auch einige Sehenswürdigkeiten, die einen Tages- oder Halbtagesausflug wert sind.

Gleich neben dem Flughafen George F. L. Charles liegt der **Vigie Beach** mit hellem Sand und schattenspendenden Bäumen. Weiter die Küste entlang in Richtung Norden kommt man zur **Choc Bay** mit einem schönen langen Strand, schattigen Plätzen zum Entspannen und einigen Hotelanlagen. Hinter der Brücke über den Choc River verläuft die Hauptstraße dann in größerer Entfernung zum Meer. Auf Stichstraßen nach links gelangt man zu den Resorts in der schönen **Labrelotte Bay** mit hellem Sandstrand sowie zu den beiden Luxushotels East Winds und Windjammer Landing.

Rodney Bay

Fischerdorf und touristisches Zentrum

Schließlich erreicht man die weit ins Landesinnere hereinragende Rodney Bay mit dem eher ruhigen Fischerdorf Gros Islet sowie dem Reduit Village mit vielen Hotels, Gästehäusern, Apartments, Restaurants, Shoppingmalls und einem Casino. Die geschützt liegende Marina verfügt über Restaurants und Bars, eine Zollabfertigung und Duty-Free-Läden. Wenn die Einheimischen von Rodney Bay sprechen, meinen sie gemeinhin diesen geschäftigen, südlichen Teil der Bucht mit dem langgestreckten, feinsandigen **Reduit Beach**. Von hier aus hat man einen schönen Blick auf den **Pigeon Island National Park** (S. 222). Ursprünglich war die Rodney Bay von einem mückenverseuchten Feuchtgebiet nahe des Reduit Beach bestimmt, das jedoch in den 1970er-Jahren trockengelegt und in eine schöne Lagune verwandelt wurde. Damit war der Grundstein für die touristische Entwicklung der Bucht gelegt.

Während sich im südlichen Bereich des Reduit Beach an den Wochenenden die einheimischen Jugendlichen und Familien zum Baden treffen, tummeln sich in Richtung des Kanals zur Marina hin zunehmend die Hotelgäste und Liebhaber des großen Wassersportangebotes. Nördlich des Kanals, der die Marina mit der Rodney Bay verbindet, beginnt das Fischerdorf Gros Islet. Wenn man von der Hauptstraße aus links in die Dauphin Street einbiegt und dieser bis zum Ende folgt, gelangt man in die Bay Street. Diese führt in Richtung Norden an den beiden Luxus-Resorts Landings St. Lucia und Sandals Grande vorbei nach Pigeon Island.

Bunte Wohnhäuser in Gros Islet

Gros Islet

Das kleine Fischerdorf Gros Islet war in den blutigen britisch-französischen Auseinandersetzungen mehrfach Kriegsschau-

Pigeon Island
Pigeon Island
Castries-Gros Islet Highway
MASSADE
Baker's St.
Chapped Street
Cricket Oval
Bay St.
Notre Dame Street
Church Street
Dauphin Street
Cas en bas Rd.
Cas en Bas, Cotton Bay
Friday Jump Up
George Street
GROS ISLET
Coral Avenue
Cemetery Street
Shell Close
Reef Dr.
Pearl Close
Ocean St.
Sand Stone Close
Spice Island Waterpark
Rodney Bay
BEAUSÉJOUR
Yacht Club
Reduit Beach
Orange Crescent
Palm Drive
Rodney Bay Marina
RODNEY BAY
Almond Rd.
Flamboyant Drive
Cashew Drive
Corda Pl.
Castries-Gros Islet Highway
Reduit Beach Avenue
Baywalk Mall
IQs Mall
REDUIT
Castries-Gros Islet Highway
BONNE TORTET
© igraphic
Rodney Bay und Gros Islet
N
0
50 m
Castries

Unterkunft
2 Bay Guesthouse
3 Chez Marie Alish
4 La Panache Holiday Apartments
5 Bay Gardens Beach Resort & Spa
6 Rex Resort St. Lucian
7 Harmony Suites
8 La Terrasse Inn
9 Coco Palm Resort
10 Bay Gardens Inn
11 Habitat TerrasseHotel

Essen und Trinken
1 Hi Tide Restaurant
2 SeaGrapes Beach Bar & Restaurant
3 Spinnakers Restaurant & Beach Bar
4 Razmataz Tandoori Restaurant
5 Marie's Fish Shak
6 Jacques Waterfront Dining
7 La Terrasse

platz, heute hat der Ort einen friedlichen, sogar etwas verschlafenen Charakter. Nur am Freitagabend, wenn der über die Inselgrenzen hinaus bekannte und berühmte **Friday Jump Up** ausgerufen wird, herrscht hier Ausnahmezustand. Dann verwandelt sich die Hauptstraße mit ihren kleinen Bars zur Tanzmeile. Riesige Musikboxen sorgen für den richtigen Sound, Einheimische und Besucher tanzen einträchtig im Rhythmus der dröhnenden Beats. Jede noch so kleine Holzhütte wird zur Rum-Bar, das hält die Party bis weit in die Nacht hinein in Schwung. Was einst ein Geheimtipp war, hat sich inzwischen zur Attraktion bei Einheimischen und Besuchern gemausert. Am folgenden Morgen verfällt der Ort wieder in seine gewohnt ruhige Gangart, als wäre nie etwas geschehen.

Musik, Tanz und Rum

St. Lucia Jazz & Arts Festival

info

Im Mai, zur Festivalzeit auf St. Lucia, ist es sehr schwer, kurzfristig noch ein Hotelzimmer zu buchen. Die ganze Insel ist dann in Bewegung, an vielen Orten treten Künstler von St. Lucia und von anderen Inseln der Karibik auf. Dabei steht der Jazz sicherlich im Mittelpunkt, aber auch Steelbands und Gospelchöre treten auf. Sogar **international bekannte Stars** wie Robin Thicke, Omi, Kool & The Gang, Flo Rida oder Jimmy Cliff, der altehrwürdige Vater des Ska, kommen gerne zum Festival, schwitzen auf der Haupttribüne auf Pigeon Island stärker als bei jedem Saunagang und lassen sich hinterher vermutlich in einem der Luxushotels verwöhnen. Es sei Ihnen gegönnt, denn die Stimmung ist jedes Mal prächtig auf der Halbinsel an der Rodney Bay. Die Einheimischen ziehen ihre besten Kleider an, sitzen stundenlang beim Friseur, versammeln ihre gesamte Familie um sich und machen dem Geschehen auf der Bühne mächtig Konkurrenz. Neben Pigeon Island und Rodney Bay gibt es noch weitere Austragungsorte, an denen die in der Regel über 50 Künstler auftreten. Der Fond D'Or Heritage Park in Dennery, der Rudy John Beach Park in Laborie und die ansonsten eher verschlafene La Place Carenage im Hafen von Castries werden in pulsierende Festivalorte verwandelt.

Das St. Lucia Jazz & Arts Festival ist nicht nur ein Musikfest, sondern nach dem Karneval DAS gesellschaftliche und kulturelle Ereignis der Insel, es gibt während der Festivalzeit Kunstausstellungen, Modenschauen sowie Theater- und Tanzvorführungen.
Infos und Tickets: http://stlucia jazz.org

Pressekonferenz beim St. Lucia Jazz & Arts Festival

Reisepraktische Informationen Rodney Bay und Gros Islet

siehe Karte S. 218/219

Unterkunft

Chez Marie Alish $ **(3)**, *Gros Islet, ☏ 450-0482/-8332, chezmariealish@hotmail.com. 8 einfache, geräumige Zimmer für Selbstversorger, die alle gleich ausgestattet sind. Sie verfügen über eine Küchenzeile, ein eigenes Bad/WC und einen Balkon bzw. eine Terrasse. Die ideale Unterkunft, wenn man zum Beispiel den Friday Jump Up erleben möchte, der quasi vor der Haustür stattfindet. Wenige Minuten Fußweg zum Strand (900 m) und zu den kleinen Restaurants im Ort, gutes Preis-Leistungs-Verhältnis.*

La Panache Holiday Apartments $ **(4)**, *Cas en Bas Rd., Gros Islet, ☏ 715-6910, www.lapanache.com. Die 3 farbenfrohen Mini-Apartments liegen am Hang von Gros Islet, abseits des Nachtlebens von Rodney Bay Village, und bieten je ein eigenes Badezimmer und eine Küchenecke. Die separat gelegene Lounge in einer Art Gartenpavillon lädt zum idyllischen Schmökern in der kleinen Bibliothek ein. 3 Nächte Mindestaufenthalt.*

Bay Guesthouse $–$$ **(2)**, *Bay St., Gros Islet, ☏ 724-8956 (whatsApp) oder 450-8956, www.bay-guesthouse.com. Das orangefarbene Gästehaus ist vom Wasser und vom Reduit Beach aus schon von Weitem zu erkennen. Wie schön die Aussicht von der kleinen Oase mit Palmen direkt zwischen Bay Street und Meer ist, sieht man aber erst vor Ort. Es gibt ein kleines Standardzimmer für 2 Personen zum Garten hin, 2 Zimmer (je mit kleiner Kochecke) zum Meer hin für je 3 Personen sowie im ersten Stock ein Apartment mit Küche, 2 Schlafzimmern und Wohnzimmer mit Blick aufs Meer. Der Badestrand befindet sich direkt um die Ecke. Alles, was man für den täglichen Bedarf braucht – Bäcker, kleiner Krämerladen, Markt, Restaurants –, ist fußläufig erreichbar.*

Harmony Suites $$ **(7)**, *Rodney Bay Village, ☏ 452-8756, www.harmonysuites.com. Direkt an der Marina in Rodney Bay und in fußläufiger Nähe zum Reduit Beach liegen die 31 geräumigen Suiten mit Schlaf- und Wohnbereich. Alle befinden sich in zweistöckigen Gebäuden um einen Pool herum und verfügen über Bad/WC, TV, WLAN, Balkon/Terrasse. Je nach Kategorie gibt es im Zimmer Kühlschrank, Toaster und Wasserkocher oder eine Küchenzeile mit Herdplatte, Mikrowelle und Toasterofen. Frühstück und kleine Mahlzeiten bekommt man im Cockpit Bistro, außerdem gibt es eine Bar, eine Autovermietung, einen Tauchshop, sowie ein Yoga- und Pilatesstudio.*

La Terrasse Inn $$–$$$ **(8)**, *Rodney Bay Village, ☏ 5720389 oder 721-0389, www.laterrassestlucia.com. Mitten in Rodney Bay Village, nur wenige Gehminuten vom Reduit Beach entfernt, liegt das kleine, leuchtend orange gestrichene Haus mit blauen Fensterrahmen. Von den insgesamt 4 Zimmern sind 2 größer und mit eigenem Bad, die anderen teilen sich ein Badezimmer. Alle Zimmer haben eine Terrasse und verfügen über eine Klimaanlage, WLAN, TV, Kühlschrank, Wasserkocher und Geschirr. Frühstück wird nicht serviert, aber abends kann man im angeschlossenen französischen Restaurant sehr gut essen. 2 Nächte Mindestaufenthalt.*

Habitat Terrasse Hotel $$–$$$ **(11)**, *Rodney Bay, ☏ 452-0822, http://habitatterrace.com. Das kleine Hotel mit 12 Einheiten oberhalb von Rodney Bay (schöner Blick auf Pigeon Island!) ist gut an den knallbunten Farben zu erkennen. Die Zimmer (für bis zu 6 Personen) sind unterschiedlich groß und individuell ausgestattet, alle haben Bad/WC, Klimaanlage, TV und WLAN, manche auch eine Küche. Frühstücks- und Aufenthaltsraum, kleine Bar, Garten, Whirlpool und Terrasse, Mahlzeiten nach Absprache. Wenige Fahrminuten nach Rodney Bay, ein Shuttle bringt einen dorthin.*

Rex Resort St. Lucian $$$ **(6)**, *Reduit Beach, ☎ 452-8351, www.rexresorts.com. Weitläufige Anlage der gehobenen Mittelklasse, direkt am Strand neben dem Schwesterhotel Royal St. Lucian. 156 komfortable Zimmer, 2 Restaurants und Bars, Diskothek, Pool, Einkaufszentrum, viele im Preis eingeschlossene Sportmöglichkeiten (u. a. Tennis und Mistral-Segeln).*

Coco Palm Resort $$$–$$$$ **(9)**, *Rodney Bay Village, ☎ 456-2800, www.cocoresorts.com. Aufgrund des hellgelben Anstrichs kann man dieses Boutique-Hotel nicht verfehlen. Für Familien sind die Family Suites mit Pool- oder Gartenblick interessant. Toll sind die sogenannten Swim Up Rooms, hier kann man direkt von der kleinen Terrasse vor seinem Zimmer in den großen Pool steigen und losschwimmen.*

Bay Gardens Beach Resort & Spa $$$$–$$$$$ **(5)**, *Rodney Bay Village, ☎ 457-8500, www.baygardensbeachresort.com. Das Bay Gardens Beach ist von den 3 Bay-Gardens-Hotels das einzige, das direkt am Wasser liegt. Es gibt 72 Zimmer und Suiten unterschiedlicher Größe und Ausstattung in mehreren dreistöckigen Gebäuden mit großen Balkonen, wahlweise mit Blick auf die Karibische See, den Garten oder den Pool. Einige Suiten haben eine Küche. Architektonisch ist die Anlage eine Mischung aus georgianischem Plantagenstil und französischem Einfluss, insgesamt herrscht eine freundliche Atmosphäre vor. Diverse Wassersportarten werden angeboten.*

Bay Gardens Inn $$$$$ **(10)**, *Rodney Bay Village, ☎ 452-8200, www.baygardensresorts.com. Das Bay Gardens Inn befindet sich in Rodney Bay direkt neben der kleinen JQ-Shopping Mall und am Castries-Gros-Islet-Highway, ist aber trotzdem ruhig. Der Strand ist nur wenige Minuten zu Fuß entfernt, alternativ kann man den Shuttle nehmen. Das Inn ist das günstigste der Bay-Gardens-Hotels in Rodney Bay Village. Es bietet insgesamt 33 Zimmer, alle mit Balkon oder Terrasse, außerdem gibt es einen Pool, WLAN, ein Restaurant und eine Bar.*

Essen und Trinken

Hi Tide Restaurant (1), *Reduit Beach, Bay Gardens Beach Resort, ☎ 457-8519. Karibische und internationale Küche, direkt am Strand, lockere Atmosphäre. Mo–So 7.30–22 Uhr.*

SeaGrapes Beach Bar & Restaurant (2), *Reduit Beach, Bay Gardens Beach Resort, ☎ 457-8531. Burger, Pizzen und karibische Küche, lockere Atmosphäre. Tgl. 10–17 Uhr, Di/So 6–21.30 Uhr.*

Spinnakers Restaurant & Beach Bar (3), *Reduit Beach, ☎ 452-8491, spinnakersbeachbar.com. Karibisch-europäische Fusion-Küche, lockere Beachbar-Atmosphäre. Tgl. 9–22 Uhr.*

Razmataz Tandoori Restaurant (4), *Rodney Bay, ☎ 452-9800, razmatazrestaurant.com. Nepalesisch-indische Küche, authentische Atmosphäre, Außenbestuhlung. Tgl. außer Di von 17–23 Uhr.*

Marie's Fish Shak (5), *Reduit Beach, ☎ 712-9992. Beachbar am südlichen Ende des Reduit Beach. Der Fisch kommt direkt vom Boot auf den Grill und anschließend auf den Teller, dazu gibt es rustikale Beilagen. Ein Genuss! Ein kühles Bier dazu gibt es natürlich auch. Faire Preise.*

Jacques Waterfront Dining (6), *Rodney Bay Village ☎ 458-1900, www.jacquesrestaurant.com. Schönes Restaurant mit Terrasse direkt am Wasser (Blick auf die Marina). Auf der Karte steht neben leckerer Fischsuppe, Salaten, Lammrippchen und Steaks auch immer der „Fang des Tages", frisch gegrillt.*

La Terrasse (7), *Rodney Bay Village, ☎ 572-0389 oder 721-0389, www.laterrassestlucia.com. Fine Dining in Wohlfühlatmosphäre bietet das in karibischen Farben gehaltene Restaurant La Terrasse. Schöner tropischer Garten und hervorragende französisch-karibische Küche. Tgl. außer Di ab 18 Uhr.*

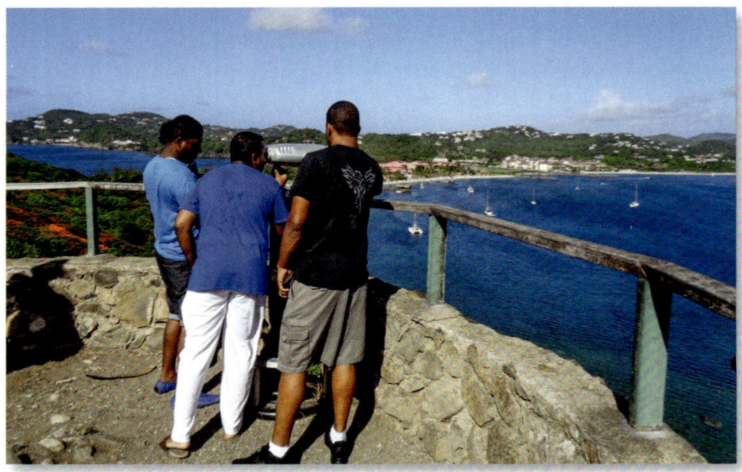

Blick vom Fort Rodney auf den Pigeon Island National Park und die Rodney Bay

Pigeon Island National Park

Nördlich von Gros Islet führt die Bay Street in weitem Bogen nach links auf Pigeon Island zu. Die **ehemalige Insel** ist schon seit 1970 durch einen Damm mit St. Lucia verbunden. Gleich hinter dem Eingang des Nationalparks hilft eine Tafel bei der Orientierung auf dem Gelände und erklärt die **historischen Baudenkmäler**. Außerdem sind zahlreiche Funde aus der indianischen Vorgeschichte in einem Arawaken-Museum bestens dokumentiert.

Pirateninsel

Mitte des 16. Jh. geriet die Insel in den europäischen Blickpunkt, weil sie als Schlupfloch des berüchtigten französischen Piraten François le Clerc weithin bekannt war. Später bauten die Briten ein Fort, das heute den Namen **Rodney** trägt. Es ist nach jenem Admiral benannt, der in der Seeschlacht von Les Saintes den vielleicht wichtigsten Sieg des Empire gegen Frankreich errang. Viele Ruinen aus dieser Zeit sind noch zu sehen, außerdem die Überreste einer Walfangstation, die von 1909 bis zum Verbot des Walfangs 1926 in Betrieb war. Die zwischenzeitlich von der Schauspielerin Josset Agnes Hutchinson gemietete Insel wurde während des Zweiten Weltkriegs von der US Navy zur U-Boot-Bekämpfung genutzt. Nach dem Bau des Jachthafens und der Zufahrtsstraße schützte man Pigeon Point ab 1975 als Nationalpark.

Über die Geschichte des Pigeon Island National Park kann man sich im **Museum & Interpretation Centre** informieren. Zwei Restaurants sowie ruhig gelegene Strände sorgen für einen angenehmen Aufenthalt auf Pigeon Island. Pigeon Island ist heute einer der Hauptveranstaltungsorte des **St. Lucia Jazz & Arts Festival**.

Pigeon Island Interpretation Centre, *tgl. 8–16 Uhr, Eintritt für den Park: 7 US-$. Weitere Infos über das Büro des St. Lucia National Trust, ☏ 452-5005, www.slunatrust.org/sites/pigeon-island-national-landmark.*

Der äußerste Norden

Cap Estate/Pointe du Cap

Die stark besiedelte Region zwischen Pigeon Point und dem Pointe du Cap ist durch hügelige Landschaft geprägt und wird an der Westküste durch die All-inclusive-Anlagen Smugglers Cove, Cap Maison und The BodyHoliday dominiert. Wie überall auf der Insel sind die von den Hotelgästen genutzten Strände öffentlich zugänglich. Tauchschulen bieten die Erkundung der lohnenden Tauchreviere an. Vom Pointe du Cap in Richtung Westen ist die Küstenlinie fest in der Hand privater Grundbesitzer, die von ihren Anwesen aus bei klarer Sicht einen Blick bis nach Martinique genießen. Von historischem Interesse sind die Ruinen der Plantage von **Morne Paix Bouche**. Hier wuchs ein kleines Mädchen namens Marie Josèphe Rose de Tascher de la Pagerie auf, das später nach Martinique zog. Später wurde Marie unter dem Namen Joséphine de Beauharnais bekannt, heiratete in zweiter Ehe Napoleon Bonaparte und wurde 1804 in der Pariser Kirche Notre-Dame zur Kaiserin von Frankreich gekrönt.

Hügelige Landschaft

Die Anwohner der Nordostküste sind recht gut vor neugierigen Passanten geschützt, denn die zum Teil extrem schlechten Straßen bzw. Schotterpisten mit tiefen Abflussfurchen machen das Autofahren sehr mühsam und unattraktiv. Wer sich trotzdem hierher wagt – in die trockenste Gegend der Insel – den erwarten Ausblicke auf den Karibischen Kanal, wo sich die Karibische See und der Atlantische Ozean treffen. Der international bekannte Maler **Llewellyn Xavier** hat sein Anwesen hier. Das weiße Haus des Künstlers liegt auf einem Hügel in Cap Estate mit Blick über den nördlichen Inselteil bis zum Atlantik.
Llewellyn Xavier Studio, ☏ *450-9155, www.llewellynxavier.com. Besichtigung nach Terminvereinbarung.*

Cas en Bas/Cotton Bay

Attraktiv ist ein Abstecher auf die Atlantikseite an den wilden Strand der Cotton Bay. Die abgeschiedene Bucht ist bei **Kitesurfern** sehr beliebt. Das am Strand gelegene Restaurant lohnt einen Abstecher zum Mittagessen. Die Anfahrt erfolgt über die Straße, die durch den Golfplatz zum Cotton Bay Village führt. Am Ende der Straße fährt man nach rechts auf der Piste am Village entlang bis zum Strand.

Abgeschiedene Bucht

Reisepraktische Informationen Norden St. Lucias

siehe Karte S. 215

Unterkunft

Apartment Espoir $–$$ **(12)**, *Labrelotte Bay, Marisule,* ☏ *452-8134, www.apartmentespoir.com. Das Gästehaus unter deutscher Leitung befindet sich in Hanglage inmitten eines tropischen Gartens. Von hier aus hat man einen tollen Blick auf das Meer zwischen Castries und Rodney Bay. Die Einheiten (5 Studios, 5 Apartments unterschiedlicher Größe sowie ein Cottage) verfügen alle entweder über eine Küchenzeile oder eine voll ausgestattete Küche, Dusche/WC, Ventilator/Klimaanlage, WLAN sowie einen Balkon mit Meerblick.*

The Boiled Frog Guesthouse $$ (13), *Choc Bay,* ☏ *452-4120, www.theboiled frog.net. Das kleine Gästehaus liegt schön an der Choc Bay direkt am Strand und hat nur 2 Zimmer (eines davon mit kleiner Küche, alle mit Klimaanlage, TV und WLAN). Die freundlichen Gastgeber bieten eine sehr familiäre Atmosphäre. Im Garten kann man in der Hängematte entspannen.*

The BodyHoliday $$$$$ (1), *Cariblue Beach, Cap Estate,* ☏ *457-7800, www.the bodyholiday.com. First-Class-Hotel auf All-inclusive-Basis mit sehr gutem, leichtem Essen und dem größten Sportangebot in der Karibik, u. a. Tennis, Wasserski, Schnorcheln, Fahrradfahren, Golf, Volleyball, Meditation, Fechten, Bogenschießen, Aqua Aerobic, Hobie-Cat-Segeln und Yoga. Ergänzt wird das Ganze durch etliche Kurbehandlungen (Thalasso-Therapie, Massagen, Fangopackungen etc.) und weitere Annehmlichkeiten wie etwa einen Saunabereich. 152 Zimmer mit Balkon, 2 Suiten, Penthouse Suite, Restaurant und 2 Bars sowie 3 Swimmingpools stehen zur Verfügung.*

Villa Beach Cottages $$$$$ (14), *Choc Bay, Castries,* ☏ *450-2884, villabeach cottages.com. Die Hotelanlage, deren Gebäude mit feinen Holzarbeiten verziert sind, liegt direkt am Palmenstrand der Choc Bay. Es gibt Cottages und Suiten sowie eine Honeymoon Villa. Die Unterkünfte verfügen über Klimaanlage bzw. Ventilator, Kochecke, Balkon und TV. Im sogenannten „Nobel Cottage" hat der Nobelpreisträger für Literatur Derek Walcott jahrelang seinen Urlaub verbracht. Restaurant und Bar.*

Sandals Regency La Toc Resort & Spa $$$$$ (15), *La Toc,* ☏ *452-3081, www.sandals.com. Das All-inclusive-Resort liegt westlich von Castries zwischen einem schönen Sandstrand und dem Golfplatz. Das Hotel bietet alles, was einen luxuriösen Karibikurlaub ausmacht: Rund-um-die-Uhr-Betreuung auf höchstem Niveau, Spa, umfassendes Sportangebot zu Wasser und zu Land sowie nicht zuletzt: das Karibische Meer direkt vor der Zimmertür.*

Der Westen und Südwesten: über Soufrière nach Vieux Fort

Die Westküstenroute von Castries nach Vieux Fort bietet die **wichtigsten natürlichen Sehenswürdigkeiten** von St. Lucia, die vor allem um Soufrière, die zweitgrößte Stadt der Insel, konzentriert sind.

Von Castries nach Soufrière

Erkundung der Küste

Bis Soufrière hat man die Qual der Wahl, ob man der Fahrt mit dem Mietwagen (bzw. Taxi) oder lieber dem Seeweg den Vorzug gibt: Die meisten Reiseagenturen haben **Schiffsausflüge** im Programm, bei denen man an Bord eines Katamarans, Motorbootes oder einer Segeljacht die dramatische Küstenszenerie in aller Ruhe genießen kann. Auf der Höhe von Soufrière sind dabei Landexkursionen vorgesehen, sodass dies eine schöne Möglichkeit ist, einen Überblick über die Insel zu bekommen. Direkt nach der Ausfahrt aus dem Hafen von Castries passieren Schiffsreisende die **La Toc Bay**, die über einen Sandstrand, einen Jachthafen und einige Hotels verfügt. Benannt wurde die Bucht nach der La Toc Battery, die die

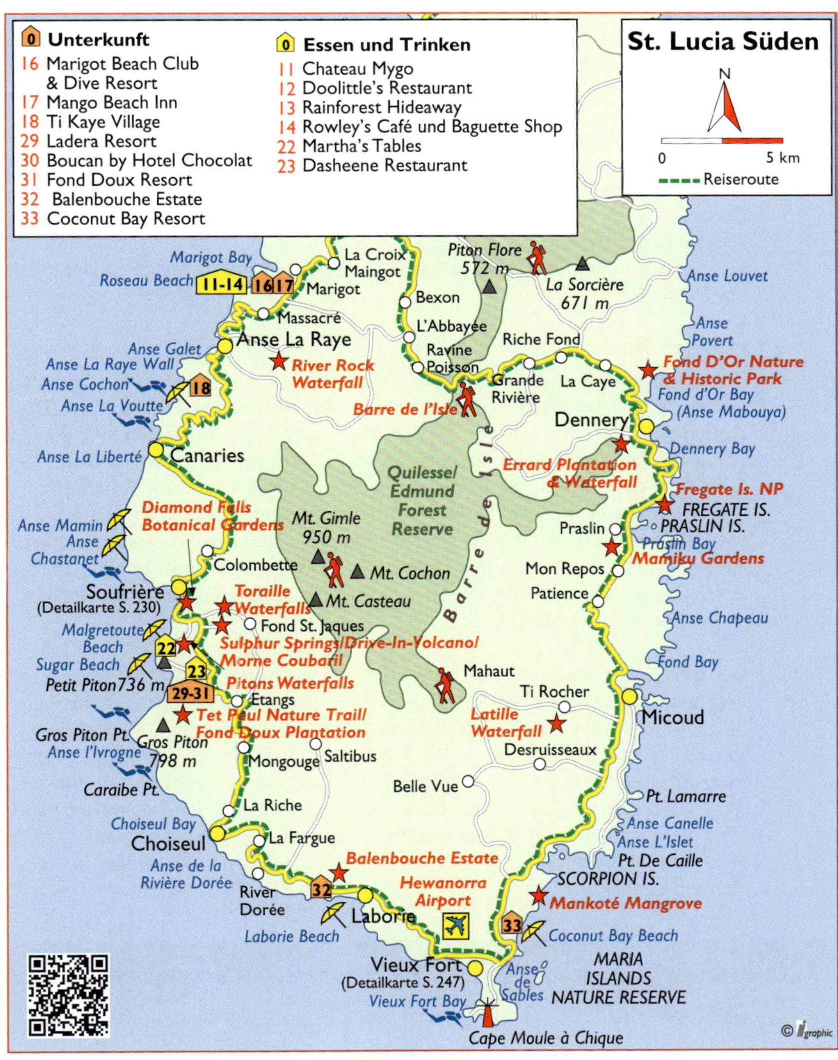

britische Navy zum Schutz des Hafens unterhalb des Morne Fortune installierte. Baracken, Munitionslager, Beobachtungstürme und schwere Kanonen – darunter ein 18-Tonnen-Ungetüm – machten zusammen mit benachbarten Stellungen den Morne Fortune fast uneinnehmbar. All diese Einrichtungen wurden mit dem Abzug der letzten britischen Truppen im Jahre 1905 aufgegeben und sind heute nur noch Ruinen.

Südlich der La Toc Bay führt die Schiffstour am Industriehafen vorbei, einer lang gestreckten Anlage mit zwölf riesigen Öltanks, die in eine künstlich aufgeschüttete und terrassierte Landschaft eingelassen worden sind. Die Tanks dienen der Lagerung von Öl u. a. aus Trinidad und Venezuela, das von hier aus in alle Welt weiterverschifft wird. Kurze Zeit später taucht linker Hand die berühmte **Marigot Bay** auf.

Mit dem Auto führt der Weg ab Castries über den **Morne Fortune**, von wo aus man ins Tal des Cul de Sac River mit seinen Bananenplantagen hinabfährt. Anschließend geht es wieder bergauf und nach einigen kurvenreichen Kilometern zweigt hinter dem Dorf **Marigot** ein kleiner Fahrweg nach rechts zur Marigot Bay hinab.

Marigot Bay

Filmschauplatz

Die romantische Bucht beherbergt einen der sichersten Häfen im gesamten karibischen Raum. Sie diente als Schauplatz des 1967 gedrehten Filmmusicals „**Dr. Dolittle**". Auch historisch war die vom Meer aus schwer einsehbare und durch zahlreiche Palmen zusätzlich verborgene Bucht von Bedeutung: Hier konnte sich 1778 der britische Admiral Barrington mit seiner Flotte vor den vorbeisegelnden Franzosen verstecken. Es heißt, dass die Engländer ihre Schiffe auch noch mit abgebrochenen Palmwedeln getarnt hätten. Heute ist die wirbelsturmsichere Marigot Bay ein **lebhafter Jachthafen**. Zu jeder Tageszeit sind hier Dutzende von Segelbooten und kleinen Fähren unterwegs und bringen die Besucher von der Marina zum kleinen Palmenstrand.

Der **Billy Goat Nature Trail** führt hinauf auf den Barre St. Josephe. Schon der Weg zum Trail ist ein kleines Abenteuer: Man nimmt zuerst die Fähre zum Marigot Beach Resort, geht links durch das Doolittle's Restaurant, am Dive Shop vorbei und hat dann noch einen kleinen Anstieg bis zur Talstation der Standseilbahn zu bewältigen. Mit etwas Glück steht die hellblaue Kabine bereit, in der man bis zum Ausstieg beim Oasis Hotel fährt. Dort befindet sich der Wegweiser zum Wanderweg. Nach einer halben Stunde auf dem Trail erreicht man einen schönen Aussichtspunkt mit Panoramablick auf die Marigot Bay. Im 16. Jh. war hier ein Marinestützpunkt.

Reisepraktische Informationen Marigot Bay

siehe Karte S. 225

Unterkunft

Marigot Beach Club & Dive Resort $$$$–$$$$$ (16), *Marigot Bay, ☎ 451-4974, www.marigotbeachclub.com. Separate Bungalowhäuser für 2–10 Personen in schöner Lage an einem steilen Hang, nur mit der Fähre erreichbar. Wer sich hier ein paar Tage aufhält, fühlt sich sofort „entschleunigt". Das tägliche Fitnesstraining ist schon allein durch die Auf- und Abstiege vom Zimmer zum Frühstücksbereich und zurück erledigt. Vom Zimmer aus kann man durch den Palmenwald die Marigot Bay mit ihrem Treiben beobachten. Jeden Abend trifft man den Besitzer David an der gemütlichen Bar mit WLAN an, die er mit 2 großen Billardtischen, Sofas und Bücherecke als sein*

Wohnzimmer eingerichtet hat. Wer allerdings morgens um 8 Uhr sein Frühstück haben möchte, der muss sich noch ein Stündchen gedulden. In dieser Zeit kann man der Fähre zuschauen, wie sie nach und nach die Servicekräfte um die kleine Palmenhalbhinsel herum zum Marigot Beach Club bringt. Ein Restaurant, ein umfangreiches Wassersportangebot, ein kleiner Pool sowie Tauchshop stehen zur Verfügung. Eine Besonderheit des kleinen, familiären Hotels ist die Standseilbahn, in deren Kabine die Gäste zu den höher gelegenen Zimmern, zu den Villen des Oasis Marigot sowie zum Wanderweg (S. 226) gebracht werden.

Mango Beach Inn $$$$–$$$$$ (17), *Marigot Bay, ☏ 458-3188, www.mangobeachmarigot.com. Von der Fähre zum Rainforest Hideaway geht man durch das Restaurant, eine kleine Tür gleich neben der Bar führt auf einer Steintreppe hinauf in dichte Regenwaldvegetation. Dort befindet sich das familiäre Inn mit nur 5 Zimmern, die jeweils über eine großartige Ausicht verfügen. Inklusive Frühstück.*

Essen und Trinken

Chateau Mygo (11), *Marigot Bay, ☏ 458-3947. Auf der südlichen Buchtseite führt ein kleiner Gartenpfad zum Restaurant direkt am Wasser. Von hier kann man wunderbar die ein- und auslaufenden Schiffe sowie den regen Fährbetrieb beobachten. Das Essen basiert auf über Generationen weitergegebenen kreolischen Familienrezepten der Besitzerin Doreen Rambally, deren Familie das Lokal bereits in den 1970er-Jahren erwarb. Fische wie Thunfisch, Red Snapper, Kingfish, MahiMahi sowie heimischer Lobster werden mit Ingwer, Mango, Papaya, Passionsfrucht und Gemüsen aus der Region serviert. Aber auch Schweinefleisch, Hühnchen oder Pizza stehen auf der Karte.*

Doolittle's Restaurant (12), *Marigot Bay, ☏ 451-4974. Das schönste Lokal in der Bucht von Marigot, zu dem man von der Marigot Jetty aus mit der Fähre gebracht wird. Neben guten karibischen Cocktails gibt es internationale Küche mit karibischem Einschlag. Der Lobster mit scharfer Soße ist sehr zu empfehlen.*

Doolittle's Restaurant ist auf jeden Fall eine Fährfahrt wert

Rainforest Hideaway (13), *Marigot Bay, ☏ 286-0511, www.rainforesthideawaystlucia.com. Klassische französische Küche wird hier mit karibischen Zutaten kombiniert und in sehr romantischem Ambiente inmitten von Mangroven und Regenwaldgewächsen serviert. Zum Restaurant gelangt man über einen Sidewalk, der kurz vor dem Mango Bay Hotel beginnt, oder per Fähre, die für Gäste kostenfrei ist. Sehr gute Weinkarte. Reservierung erforderlich, mittags geschlossen, im Sommer auch So–Di. Mo/Mi/Do/Sa Live-Jazz.*

Rowley's Café und Baguette Shop (14), *Marina Village, Marigot Bay, ☏ 451-4275. Das Café bietet leckeres Frühstück und Mittagessen, Nachmittagstee und einen Snack am Abend. Eine schöne Alternative ist auch ein Nachtisch aus der Bäckerei à la France: Hier gibt es frische Croissants und leckere Törtchen. Reservierungen nicht möglich, tgl. 7–19 Uhr.*

Roseau Bay

Unverbaute Idylle

Zurück auf der Hauptstraße durchquert man die **Ebene des Roseau River**, die von Bananenplantagen und der nach dem Fluss benannten Bucht bestimmt wird. Die Roseau Bay ist die einzige Bucht an der Westküste, die unbebaut ist. Kein Hotel, kein Restaurant, nur ein paar einfache Hütten gibt es hier. Mit dem normalen Mietauto ist der Weg entlang des Flusses bis zum schönen Strand nicht immer machbar. Dann einfach das Auto stehen lassen und einen Spaziergang unternehmen. Von der Marigot Bay aus kann man auch gut einen Bootsausflug hierher machen und den Blick genießen.

Hinter der Ebene des Roseau River windet sich die Hauptstraße wieder in einigen Serpentinen auf die grünen Hügel an der Küste hinauf (schöne Aussicht vor Erreichen der Ortschaft **Massacré**).

Anse la Raye

Auf Meeresniveau hinab führt die Hauptstraße durch das pittoreske Fischerdorf Anse la Raye, dessen Einwohner für die Herstellung von Einbaum-Kanus bekannt sind. Während der Saison zieht freitags der **Fish Fry** Einheimische und Besucher in den Ort. Dann wird hier – ähnlich wie in Gros Islet – Fisch gegrillt, gegessen, laute Musik gehört und getanzt. Im Ort zweigt eine schmale, 4 km lange Straße zum **River Rock Waterfall and Garden** ab. Der Wasserfall liegt inmitten eines Garten, der nach den Schäden durch den Hurrikan Thomas 2010 wieder üppig wächst. Das Wasser fällt über eine Steinrampe auf gemauerte Steinstufen hinab, auf die man sich setzen kann. In dem Pool kann man gut baden, es gibt auch eine Hütte zum Umkleiden.

Wracktauchen

Gute Taucher finden südlich der Bucht einen der populärsten Spots der Region: den gesunkenen 400-Tonnen-Frachter „**Lesleen M**". Das für seeuntauglich erklärte Schiff wurde unter Berücksichtigung aller ökologischen Vorsichtsmaßnahmen 1986 versenkt, um Korallen und Fischschwärme anzuziehen. Nun liegt es aufrecht in 20 m Tiefe, das Deck befindet sich nur zehn Meter unter der Oberfläche, sodass man von oben häufig die Umrisse sehen kann. Die Lesleen M ist noch vollständig

Der Fischerort Anse la Raye

ausgestattet mit Ankerwinde, Mast, Schraube, Maschinenraum etc. Als künstliches Riff ist das Wrack ein großer Erfolg, da es viele Fischarten anlockt und sich weiche Korallen an den Wänden ansiedeln.

Unterkunft

Ti Kaye Village Resort & Spa $$$$ *(18, Karte S. 225), West Coast Rd. zwischen Anse la Raye und Canaries, Anse Cochon, ☏ 456-8101, www.tikaye.com. Die 33 eleganten und doch auch etwas rustikal wirkenden Zimmer des Resorts liegen am Hang oberhalb der schönen Anse Cochon mit guten Tauch- und Schnorchelmöglichkeiten. Ideal für Paare, die ihre Zweisamkeit genießen möchten, nur eine schlecht zu befahrene Straße führt in dieses abgeschiedene Paradies. Rundherum gibt es außer fantastischer Landschaft und authentischem karibischem Leben keine weiteren Sehenswürdigkeiten.*

Von Anse la Raye geht es auf gewohnt kurviger Strecke hinauf in die Berge, dann wieder hinab zum nicht minder schönen Dorf **Canaries.** Vom ersten Anstieg südlich des Fischerdorfes hat man einen tollen Blick auf die Bucht. Anschließend macht die Hauptstraße erneut einen weiten Bogen ins Inselinnere, wo man am westlichen Ende des naturgeschützten Regenwaldes im **Edmund Forest Reserve** entlangfährt. Vom letzten Höhenzug vor dem Meer bietet sich ein atemberaubender Blick auf das malerische Soufrière und die beiden Pitons, von denen der **Petit Piton** (736 m) dem Betrachter am nächsten liegt. Der dahinter aufragende Zwilling **Gros Piton** ist 798 m hoch. Da beide Gipfel steil aus dem Meer steigen, wird ihre Höhe häufig überschätzt. Die Serpentinenstraße führt schließlich hinab zum Städtchen Soufrière, um das mehrere der größten Sehenswürdigkeiten der Insel versammelt sind.

Malerische Szenerie

Soufrière und Umgebung

Die Bucht von Soufrière war einst bevorzugtes Siedlungsgebiet der Arawaken und Kariben, wovon noch vereinzelte Petroglyphen (u. a. in Stonefields) und verschiedene Steinterrassen (u. a. in Belfond) zeugen. Im 17. Jh. begannen französische Kolonisten, den Wald zu roden und Plantagen aufzubauen. Ihre Siedlung, die sie nach den nahen Schwefelquellen benannten (franz. „*soufre*“ = Schwefel), entwickelte sich zum landwirtschaftlichen Zentrum der Region und wurde 1746 zur **Hauptstadt** erklärt. Zwei Katastrophen beendeten diese Vormachtstellung: 1780 vernichtete ein Hurrikan fast alle Pflanzungen Soufrières sowie die meisten Gebäude. Dann erschütterten während der Französischen Revolution bürgerkriegsähnliche Zustände die Stadt: auf dem Marktplatz wurde gegenüber der heutigen Kirche eine Reihe königstreuer Plantagenbesitzer guillotiniert. Nach der Wiederherstellung

Hurrikan und Revolution

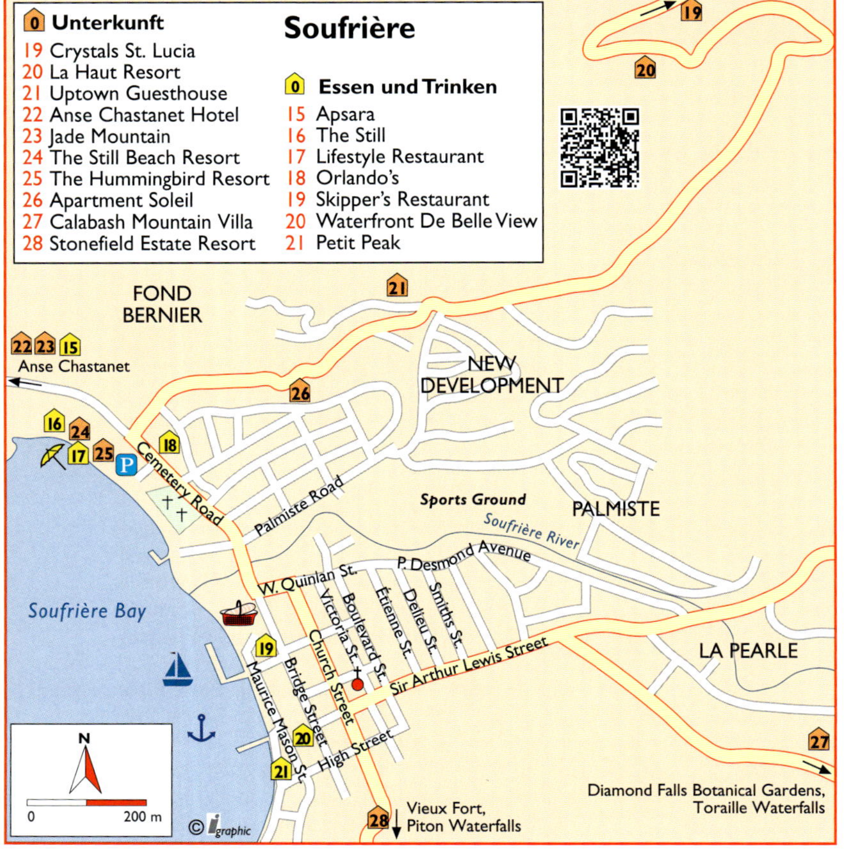

der alten Verhältnisse verbündeten sich viele Sklaven mit desertierten Soldaten, noch fünf Jahre lang zogen diese sogenannten Brigands marodierend über die Insel. Vom zerstörten Soufrière ging die Hauptstadtfunktion in der britischen Zeit auf Castries über. Der französische Einfluss ist in Soufrière jedoch bis auf den heutigen Tag zu spüren. Er zeigt sich etwa an der katholischen Kirche, an den eleganten kreolischen Häusern und im Patois der einheimischen Bevölkerung.

Der Ort Soufrière liegt direkt im Vulkangebiet

Wirtschaftlich ist Soufrière für die Insel kaum von Bedeutung. Der Ort mit etwa 8.000 Einwohnern hat mit hoher Arbeitslosigkeit zu kämpfen. Die meisten Arbeitsplätze bieten die umliegenden Luxusresorts. Obwohl viele Tagestouristen mit Booten im kleinen Hafen von Soufrière anlegen, um die umliegenden Naturschönheiten zu besichtigen, scheint der Ort selbst davon erstaunlich wenig zu profitieren. Einige engagierte Einwohner haben daher die **Soufrière Foundation** (SRDS) gegründet. Die Stiftung unterstützt lokale Initiativen für die Entwicklung der Soufrière-Region und ermutigt Menschen und Unternehmen, sich hier wirtschaftlich zu engagieren.

 Tipp

Die Internetseite der **Soufrière Foundation** bietet neben Informationen zu wirtschaftlichen Projekten in der Region zu jeder Sehenswürdigkeit ausführliche Informationen: www.soufrierefoundation.org. Sehr zu empfehlen!

Anse Chastanet und Marine Park

Die Anse Chastanet im Norden von Soufrière bietet **karibische Traumstrände** mit hochgewachsenen Palmen und schwarzem Vulkansand. Das Wasser ist so klar, dass man die Fische bereits vom Ufer aus sehen kann. Die Bucht bietet neben dem Anse Chastanet Beach noch den Anse Mamin Beach, der über einen kleinen Weg entlang der Küste in wenigen Minuten zu erreichen ist. Dominiert werden die Strände von den Liegen und Sonnenschirmen der Hotels Anse Chastanet und Jade Mountain. Aber keine Scheu: Auch wer sich einfach auf seinem Strandtuch im Schatten einer Palme niederlässt, wird sehr höflich behandelt und bekommt die Karte der Strandbar gereicht. Der **Marine Park** liegt am südlichen Ende der Bucht und ist an der Abgrenzung zu erkennen, die Schnorchler vor Motorbooten schützt. Am Anleger des Wassertaxis bietet eine Leiter einen guten Zugang.

Schwarzer Vulkansand

Der Zugang vom Strand der Anse Chastanet in den Marine Park

Anfahrt: *Verlässt man Soufrière in Richtung Norden, führt direkt in der scharfen Rechtskurve hinter dem Strandzugang von Soufrière links eine schlechte Betonpiste hoch. 15 Minuten führt der holprige Weg steil bergauf und bergab, er ist aber mit einem normalen Mietwagen zu befahren. Am Anse Chastanet Beach gibt es ein Strandrestaurant (nur mit Reservierung) und eine Bar sowie ein WC auch für Nicht-Hotelgäste.*

Soufrière Estate und Old Mill Restaurant

Seit Ludwig XIV. im Familienbesitz

Fährt man vom Stadtzentrum Soufrières in östlicher Richtung am Marktplatz und der Kirche vorbei, kommt man entlang des Soufrière River zunächst zu den Diamond Falls Botanical Gardens auf dem Gelände der Plantage **Soufrière Estate**. Die Geschichte der Plantage geht zurück auf die Zeit König Ludwigs XIV., als hier drei Brüder namens Devaux zunächst Kaffee, Kakao, Tabak und Baumwolle anbauten. Als der Export von Zucker höhere Gewinne versprach, ging man auch hier zum Anbau von Zuckerrohr über. Heute ist die Plantage immer noch im Besitz der Familie Devaux, einer der mächtigsten Familien von St. Lucia. Geerntet werden vor allem Bananen, Kakaobohnen für den Export in die USA und Kokosnüsse, aus denen Kopra für Öl und Seife hergestellt wird. Bei einer Besichtigungstour durch die Plantage kommt man an dem herrlichen Botanischen Garten und am noch funktionstüchtigen Wasserrad der ehemaligen Zuckerfabrik (1765) vorbei. Die Tour wird von mehreren Veranstaltern zusammen mit einem Mittagessen im Old Mill Restaurant angeboten.

Soufrière Estate und **Old Mill Restaurant**, *Besichtigung und Essen nach Voranmeldung, ☏ 459-7565.*

Diamond Falls Botanical Gardens & Mineral Baths

Die zum Soufrière Estate gehörenden Diamond Falls Botanical Gardens & Mineral Baths sind oft das Ziel von Besichtigungstouren. Vom Parkplatz aus geht man durch die Einlasspforte zunächst in einen 1983 angelegten Botanischen Garten. Dieser wurde von den derzeitigen Besitzern der Plantage im landschaftlich schönen Tal eingerichtet und mit Spazierwegen versehen. Fast alle Blumen, Früchte, Sträucher und Bäume Westindiens sind hier zu bewundern, jedes Jahr kommen neue, teilweise seltene Pflanzen hinzu.

Perfekt für eine Erfrischung – die Toraille Waterfalls

Gelegentlich passiert man Überreste jener Mineralbäder (nicht zu verwechseln mit den vulkanischen Sulphur Springs), die Ludwig XIV. für seine Soldaten anlegen ließ. Während der Mordzüge der „Brigands" wurden diese Bäder zerstört. Über viele Jahre hinweg blieben die Ruinen unberührt und wurden vom Urwald überwuchert. Inzwischen sind in unmittelbarer Nähe der ursprünglichen Anlage **neue Mineralbäder** entstanden, deren therapeutische Wirkung oft mit den Bädern im französichen Aix-les-Bains verglichen wird. Gegen ein verhältnismäßig geringes Eintrittsgeld sind die Warmwasserpools der Öffentlichkeit zugänglich. Umkleidekabinen und Duschen machen den Besuch hier sehr unkompliziert. Von den Mineralbädern führt ein kurzer Pfad zum Diamond River, der aus dem benachbarten vulkanischen Gebiet ins Tal strömt und als **Diamond Waterfall** vielfarbig und spektakulär herabstürzt.

Diamond Falls Botanical Gardens & Mineral Baths, *Diamond Rd., ☏ 459-7155, diamondstlucia.com, Mo–Sa 10–17 , So 10–15 Uhr, 7 US-$. Mit Cafeteria und Souvenirshop.*

Toraille Waterfalls

Fünf Minuten Fahrtzeit östlich von Soufrière finden sich die rund 80 m tiefen Toraille Waterfalls. Stellt man sich in den erfrischenden Wasserfall, zwingt einen die Kraft des Wassers fast in die Knie. Vom Kassenhäuschen aus läuft man nur wenige Meter und taucht doch sofort in üppig grüne Regenwaldvegetation ein. Das Eintrittsgeld ist die schöne Erfrischung auf jeden Fall Wert.

Toraille Waterfalls, *am College vorbei, dann rechts halten, Mo–So 9–16.40 Uhr, 8 US-$. Umkleidekabinen vorhanden.*

info

Wandern im Edmund Forest Reserve und im Quilesse Forest Reserve

Mit Glück sieht man im Regenwald den St.-Lucia-Papagei

Eine geführte Wanderung im Regenwald ist einer der Höhepunkte eines Besuches auf St. Lucia. Üppige Vegetation und sattes Grün soweit das Auge reicht. Neben tropischen Blumen, Büschen, Baumfarnen und Mahagonibäumen kann man mit etwas Glück auch ein Exemplar der sehr seltenen und vom Aussterben bedrohten Blaumaskenamazone – auch **St.-Lucia-Papagei** genannt – zu Gesicht bekommen. Wahrscheinlicher ist jedoch, dass man nur ihren merkwürdigen Schrei durch das Dschungeldickicht hört. Die zierlichen Kolibris zeigen sich da schon eher. Mit großer Wahrscheinlichkeit wird entlang des Weges die eine oder andere handtellergroße Tarantel sitzen, die Wolfsspinnen sind allerdings vergleichsweise harmlos. Eine giftige Schlangenart, die St.-Lucia-Viper bzw. Fer-de-lance, gibt es hier jedoch, weswegen man beim Wandern geschlossene Schuhe und eine lange Hose tragen sollte. Die Wahrscheinlichkeit, dass eine solche Schlange am Wegesrand auf stampfende und schnaufende Wander wartet, ist allerdings als gering einzuschätzen.

Da es sich bei dem Gebiet um Regenwald handelt, sollte man sich darauf einstellen, auch einmal nass zu werden. Bei durchschnittlich 3.500 mm Niederschlag jährlich ist die Wahrscheinlichkeit recht hoch. Oft liegt das Gebirge daher auch in dichtem Nebel, doch wenn klares Wetter vorherrscht, kann man wundervolle Blicke auf den Mount Gimie erhaschen.

Anfahrt: Zu den Reserves gelangt von der Gemeinde Fond St. Jacques aus, die zwar reich an üppiger Tropenvegetation ist, ansonsten jedoch der ärmste Ort der Insel. Selbstfahrer nehmen die Straße von Soufrière aus nach Osten in Richtung Toraille Waterfalls. In Fond St. Jacques gibt es an der T-Kreuzung eine Busstation, dort links abbiegen. Nach rund einer halben Stunde kommt man an eine Wachstation mit dem Büro des Rangers, wo das Eintrittsgeld bezahlt werden muss.

Geführte Wanderungen: Ohne Guide sind Wanderungen in den Reserves nicht erlaubt! Daher unbedingt vorher einen Führer bestellen, sonst ist man langen Weg zum Eingang vergeblich gefahren. Die Buchung erfolgt über das **St. Lucia Forestry Department**, ☏ *468-5645 oder 468-5635, forestryeeunit.blogspot.de*, oder direkt bei den Guides (s. u.). Die Kosten für eine geführte Wanderung liegen bei etwa 10–20 US-$ p. P. Führungen finden Mo–Fr 8–15 Uhr statt.

Weitere Infos und Streckenführung der Trails unter *www.geocities.ws/sluforestrails/index.htm.*

Trails (Auswahl)		
Enbas Saut Waterfalls Trail	5 km, 1 h, leicht	Die Wanderung startet in Morne Fond St. Jacques in der Nähe des Edmund Forest Office.
Edmund Rainforest Trail	10 km, 3,5–4 h je Weg, mittel	Der Wanderweg führt durch die Höhen des Regenwaldes. **Guides**: Smith Jean-Philip (☏ *717-3172*) oder Nicholas Theodore (☏ *722-4329*).
Des Cartiers Rainforest Trail	4 km, 2 h, leicht	Zugang in Mahaut. Die Wanderung umfasst vier Aussichtsplätze. Einer davon bietet frühmorgens gute Chancen, St.-Lucia-Papageien zu sehen. **Guides**: Marvin Edward (☏ *722-7583*) oder Hazel Eliotte (☏ *716-1252*).
Cross Country Trail	8 km, 4–5 h, mittel	Die Wanderung besteht aus einem Teil des Des Cartiers Rainforest Trail im Quilesse Forest Reserve und führt dann in das Edmund Forest Reserve, wo sie in Fond St. Jacques endet. Dort kann man in einen der Minibusse steigen, die bis zum Einbruch der Dunkelheit die Strecke nach Soufrière befahren.
Mount Gimie	980 m hoch, 8 h, schwer	Steile Anstiege, matschige Abstiege und Klettern über große Wurzeln und Felsen, die Wanderung erfordert eine gute Kondition. Vom höchsten Punkt der Insel hat man einen Blick über ganz St. Lucia. **Guide**: Smith Jean-Philip (☏ *717-3172, climbgimie.wordpress.com*).

Piton Waterfalls

Direkt hinter dem südlichen Ortsausgang von Soufrière steigt die Hauptstraße an und windet sich kurvenreich an zwei schönen Aussichtspunkten vorbei. Der Erste bietet einen Blick auf die Bucht von Soufrière und der Zweite eine wunderschöne Sicht auf den Petit Piton (mit Informationstafel über das UNESCO-Welterbe). Kurz darauf zweigt in einer Linkskurve nach rechts eine Beton-Straße zu den Piton Waterfalls und zur zwischen den beiden Pitons liegenden **Sugar Bay** ab. Die Straße führt entlang des **Malgretoute Beach**, zu dem man rechts vor der Überquerung des betonierten Flussübergangs gelangt.

Aussichts-punkte

Fährt man die steile Straße in Richtung Sugar Bay nach der Flussüberquerung wieder hinauf, gelangt man nach kurzer Zeit zum Eingang der **Piton Waterfalls**. Hinter dem Kassenhäuschen führen einige Treppenstufen hinab in die Schlucht.

Der Strand Malgretoute südlich von Soufrière

Der Abstieg wird belohnt: rund 63 m tief fällt das weiche und wohlig-warme Wasser voller heilender Mineralien (Badesachen einpacken!). Besonders französische Touristen kommen gerne von der Nachbarinsel Martinique hierher.

Sugar Bay

Herrliche Parklandschaft

Die Sugar Bay ist traumhaft zwischen den beiden Pitons gelegen und verfügt über einen aufgeschütteten hellen Sandstrand. Dominiert wird die Bucht vom luxuriösen Sugar Beach Resort, dessen Anlage sich weit ins Hinterland erstreckt. Am Ende der steilen, schmalen Straße wird man erst einmal von einer Schranke und dem Sicherheitspersonal gestoppt. Man kann das Auto hier abstellen und auf einen kostenpflichtigen Transport warten oder noch bis zum Parkplatz vor der nächsten Schranke fahren und von dort aus einen schönen Spaziergang im Schatten des Petit Piton und durch herrliche Parklandschaft hinunter zum Strand unternehmen. Die Bucht verfügt über einen **Marine Park**, der ideale Schnorchelbedingungen bietet! Der Rückweg zum Parkplatz ist recht steil, für 5 US-$ kann man sich von einem der aus Asien importierten, bunten Tuk-Tuk-Taxis hochfahren lassen. Wer zuvor an der Bar etwas konsumiert hat und die Quittung vorlegen kann, fährt quasi umsonst.

Zurück auf der Hauptstraße geht es östlich des Petit Piton zu zwei weiteren Attraktionen. Gleich links liegt der Parkplatz des **Morne Coubaril Estate** und je nach Windrichtung riecht man bereits die berühmten **Sulphur Springs,** zu denen die nächste Stichstraße führt.

Morne Coubaril Estate

Das gut einen Quadratkilometer große Anwesen erwarb Ludwig XIV. im Jahr 1713. Später gehörte es bis ins Jahr 1960 einer einzigen Familie. Hier steht ein Haus, das nach dem Vorbild des historischen Wohnhauses der Plantagenbesitzer errichtet wurde, außerdem gibt es eine Ansiedlung von Häusern, in denen die Farmarbeiter lebten. Einst wurden auf der Plantage Kakao, Zuckerrohr, Baumwolle und Kaffeebohnen in harter Handarbeit gepflanzt und geerntet. Kakao, Kokosnuss und Maniok wachsen heute noch auf den Feldern und werden auf traditionelle Weise geerntet. Neben dem Einblick in die Geschichte bietet die Plantage **tropische Abenteuer für die ganze Familie**. So kann man lernen, eine Kokosnusspalme hinaufzuklettern, oder zu Pferd das Anwesen sowie die Sulphur Springs erkunden. Schön ist auch die einstündige Zipline-Tour, die acht Stationen vom Petit Piton aus durch den Regenwald umfasst. Das große Restaurant unter freiem Himmel bietet ein kreolisches Buffet.

Morne Coubaril Estate, *3 km südlich von Soufrière, ☏ 459-7340 oder 712-5808, www.stluciaziplining.com. Führung 11 US-$, Mittagessen 15 US-$ (nur mit Reservierung), Ziplining 69 US-$, Ausritt (1 h) 69 US-$, tgl. 8–17 Uhr.*

Drive-In-Volcano und Sulphur Springs

Die brodelnde, dampfende und kochende Vulkanlandschaft mit ihrem **strengen Schwefelgeruch** (wie verfaulte Eier) gab Soufrière den Namen und schenkte der Region eine wichtige Sehenswürdigkeit. Um zu den Sulphur Springs zu gelangen, richtet man sich nach dem Hinweisschild „Drive-In-Volcano" und fährt bis zum Parkplatz an der Schranke. Von dort geht es zu Fuß weiter, nachdem man am Kassenhäuschen den Eintritt bezahlt hat – heutzutage müsste es also eher „Walk-In-Volcano" heißen ... Entlang einer gesicherten Straße und über Treppen erreicht man einen Aussichtspunkt, von dem aus man das gesamte **Solfatarenfeld** überblicken kann. „Solfatare" bedeutet, dass die vulkanische Tätigkeit noch andauert, der Druck aber nicht mehr in Form von Lava, sondern durch heißen Dampf und Gas entweicht.

Heißer Dampf und Gase

Obwohl also eine **Eruption** nicht zu befürchten ist und man den zischenden Quellen sehr nahe kommen kann, darf man die Absperrungen auf keinen Fall übertreten. Der Untergrund ist nur sehr dünn und kann einbrechen. In der Vergangenheit, als man noch dichter an das Solfatarenfeld herangehen durfte, kamen unvorsichtige Touristen häufiger zu Schaden. Ein Wissenschaftler brach bei Untersuchungen ein und starb.

Heute begleiten Guides die Besucher bis zum Aussichtspunkt. Geht man von dort die Treppe weiter hinauf, gelangt man zum **Interpretation Center**. Anhand von Schaubildern und Informationstafeln (auch auf Deutsch) kann man sich ausführlich über die vulkanische Entstehungsgeschichte der Insel informieren.

Kochende und brodelnde Vulkanlandschaft

Wirtschaftlich war das Gelände im 19. Jh. als Schwefelabbaugebiet von Bedeutung. Heute setzt man das schwefelhaltige Wasser zur Behandlung von Rheumatismus und Hautkrankheiten ein. Auch Besucher können die therapeutische Wirkung testen und sich mit Vulkanschlamm einschmieren. Der Schlamm muss trocknen und wird dann in dem bis zu 38,7°C warmen Wasser im **Black Water Pool** abgewaschen. Umkleidekabinen und Duschen sind vorhanden.

Therapeutische Wirkung

Pläne für die Nutzung der geothermischen Energie waren bisher nur begrenzt erfolgreich, da das Problem der rostenden Rohre und Ventile nicht gelöst werden konnte.
Soufrière Sulphur Springs, Bath & Interpretation Center, ☏ *459-7686, www.soufrierefoundation.org. Tgl. 9–17 Uhr. Geführte Tour: 8,80 US-$/22 EC-$, Bad in den Vulkanschlammbecken: 5,50 US-$/13,75 EC-$, Bad und Tour 12,10 US-$/30,25 EC-$.*

Hinter dem Vulkangebiet führt die Hauptstraße in südlicher Richtung an den beiden Luxusresorts Ladera und Boucan by Chocolat vorbei. Danach geht es rechts zur **Fond Doux Plantation** und zum **Tet Paul Nature Trail**.

Fond Doux Plantation

Die **ehemalige Bananenplantage** Fond Doux wurde zwischen 1745 und 1763 von Franzosen errichtet. Wegen des Exportrückgangs wurde auf Kakaopflanzen umgestellt, die noch heute dort angebaut werden. Das restaurierte Plantagenhaus stammt aus dem Jahr 1864. Die Insulanerin Eroline Lamontagne und ihr Mann haben das Anwesen gekauft und ein kleines, sehr individuelles Paradies daraus gemacht. Die roten Dächer der Plantagenhäuser bieten zusammen mit den blühenden Flamboyants und den saftigen Grüntönen der üppigen Pflanzenpracht ein berauschendes Farbenspiel. Auf Anfrage wird eine 45-minütige Tour angeboten, darüber hinaus führen verschiedene Wanderwege durch das Gelände und quasi an

Kleines Paradies

Den Gros Piton kann man im Rahmen einer geführten Tour besteigen

den „Rücken" der beiden Pitons vorbei. Wer nicht viel Zeit hat, dem sei zumindest eine Mittagspause im Restaurant Jardin Cacao empfohlen.
Fond Doux Plantation & Resort, *Chateaubelair,* ☏ 459-7545, *www.fonddoux estate.com. Tour mit Mittagessen 30 US-$.*

Tet Paul Nature Trail

St. Lucia zu besuchen, ohne den Tet Paul Nature Trail gegangen zu sein, wäre wirklich schade. Die geführte Tour führt dauert 45 Minuten, auf dem schönen Spaziergang sieht man historische Wohnhäuser und Kochstellen, einen Kräutergarten und zahlreiche tropische Pflanzen mit ihren Früchten. Der Weg führt schließlich zu spektakulären Aussichtspunkten über den gesamten Süden der Insel, etwa auf den Gros Piton, den Petit Piton und die Sugar Bay. Ohne ein Foto von sich und den Vulkankegeln darf ohnehin kein Besucher die Insel verlassen. Der Trail wurde von einer Gemeinde im südlich gelegenen Choiseul-Gebiet errichtet. Von hier stammen alle Führer und die Einnahmen gehen wieder direkt an die Gemeinde.

Schöner Spaziergang

Tet Paul Nature Trail, *Chateau Belair, Soufrière,* ☏ *459-7713, www.tetpaulnature trail.com. Touren 9–17 Uhr, 52 EC-$.*

Fond Gens Libre und die Wanderung auf den Gros Piton

info

Die Freiheitskämpfer von Fond Gens Libre
Der kleine Ort kann auf eine bewegte Geschichte zurückblicken, u. a. spielte er eine entscheidende Rolle beim Sklavenaufstand im Jahre 1748. Daher rührt wohl auch der heutige Name, der übersetzt „Tal der freien Menschen" bedeutet. Die Freiheitskämpfer („*Brigands*") kletterten auf die unzugänglichen Vulkankegel und spähten so herannahende Truppen aus. Einige Bergführer sind direkte Nachfahren der damaligen Sklaven oder Freiheitskämpfer. Ihre Geschichten machen die Vergangenheit lebendig und lassen den Besucher mit ganz anderen Augen durch das kleine Dorf spazieren.

Die Wanderung auf den Gros Piton
Gleich nach der Ankunft in Fond Gens Libre wird man von einem Bergführer begrüßt und gefragt, ob man eine Wanderung auf den Gros Piton machen möchte. An den Hütten des Dorfes entlang wird man dann zu einem Häuschen geführt, in dem man den Eintritt bezahlt. Hier befindet sich auch ein Modell des Hikes, sodass man sich ein Bild von dem bevorstehenden Aufstieg machen kann.

Das erste Teilstück der Wanderung führt an der südöstlichen Seite des Gros Piton entlang durch lichten Wald, der Weg steigt nur sanft an. Nach gut 20 Minuten gibt es den ersten Aussichtspunkt mit einer Bank und tollem Blick auf das Karibische Meer sowie die Anse Ivrogne. Die Pause sollte genutzt werden, um vor der nächsten Etappe genügend Wasser zu trinken. Anschließend geht es noch ein Stück so moderat weiter wie zuvor, ehe der **steile Anstieg** zum Gipfel beginnt. Vor allem die Überwindung der großen Stufen aus Wurzeln und Felsbrocken ist sehr anstrengend. Festes Schuhwerk ist notwendig, um es wirklich bis ganz nach oben zu schaffen. Die Hälfte der Wanderer, so erzählen die Guides, die einen auf dem gesamten Weg begleiten, geben spätestens nach der Hälfte oder nach dem zweiten Stopp auf. Letzterer bietet eine wunderbare Ausicht auf den Petit Piton und die Sugar Bay. Hier sollte man allerdings

info

nicht allzu lange verweilen, sonst gerät noch der Plan vom „Gipfelsturm" in Vergessenheit. Das letzte Stück des Aufstiegs hat es noch einmal in sich. Es scheint ganz normal zu sein, wenn man alle paar Schritte stehen bleibt, um zu verschnaufen, sich den Schweiß aus den Augen zu wischen und das triefend nasse Shirt zu lüften.

Oben angekommen eröffnet sich ein wunderbarer Blick über den Süden der Insel. Bei klarem Wetter kann man bis zum Flughafen von Vieux Fort und nach St. Vincent schauen. Bevor es die 600 Höhenmeter wieder bergab geht, sollte man eine ausreichende Pause einlegen und wieder ordentlich trinken, denn der steile Abstieg ist eine große Belastung für Knie und Oberschenkel.

Und noch ein **Tipp** für die weitere Tagesgestaltung: Ein Bad in den Warmwasserbecken des Botanischen Gartens (S. 232) oder der Piton Falls (S. 235) ist eine Wohltat für die Muskeln!

Reisepraktische Informationen Soufrière und Umgebung

Wo übernachten in Soufrière? Die Mischung macht's!

Die Gegend rund um Soufrière bietet kleine, feine Luxusunterkünfte, die alle ihren ganz besonderen Reiz haben und für garantierte Once-in-a-lifetime-Momente während des Karibikurlaubs sorgen. Allein durch ihre Lage und die atemberaubenden Ausblicke auf die Pitons sowie die sie umgebende Tropenlandschaft zählen die Resorts zu den Top-Adressen weltweit. Das Jade Mountain, entworfen vom preisgekrönten Architekten und Besitzer Nick Troubetzkoy, offenbart seine Einzigartigkeit spätestens beim Bad im halb in die Suite integrierten Pool mit Blick auf die Bucht von Soufrière und beide Pitons – während der private Butler den Champagner einschenkt. Das Jade Mountain ist mit Preisen zwischen 1.000 und fast 3.000 US-$ pro Nacht allerdings auch eine Preisklasse für sich. Dagegen erscheint das Anse Chastanet mit knapp 400 US-$ pro Nacht in der Nebensaison (nur Übernachtung) schon fast erschwinglich. Wenn man sich hier zwei Nächte einbucht, zuvor jedoch ein günstiges Gästezimmer in Soufrière gewählt hat oder danach das günstigste der Bay-Gardens-Hotels in Rodney Bay bucht, könnte es im Schnitt mit der Reisekasse wieder einigermaßen klappen.

Wichtige Telefonnummern

Touristeninformation: *Maurice Mason St., ☏ 459-7200*
Einreisebehörde für Segelschiffe: *Soufrière Customs, ☏ 459-5656*
Wassertaxi: *Mystic Man Tours, Bay St., ☏ 459-7783*

Unterkunft

siehe Karten S. 225 und 230

Apartment Soleil $–$$ (26), *Hill Top, Soufrière, ☏ 519-3778, www.apartmentsoleilstlucia.com. Das kleine, gepflegte Gästehaus mitten in Soufrière bietet lokale*

Atmosphäre und von den oberen Balkons Ausblicke auf das Meer und die Pitons. Es gibt ein 2-Personen-Apartment mit Balkon, eines mit 2 Schlafzimmern (max. 4 Personen) und ein 74 m² großes Apartment mit Ess- und Wohnbereich (max. 3 Personen).

Crystals St. Lucia $$$$$ (19), *Mamiku, Soufrière, ☏ 384-8995 oder 285-1984, www.stluciacrystals.com. Bollywood meets Africa, unter dieses Motto scheinen Monica und Martin Charles die Gestaltung ihres außergewöhnlichen und einzigartigen Luxushotels mit 10 Villen in Form von Baumhäusern gestellt zu haben. Einige Zimmer sind ein einziger Rausch von bunten Farben und liebevollen Details, andere sind mit Masken und Möbeln aus Afrika gestaltet und lassen den Gast in andere Welten und Zeiten sinken. Jeder Raum ist ein Kunstwerk für sich. Fast vergisst man dabei die fantastische Aussicht auf Regenwälder, auf Soufrière und die Pitons...*

La Haut Resort $$–$$$$ (20), *Soufrière, ☏ 459-7008, www.lahaut.com. Die Lage, die Lage und noch einmal die Lage! Von Balkonen und Zimmern des auf einer ehemaligen Kokosnussplantage gelegenen Hauses auf 770 m Höhe blickt man direkt auf die beiden Pitons und die wunderschön gelegene Stadt Soufrière. La Haut heißt auf Patois „die Höhen“. Die Zimmer sind hell und geräumig, jedes hat ein großes Doppelbett, einen Balkon, eine Küchenzeile und einen Ventilator bzw. AC. Preise inklusive Frühstück im Delice-Restaurant mit 3 Balkonen. Shuttleservice zum Strand von Soufrière.*

Uptown Guesthouse $$ (21), *West Coast Rd., neben dem Mago Estate, ☏ 459-7437, www.uptownguesthousesoufriere.com. Das eher einfache Guesthouse bietet 8 Zimmer mit Bad. Schön gelegen an einem Hang nördlich von Soufrière, ca. 10 Min. zu Fuß in die Stadt. Restaurant. Tolle Aussicht!*

The Still Plantation & Beach Resort $$$ (24), *Anse Chastanet Rd., Soufrière, ☏ 459-7224, www.thestillplantation.com. 3 Doppelzimmer sowie 2 Studios mit Küche werden angeboten, alle mit eigenem Balkon und großartiger Aussicht auf den Petit Piton. Das im Übernachtungspreis enthaltene Frühstück wird im Restaurant The Still direkt am Strand serviert – ein traumhafter Start in den Tag! Alles in Soufrière ist von hier aus fußläufig erreichbar, so kann man noch vor dem Frühstück mit den Einheimischen vom Bootsanleger ins Wasser springen.*

The Hummingbird Beach Resort $$–$$$$$ (25), *Anse Chastanet Rd., Soufrière, ☏ 459-7985, www.hummingbirdbeachresort.com. Kleines, traditionsreiches Hotel in bester Strandlage von Soufrière, vom Restaurant aus hat man über den Pool einen wunderschönen Blick auf den Petit Piton. Serviert wird karibische Küche. 10 Zimmer mit je eigenem Bad inmitten des kleinen tropischen Gartens. Dive Shop und direkter Strandzugang.*

Calabash Mountain Villa $–$$$$ (27), *Esperance Rd., Soufrière, ☏ 461-3971, www.calabashvilla.com. Außergewöhnliche Unterkunft direkt im Regenwald des Hinterlandes von Soufrière. Die geräumigen Zimmer verfügen über eine Terrasse, von der man den Blick in die üppige Regenwaldvegetation schweifen lassen kann – und bestimmt den einen oder anderen Regenbogen erblicken wird. Natur pur! Großer Lounge-Bereich, eine Gemeinschaftsküche steht allen Gästen zur Verfügung. Frühstück inklusive.*

Stonefield Estate Resort $$$$$ (28), *Soufrière, ☏ 459-7037, www.stonefieldresort.com. Die 16 großen, separat gelegenen Villen mit eigenem Pool, Außendusche und Küche sowie Terrasse mit Doppelhängematte liegen nördlich des Petit Piton. Der Bau weiterer Villen ist in Planung. Das Anwesen liegt auf einer ehemaligen Plantage und gehört einer alteingesessenen Familie, die viel Wert auf die naturgerechte Gestaltung der Häuser und das Gesamtambiente legt. Alle Bauten fügen sich harmonisch und zurückhaltend in die üppige Vegetation ein.*

Boucan by Hotel Chocolat $$$$$ (30), *☏ 572-9600, www.hotelchocolat.com/uk/boucan. Inmitten von Kakaoplantagen gelegen, 14 luxuriöse Zimmer mit Blick auf die Pitons (Aufpreis) oder den Garten. Beim Zubereiten der Mahlzeiten wird auf die Verwendung regionaler Produkte, vor allem natürlich Schokolade, geachtet.*
Ladera Resort $$$$$ (29), *Vieux Fort Rd., Soufrière, ☏ 459-6618, www.ladera.com. Das Resort liegt hoch in den Bergen zwischen den beiden Pitons und bietet aus 24 Zimmern spektakuläre Blicke auf die beiden Wahrzeichen der Insel, denn nach Westen hin sind die Zimmer offen. Allein dies ist schon den Preis wert (ab ca. 1.000 US-$ pro Nacht in der Hochsaison!). Hinzu kommen noch außergewöhnlich gestaltete Zimmer, Restaurant, Bar, Bibliothek, Swimmingpool, Shuttle-Service zum Strand und nach Soufrière.*
Fond Doux Plantation & Resort $$$$$ (31), *Soufrière, ☏ 459-7545, www.fonddouxestate.com. Die ehemalige Bananenplantage wurde vor wenigen Jahren von der Insulanerin Eroline Lamontagne und ihrem Mann Lyton erworben. Das Paar hat aus dem Anwesen ein kleines, sehr intimes Paradies mit 2 Restaurants, kleinem Shop, einem Gästezimmer, Cottages, einem kleinen Landhaus und einer etwas abseits gelegenen Poolanlage geschaffen.* *Siehe auch S. 238.*
Anse Chastanet $$$$$ (22), *Anse Chastanet, ☏ 459-7000, www.ansechastanet.com. Das First-Class-Haus befindet sich zwar nur 2 km von Soufrière entfernt, doch bedarf es guter Nerven, um mit dem eigenen Mietwagen die äußerst schlechte Betonpiste über die Landzunge zu bewältigen. Hat man das Resort aber einmal erreicht, möchte man hier gar nicht wieder weg. Die 49 eleganten und großzügigen Zimmer – 12 davon auf Strandhöhe, die anderen mit Blick auf die Anse Chastanet, die Bucht von Soufrière oder die beiden Pitons lassen keine Wünsche offen. Damit den Gast nichts von der Idylle ablenkt, gibt es weder Internet noch Fernsehen oder Telefon auf den Zimmern. Großer Wert wird auf Nachhaltigkeit und soziale Verträglichkeit gelegt. So kommen fast alle Angestellten des Hotels aus dem Umkreis von 20 km, außerdem werden die Schulen und sozialen Einrichtungen in Soufrière mit verschiedenen Projekten unterstützt. Die eigene Schokoladenproduktion, der Emerald Garden für erntefrische Produkte aus eigenem Anbau sowie die 2 schönen dunkelsandigen Palmenstrände machen darüber hinaus den Reiz der Anlage aus. Tauchshop, Mountainbikegelände, Kajaktouren, 2 Restaurants und Bars.*
Jade Mountain $$$$$ (23). *Anse Chastanet, ☏ 459-7000, www.jademountainstlucia.com. Das jüngste Werk des Architekten Nick Troubetzkoy liegt oberhalb seines Schwesterhotels Anse Chastanet. Es empfängt auschließlich Erwachsene, die absolute Privatsphäre möchten und über das notwendige Kleingeld (ab 1.080 US-$/DZ nur Übernachtung) verfügen. Von Weitem hat das Hotel eher den Charme einer Bauruine, doch betritt man das moderne Bauwerk mit den außergewöhnlichen Kunstelementen offenbart sich seine spektakuläre Architektur. Eine schmale Brücke führt vom Hang direkt ins private Luxusreich: offene Badezimmer, fehlende vierte Außenwand in allen Zimmern, Butler-Service, Restaurant mit Bar in luftiger Höhe mit Rundumblick auf das UNESCO-Welterbe.*

Essen und Trinken

siehe Karten S. 225 und 230

Apsara (15), *Anse Chastanet Beach, ☏ 459-7000, www.ansechastanet.com. Inder haben die Kultur vieler Karibik-Inseln stark beeinflusst, als sie nach dem Ende der Sklaverei als Arbeitskräfte auf den Plantagen angeworben wurden, vor allem die kulinarischen Einflüsse sind überall zu spüren. So verwandelt sich das Restaurant Trou au Diable des Anse Chastanet Resort abends in das Apsara, in dem moderne indische Küche* *alle Sinne anspricht. Zu Beginn gibt es etwa eine Mulligatavny (scharfe Curry-Suppe) mit Cumin, Joghurt und vegetarischen Samosas, gefolgt von Kokosnuss-Chili-King-Prawns, geröstetem Tandoori-Lachs, Lammkoteletts oder Lobster. Als Dessert empfiehlt sich Kulfi, eine indische Eis-Spezialität. Reservierung erforderlich.*

The Still (16), *Soufrière Bay Waterfront, ☏ 459-7620. Das Restaurant des The Still Beach House liegt am südlichen Ende des Strandes von Soufrière, direkt am Steg, wo Tagestourgruppen anlegen, die dann häufig hier zu Mittag essen (Buffet). Morgens und abends geht es im Restaurant ruhiger zu und man kann ungestört die Ausblicke auf den Petit Piton sowie das Treiben in der Soufrière-Bucht genießen und bei Dunkelheit der tropischen Geräuschkulisse lauschen. Alle verwendeten Produkte für die karibischen Gerichte kommen vom Ruby Estate des Besitzers David du Bolay.*

Lifeline Restaurant (17), *Anse Chastanet Rd., Soufrière, Hummingbird Beach Resort, ☏ 459-7232 (Resort), www.istlucia.co.uk. Das Restaurant serviert französische und kreolische Spezialitäten wie Süßwasserkrebse, Hummer und Königskrabben, gewürzt mit Kräutern aus dem eigenen Garten. Sandwiches mit hausgemachtem Brot und Salate gibt es auch. Zur Mittagszeit kann man schön am Pool sitzen – oder auch reinspringen – und den großartigen Blick auf die Pitons genießen. Der Cocktail Coco Loco mit Kokosnussmilch, Orangenlikör und Gin ist eine Spezialität des Hauses.*

Orlando's (18), *Bridge St., Soufrière, ☏ 459-5955, www.orlandosrestaurantstl.com. Eigentümer und Chefkoch Orlando Sachell ist nicht nur Namensgeber des Restaurants, sondern auch überzeugter Lokalpatriot. Der gebürtige Engländer mit jamaikanischen Wurzeln führt sein Restaurant seit 10 Jahren „im schönsten Teil der Insel, in Soufrière", wie er einmal einer lokalen Zeitung sagte. Dabei fordern ihn Einheimische häufig auf, in den Norden zu ziehen, wo die meisten Besucher und Insulaner seien. Orlando ist sich seiner Verantwortung für seine 10 Mitarbeiter jedoch bewusst und zaubert mit ihnen unter dem Namen „Ti Manjé" („kleines Essen") ein karibisches 5-Gänge-Menü mit Filets von heimischen Tieren und dem Fang des Tages. Reservierung erforderlich, Mo/Di geschlossen.*

Skipper´s Restaurant (19), *Sir Darnley Alexander Str. Kreolische Küche in lockerer Atmosphäre, günstiges Mittagsbuffet, abends ist die Küche bis 22 Uhr geöffnet, die Bar sogar bis 2 Uhr. Beliebter Freitagabend-Treffpunkt.*

Waterfront De Belle View Restaurant (20), *Maurice Mason St., ☏ 712-3663. Günstige kreolische Küche, Blick aus dem 1. Stock auf das Treiben am Hafen von Soufrière. Mo–Sa 8–22 Uhr.*

Petit Peak (21), *Maurice Mason St., ☏ 459-7838. Lokale Küche direkt an der Waterfront, luftdurchfluteter Essensraum, sehr beliebt bei den Tagesbesuchern und Seglern. Tgl. 8–23 Uhr.*

Martha's Tables (22), *südlich von Soufrière, an der Straße zur Sugar Bay, ☏ 459-7270, marthastables.com. Familienbetrieb mit kreolischer Küche und schöner Außenterrasse inmitten des UNESCO-Welterbes. Unbedingt einen Besuch zur Lunch-Zeit wert! Mo–Fr 11.30–15 Uhr.*

Dasheene Restaurant (23), *Ladera Resort, ☏ 459-7323, www.ladera.com. Eigentlich wäre es fast egal, wie hier das Essen schmeckt, denn schon der Panoramablick auf beide Pitons lohnt den Besuch. Das Restaurant liegt nämlich in spektakulärer Hanglage direkt zwischen den beiden Vulkankegeln. Das Essen ist – so ganz nebenbei – auch noch sehr gut, egal ob man den „Fisherman's Catch", die gegrillten Garnelen, das Lamm mit Kokosnussrisotto oder das in Lemon-Pepper-Sauce eingelegte Rindfleisch wählt. Die 25 US-$ Service-Charge für Gäste von außerhalb kann man an diesem Ort wohl verschmerzen.*

Weiter in den Süden

Auf der Weiterfahrt in den Süden geht es durch hochgelegene Regenwälder und Bananenplantagen bis man zur südlichen Ebene hinabfährt und die Vegetation lichter und trockener wird. Die Karibische See erreicht man wieder im Fischerdorf **Choiseul**, von wo es küstennah durch eine leicht hügelige Landschaft mit einigen Gästehäusern weitergeht, bevor die ehemalige Zuckerplantage Balenbouche Estate und das Fischerdorf Laborie erreicht sind. Zwischen Choiseul und Balenbouche kann man einen kurzen Abstecher zur **Choiseul Art Gallery** (*Di–Sa 10–16 Uhr,* ☏ *715-5740*) machen.

Balenbouche Estate

Kulturelles Erbe

Das Balenbouche Estate ist eine ehemalige Zuckerplantage und gehört mit seinem Plantagenhaus und dem großen parkähnlichen Garten aus dem 19. Jh. zum kulturellen Erbe der Insel. Ein Besuch des Hauses lohnt sich unbedingt und ist ein Erlebnis der ganz besonderen Art. Die deutsche Architektin Uta Lawaetz lebt seit 33 Jahren hier. Mit ihren beiden Töchtern wohnt sie im Plantagenhaus imitten einer paradiesisch anmutenden, verwunschenen Idylle. Die Lawaetz-Familie besaß noch in den 1960er-Jahren mehrere Plantagen auf St. Lucia. Das Anwesen reicht bis zum Meer, wo es zwei dunkelsandige wildromantische Strände und die Möglichkeit zum Baden gibt. Bei klarem Wetter kann man von hier aus bis nach St. Vincent sehen. Nahe beim Plantagenhaus sind neben riesigen Bäumen und ihren großen Wurzeln Überreste der Zuckerfabrik aus dem 18. Jh. zu entdecken. Eine Sammlung von Kunstgegenständen der Amerindians sowie Steinbecken und Petroglyphen zeugen von der Kultur der Ureinwohner. Uta Lawaetz – oder eine ihrer Töchter – führt persönlich über das Anwesen und erzählt dabei ihre ganz persönliche und sehr

Das Balenbouche Estate ist Natur und Energie pur

interssante Geschichte auf der Zuckerplantage, die eng mit der Geschichte der Insel verbunden ist.

Balenbouche Estate $$$–$$$$ *(***32***, Karte S. 225), West Coast Rd. (auf halbem Weg zwischen Choiseul und Laborie, kleines Schild an der Straße kurz hinter der Choiseul Art Gallery), ☏ 455-1244, www.balenbouche.com. Wunderschöne Cottages für 2–6 Personen auf dem Gelände einer ehemaligen Zuckermühle aus dem 18. Jh., Frühstück, zweimal wöchentlich Dinner auf Anfrage (kreolisch, asiatisch, international), umfangreiches Yoga- und WellnessAngebot. Sehr freundliche und hilfsbereite Gastgeberinnen. Plantagentour 10 EC-$.*

Laborie

Man muss aufpassen, dass man den Abzweig zum Ortseingang nicht verpasst, eine schmale Straße führt rechts hinunter in das kleine **Fischerdorf** Laborie. Eine große katholische Kirche, ein kleiner Marktplatz, koloniale Gebäude und bunte Holzhütten prägen das sympathische Erscheinungsbild. Im neuesten Gebäude befinden sich die Post und die Credit Union Bank (kein Geldumtausch). An der Polizeistation ist der Ort auch schon wieder zu Ende. Rechts an der Tankstelle geht es auf den Anlegesteg, von dem sich ein Panoramablick auf die palmengesäumte Bucht mit bunten Fischerbooten eröffnet. Es gibt ein paar private Gästehäuser und kleine Restaurants. Der **Rudy John Beach** im Norden der Bucht, neben dem Cricket- und Fußballfeld, ist bei den Einheimischen sehr beliebt. Hier gibt es das Debbie's Café mit leckeren Salt-Fish-Burgern und Kuchen. Unter den hochgewachsenen Palmen stehen Picknicktische und -bänke. Das seichte Wasser ist gut für Familien mit Kindern geeignet. Ein kleines Riff bietet die Möglichkeit zum Schnorcheln.

Bunte Häuser und Fischerboote

Der Fischerort Laborie

Zurück im Ort geht es links an der Polizeistation vorbei auf den Highway und nach sechs Kilometern sieht man bereits den **Hewanorra Airport**. Am westlichen Ende der Landebahn vorbei kommt man direkt am Ufer entlang nach Vieux Fort.

Vieux Fort

Wirtschaftliche Bedeutung

Das Städtchen ist wegen seines **Ausfuhrhafens** (Bananen), des nahen Flughafens und verschiedener Industrieanlagen (Brauereien) für St. Lucia von großer wirtschaftlicher Bedeutung. Mit einigen Pensionen, Restaurants und einer großen Ferienanlage (an der Westküste) spielt auch der Fremdenverkehr in Vieux Fort eine wichtige Rolle. Für die Einheimischen ist Vieux Fort mit dem Minibus-Bahnhof an der einzigen Ampel der Stadt und dem Shoppingcenter gleich hinter der ersten Rechtskurve das große Einkaufszentrum der Region. Am folgenden Kreisverkehr geht es links zum Flughafen – entlang feiner Sandstrände und Palmenwälder sowie einiger Restaurants und Bars. Bei Kitesurfern ist dieser Küstenabschnitt am zum Teil stürmischen Atlantik sehr beliebt. Südlich der Stadt liegt der äußerste Zipfel der Insel.

Moule-à-Chique

Wer schon bis nach Vieux Fort gefahren ist, kann auch noch einen kleinen Abstecher auf die bis zu 200 m hohe Halbinsel machen, von der ein großer Leuchtturm in den Himmel ragt. Von hier sind Ausblicke in die Coconut Bay in Richtung Norden, zum **Maria Island Nature Reserve** (S. 251) und bis zur Nachbarinsel St. Vincent möglich. Wo sich das blau schimmernde Wasser des Atlantiks mit dem türkisfarbenen der Karibischen See vereinigt, steigt die Halbinsel aus dem Meer, mit Klippen und Höhlen, die zahlreichen Seevögeln Heimat bieten.

Der Osten St. Lucias: über Dennery nach Vieux Fort

Karibische Szenerie

Die Alternativstrecke von Castries nach Vieux Fort bietet auf ca. 50 km zwar nicht so viele Sehenswürdigkeiten, ist aber entlang der Ostküste relativ eben, die Straßen sind breit und gut zu befahren. Für Touristen ist die Strecke vor allem wegen der karibischen Szenerie interessant, die sowohl das gebirgige Inselinnere als auch die wild zerklüftete Atlantikküste prägt.

Von Castries an die Ostküste nach Dennery

Von Castries gelangt man entweder über den Vorort Bagatelle oder über den Serpentinenweg des Morne Fortune zur Four Roads Junction. Ab hier geht es zügig durch das Tal des Cul de Sac River und ein landwirtschaftlich intensiv genutztes Gebiet bis zur Ortschaft **L'Abbayee**. Nun wird die Straße enger, kurvenreicher und steiler, denn sie windet sich an den Hängen des **zentralen Gebirgsrückens** hinauf.

Auf dem Pass Barre de L'Isle Ridge bieten sich schöne Blicke nach Westen und Osten sowie die Möglichkeit, den **Barre de L'Isle Rainforest Trail** zu wan-

Vieux Fort
© igraphic
Minibusse
Vieux Fort-Laborie Highway
Soufrière, Marigot, Castries
Vieux Fort-Castries Hwy
IAU-College
Clarke Street
Independence Square
St. Paul's Anglican Church
Coconut Bay, Micoud, Dennery, Castries
Bridge Street
Martin Luther King Street
Christophe Row
Derek Walcott Street
Lewis Street
Laborie Street
Belvedere Street
Clarke Street
Gravey Street
Giraudy Street
Thomas Av.
Hospital St.
George Shine Thomas Drive
Westal Group Rd. 2
New Dock Road
Commercial Street
Theodore Street
New Dock Lane
Anse Rafale
N
0
100 m
Cape Moule à Chique, Mathurin Point

Alle Wanderwege im Nature Park dürfen nur mit Guide begangen werden

dern. An Baumfarnen und Fikusbäumen vorbei fährt man anschließend kontinuierlich und in einigen engen Kurven wieder abwärts, passiert die Ortschaft Grande Rivière und ausgedehnte Bananenplantagen, bis man schließlich hinter La Caye die Atlantikküste bei **Dennery** erreicht.

Dennery

Samstags wird gefeiert

Dennery liegt inmitten der atlantischen Felsenküste von St. Lucia und ist von den Fischern und ihren Familien geprägt. Diese feiern ihren Fang – anders als die Kollegen in den Fischerorten an der Westküste – samstags. Dann werden auch hier die Grills angeschmissen und die Musikboxen auf volle Lautstärke gedreht. Einen Überblick über Dennery kann man sich gut von Nikki's Bar (*Micoud Highway,* ☏ *713-0798*) aus verschaffen, sie befindet sich südlich des Ortes, direkt an der hoch über dem Meeresspiegel verlaufenden Hauptstraße. Westlich von Dennery liegen die **Sault Falls**, die auch als Dennery Falls oder Errand Falls bekannt sind. Das Wasser fällt gut 17 m eine steile Felswand hinunter. Unweit des Wasserfalls bietet sich die Möglichkeit, eine Zipline-Tour zwischen den Baumkronen zu unternehmen.

Fond'Or Nature & Historic Park

Auf St. Lucia ist der **Fond D'Or Nature & Historic Park** die einzige Stätte, an der anhand einer alten Zuckermühle die drei verschiedenen Antriebsarten einer Mühle verdeutlicht werden: mit Ochsen, mittels Wind oder Dampf. Vor Errichtung der Mühlen mussten erst Sklaven, dann zwangsverpflichtete Arbeiter das Zuckerrohr in mühevoller Arbeit zerschneiden. In einem kleinen Museum werden die Arbeitsprozesse der Zuckerrohrverarbeitung veranschaulicht. Zudem gibt es eine kleine Ausstellung über die fast völlig ausgerottete indigene Bevölkerung der Insel, die *amerindian settlements*. Angeblich sollen weiter oben in den Bergen noch wenige Nachfahren leben. Im Rahmen des kommunalen Mabouya-Valley-Entwicklungsprojektes werden auf Anfrage geführte Wanderungen durchgeführt. Das Anwesen des Parks geht bis an den Strand der Atlantikküste hinunter.

Fond D'Or Nature & Historic Park, *Touren nach Voranmeldung über ☏ 453-3242 oder www.heritagetoursstlucia.org. Der Park befindet sich nördlich von Dennery im Mabouya Valley. Die Zufahrtsstraße zweigt links von der Hauptstraße zwischen Castries und Dennery ab.*

Von Dennery weiter nach Vieux Fort

Mamiku Botanical Gardens & Errard Plantation

Knapp zehn Kilometer südlich von Dennery befindet sich der mit Lehrpfaden ausgestattete Garten, in dem sich die Einheimischen bei informativen Führungen viele nützliche Tipps für die Anlage ihres eigenen Gartens holen. Auch Schulklassen machen gerne einen Ausflug hierher. Für Touristen, die die Ostküste der Insel bereisen, bietet sich hier die Möglichkeit zu einer Mittagspause (Sandwiches und Getränke) in idyllischer Vegetation. Der Garten ist Teil der **Errard Plantation**, auf der man im Rahmen organisierter Besichtigungstouren (keine individuellen Besuche!) über Anbau, Ernte und Verarbeitung vieler tropischer Früchte sowie von Muskatnüssen und Kakaobohnen informieren kann. Verschiedene Wanderrouten (Plantation Hike) stehen zur Auswahl, u. a. gibt es einen kurzen Weg zu einem Wasserfall. Von hier aus startet auch eine der besten Mountainbike-Strecken der Insel.

Idyllische Vegetation

Mamiku Botanical Gardens & Errard Plantation, *☏ 455-3729, www.mamikugardens.com. Anfahrt: Am südlichen Ortsausgang von Dennery ins Landesinnere zur Plantation (ca. 50 Min von Castries), kurz hinter dem Abzweig liegen die Mamiku Botanical Gardens (ausgeschildert).*

Bei der Weiterfahrt in den Süden ergeben sich immer wieder fantastische Ausblicke auf die zerklüftete, ab und an von Sandstränden gesäumte Küste, gegen die die mächtigen Wellen des Atlantiks anrollen. Zwischen Dennery und Micoud ragen in der Praslin Bay einige Felsen aus dem Meer, die als **Fregate Island National Park** unter Naturschutz stehen. Die Inselchen sind nach den Fregattvögeln benannt, die hier von Mai bis Juli nisten. Auf Touren, die vom St. Lucia National Trust arrangiert werden (*☏ 452-5005, www.slunatrust.org, Anmeldung erforderlich!*), kann man die Inseln besuchen. Auf dem „Festland" gegenüber den Fregate Islands gibt es einen **Nature Trail**, auf dem man die bizarre Landschaft erwandern kann. Mit etwas Glück bekommt man einige seltene Tierarten (u. a. die Boa Constrictor) zu Gesicht.

Ab dem Dorf **Micoud**, das den südlichsten Hafen an der Ostküste besitzt und ansonsten ein reines Wohngebiet ist, wird die Landschaft flacher und weniger spektakulär. Von Micoud aus führt hinter dem Volet River eine Straße ins Inselinnere und langsam bergauf bis Mahaut, von wo der **Des Cartiers Rainforest Trail** startet. Hier ist sowohl eine zweistündige Rundtour als auch eine Wanderung über den zentralen Gebirgsrücken bis nach Fond St. Jacques und Soufrière möglich (*weitere Infos zu den Wanderungen S. 234*).

Wanderungen

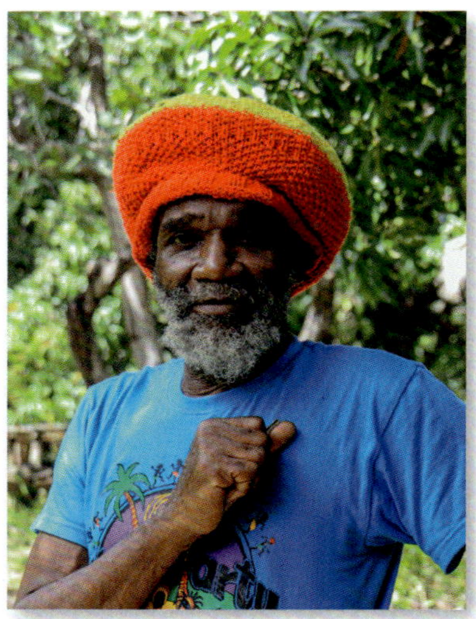

Der Rastafari John ist der Pächter des Latille Waterfall

Latille Waterfall

Der Wasserfall ist zwar klein, aber sehr idyllisch gelegen, gut zu erreichen und für eine Abkühlung wunderbar. Die eigentliche Attraktion hier ist das Outdoor-Wohnzimmer des Wasserfall-Verwalters John Seelie Joseph. Der Rastafari hat einen Ort des Friedens geschaffen, mit Fischteich, Spazierwegen und Bob-Marley-Plakat. Neben der kleinen Bar gibt es eine Hütte für Übernachtungsgäste mit Außendusche und Hängematte unter dem Sternenhimmel.

Latille Waterfall, *John Seelie Joseph, ☏ 489-6271, Lohw.Latillegardens@hotmail.com*

Die Küstenstraße verläuft nun in einiger Entfernung zum Ozean, dem sie sich erst in der Savannes Bay wieder nähert. Diese weit geschwungene Bucht ist von Mangrovendickicht umsäumt und zusammen mit dem Inselchen Scorpion Island als **Savannes Bay Nature Reserve** geschützt.

Coconut Bay

Durch vorgelagerte Riffe wird die Coconut Bay vor dem stürmischen Atlantik geschützt, wodurch die Bucht Einheimischen und Gästen des Coconut Bay Resort die Möglichkeit zur Abkühlung im Meer gibt. Auf feinem Sand kann man unter hochgewachsenen Palmen den längsten durchgängigen Strandspaziergang auf der Insel unternehmen.

Südlich der Bucht erreicht man den Hewanorra Airport, vor dessen östlichem Ende (Pointe Sable) ein schöner Sandstrand liegt, der sich zum Treffpunkt von **Kitesurfern** entwickelt hat.

 **Übernachtungstipp**

Coconut Bay Resort & Spa $$$–$$$$$ (**33**, siehe Karte S. 225), Coconut Bay, Vieux Fort, ☏ 459-6000, www.cbayresort.com. Das einzige Resort in Vieux Fort bietet die Möglichkeit, direkt vom Hewanorra International Airport ins Ferienparadies zu fallen und die Hauptsehenswürdigkeiten der Insel in nicht einmal einer halben Stunde zu erreichen. Der sogenannte Splash Wing des Resorts ist ideal für Familien mit unterschiedlich alten Kindern: Wasserpark, Kinderanimation, Paintball, Streichelzoo, großes Sportangebot von Reiten über Kitesurfen bis zum Fitness-Center sowie Tennis- und Basketball-Plätze. Die Eltern können derweil im Spa entspannen, an der Strandbar ein Piton genießen, sich im Lazy River treiben lassen und abends die gute Auswahl an Rum-Sorten testen. Tagesgäste können nach Voranmeldung den großen Poolbereich nutzen (120/60 US-$ Tages-/Halbtagespass).

Der helle, feinsandige Strand ist der längste auf der Insel, er lädt bei einer stetigen Brise vom Atlantik zum Spazierengehen ein. Nur für Erwachsene zugänglich ist der andere Teil des Resorts, der Harmony Wing. Dort können Ruhesuchende in einem eigenen Spa- und Poolbereich, auf Sonnenliegen für Paare oder bei einem Harmony-Frühstück absolute Entspannung finden. Noch mehr Privatsphäre bieten die neuen Luxus-Villen mit allen Annehmlichkeiten wie einem eigenen Pool, offenem Bad-Bereich und Butler-Service im Serenity at Coconut Bay die ab 2017 den Gästen zur Verfügung stehen werden.

In den Restaurants des Resorts (u. a. asiatisch, karibisch und gehobene internationale Küche) heißt das Motto „Farm to table“: In Gewächshäusern auf dem Gelände werden Gemüse und Kräuter in Bio-Qualität angebaut, diese landen ohne Umwege in den Küchen. Der Clou sind die von Salz gereinigten Seealgen, die es reichlich an der Küste gibt; sie werden mit Sand vermischt und als „Pflanzerde“ verwendet.

Maria Island Nature Reserve

Vor der Küste erheben sich die **Maria Islands** (Maria Major und Maria Minor) aus dem Atlantik. 1982 wurde hier ein Natur- und Vogelschutzgebiet eingerichtet. Es verfügt über einige endemische Spezies, z. B. die Schlange **Kouwés Snake** (St. Lucia Racer). Außerhalb der Brutzeit werden Touren angeboten.

Endemische Arten

Maria Islands Nature Reserve, *Saint Lucia National Trust, ☏ 454-5014, www.slunatrust.org.*

Wer das Kap Pointe Sable passiert hat, fährt ein kurzes Stück an der Anse des Sables entlang und kommt dann nach Vieux Fort bzw. zur **Halbinsel Moule-à-Chique** (S. 246).

Der Strand der Coconut Bay ist der längste der Insel

5. GRENADA

Überblick

Grenada (ausgespr. Gri-nei-da) wird nicht ohne Grund als die **Gewürzinsel** (*Isle of Spice*) bezeichnet. Hier dreht sich alles um die Muskatnuss, um Nelken, Zimt und viele andere Gewürze, die überall auf der Insel wachsen. Sie bilden den Grundbestand eines jeden privaten Gartens und verströmen an den Verkaufsständen auf den Märkten ihren Duft.

Mit etwa 12°10' nördlicher Breite liegt Grenada zwischen St. Vincent und den Grenadinen im Norden sowie Trinidad und Tobago im Süden. Wie bei den anderen Inseln des inneren Antillenbogens bestimmt der **vulkanische Ursprung** das abwechslungsreiche landschaftliche Profil, das sich durch viele Hügel, dicht bewaldete alte Vulkane, Kraterseen, Wasserfälle und Flussläufe auszeichnet. Mit 840 m ü. d. M. stellt der im nördlichen Teil der Insel gelegene **Mount St. Catherine** die höchste Erhebung dar, während weiter südlich vier andere Gipfel Höhen von rund 700 m erreichen (Sinai, Mt. Lebanon, Mt. Granby, Fedons).

Das **gebirgige Inselinnere** fällt besonders im Süden zur Küste hin treppenförmig ab. Der Uferstreifen ist dort mit tiefen Buchten, schmalen Halbinseln, Flussmündungen, Naturhäfen und vorgelagerten Inselchen außerordentlich reich gegliedert. Hier liegen auch die längsten und bekanntesten Strände, allen voran die weißsandige **Grand Anse Bay**, während an anderer Stelle auch schwarzer (Black Bay) oder graubrauner Sand und im Norden einige Kreidefelsen vorzufinden sind.

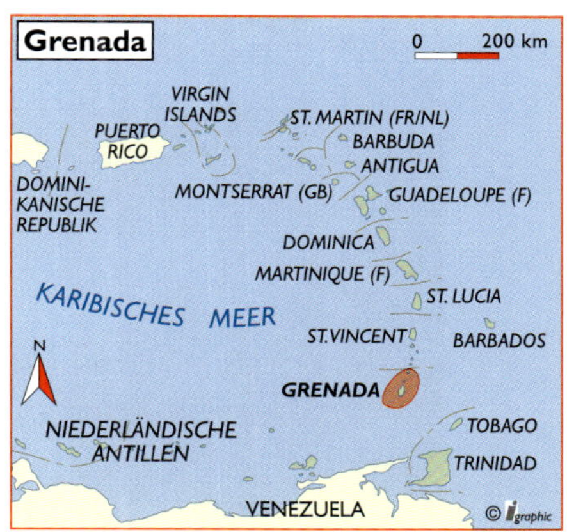

Redaktionstipps

- Bei Sonnenuntergang einen **Segeltörn** auf einem typisch grenadischen Segelboot unternehmen, S. 262.
- Frühmorgens auf dem samstäglichen **Markt** in St. George's umherschlendern, die Farben genießen und den Duft von Muskat, Vanille und Zimt einatmen, S. 270.
- **Das Fort George** besteigen (S. 269) und den malerisch gelegenen Binnenhafen **Carenage** besichtigen, S. 268.
- Grenadas bekanntester **Fish Friday** findet in Gouyave statt. Bei gebratenem Fisch und viel Rum lässt sich hier zwischen Einheimischen und Besuchern die karibische Nacht genießen, S. 282.
- Die **Muskatnussfabrik** in Gouyave besuchen, S. 282.
- Im **Restaurant Bruno** der Cabier Ocean Lodge an der wilden Ostküste dinieren, S. 293.
- Das **Inselinnere** erkunden, etwa die Seven Sisters Waterfalls, S. 289.
- Die Vögel im **Levera National Park** beobachten, S. 285.
- Mit der Fähre nach **Carriacou** und nach **Petite Martinique** übersetzen, S. 293.

Das Inselinnere wird **landwirtschaftlich** intensiv genutzt, insbesondere durch die Kultivierung von Bananen-, Kakao- und Muskatnussbäumen sowie anderen

Blick nach St. George's

Gewürzpflanzen. Trotz der landwirtschaftlichen und touristischen Erschließung hat die Insel ihre Ursprünglichkeit nicht verloren, sodass sie zusammen mit St. Lucia zu den landschaftlich schönsten Flecken der Karibischen See zählt.

Der Inselstaat

Zum heutigen unabhängigen Staat Grenada gehören neben der Hauptinsel zahlreiche kleinere und kleinste Eilande sowie die etwas größeren Vorposten **Carriacou** (S. 293) und **Petite Martinique** (S. 295). Historisch unterscheidet sich Grenada von den meisten anderen Westindischen Inseln dadurch, dass sich die indigene Bevölkerung gegenüber den Europäern von Anfang an abweisend verhielt. Schon **Kolumbus** zeigten sie sich **1498** so unfreundlich, dass dieser sich damit begnügte, das Eiland „*Concepción*" zu taufen und schnellstmöglich weiterzusegeln. Wann und warum dieser spanische Name in Grenada (franz.: *Grenade*; engl.: *Grenada*) geändert wurde, ist nicht geklärt. Die oft zu lesende Verknüpfung mit der gleichnamigen andalusischen Stadt klingt jedenfalls wenig überzeugend.

Erst den **Franzosen** gelang es ab 1649, in der Nähe des heutigen St. George's Fuß zu fassen und die Insel offiziell dem Besitz ihrer Westindischen Kompanie bzw. der Krone einzuverleiben. Der immer heftigeren **Gegenwehr der Kariben** begegneten die Europäer mit äußerster Brutalität, bis sich die letzten 40 überlebenden Einheimischen bei Sauteurs (Caribs' Leap) von den steilen Klippen ins Meer stürzten. Im 18. Jh. war Grenada ein heftig umkämpfter Zankapfel der Kolonialmächte England und Frankreich, wovon noch fünf Forts zeugen. Das blutige Hin und Her wurde schließlich 1783 zugunsten Englands entschieden. 1877 wurde das verarmte und wirtschaftlich unbedeutende Grenada zur **britischen Kronkolonie** erklärt – ein Status, den die Insel bis 1967 behielt.

Nach einer siebenjährigen Übergangszeit erlangte das Land 1974 seine volle **Unabhängigkeit**. Damit begann jene schmerzhafte Zeit der Wirren und politischen Experimente, die Grenada in die internationalen Schlagzeilen brachte.

Zunächst war es der autoritäre Präsident Sir Eric Gairy, der die Bevölkerung mit diktatorischer Strenge und durch den Einsatz der Geheimpolizei gegen sich aufbrachte. 1979 wurde er durch einen unblutigen Putsch unter Führung des Sozialisten **Maurice Bishop** gestürzt.

Leapers Hill in Sauteurs

Der charismatische Revolutionär versuchte mit seiner Bewegung **New Jewel** („*Joint Endeavour for Welfare, Education and Liberation*"), einen „Dritten Weg" zwischen Kapitalismus und Kommunismus zu gehen, für den er die Unterstützung Kubas suchte und fand. Von Anfang an wurde dieses Experiment von den karibischen Nachbarstaaten (besonders Dominica und Barbados) und den USA argwöhnisch beobachtet.

1983 kam es innerhalb der New-Jewel-Bewegung zu schweren Auseinandersetzungen, in deren Verlauf am 19. Oktober Maurice Bishop und Mitglieder seines Kabinetts ermordet wurden. Die Unruhen, die Hinwendung zum Kommunismus und der angebliche Flughafenausbau zur Militärbasis führten dazu, dass sich der damalige amerikanische Präsident Ronald Reagan „auf Bitten" der Gouverneurin von Dominica – Mary Eugenia Charles – zum Eingreifen veranlasst sah.

Militärisches Eingreifen

Zusammen mit Streitkräften anderer karibischer Kleinstaaten kam es zur Invasion durch die USA. In mehrtägigen militärischen Operationen wurde u. a. am Flughafen, an der Grand Anse Bay und auf dem Richmond Hill gekämpft. US-Kampfflugzeuge bombardierten irrtümlich das Krankenhaus in St. George's. Auf amerikanischer Seite kamen 19 GIs ums Leben, auf der Gegenseite forderte der Einsatz fast 100 Menschenleben, darunter 24 Zivilisten. Die politischen und wirtschaftlichen Wunden, die Grenada in jenem Jahr beigebracht wurden, verheilten nur langsam.

Die Meinungen über das amerikanische Eingreifen sind geteilt, nicht zuletzt auf der Insel selbst. Die Regierung unter dem damaligen Verteidigungsminister Austin war nicht beliebt und die Bevölkerung war wegen der Absetzung und Ermordung Bishops sehr aufgebracht. Aufgrund der darauf folgenden Ausschreitungen empfanden einige Teile der Bevölkerung die Invasion als Befreiung. International wurde der Angriff weitgehend veruteilt, unter anderem in einer UN-Resolution; er gilt als gravierender Verstoß gegen das **Völkerrecht**.

Die Gruppe von Revolutionären, die für die Ermordung Bishops verantwortlich war, wurde 1986 vor ein Militärgericht gestellt und zum Tode verurteilt.

Eine geschichtsträchtige Stätte: das Fort George

Schon vorher war unter massiver Einflussnahme der USA ein neuer Premierminister ins Amt gehoben worden, der eine rein westlich orientierte Politik betrieb. Nach wie vor jedoch ist die Symbolgestalt der Revolution, der Katholik und Sozialist Maurice Bishop, äußerst populär, was sich in Wandmalereien ebenso ausdrückt wie auf T-Shirts und in Porträts, die man überall sieht.

Die Bevölkerung Grenadas, die rund 110.000 Menschen zählt, ist heute zu 90 % afrikanischer, zu 3 % indischer und zu einem ganz kleinen Teil europäischer Abstammung. Der Tourismus stellt die wichtigste Einnahmequelle dar. Als im September 2004 der **Hurrikan Iwan** 95 % der Hauptstadt St. George's und große Teile der landwirtschaftlich genutzten Flächen zerstörte, 35 Todesopfer forderte und die Trinkwasser- und Stromversorgung zusammenbrechen ließ, befürchteten viele Beobachter ein komplettes Erliegen des Insellebens und damit auch des Tourismussektors, zumal 2005 erneut ein Hurrikan, Emily, die Insel heimsuchte.

info

Hash time

Samstags um 15.30 Uhr machen sich die Grenader kollektiv auf zur feuchtfröhlichen Schnitzeljagd. Hashing wird weltweit betrieben, doch die Grenader lieben diese sportliche Spaßveranstaltung besonders und lassen sie – wenig überraschend – gerne mit einem alkoholischen Getränk enden. Erfunden wurde das Spektakel von ehemaligen Kolonialoffizieren und Auswanderern 1938 in Kuala Lumpur. Auf Grenada ist Hashing zu einer Art **Volkssport** geworden. Wenn im Radio das Ziel des Tages angekündigt wird, machen sich die Einheimischen auf zur Wanderung in Grenadas dicht bewachsener und hügeliger Landschaft, die gerne auch Garten Eden genannt wird. Auf ausgewiesenen Trails geht es an manchen Tagen bis auf den 723 m hohen **Mount Qua Qua** hoch; nach tropischen Regenschauern endet das Vergnügen an Steilhängen in einer Schlammfahrt. Führt der Trail an den Concord-Wasserfällen vorbei, ist auf jeden Fall Zeit für einen Sprung ins erfrischende Nass.

Die Grenader ließen sich jedoch nicht unterkriegen, blickten optimistisch in die Zukunft und scheuten keine Investitionen. Nicht nur die ursprüngliche Infrastruktur wurde weitgehend wiederhergestellt, sondern auch neue Bauprojekte wurden initiiert, z. B. die moderne **Marina Port Louis im Hafen von St. George's**. Hintergrund dieser positiven Grundeinstellung ist die Tatsache, dass Grenada

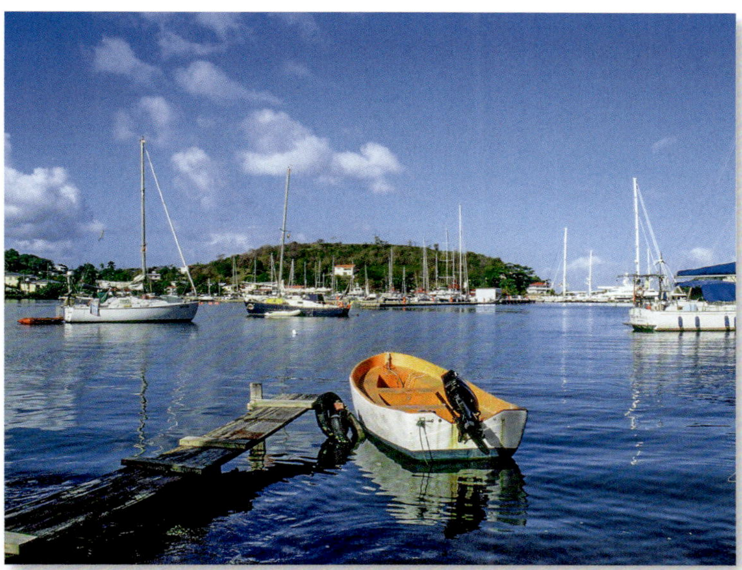

Schiffe im Hafen von St. George's

offiziell als **hurrikansicheres Gebiet** eingestuft ist. Die Sturmschäden durch Iwan werden als „Ausrutscher" angesehen. Diese Einstufung ist für Grenadas Wirtschaft bares Geld wert: Wer nämlich sein Boot in einem Hurrikangebiet liegen lässt und einen Sturmschaden erfährt, genießt keinen Versicherungsschutz. Deshalb quartieren viele Jachtbesitzer aus anderen karibischen Regionen während der Sturmsaison ihre guten Stücke in Grenada ein. Dies war ein wichtiger Grund für die Investition von 24 Millionen US-Dollar in Port Louis. Die Marina am Hafen der Inselhauptstadt soll den Liegeplätzen auf Luxusinseln wie Saint-Barthélemy Konkurrenz machen. Insgesamt kann Grenada seit Jahren steigende Besucherzahlen aufweisen. 2015 betraten fast 450.000 Touristen die Insel, die meisten im Rahmen einer Kreuzfahrt. Hauptsächlich besuchen nordamerikanische, englische und deutsche Touristen Grenada.

Steigende Besucherzahlen

Inseltouren

Die Hauptstadt **St. George's** verteilt sich mit ihren kleinen bunten Häuschen auf mehrere Hügel und gilt vielen als die schönste Stadt der Karibik. Vor der pastellfarbenen Kulisse aus dem 18. Jh. geht es besonders am samstäglichen Markttag farbenfroh zu. Wenn es sich irgendwie einrichten lässt, sollte man an diesem Tag seine Shoppingliste in der Inselhauptstadt abarbeiten.

Grenada
N
0
2,5 km
KARIBISCHES MEER
ATLANTIK
Sauteurs Bay
David Bay
Irvins Bay
SUGAR LOAF
GREEN IS.
Bedford Pt.
SANDY IS.
Duquesne Bay
Duquesne
Sauteurs
Leapers Hill
Helvellyn House
Levera Pond
Bathway Beach
Crayfish Bay
Levera National Park
ST. PATRICK
Eric Hall
River Sallée
Nettle Pt.
Mt. Rich
Mt. Rose
Victoria
ST. MARK
Hermitage
Lake Antoine
Antoine Bay
Gros Pt.
Tufton Hall Waterfall
Belmont Estate
Riv. Antoine Rum Dist.
St. John
Conference Bay
Gouyave
Gouyave Bay
ST. JOHN
Mt. St. Catherine 854 m
Dougaldston Estate
Palmiste Bay
St. Mary
Pearls
Pearls Beach
Mt. Nesbit
ST. ANDREW
Great River Bay
Grand Roy
Paradise
Amerindian Cave
Palmiste Lake
Belvidere
Black Bay
Marigot
Mt. Granby 694 m
Castaigne
Harford Village
Telescope Pt.
Volcanic Sand Beach
Grenville
Grenville Bay
Concord
Concord Falls
Halifax Harbour
Fontainebleu Falls
Adelphi
La Digue
Mt. Qua Qua
Grand Etang Lake
Beauséjour Bay
Brizan
Royal Mt. Carmel Waterfalls
MARQUIS IS.
Geschütztes Meeresgebiet
Grand Etang National Park
Seven Sisters Falls
Marquis
St. Andrew's Bay
Mt. Moritz
Pt. Molinière
Annandale Falls
Mt. Carmel
Unterwasser-skulpturenpark
Vendôme
South East Mtn. 727 m
Gr. Bacolet Pt.
Constantine
ST. GEORGE'S
Marquis
Grand Mal Bay
Queen's Park
Tempé
ST. DAVID
Lower La Tante
St. George's
(Detailkarte S. 267)
St. Paul's
Windsor Castle
Bellevue
La Pierre Pt.
siehe S. 273
Fort George
Laura's Spice Garden
St. David's
Grand Anse Beach
Springs
Syracuse
Grand Anse
Westerhall Rum Dist.
Pt. du Petit Tru
Morne Rouge Bay
La Sagesse Bay
Woburn
Ruth Howard
Westerhall Bay
St. Davis Harbour
Caliste
Whisper Cove
Westerhall Pt.
Pt. Salines
Prickly Bay
Grand Bay
HOG IS.
Lance aux Epines
Geschütztes Meeresgebiet
20
21
22
23
19
24
25
26
1-18
0 Unterkunft
1 Jenny's Place
2 Allamanda Beach Resort and Spa
3 Coyaba Beach Resort
4 Bougainvillea Apartments
5 Spice Island Beach Resort
6 Siesta Hotel
7 Blue Horizons Garden Resort
8 Mt. Cinnamon
9 Kalinago Beach Resort
10 LaLuna
11 Grooms Beach Villa and Resort
12 Maca Bana
13 Relax Inn
14 True Blue Bay Resort
15 Calabash Luxury Boutique Hotel & Spa
16 Lance aux Epines Cottages
17 Mount Hartman Bay Estate
18 Coral Cove Cottages & Apartments
19 Mango Bay Cottages
20 Almost Paradise Cottages
21 Petite Anse Beachfront Cottages
22 Treetops Villa
23 Valley Breeze Guest House
24 Big Sky Lodge
25 Cabier Ocean Lodge
26 La Sagesse Hotel
Reiseroute
© graphic

Grenadas Hauptstadt St. George's

Angesichts der abwechslungsreichen Natur, Geschichte und Kultur der Insel versteht es sich fast von selbst, dass man den Urlaub nicht ausschließlich am Strand verbringen sollte. Die vielfältigen Ausflugsziele sind am bequemsten im Rahmen **organisierter Touren** erreichbar, die von diversen Agenturen angeboten werden und in fast jedem Hotel gebucht werden können. St. George's kann man gut in Eigenregie besichtigen. Wer wandern möchte, sollte auf einigen Routen einen Guide dabei haben, um sich nicht zu verlaufen und wirklich zu den schönsten Flecken zu gelangen, teilweise auch aus Sicherheitsgründen.

Für eine **Inselrundfahrt** auf der Küstenstraße müssen weniger als 100 km gefahren werden. Im Prinzip kann man diese Tour mit einem Mietwagen zeitlich gut an einem Tag „schaffen". Doch es ist Urlaub und vor allem: Es ist die Karibik! Man sollte sich ruhig ein wenig der Gangart der Einheimischen anpassen und sich für die Inselerkundung Zeit nehmen. Zudem ist zu bedenken, dass der Linksverkehr erstmal ungewohnt ist, die Straßen sich streckenweise in vielen Kurven hoch und runterwinden und Minibusfahrer mit gewagten Überholmanövern die Aufmerksamkeit stark beanspruchen. Auch für den ein oder anderen Foto- und Badestopp sollte Zeit eingerechnet werden. In jedem Fall sollte man noch bei Tageslicht zur Unterkunft zurückkehren, nicht nur, um den Sonnenuntergang an der Hotelbar genießen zu können, sondern auch um das Fahren im Dunkeln bei schwierigen Straßenverhältnissen und schlechter Orientierung zu vermeiden. Wer sich mindestens zwei Tage für die Rundfahrt Zeit nimmt, kann zudem auch noch das Inselinnere erkunden.

Der karibischen Gangart anpassen

Allgemeine Reisepraktische Informationen zu Grenada

Wichtige Telefonnummern auf einen Blick

Internationale Vorwahl: *+1-473*
Diplomatische Vertretung *(Honorarkonsulat): 409-7260*
Feuerwehr: *911*
Polizei: *911*
Ambulanz: *434 (St.George's), 724 (St. Andrew's), 774 (Carriacou)*
Touristeninformation: *440-2279/2001*
Küstenwache: *399*

Information

Grenada Tourism Authority, *Burns Point, St. George's, ☏ 440-2279/2001, www.grenadagrenadines.com.*

Essen und Trinken

Die Auswahl und Bandbreite an Restaurants ist groß, fast überall werden Meeresfrüchte und Fisch serviert. Natürlich wird auf der „Isle of Spice" kreativ mit den lokalen Gewürzen gearbeitet: Es ist erstaunlich, wofür sich Muskat alles einsetzen lässt! Das offizielle Nationalgericht Grenadas ist Oil down, ein Eintopf aus Brotfrucht, Gemüse und Fleisch. Zum Essen wird gerne das auf der Insel gebraute Carib-Bier getrunken.

Exkursionen

Es lohnt sich, die Insel auf einer **Rundtour** *zu erkunden, vielleicht zu Beginn des Urlaubs. Von St. George's aus bieten Reiseagenturen zudem geführte* **Wanderungen** *durch die Berge und Wälder, zu den Wasserfällen im Landesinneren sowie gemütliche Segeltörns entlang der Küste an.*

Bei längerem Aufenthalt bietet sich ein Ausflug auf die nahegelegenen Schwesterinseln Grenadas (S. 293) an: Mit der Schnellfähre Osprey ist man in 90 Minuten auf **Carriacou**, *der ursprünglichsten und größten Insel der Grenadinen (weitere Infos und Abfahrtszeiten S. 296). Ebenfalls per Schiff geht es dann weiter nach* **Petite Martinique**.
Häufig werden auch kombinierte Flug-/Segelausflüge (einschließlich Transfer, Essen und Getränke) zum Archipel der Grenadinen offeriert, dort stellen die **Tobago Cays** *ein exzellentes Ziel dar.*

Touranbieter

St. James Travel & Tours, *4 Goshen Hill Apts., Grand Anse, St. George's, ☏ 439-2828, www.stjamesgroup.com. Inseltouren, auch mit deutschsprachigen Tourguides.*
Adventure Tours Grenada, *St. George's, ☏ 444-5337, www.adventuregrenada.com. Touren im Jeep mit Panoramablick, auch Mountainbike-Spezialist.*
Caribbean Horizons, *St. George's, ☏ 444-1555, www.caribbeanhorizons.com. Tagesprogramm für Kreuzfahrer, Exkursionen, Autovermietung.*

Feiertage

Neujahr	1. Januar
Unabhängigkeitstag	7. Februar

Karfreitag	variabel
Ostermontag	variabel
Tag der Arbeit	1. Mai
Pfingstmontag	variabel
Fronleichnam	variabel
Tag der Sklavenbefreiung	1. Montag im August
Weihnachten	25. Dezember

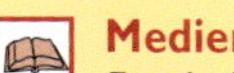

Medien

Es gibt keine lokale Tageszeitung. Wöchentlich erscheinen „Grenadian Voice" und „The Grenada Informer" (www.thegrenadainformer.com). Diverse Fernseh- und Radiostationen informieren über die Neuigkeiten der Inseln.

Öffnungszeiten

Geschäfte *sind im Allgemeinen Mo–Fr 8–16 Uhr und Sa 8–13 Uhr geöffnet, jedoch in der Mittagszeit (ca. 11.45–13 Uhr) oft geschlossen. Supermärkte und Shoppingcenter sind in der Regel Mo–Sa 9–19 Uhr und teilweise auch am Sonntag geöffnet.*
Banken: *Mo–Do 8–14 Uhr und Fr 8–16 Uhr*
Post: *Mo–Do 8–16 Uhr und Fr 8–16.30 Uhr*

Post

Das Hauptpostamt befindet sich am Hafen von St. George's in der Lagoon Road. Postämter gibt es auch in den anderen größeren Orten der Insel. Weitere Infos unter http://www.grenadapostal.com.

Shopping

Auf der „Isle of Spice" bieten sich natürlich in erster Linie lokale **Gewürze** *wie Muskat und Zimt als Mitbringsel sowie Bereicherung für die Küche zu Hause an. Man erhält sie in verschiedenen Kombinationen in handgeflochtenen Körbchen oder Baumwollsäckchen, allerdings zu nicht besonders günstigen Preisen. Empfehlenswert sind auch Muskatnusssirup und Muskatnussmarmelade. Weitere Spezialitäten der Insel sind-Kakao bzw. reine grenadische Naturschokolade, (Kräuter-)Tee, Massageöle, Parfüms, tropischer Blütenhonig, Rum und Pfefferwein.*

Die beste Adresse für die genannten Produkte ist die Firma **Arawak Islands Ltd.**, *Frequente Industrial Park, St. George's, ☏ 444-3577, arawakislands@spiceisle.com. Für Besucher geöffnet Mo–Fr 8.30–16.30 Uhr.*

„Made in Grenada" steht auch auf den Produkten der Art Fabrik, die Batiken, Accessoires, Dekoartikel und Kunsthandwerk herstellt: Art Fabrik, Young St., St. George's, ☏ 440-0568, www.artfabrikgrenada.com.

Sport

Auf Grenada und Carriacou gibt es ein breit gefächertes Angebot an Wassersportmöglichkeiten. An der Grand Anse werden Tauchen, Segeln, Schnorcheln, Wasserski,

Die karibische Inselwelt um Grenada ist ein traumhaftes Segelrevier

Parasailing, Windsurfen und Katamaran-Segeln angeboten – häufig auch von den großen Hotels. Im Levera National Park an der touristisch kaum erschlossenen Nordküste Grenadas, wo Atlantik und Karibisches Meer aufeinandertreffen, bietet sich geübten Surfern eine stürmische Brandung.

Wassersport

Kajak

Geführte Touren in die Buchten rund um die Whisper Cove Marina werden angeboten von **Conservation Kayak**, *Whisper Cove Marina, St. George's, ☏ 449-5248, www.conservationkayak.com.*

Segeln

Für Landratten die bequemste Art, die grenadischen Gewässer kennenzulernen, ist die Teilnahme an einem kürzeren **Segeltörn** *entlang der zauberhaften Süd- und Westküste.*

Für Segelfreunde bietet sich die Kombination eines Urlaubs auf Grenada mit einem mehrtägigen Segeltörn an, z. B. durch die Inselwelt der **Grenadinen** *(etwa Union Island, Bequia, Palm Island und Canouan). Diese Inseln und Inselchen erstrecken sich wie Perlen an einer Kette von Grenada bis nach St. Vincent. Dabei können Fans der Filmreihe „Fluch der Karibik" in der Wallilabou Bay auf den Spuren von Captain Jack Sparrow wandeln, der dort im ersten Teil drei gehängten Piraten die letzte Ehre erweist.*

Touranbieter

Savvy, *Port Louis Marina, St. George's, ☏ 415-0837, www.sailingsavvy.com. Ein Erlebnis ist ein Törn mit dem Nachbau eines alten, typisch grenadischen Segelbootes der Drei-Mann-Firma Savvy. Die Schaluppen transportierten im frühen 18. Jh. Waren wie Tabak, Rum und Gewürze zwischen St. Barth, Grenada und Tobago.*
Carib Cats, *☏ 444-3222, www.travelgrenadagrenadines.com. Wechselndes Angebot an unterschiedlich langen Cruises auf einem Katamaran und einem Trimaran, auch mit Schnorchel-Stopps.*
First Impressions, *☏ 440-3678, mobil: 420-2807 oder 407-1147, www.catamaranchartering.com. Wal- und Delfintouren, Sunset Cruises, Schnorcheltrips sowie Inselexkursionen (Sandy Island).*

Wer Segelerfahrung mitbringt, kann sich für eine Tour durch die Grenadinen bei etlichen Agenturen eine Jacht chartern, u. a. bei **Horizon Yacht Charters**, *True Blue Bay Marina, Grand Anse, ☏ 439-1000/2, www.horizonyachtcharters.com.*
Inzwischen ist auch die größte Jacht-Charterfirma der Welt, **The Moorings Ltd.**, *mit ihrem Riesenangebot auf Grenada (im True Blue Bay Resort) vertreten. Die Adresse in*

Deutschland lautet: Moorings GmbH, Candidplatz 9, 81543 München, ☏ 089-693-50810, www.moorings.de.

Tauchen
Rund um die Insel finden Taucher und Schnorchler paradiesische Reviere für ihren Lieblingssport. Besonders interessant ist das Wrack „Bianca C", das 5 km südwestlich der Küste liegt. Eine große Attraktion ist auch der **Unterwasserskulpturenpark** *(www.underwatersculpture.com), den der Künstler Jason deCaires Taylor in der Molinière Bay geschaffen hat. Die ersten Korallen haben sich bereits angesiedelt.*

Tauchshops
Dive Grenada/Snorkel Grenada, *Grand Anse Beach, ☏ 444-1092, www.snorkelingrenada.com. Bietet auch Schnorcheltouren zum Skulpturenpark.*
Eco Dive, *Coyaba Beach Resort, Grand Anse Beach, ☏ 444-7777, www.ecodiveandtrek.com. Tauchkurse für alle Erfahrungsstufen, Schnorchelausflüge.*
Dive Grenada, *Grand Anse Beach, St. George's, ☏ 444-1092, www.divegrenada.com. Tauchgänge für Fortgeschrittene: Nacht- und Wrack-Tauchen. Auch Schnorcheltouren.*
Aquanauts, *☏ 444-1126, www.aquanautsgrenada.com. Stationen befinden sich in der True Blue Bay und an der Grand Anse auf dem Gelände des Spice Island Beach Resort. Tägliche Tauchausfahrten zu Wracks und Riffen, geführte Schnorcheltouren im Skulpturenpark, aber auch Scuba-Yoga.*

Weitere Sportarten
Wer lieber auf dem Trockenen bleibt, findet von Fitnessstudios bis hin zu Yogakursen viele Betätigungsfelder. So haben mehrere Hotels eigene Tennisplätze, z. T. mit Flutlicht, die auch Nicht-Hotelgäste gegen Gebühr nutzen können.
Ausflüge zu **Pferd** *sind sowohl am Strand als auch im Landesinneren möglich, Infos bei:* **Grenada's Horseman**, *Ernest Pascall, ☏ 440-5368.*
Fahrräder *und Mountainbikes kann man in einigen Hotels sowie bei* **Adventure Tours Grenada** *ausleihen, ☏ 444-5337, www.adventuregrenada.com.*
Golffreunde haben ihr Revier in der Nähe der Grand Anse Bay im **Grenada Golf and Country Club** *(☏ 444-4128); die Anlage hat einen 9-Loch-Platz mit weitem Blick aufs Meer und ist mit Clubhaus, Snackbar, Ausrüstungsverleih etc. ausgestattet.*

Sprache
Die offizielle Landessprache ist Englisch, bei der einheimischen Bevölkerung ist Patois weit verbreitet.

Strände
Viele der etwa **45 Strände** *Grenadas sind weiß und feinsandig, es kommen aber auch dunkle – Levera Beach – oder schwarzsandige Strände – Black Bay – vor. Am bekanntesten und touristisch am besten erschlossen*

Cricket ist bei den Einheimischen sehr beliebt

sind die Abschnitte im Süden, insbesondere an der **Lance aux Epines** *und* **Grand Anse**. *Dort befinden sich auch die meisten Hotels. Hier können schon mal viele Besucher auftauchen, wenn die Kreuzfahrtschiffe in Grenada Halt machen, doch auch dann ist auf dem sehr großen und weitläufigen Strand genügend Platz für alle.* **Morne Rouge**, *die nächste Bucht im Südwesten, ist kleiner und privater.* **La Sagesse** *ist ein idyllischer Naturstrand im Südosten der Insel in einer geschützen Bucht am Atlantik. Der schönste Strand im Norden ist* **Levera Beach**. *Hinzu kommen die Strände benachbarter Inseln, die man leicht auf Tagesausflügen besuchen kann. Der schönste Strand auf Carriacou ist der* **Paradise Beach**.

Strom

Die Stromspannung beträgt 220/240 V Wechselstrom, 50 Hz. Die Steckdosen sind für Geräte mit zwei runden Stiften geeignet. In einigen Hotels sind sie aber für die amerikanischen Flachstecker umgerüstet; deswegen sollte man für alle Fälle einen Adapter mitbringen.

Telefonieren

Für Anrufe nach Grenada gilt die **internationale Vorwahl** *+1-473. Innerhalb Grenadas muss keine Extra-Vorwahl, sondern nur die siebenstellige Rufnummer gewählt werden. Es gibt zahlreiche Münz- und Kartentelefone auf Grenada, Telefonkarten bekommt man bei Cable&Wireless (Carenage St. George's) sowie in einigen Tourismus-Büros. Das* **Mobilfunknetz** *ist nicht so gut ausgebaut wie etwa auf Barbados, zudem funktionieren auf Grenada nicht alle deutschen Handys, weil teilweise noch ein alter Netzstandard verwendet wird. Die meisten Hotels bieten im Zimmer oder an der Rezeption* **kostenfreies WLAN** *an.*

Unterkunft

Auf Grenada gibt es ein gutes Angebot an kleineren Unterkünften, Mittelklassehotels sowie Gästehäusern, die eine familiäre Atmosphäre bieten. Während in St. George's die Guest Houses noch zahlreich vertreten sind, findet man an der Grand Anse eher Hotels. Darüber hinaus gibt es viele Agenturen, die voll ausgestattete Villen und Apartments auf Grenada vermitteln: z. B. **RSR Apartments** *(St. George's, ☏ 440-3381) oder* **Spice Isle Villas** *(Grand Anse, St. George's, ☏ 439-2486, www.spiceislevillas.com).*

Veranstaltungen

Die lokalen Feste werden ausgiebig gefeiert, Touristen sind dabei herzlich willkommen. Die wichtigsten Termine sind der **Karneval** *im Juli/August (Infos und Fotos auf www.spicemasgrenada.com), das Osterfest, zu dem überall Drachen in die Luft steigen, sowie die Weihnachtstage, an denen Steelbands die Weihnachtslieder der Kinder begleiten. Daneben gibt es Dutzende von lokalen Veranstaltungen wie Regatten, Erntedankfeste und Festivals.*

Verkehrsmittel

Auf Grenada stehen etwa 1.000 Kilometer asphaltierter Straßen zur Verfügung, allerdings sind diese häufig kurvig, steil und nicht immer in gutem Zustand. Es herrscht **Linksverkehr**, *die Verkehrsregeln und -zeichen entsprechen internationalem Standard.* **Busse** *fahren von St. George's nach Annandale, Concord, Gouyave, Grand Anse, Grand Etang, Grenville, La Sagesse, Sauteurs, Victoria und Westerhall. Der Tarif für eine einfache Fahrt liegt je nach Entfernung des Ziels bei 3–8 EC-$ p. P.*

*Taxis, Minibusse und Mietwagen sind auf dem Nummernschild am Buchstaben „***H***" (= hire) erkennbar. Die lokalen Busse, die eigentlich jeden Ort mit der Hauptstadt verbinden, sind die preiswerteste Möglichkeit, Grenada kennenzulernen – viel Lokalkolorit eingeschlossen. Neben den üblichen Minibussen, die man per Handzeichen anhält, verkehren auch größere Busse. Am Flughafen, in St. George's und bei den großen Hotels stehen* **Taxis** *in ausreichender Zahl zur Verfügung. Die Preise sind im Verhältnis zu anderen karibischen Zielen eher moderat. Es ist unbedingt notwendig, den Tarif vor Reiseantritt vom Fahrer bestätigen zu lassen; in diesem ausgehandelten Preis ist das Trinkgeld bereits enthalten.*

Um einen **Mietwagen** *zu bekommen, benötigt man neben dem deutschen bzw. internationalen Führerschein eine lokale, zeitlich begrenzte Fahrerlaubnis (driving license). Diese kostet um die 30 EC-$ und ist bei den größeren Mietwagenfirmen oder beim Police Traffic Department auf der Carenage, St. George's (neben der Feuerwehr) erhältlich. Es gibt auf Grenada knapp 20 Mietwagenfirmen (darunter auch Budget und Avis), die meisten davon sind am Flughafen, an der Grand Anse oder in St. George's ansässig. Fast immer wird ein kostenloser Transport vom/zum Hotel angeboten. Japanische Mittelklassewagen sind ab ca. 50 US-$ pro Tag erhältlich, für Kleinbusse und Jeeps sowie für Fahrzeuge mit Klimaanlage bezahlt man etwas mehr. In der Wintersaison und im Juli/August beträgt die Mindestmietdauer 3 Tage. Mehrere Firmen vermieten auch Motorroller, Mopeds, Fahrräder und Mountainbikes.*

Wandern

Das gebirgige Inselinnere mit seinen Naturschutzgebieten, Seen, Wasserfällen, seinem Regenwald und seinem reichhaltigen Tierleben ist ganz besonders zum Wandern geeignet. Einige Gebiete sind ebenso interessant wie nicht ganz ungefährlich und sollten nur mit fachmännischer Begleitung besucht werden, dazu gehören etwa die oberen Concord Falls, die Seven Sisters Falls oder der Mt. Carmel Waterfall.

Spezialisiert auf Wandertouren verschiedener Schwierigkeitsgrade in kleinen Gruppen ist die Agentur **Henry's Yacht Services & Tours**, *☏ 444-5313, www.henrysafari.com. Der Agenturinhaber Dennis Henry führt oft selbst die Touren und erzählt dabei Interessantes über die Besonderheiten der Insel. Die* **Touristeninformation** *vermittelt staatlich geprüfte Wanderführer. Mit diesen trifft man sich am Startpunkt der Wanderung, diese Führungen sind kostenlos, aber ein Trinkgeld wird erwartet.*

Sehr zu empfehlen sind die von dem Naturwissenschaftler **Telfor Bedeau** *(☏ 442-6200) angebotenen Touren. Bedeau nimmt nach Terminabsprache Gruppen von bis zu 8 Personen auf seine Wanderungen mit (allerdings ohne Transport, Treffen am Startpunkt der Wanderung). Dabei erläutert er ausgezeichnet die Geheimnisse der grenadischen Natur (in englischer Sprache).*

Währung

Die Währung auf Grenada ist der East Caribbean Dollar, der an den US-Dollar gekoppelt ist: 2,70 EC-$ = 1 US-$. Die gängigen Kreditkarten werden weitgehend akzeptiert.

Jachthäfen und Ankerplätze (Auswahl)

Grenada: *Calivigny Harbour, Green Island Yacht Harbour, Grenville/Halifax, Port Egmont, Prickly Bay, L'Anse aux Épines, St. George's*
Carriacou: *Hillsborough, Tyrell Bay*
Ronde Island: *Ronde Island Yacht Harbour*

Grenada entdecken

Die Hauptstadt St. George's

In den letzten Jahren hat sich St. George's stark vergrößert und ist mit über 37.000 Einwohnern im Ballungsraum mittlerweile eine standesgemäße Hauptstadt des Inselstaates. St. George's gilt als eine der reizvollsten und am schönsten gelegenen Inselhauptstädte in der Karibik.

Auf Hügeln rund um den vorzüglichen Naturhafen **Carenage** erbaut, präsentiert sich St. George's als eine gelungene Mischung aus französischer und britischer **Kolonialarchitektur**. Mit seinen roten Ziegeldächern, schönen georgianischen Gebäuden, bunten Fischer- und Ausflugsbooten sowie lebhaften Bars erinnert der Ort ein wenig an eine griechische Hafenstadt. Da fast alle wichtigen Baudenkmäler und Einkaufsplätze nur wenige Fußminuten vom Hafen entfernt sind, eignet sich St. George's gut für einen gemütlichen Stadtrundgang, bei dem das Vergnügen allenfalls durch die Hitze und die manchmal etwas steilen Gassen getrübt werden kann. Ein Beförderungsmittel braucht man eigentlich nur, um einige der am Ende dieses Kapitels aufgeführten Sehenswürdigkeiten in der Umgebung zu besuchen.

Gut zu Fuß zu erkunden

Wer mit dem Taxi, Minibus (*Nummer 1*) oder Mietwagen aus Richtung Süden (Flughafen, Grand Anse Bay) kommt, erreicht zunächst The Lagoon, eines der beiden Hafenbecken von St. George's Harbour, mit der hübschen Siedlung Belmont Village und der Marina **Port Louis**. Zum Zentrum geht es die Lagoon Road entlang, am **Grenada Craft Centre** (☏ *435-4224*) vorbei und in die Wharf Road.

Der malerische Naturhafen von St. George's

St. George´s
N
0
200 m
River Road
River Road
Halifax Harbour, Gouyave & Victoria
Grand Etang Forest Reserve
HOSPITAL HILL
Melville Street
Cemetery Hill
Fish Market
Church Street
Old Fort Road
Lucas Street
Roman Catholic Cathedral
Grenville St.
St. Juille St.
Cox Alley
Adams Alley
Methodist Church
St. John´s St.
Houses of Parliament
Green St.
Briggs Alley
St. David, Fort Frederick
Halifax St.
Hillsborough St.
Town Hall
Herbert Blaise Street
Market Hill
Scott Street
Schnitzel Haus
Granby St.
Church St.
Christ of the Deep Statue
Gore St.
Rowley Alley
Cross St.
Anglican Church
The Carenage
Wharf Road/Carenage
Cooper's Hill
Scots' Kirk
Cruise Terminal
Young Street
Wharf Road
Long Step
Sendal Tunnel
National Museum
Fort George
Sails Restaurant
Tanteen Road
Roy St. John Recreational Ground
St. George Point
Port of St. George
Port Highway
Grenada Yacht Club
Grenada Craft Centre
Botanical Gardens
The Lagoon
Camper & Nicholsons Port Louis Marina
Karibisches Meer
Lagoon Road
Grand Anse Pointe Salines
Patrick's Homestyle Cooking
© igraphic

Unterwegs kann man direkt am Ufer nach links zum Grenada Yacht Club und dem **Touristenbüro** abzweigen. Alternativ ist auch die Route an den **Botanischen Gärten** vorbei über die Tanteen Road möglich. Beide Straßen führen zum inneren Hafenbecken („The Carenage"), wo man bereits mitten in der „guten Stube" der Hauptstadt ist.

Einheimische Pflanzen

Vor dem Erreichen des Stadtzentrums kann man den ersten lohnenden Stopp an den **Botanical Gardens** einlegen. Hier sind – wie in so vielen karibischen Hauptstädten – die wichtigsten lokalen Blumen, Bäume und Büsche versammelt, das Areal bietet sich für einen erholsamen Spaziergang an. Nahebei befindet sich auch ein kleiner Zoo.

Höchstens vier Fahrminuten hinter dem Park erreicht man das innere Hafenbecken, in dessen Nähe man sich einen Parkplatz suchen sollte.

Stadtzentrum

The Carenage

Der Name „The Carenage" bezeichnet sowohl den hufeisenförmigen inneren Hafen als auch die Straße, die um diesen herumführt; für Letztere existiert allerdings auch der Name **Wharf Road**. Auf der Uferpromenade spielt sich ein Großteil des öffentlichen Lebens ab: Jachten, Ausflugs- und Fischerboote sowie Schoner aller Größen dümpeln im Wasser, am Ufer warten der Markt sowie zahlreiche Geschäfte und Restaurants auf Kunden, Touristen bekommen hier Informationen über die Insel. Auffällig ist die Christusstatue Christ of the Deep, die eine Reederei aus Genua hier aufstellen ließ. Die Inschrift widmet sie „Dem Volk von Grenada, in dankbarer Erinnerung an die brüderliche, christliche Hilfe und Freundschaft, die man den Passagieren und der Crew des italienischen Schiffes Bianca C, das am 22. Oktober 1961 durch ein Feuer in diesem Hafen vernichtet wurde, entgegengebracht hat".

Der Weg führt nun immer am Hufeisen der Carenage entlang auf das **Fort George** zu, bis hinter der Young Street rechter Hand die Monkton Street abzweigt. Das sehenswerte Eckhaus aus Ziegelstein beherbergt die **Nationalbibliothek** (*National Library*), die bereits 1846 gegründet und 1892 in diesem ehemaligen Lagerhaus untergebracht wurde. Wenn man hinter der Bibliothek nach rechts geht, gelangt man an der Einmündung zur Young Street zum Nationalmuseum.

National Museum

Natur und Kultur

Der bescheiden anmutende Bau des Nationalmuseums blickt auf eine **turbulente Geschichte** zurück: 1704 von den Franzosen als Militärbaracke errichtet, wurde das Gebäude später für die unterschiedlichsten Zwecke genutzt. Im frühen 19. Jh. war das Gebäude ein Gefängnis, in den Kellern wurde Rum destilliert und insgesamt drei Hotels etablierten sich nacheinander in seinen Mauern. 1976 zogen schließlich die Sammlungen des neu gegründeten Nationalmuseums hier ein. Dem Besucher werden in einer kleinen, aber interessanten **Sammlung** zur Natur- und Vorgeschichte u. a. ausgestopfte Tiere sowie Tierskelette, Beispiele präkolumbischer Keramik, geflochtene Körbe, ein riesiger Einbaum und eine Übersicht über

die indianischen Petroglyphen geboten. Die Zeit der europäischen Besiedlung dokumentieren große Kupferschüsseln zur Rumherstellung im Kellergewölbe, verschiedene Instrumente sowie ein Eselskarren. In die jüngere Geschichte führen Fotodokumente über die Invasion von 1983. Postkarten, Literatur und Reproduktionen alter Landkarten können erworben werden.
National Museum Grenada, *Ecke Young und Monkton St., St. George's, ☏ 440-3725, www.grenadamuseum.gd. Mo–Fr 9–16.30, Sa 10–13.30 Uhr, Erwachsene 5 EC-$/2,50 US-$, Kinder 2,50 EC-$/1 US-$.*

St. Andrew's Presbyterian Church/Scots' Kirk

Vom Museum aus folgt man der steil ansteigenden Young Street mit ihren Läden und Treppen bis zur nächsten Kreuzung, wo man links in die Straße zum Fort George abbiegt. Hier sieht man bereits die St. Andrew's Presbyterian Church, die auch Scot's Kirk oder einfach „The Kirk" genannt wird. Das (meist geschlossene) Gotteshaus und sein auffälliger neugotischer Glockenturm wurden 1830 von Presbyterianern aus Schottland errichtet.

Sendall Tunnel

Wenige Meter hinter der Kirche führt der Weg über den Sendall Tunnel, den die Franzosen bereits im 18. Jh. projektiert hatten, der aber erst **1895** fertiggestellt wurde. Der 3,65 m hohe und 102 m lange Tunnel, der durch die Felsnase geschlagen wurde, verbindet die Melville Street am Ufer der Karibischen See mit dem Hafenbecken des Carenage und war für die damalige Zeit ein beachtliches technisches Unterfangen. Seinen Namen erhielt das Bauwerk nach dem damaligen britischen Gouverneur. Auf einer schräg ansteigenden Straße geht es nun geradewegs in das weitläufige Gelände des Fort George.

Einfahrt in den Sendall Tunnel

Fort George

Hier lohnen sowohl der **fantastische Blick** auf die Stadt mit ihrem Hafen, ihren bunten Dächern und hoch aufragenden Kirchen als auch die Baudenkmäler der geschichtsträchtigen Stätte selbst. Die **Verteidigungsanlage** wurde 1705 als Fort Royal von den Franzosen nach Plänen des französischen Ingenieurs Callius errichtet und ist ein gutes Beispiel für die fortifikatorische Baukunst des frühen 18. Jh. Die meisten Verliese, Wachstuben und unterirdischen Gänge sind noch erhalten, ebenso wie die (sanierungsbedürftigen) britischen Zubauten. In der jüngeren Geschichte war das Fort zentraler Schauplatz der Auseinandersetzungen innerhalb der sozialistischen Fraktionen, deren traurigen Höhepunkt die Ermordung von Maurice Bishop und Mitgliedern seines Kabinetts am 19. Oktober 1983 bildete. Heute wird ein Teil der Räumlichkeiten von der lokalen Polizei genutzt.
Fort George, *Church St., St. George's, www.forts.org. Geöffnet 6–17 Uhr.*

Zu den weiteren Stationen des hier beschriebenen Stadtrundgangs gelangt man, indem man vom Fort George aus zunächst wieder bis zur Young Street zurückkehrt und dann an mehreren Bankgebäuden vorbei über die Halifax Street und die Cross Street hinunter zum äußeren Hafen geht. Am Hafen bieten die **Esplanade** und das Shoppingcenter sowie der Fisch- und Fleischmarkt stets eine farbenprächtige und lebhafte Atmosphäre, vor allem am Samstagvormittag. Mehr noch gilt dies für den **Markt** an der Kreuzung Granby Street/Halifax Street, der nicht nur Obst-, Gemüse- und Gewürzstände umfasst, sondern ganz allgemein das Hauptgeschäftsviertel der Stadt darstellt. Hier kann man auch günstige Korb- und Flechtwaren erstehen. Das **Rathaus** (Town Hall) auf der Grenville Street verleiht der Szenerie einen würdigen architektonischen Rahmen.

Lebhafte Atmosphäre

Anschließend folgt man am besten der geraden und ziemlich steilen Granby Street hinauf bis zur Kreuzung mit der Church Street, auf der man bereits nach wenigen Metern linker Hand ein Ensemble wichtiger Institutionen sieht:

Parlament (Houses of Parliament)

Die Ziegelsteingebäude, die in ihren Dimensionen der geringen Größe des Inselstaates entsprechen, sind gute Beispiele für den frühen georgianischen Baustil, der das Stadtbild von St. George's ohnehin prägt. Am ältesten ist die **Registratur** aus dem Jahr 1780 neben dem **Government House** (1802). Im sogenannten York House ist das **Oberste Gericht** (*Supreme Court*) untergebracht. Grenada hat – wie die USA – ein Zweikammersystem, bestehend aus dem Repräsentantenhaus (15 Mitglieder) und dem Senat (13 Mitglieder). Die Regierung orientiert sich am britischen Vorbild und besteht aus einem Premierminister und einem Ministerialkabinett.

Römisch-katholische Kathedrale

Schräg gegenüber dem Parlament ist die ebenfalls aus Ziegelsteinen errichtete Roman Catholic Cathedral das mächtigste und **auffälligste Baudenkmal** der Hauptstadt. Ihre Größe erklärt sich aus der verhältnismäßig bedeutenden katholischen Gemeinde, deren Ursprung in der französischen Kolonialzeit liegt. Obwohl das gesamte Gebäude im Jahr 1804 fertiggestellt wurde, ist der Turm von 1818 heute der älteste erhaltene Teil, da alle anderen Bestandteile 1884 verändert wurden. Im Inneren sind u. a. die Steinglasfenster und Heiligenstatuen interessant.

Von der Kathedrale aus geht man wieder bis zur Kreuzung Granby Street. Hier bieten sich zwei Möglichkeiten, zum Hafen zurückzukehren:

Biegt man links in die Lucas Street und dann rechts in die Cox Alley ab, sollte man der farbenprächtigen **Methodist Church** (1820) in der Green Street einen Besuch abstatten. Weiter geht es dann über die Herbert Blaize Street zurück zur Lucas Street. Geht man geradeaus die Church Street hinab, lohnt linker Hand die verfallene **Anglican Church** einen Besuch. Das schöne Gotteshaus, 1825 für die britischen Soldaten erbaut, ist von außen pastellfarben und hat einen von Zinnen gekrönten Westturm. Im Inneren ist der offene Dachstuhl über dem einschiffigen Raum sehenswert, im hinteren westlichen Bereich kann man eine Empore auf Säulen und darunter die Taufkapelle mit sehr schönen neoklassizistischen Reliefs und Emblemen besichtigen.

Weitere Kirchen

Weitere Sehenswürdigkeiten im Umkreis

Die nachfolgend genannten Ziele sind am besten mit einem Mietwagen oder dem Taxi zu erreichen, sie befinden sich alle an der östlichen oder südöstlichen Peripherie der Stadt.

Governor General's Residence

Zu dieser **ehemaligen Residenz des britischen Generalgouverneurs** gelangt man vom Südende der Stadt über die Lowthers Lane oder vom Zentrum aus über die Lucas Street. Das 1802 östlich oberhalb der Carenage errichtete Gebäude gilt als bestes Beispiel für die Architektur des frühen georgianischen Stils. Der Generalgouverneur bzw. die Generalgouverneurin (zzt. Dame Cécile La Grenade) ist übrigens das offizielle Staatsoberhaupt und wird jeweils von der britischen Königin Elizabeth II. auf Vorschlag des Premierministers ernannt. Während man von hier aus in östlicher Richtung zum Richmond Hill kommt, führt westlich der Residenz von der Lucas Street die Sans Souci Road am **Sitz des Regierungschefs** (Prime Minister's Residence) vorbei zu einem weiteren hochherrschaftlichen Gebäude des späten 18. Jh., dem **Sans Souci House**.

Offizielles Staatsoberhaupt

Richmond Hill/Fort Frederick

Fährt man von der Governor General's Residence über die Upper Lucas Street nach Osten, kommt man zum geschichtsträchtigen, 200 m hohen Richmond Hill. Auf dem Hügel befinden sich spärliche Überreste des ehemaligen Fort Adolphus aus dem 18./19. Jh., interessanter ist jedoch das Fort Frederick. Die in der Franzosenzeit (1791) errichtete Anlage ist wegen ihrer Bastionen sehenswert, aber auch wegen der prächtigen **Aussicht** auf die Hauptstadt. Im Zusammenhang mit den Ereignissen von 1983 spielte die Festung als Hauptquartier der mobilen Einsatzkräfte der Revolutionsregierung eine wichtige Rolle.

Das Fort Frederick

Grenada Distillers/Grenada Sugar Factory

In der seit 1937 bestehenden Destillerie wird als berühmtestes Produkt der Clarke's Court Rum hergestellt, daneben aber auch noch vieles andere. Interessante Führung und große Auswahl an Rumsorten zum Probieren. Das Gelände befindet sich in Woodland, südöstlich von St. George's.
Grenada Distillers, ☏ *444-5363, www.clarkescourtrum.com.*

Reisepraktische Informationen St. George's

s. Karte S. 267

Information

Grenada Tourism Authority, *Burns Point, St. George's,* ☏ *440-2279/2001, www.grenadagrenadines.com*

Essen und Trinken

Patrick's Homestyle Cooking, *Lagoon Rd. (ggü. Grenada Yacht Services),* ☏ *440-0364. Das Restaurant ist der Tipp für einheimische Küche. Patrick selbst – einst ein Unikum der lokalen Gastro-Szene – ist zwar vor einigen Jahren gestorben, das Restaurant wird aber in seinem Sinne weitergeführt.*
Sails Restaurant & Pub, *Carenage, Power Boats Boatyard,* ☏ *440-9747. Schönes Restaurant direkt an der Carenage Waterfront mit tollem Blick auf den Hafen. Sehr guter Service und ausgezeichnetes Seafood, aber auch Fleisch und vegetarische Gerichte, besonders beliebt ist der gegrillte Kingfish.*
Schnitzel Haus, *Carenage,* ☏ *456-2200, www.schnitzelhausgrenada.com. Wer Lust auf deutsche Küche hat, ist hier genau richtig. Bei den Einheimischen sind die Schnitzel sehr beliebt.*

Der Südwesten: südlich von St. George's

Touristische Infrastruktur

In Grenadas Südwesten liegen die längsten und schönsten Strände der Insel. So hat sich hier mit einer Reihe von Hotels, Ferienresorts, Restaurants, Bars und Einkaufsmöglichkeiten sowie Sport- und Freizeitanlagen das touristische Aushängeschild der Insel entwickelt. Wenn man von touristischer Infrastruktur auf Grenada redet, kann das jedoch leicht missverstanden werden. Massentourismus und volle Strände wie auf den Inseln der Großen Antillen sind hier nicht anzutreffen. Die **schönsten Strände** befinden sich an der Grand Anse Bay, nur zehn Minuten von St. George's entfernt, in der benachbarten Morne Rouge Bay und weiter südlich rund um die Halbinsel Lance aux Epines sowie an der Prickly Bay, wo sich Grenadas zweites touristisches Zentrum entwickelt hat.

Grand Anse Bay und Morne Rouge Bay

Die **Grand Anse Bay** ist eine ca. 3 km lange Bucht, sie kann mit dem Grand Anse Beach den Inbegriff des **karibischen Bilderbuchstrandes** aufweisen.

Dieser längste, breiteste und beliebteste Strand auf Grenada verfügt über sehr feinen hellen Sand und ist erstaunlicherweise oft menschenleer. Die angrenzenden Hotelresorts fallen nicht unangenehm auf, denn auf Grenada gilt das Gesetz, dass kein Hotel höher als eine Palme sein darf. In der Praxis bedeutet das, dass die höchsten Gebäude zwei Stockwerke plus Spitzdach haben. So können auch die Gäste der günstigeren Hotels in Hanglage etwas weiter weg vom Strand noch den Blick auf das Meer genießen. Kaum vorstellbar ist, dass auf dem Grand Anse Beach während der Invasion 1983 heftig gekämpft wurde und damals das Strandleben Stacheldraht

Unverbauter Meerblick

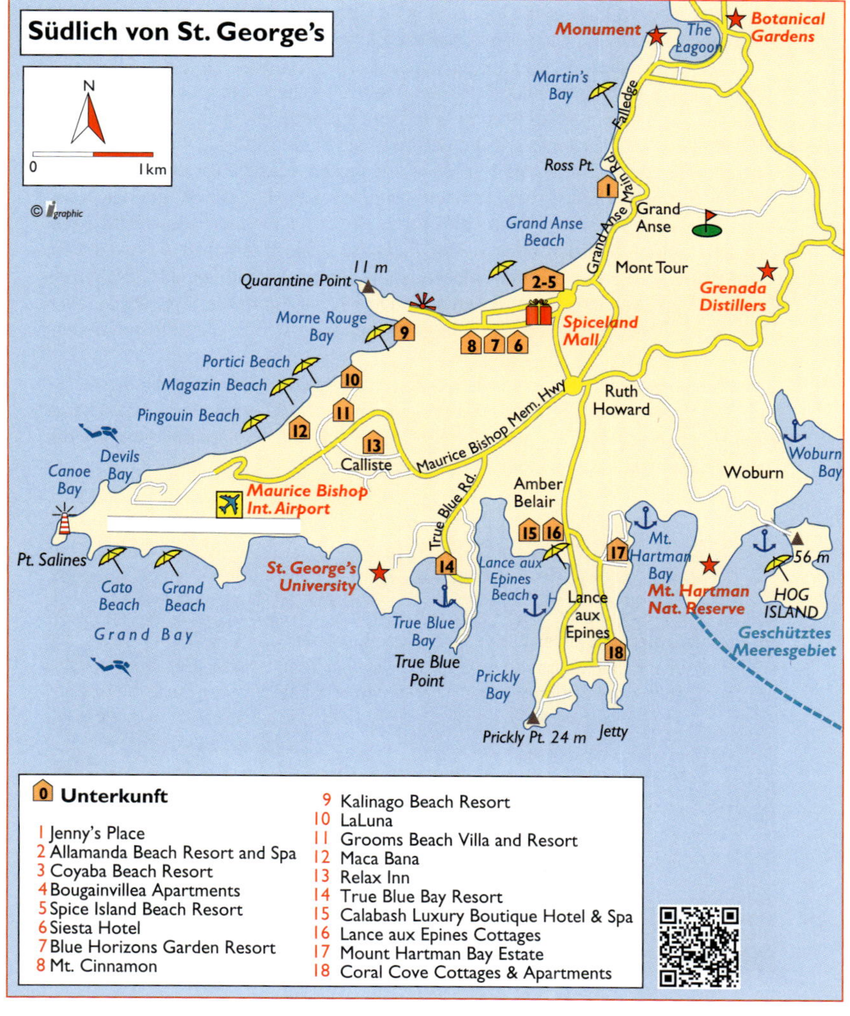

und Minen weichen musste. Die Wunden der Vergangenheit sind jedoch inzwischen verheilt und die Bucht sowie ihr Hinterland beliebte Urlaubsziele. Die Hauptstadt St. George's und der internationale Flughafen sind nur zehn Fahrminuten entfernt.

Hinsichtlich der touristischen Infrastruktur ist eine gewisse Zweiteilung der Grand Anse festzustellen: eine erste Gruppe von Hotels liegt direkt am Strand, die zweite Gruppe bietet durch ihre Hanglage eine kühlere Brise sowie Meerblick. Am westlichen Ende der Bucht liegen direkt am Strand die Luxushotels Spice Island Beach Resort, Radisson Grenada Beach Resort und Mount Cinnamon, deren Gäste vom Zimmer aus geradewegs ins warme Wasser spazieren können. Aber auch die erschwinglicheren Hotels, die in Richtung St. George's und Wall Street liegen, wie etwa Jenny's Place und das Allamanda Beach Resort, bieten eine **Traumlage**.

Einkaufszentrum

Hinter diesen Anlagen befindet sich ein breiter Streifen, der eine Mischung aus Brachland, Sportplatz, Polizeistation und Shoppingcenter darstellt. Die **Spiceland Mall** ist das größte Einkaufszentrum der Insel und bietet Besuchern mit Mietwagen eine gute Parkmöglichkeit. Wo zum Teil Kühe grasen oder die karibischen Frösche ihr abendliches Konzert geben, standen früher einfache Bungalows, die der New-Jewel-Regierung gehörten. Nach dem Abriss plante man immer wieder, das Areal komplett neu zu bebauen oder in eine Park- bzw. Sportlandschaft umzuwandeln. Diese Pläne wurden jedoch nur halbherzig umgesetzt, weshalb ein infrastruktureller Zwischenraum entstanden ist, um den nicht nur die Autofahrer kreisen, sondern auch Jogger – meist Studenten der nahe gelegenen Sportschule – ihre Runden ziehen.

Dahinter erstreckt sich landeinwärts bis zu den Hügeln hinauf ein Bebauungsgebiet mit einigen guten Mittelklassehotels und First-Class-Herbergen. Die Gäste dieser Häuser haben es zwar etwas weiter zum Strand (allerdings selten mehr als 400 m), dafür genießen sie eine wunderschöne Aussicht.

Karibischer Traumstrand an der Grand Anse Bay

Eine große Bandbreite an **Wassersportarten** bieten die Shops der Hotels. Tauchkurse- und Ausrüstung, Kajaks, Katamarane (*Hobie Cats*) und Schnorchelzubehör sind im Angebot. Die Preise sind dort allerdings vergleichsweise hoch. Günstiger gibt es Bananenboot- und Wasserskifahrten oder Tubing bei den lokalen Anbietern, die entweder am Strand oder direkt auf dem Wasser auf Kundschaft warten.

Erstaunlicherweise ist die Restaurant- und Bar-Szene an der Grand Anse verhältnismäßig unterentwickelt. Die Hotels verfügen zwar alle über ein Restaurant, doch wird dort oft gehobene internationale Küche serviert. Feinschmecker und Liebhaber der Haute-Cuisine wissen dies sicher zu schätzen, aber das besondere Karibik-Gefühl kommt dabei nur selten auf. Der richtige Platz für **Karibik-Feeling** mit Cocktails, kühlem Bier, lockerer Atmosphäre sowie unkompliziertem und bezahlbarem Essen ist Umbrella's Beach Bar und Restaurant. Zum Abschluss eines perfekten Strandtages kann man hier unbeschwert den Sonnenuntergang genießen.

Sonnenuntergang an der Beach Bar

Zusammen mit der benachbarten Morne Rouge Bay, die Buchten sind nur durch den Felsvorsprung Quarantine Point voneinander getrennt, bietet die Grand Anse Bay auch die Möglichkeit zum **Strand-Hopping**. Auf dem Weg zum Strand der Morne Rouge Bay, der bei den Einheimischen nur BBC genannt wird, geht man eine steile Straße hinauf und kommt oberhalb des ehemaligen Flamboyant-Hotels (derzeit eine Baustelle für ein neues Resort) an einem Parkplatz vorbei. Von dort hat man einen wunderschönen Ausblick über den Strand, die gesamte Bucht und bis nach St. George's. Zur Morne Rouge Bay geht es den Hügel geradeaus wieder herunter und links um eine scharfe Kurve. Gleich dahinter führt rechts ein Weg hinunter zum Strand der abgeschiedenen Morne Rouge Bay.

Die **Morne Rouge Bay** ist eine der schönsten Buchten Grenadas. Vor einiger Zeit wurde hier mit dem familienfreundlichen Kalinago Beach Resort das erste Hotel gebaut, die touristische Infrastruktur ist also noch recht übersichtlich. Der mit vielen schattenspendenden Bäumen versehene Strand ist meistens menschenleer und wird von den Einheimischen zum Joggen und bei Sonnenuntergang zur Aquagymnastik genutzt. Neben dem Kalinago mit Bar und gutem Restaurant gibt es am Strand der Morne Rouge Bay noch ein weiteres Restaurant mit einfachen Gerichten sowie eine Strandbar mit Palme vor dem Tresen. Wer Wassersport betreiben möchte, kann sich im Hotel Kajaks ausleihen.

Ruhig und idyllisch

Zurück an der Grand Anse mag einem der Strand sehr trubelig vorkommen, was auch an den Händlern liegt, die hier häufiger unterwegs sind. Zum Teil werden schöne **Souvenirs** wie handgemachte Ketten aus Muskatnüssen, Gewürzketten, geflochtene Körbe, Strandtücher oder Tuniken verkauft. Dabei sind die Händler sehr freundlich und akzeptieren ein „Nein“ ohne lange Diskussionen.

Wer sich an der Grand Anse eingebucht hat und nicht über einen Mietwagen verfügt, kann von hier aus mit dem **Minibus Nummer 1** nach St. George's fahren. Der Weg von der Grand Anse nach St. George's ist nur kurz. Mit dem Mietwagen passiert man zunächst den Ross Point, hinter dem sich die Martin's Bay mit einem weiteren Strand erstreckt. Dann sind es nur noch 2,5 km bis zur Hauptstadt.

Sonnenuntergang in der Morne Rouge Bay

An der äußersten Südwestspitze Grenadas, etwa zehn Fahrminuten von den Hotels an der Grand Anse Bay und doppelt so weit von der Hauptstadt St. George's entfernt, liegt der **Maurice Bishop International Airport**. Dorthin gelangt man über den Kreisverkehr kurz vor Ruth Howard und dann über den Maurice Bishop Highway, eine breite, gut ausgebaute Straße, die nach der Invasion von den Amerikanern angelegt wurde. Viele Einheimische, besonders aber die Taxifahrer, nutzen die Piste als Rennstrecke, nirgendwo sonst auf der Insel wird so gerast!

Von **Ruth Howard**, einem kleinen Dorf mit Rum-Brennerei, führt eine 2 km lange Stichstraße auf die Halbinsel Lance aux Epines und bis zum Prickly Point.

Halbinsel Lance aux Epines

Tolle Bademöglichkeiten

Die Halbinsel Lance aux Epines ragt weit ins Meer hinaus und ist von **zwei schönen Buchten** umgeben: der Prickly Bay mit dem größten Jachthafen der Insel in der True Blue Bay, in der auch das traditionsreiche Segelcharterunternehmen Moorings seine Dependance hat, sowie der Mount Hartmann Bay. Da beide Buchten zudem ausgezeichnete Bademöglichkeiten aufweisen, ist es kein Wunder, dass hier das zweite touristische Zentrum Grenadas entstanden ist. Vor allem kleine und feine Boutique-Hotels haben sich hier angesiedelt.

Der Süden der Insel hat jedoch nicht nur Jachthäfen, Strände und Hotels zu bieten. Unweit von Lance aux Epines ragt die Halbinsel Mount Hartman wie ein Finger ins Meer. Ein Teil der Mount Hartman Bay sowie der Küstenlandschaft ist im **Mount Hartman Nature Reserve** geschützt, in dem Leguane, Pelikane, Kolibris und auch die **Grenadataube** (*leptotila wellsi*) anzutreffen sind. Das auch als „Welltaube" bezeichnete Tier gibt es nur auf Grenada, es wurde 1991 zum

Nationalvogel erklärt. Die Grenadataube gehört zu den seltensten und bedrohtesten Tieren der Welt. Sie hat einen weißen Bauch und rostbraunes Rückengefieder und hält sich lieber auf dem Boden auf als zu fliegen. Man erkennt sie an ihrem charakteristischen Kuckucksruf, der alle sieben bis acht Sekunden ertönt (nur von den männlichen Tieren). Zu sehen bekommt man die Tiere eher selten.

Reisepraktische Informationen Südwesten von Grenada

Unterkunft

siehe Karten S. 258 und 273

Grand Anse/Morne Rouge Bay

Bougainvillea Apartments $–$$$ (4), *Grand Anse, ☎ 444-4930, www.grenada-bougainvillea.com. Die 21 sauberen Selbstversorger-Apartments in einer Gartenlage haben Meerblick und sind jeweils mit einer gut ausgestatteten Küche und einem eigenen Bad mit Dusche versehen. Es gibt kostenfreies WLAN, Klimaanlage, Pool und Bar. In wenigen Minuten ist man am Strand, in der Mall mit Supermärkten und Restaurants sowie bei den Minibussen.*

Jenny's Place $$–$$$$ (1), *Grand Anse, ☎ 439-5186/405-6073, www.jennysplacegrenada.com. Das Hotel imitten eines kleinen tropischen Gartens am nördlichen Ende der Grand Anse bietet 4 Suiten sowie 2 Apartments mit Garten- und Meerblick, außerdem ein Low-Budget-Zimmer. Vom Restaurant aus hat man eine wunderbare Sicht über die gesamte Bucht. In den Apartments und Suiten gibt es extragroße Betten, TV sowie Ess- und Sitzgelegenheiten und entweder eine Küchenzeile oder eine voll ausgestattete Küche. Sehr nette Atmosphäre.*

Siesta Hotel $$–$$$$ (6), *Morne Rouge, ☎ 444-4646, www.siestahotel.com. Familiäre Anlage mit Zimmern und Suiten, alle mit Klimaanlage und TV, z. T. auch mit Kitchenette und Balkon mit Blick auf die Bucht. Eher einfach, aber sehr sauber. Gutes Preis-Leistungs-Verhältnis. Schöne Lage am Hügel, ca. 200 m vom Strand und wenige Minuten vom großen Einkaufszentrum entfernt.*

Allamanda Beach Resort and Spa $$$–$$$$ (2), *Grand Anse, ☎ 444-0095, www.allamandaresort.com. Das Hotel liegt direkt am Strand der Grand Anse und verfügt über einen Swimmingpool, Tauch- und Wassersportmöglichkeiten sowie Wellness- und Fitness-Einrichtungen.*

Blue Horizons Garden Resort $$$$–$$$$$ (7), *Grand Anse, ☎ 444-4316, www.grenadabluehorizons.com. Das von einer üppigen Gartenanlage umgebene Resort verfügt über 32 Ein- und Zweibettzimmer mit Kochecke, Wohnbereich und Badezimmer und zum Teil mit Blick vom eigenen Balkon über die Grand Anse bis nach St. George's. Sandstrand und Wassersportmöglichkeiten.*

Kalinago Beach Resort $$$$$ (9), *Morne Rouge, ☎ 444-5255/54, www.kalinagobeachresort.com. Das Hotel ist sehr familienfreundlich und bei den Einheimischen beliebt wegen spezieller Preise für Mitglieder der karibischen Wirtschaftsgemeinschaft Caricom. Das Beach-BBQ am Samstagabend sollte man nicht verpassen.*

Coyaba Beach Resort $$$$$ (3), *Grand Anse Beach, ☎ 444-4129 (Resort) bzw. -2011 (Reservierungen), www.coyaba.com. Das komfortable Hotel liegt direkt am Strand inmitten eines kleinen Palmenhains. 80 Zimmer mit Klimaanlage, TV, Balkon oder Terrasse. Der große Swimmingpool verfügt über eine integrierte Bar.*

Spice Island Beach Resort $$$$$ (5), *Grand Anse, ☏ 444-4258/4423, www.spice beachresort.com. 5-Sterne-Luxushotel mit insgesamt 64 Suiten zur Meerseite hin, teils mit eigenem Pool, Whirlpool, Sauna, großer Terrasse und direktem Strandzugang. Sehr stylische Spa-Anlage.*
Mount Cinnamon $$$$$ (8), *Morne Rouge, Grand Anse, ☏ 439-9900, http://mountcinnamongrenadahotel.com. Luxusvillen und Suiten in fantastischer Hanglage mit Blick über die gesamte Bucht bis nach St. George's; voll ausgestattete Küchen, große Balkone, Yogakurse und Tauchschule, Restaurant und Pool am eigenen Strand, komplettes Frühstück ist inbegriffen.*

Pointe Salines/Lance aux Epines
Relax Inn $–$$ (13), *Pointe Salines, Calliste Hille, ☏ 439-2333/456-6237, www.relaxinngrenada.com. Einfache Zimmer mit Balkon und Blick auf den Universitätskomplex sowie die True Blue Bay. Direkt am Flughafen, daher ideal, wenn der Inselaufenthalt spontan um eine Nacht verlängert werden muss.*
Grooms Beach Villa and Resort $$–$$$ (11), *Portici Beach, ☏ 439-7666, www.groomsbeachresort.com. Das Resort mit Restaurant und Bar liegt 2 Minuten Fußweg vom Strand entfernt in einem üppigen Garten mit Außenpool und Meerblick. Die geräumigen Zimmer verfügen über Klimaanlage, WLAN, Kühlschrank, Kaffeemaschine, TV und direkten Zugang zur Terrasse am Pool. Die Küchen der Studios und Villen sind gut ausgestattet.*
LaLuna $$$$$ (10), *Pointe Salines, Magazin Beach, ☏ 439-0001, www.laluna.com. Das angesagte Resort – vom Caribbean Journal als „Grenada's leading boutique hotel" bezeichnet – liegt mit seinen architektonisch offen gestaltenen Cottages in Orangetönen direkt am Strand und sorgt für Karibik-Feeling pur. Die Villen befinden sich auf dem Petit Cabrits Point mit Blick in die Morne Rouge Bay.*
Lance aux Epines Cottages $$$$ (16), *Lance aux Epines Beach, ☏ 444-4565, http://laecottages.com. Die großzügigen und hellen Cottages sowie Apartments für Selbstversorger verfügen über 1–3 Schlafzimmer. Sie sind traumhaft gelegen in einem lichten Garten mit direktem Strandzugang und Hängematten inmitten eines alten Baum- und Palmenbestandes. Die offenen, komplett ausgestatteten Küchen sowie die Wohn- und Essbereiche sind auf einen längeren Aufenthalt ausgerichtet.*
Coral Cove Cottages & Apartments $$$$ (18), *Lance aux Epines, ☏ 444-4422/-4217, www.coralcovecottages.com. 11 voll ausgestattete Selbstversorger-Apartments in spanischem Stil erstrecken sich über ein großes Areal oberhalb der Mount-Hartman-Bucht mit wunderschönem Blick über die Küstenlandschaft. Swimmingpool, Tennisplatz, Grillmöglichkeit, Strand, regen- und sonnengeschützter Landungssteg, von dem aus man wunderbar das bunte Treiben der Segler beobachten kann. Gute Schnorchelmöglichkeit am nahen Korallenriff.*
True Blue Bay Resort $$$$–$$$$$ (14), *Old Mill Rd., True Blue Bay, ☏ 443-8783. Die individuell eingerichteten Luxuszimmer des Resorts direkt am Jachthafen bieten Aussicht auf die True Blue Bay. Infinity-Pool, TV, WLAN, farbenfrohes Design und komplett ausgestattete Küchenzeilen. Gutes Restaurant und Bar direkt am Wasser.*
Maca Bana $$$$$ (12), *Pointe Salines, Magazin Beache, ☏ 439-5355, www.macabana.com. Luxus-Öko-Resort mit 7 großzügigen Villen in Hanglage mit großartigem Küstenblick und Aussicht bis nach St. George's; jeweils mit gut ausgestatteter Küche und Jacuzzi. Das am Strand gelegene Restaurant Aquarium gehört dem gleichen Besitzer. Kochkurse können gebucht werden.*

Mount Hartman Bay Estate $$$$$ (17), *Reef View Drive, Lance aux Epines, ☏ 407-4504, www.mounthartmanbay.com. Spektakuläre Architektur in spektakulärer Lage kennzeichnet das 5-Sterne-Boutique-Hotel mit 11 Suiten an der Mount Hartman Bay. Bei entsprechend prallem Geldbeutel bleibt hier kein Wunsch unerfüllt.*

Calabash Luxury Boutique Hotel & Spa $$$$$ (15), *Lance aux Epines Beach, ☏ 444-4334, http://calabashhotel.com. Direkt am Strand von Lance aux Epines liegt dieses luxuriöse Hotel, das mit einem Restaurant des britischen Star-Kochs Gary Rhodes aufwartet. Hinzu kommen neben dem Hotel-Pool, Wellnessbereich und tropischen Garten weitere Pools in den geräumigen, hell und modern eingerichteten Suiten. Lunch und Snacks gibt es im Beach Club.*

Essen und Trinken

Eine Auswahl an Snacks und Take-aways gibt es in der Spiceland Mall hinter dem Grand Anse Beach. Im wegen der hier ansässigen Banken „Wall Street" genannten Teil der Grand Anse Main Road steht ein orangefarbener mobiler Imbiss mit der Inselspezialität **Double**, *einem süß-scharfen Hühnercurry weichem Bara-Brot.*

Grand Anse/Morne Rouge Bay

La Belle Créole, *im Blue Horizons Garden Resort, Grand Anse, ☏ 444-4316, www.grenadabluehorizons.com. Sehr gutes Restaurant mit angenehmer Atmosphäre; kontinentale und westindische Küche, Spezialität u. a. Hummer à la Créole, Pool-Barbecue.*

Savvy's Restaurant *und* **Beach Cabana**, *Mount Cinnamon Resort, Grand Anse, ☏ 439-9900, http://mountcinnamongrenadahotel.com. Gourmetküche in toller Lage.*

The Edge, *Grand Anse, ☏ 535-3343, http://www.theedgegrenada.com. Von der Terrasse am nördlichsten Ende der Grand Anse Bay hat man einen fantastischen Blick über die gesamte Bucht. Gute lokale Küche, Sonntagsbrunch von 10–18 Uhr. Mo geschlossen.*

Sur la Mer Restaurant & Bar, *The Gem Resort, Morne Rouge Bay, ☏ 444-4224/3267, http://gembeachresort.com. Direkt am Strand der Morne Rouge Bay lässt sich hier gut ein kühles Carib zum Sonnenuntergang trinken. Und dann weiß man auch, warum die Bucht Morne Rouge heißt.*

The Aquarium Restaurant, *Pink Beach, Pointe Salines, ☏ 444-1410, www.aquarium-grenada.com. Das wohl beste Restaurant der Insel bietet nicht nur hervorragendes Essen sondern liegt auch an einem wunderschönen Strand. Sonntags gibt es ein Lobster-&-Meat-BBQ mit Livemusik, Mo geschlossen.*

Umbrella's Beach Bar, *Grand Anse Beach, ☏ 439-9149. Leckere Cocktails und einfache Gerichte direkt am Strand. Karibik-Feeling garantiert.*

Bar mit kühlem Carib-Bier

Lance aux Epines

The Red Crab, *Lance aux Epines Rd., ☏ 444-4424. Auf Seafood, vor allem Hummer, sowie Steak spezialisiertes Restaurant. Sa geschlossen.*

Rhodes at Calabash, *Lance aux Epines Beach, ☏ 444-4334. Das Restaurant des britischen Star-Kochs Gary Rhodes ist nicht nur kulinarisch ein Erlebnis. Zu empfehlen sind die Chef's Daily Specials. Rhodes, Autor mehrerer Kochbücher, ist für seine englische Küche bekannt, hier dominiert jedoch eindeutig der karibische Einfluss.*

True Blue Bay

Dodgy Dock Restaurant, *im True Blue Bay Resort, ☏ 443-8783, www.dodgydock.com. In diesem familienfreundlichen Restaurant kann man in schönem Ambiente neben lokaler Küche, Seafood und Salaten einen tollen Blick auf die Bucht genießen. Mehrmals wöchentlich Livemusik, sonntags Brunch.*

Hog Island

Roger's Barefoot Beach Bar, *☏ 404-5265. Am besten ist die Strandbar mit einem Wassertaxi erreichbar. Sie befindet sich auf der kleinen Insel Hog Island, die nur durch eine schmale Brücke mit dem Festland verbunden ist. Am Wochenende gibt es BBQ und Livemusik, täglich ab 15 Uhr geöffnet.*

Der Norden von Grenada

Immer am Meer entlang

Die hier vorgeschlagene Route führt im Uhrzeigersinn von St. George's an der Westküste entlang bis zur Nordspitze, anschließend an der Ostküste in südlicher Richtung und dann durchs Inselinnere zurück nach St. George's (wegen des Linksverkehrs ist man so stets dem Meer am nächsten). Zum Teil führt die Straße so knapp an der Küste entlang, dass sie mit soliden Mauern geschützt werden musste. Begleitet wird man auf der Inselrundfahrt von den Nationalfarben Grenadas, sie prangen an Häuserwänden, Straßenbegrenzungen etc. und verweisen auf den Unabhängigkeitstag (Independence Day) am 7. Februar 1974.

Von St. George's an der Westküste entlang bis zur Sauteurs Bay

Man verlässt St. George's am nördlichen Ausgang über die Melville Street. Nach der Überquerung des St. John's River auf der alten Green Bridge bei L'Embouchérie führt rechter Hand ein Weg zum **Queen's Park**. Dieser ist nicht nur zentraler Schauplatz der Karnevalsparaden im August, sondern mit seiner Pferderennbahn auch sonst ein wichtiger Platz des öffentlichen Lebens. Das National Stadium befindet sich hier.

Für die Rundfahrt bleibt man aber auf der Küstenstraße, die im weiteren Verlauf nicht nur schöne Badebuchten mit zum Teil schwarzem Vulkansand, sondern auch dramatische Steilabhänge zeigt. Nachdem man hinter der gleichnamigen Ortschaft das **Kap von Molinière** passiert hat – ein hervorragendes Schnorchelrevier, u. a.

mit einem Skulpturenpark – durchfährt man kleine, an die Berghänge gebaute Fischerorte mit so sympathischen Namen wie **Happy Hill**.

Concord Falls

Acht Kilometer hinter St. George's und nach der Durchfahrt durch die Ortschaft **Brizan** erreicht man die hübsche Bucht von **Halifax Harbour**, in der zwei kleine Bäche ins Meer münden. Kurz darauf lohnt sich in Concord ein Abstecher durch das gleichnamige Tal in Richtung Mount Qua Qua, zum Fuß der gut ausgeschilderten **Concord Falls**. Die Stichstraße führt dabei nur bis zum ersten dieser insgesamt drei Wasserfälle. Wer die beiden anderen (und schöneren) Kaskaden sehen möchte, muss etwa 45 Minuten auf recht schwieriger Strecke wandern, wobei zweimal der Fluss zu durchwaten ist. Am besten macht man diese Tour mit einem örtlichen Führer. Hinter **Au Coin**, dem zweiten Wasserfall, erreicht man relativ schnell den dritten, **Fontainebleu**. Hier fällt das Wasser ca. 20 m tief in einen schönen, klaren Pool, in dem man sich nach der Anstrengung erfrischen kann.

Wandern am besten mit Guide

Wieder zurück auf der kurvenreichen Küstenstraße passiert man freundliche Fischerdörfer wie **Marigot** (wo sich ein Abstecher zum schwarzen Sandstrand Black Bay anbietet) und **Grand Roy**. Anschließend geht es durch Papaya- und Brotfrucht-Haine, vorbei am Nesbit-Hügel (135 m) und an der langgestreckten **Palmiste Bay**, bis schließlich mit Gouyave wieder ein größerer Ort zu sehen ist.

Gouyave

Gouyave ist die drittgrößte Siedlung Grenadas. Das malerische Städtchen hat eine lange Tradition als Fischerort und Gewürzzentrum der Insel. An die Bedeutung des erstgenannten Wirtschaftszweiges erinnert Ende Juni der sogenannte **Fisherman's Birthday**, bei dem die Fischfang-Flotte gesegnet und anschließend eine Straßenkirmes abgehalten wird.

Die Route führt direkt an der Küste entlang

Besonders lohnend ist ein Besuch des Ortes am Fish Friday, wenn die Einheimischen mit Musik und frisch gebratenem Fisch das Wochenende einläuten. Der Charme des Fish Friday in Gouyave ist, dass er im Vergleich zu den entsprechenden Veranstaltungen auf Barbados und in Anse-la-Raye auf St. Lucia sehr überschaubar ist. Die Feier beschränkt sich auf zwei Straßen, in denen Stände für das Essen aufgebaut werden und Händler ihre Souvenirs anbieten. Dennoch oder gerade deswegen ist dieser Fish Friday etwas ganz Besonderes und in der dörflichen Atmosphäre des Fischerdorfes ein **authentisches karibisches Ereignis**.

info

Der Fish Friday in Gouyave

Den Fish Friday in Gouyave feiern ist ein authentisches Karibik-Erlebnis und bedeutet Fisch, Musik, Party und – Rum! Wer an einem Freitag auf der Insel ist, sollte sich das nicht entgehenlassen. Der Mietwagen bleibt am besten beim Hotel stehen, es gibt mehrere andere Möglichkeiten, Gouyave zu erreichen: Der Bus Nummer 5 braucht von St. George's aus 25 Minuten, die letzte Fahrt startet gegen 11 Uhr. Alternativ kann man sich eine Tour mit einem Katamaran gönnen und dem Sonnenuntergang entgegensegeln. Entsprechende Touren starten von der Inselhauptstadt oder vom Grand Anse Beach aus. Die Fahrt dauert etwas über eine Stunde. Vor Ort kann man dann zwar nur eineinhalb Stunden bleiben, aber auch diese Zeit reicht aus, um in dem malerischen Fischerdorf unter dem südlichen Nachthimmel und zu karibischen Klängen einen Eindruck vom Feiern auf Grenada zu bekommen.

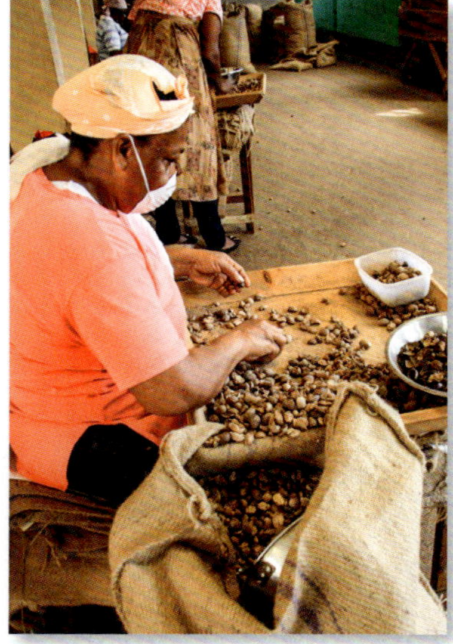

Muskatnussfabrik in Gouyave

In Gouyave befindet sich die größte **Nutmeg Processing Station** (*Central Depradine Street, ☏ 444-8337, 1 US-$*) der Insel. Bei der lohnenden Fabrikstour kann man sehen, wie die Muskatnüsse verarbeitet und verpackt werden. Zum Schluss kann man in der „*Nutmeg World*" einkaufen: Muskatnussprodukte, Gewürze, aber auch Kleidung und andere Produkte der Insel.

Auch einige der Gewürzpflanzungen in der näheren Umgebung können besichtigt werden. Interessant ist ein Besuch des **Dougaldston Estate**, einer traditionsreichen Muskatnussfabrik. Hier werden Muskatnüsse und andere Gewürze im Urzustand gezeigt und ihre Verarbeitung erklärt. Man sollte sich dabei nicht von dem verfallenen Zustand des Anwesens und dem schlechten Stück Straße abschrecken lassen, das folgt, nachdem man vor Gouyave nach rechts abgebogen ist. Das Estate liegt am Fuße des Mount Nesbit, eine Besichtigung ist jederzeit möglich.

Auch **Victoria**, der nächste Ort entlang der Küstenstraße, verfügt über einen kleinen muskatverarbeitenden Betrieb. Vier Kilometer weiter hat man in der Bucht von **Duquesne** die letzte Möglichkeit zu einem Bad an der Westküste, denn ab hier verläuft die Hauptstraße durch das Tal des Duquesne River ein ganzes Stück landeinwärts. Zunächst geht es in südöstlicher Richtung bergauf durch Gewürzplantagen, hinter Union durch das Tal des **Little St. Patrick River** dann wieder bergab. In Duquesne sowie am Mount Rich, auf dem Weg zwischen Sauteurs und Hermitage, befinden sich **amerindianische Petroglyphen**, in Stein gehauene Bilder. Im Norden von Grenada, im Tal des St. Patrick River, gibt es noch einige gut erhaltene prähistorische Felsritzungen der karibischen Ureinwohner zu sehen. Am eindrucksvollsten ist ein langer Stein direkt am Flussufer, der seitlich und oben insgesamt sechs Zeichnungen aufweist (Köpfe, Waffen etc.).

Relikte der Ureinwohner

Sauteurs und Sauteurs Bay

Die hübsch gelegene Ortschaft Sauteurs mit rund 1.300 Einwohnern liegt an der gleichnamigen Bucht in idyllischer, nahezu unberührter Landschaft. Hier gibt es nur wenige Gästehäuser und ein kleines Boutique-Hotel direkt an der Nordküste. Vom **Leapers Hill** aus hat man eine wunderschöne Sicht auf den malerischen und geschichtsträchtigen Ort **Sauteurs**. Benannt ist die nördlichste Ansiedlung der Insel nach den ca. 35 m hohen Klippen, die als „Hügel der Springer" (franz.: *Morne des Sauteurs*, engl. auch: *Caribs' Leap*) traurige Berühmtheit erlangten: Hier wurden 1651 die etwa 40 letzten karibischen Ureinwohner – Männer, Frauen und Kinder – von den Franzosen so bedrängt, dass sie sich lieber ins Meer stürzten, als gefangen genommen und massakriert zu werden. Das Denkmal auf dem **Leapers Hill**, das an das tragische Ereignis erinnert, steht auf einem Hügel hinter der katholischen Kirche in Sauteurs. Leider wird der Ort nicht sehr gepflegt, ein Besuch lohnt sich aber allein wegen der schönen Aussicht auf den Fischerort und seinen Strand.

Von der Nordküste aus kann man die Grenadinen sehen

Die Antoine Bay an der Atlantikküste

Wem der Sinn nach Baden steht, der sollte sich an die nordwestlich gelegene, zwei Kilometer lange **Sauteurs Bay** mit ihrem schönen Sandstrand begeben. Von hier führt ein Weg in einer knappen Stunde bis zum wildromantischen grenadischen Nordkap, dem **David Point** bzw. der David Bay.

Von Sauteurs aus ist es nicht mehr ohne Weiteres möglich, der küstennahen Straße zu folgen; erstens kann man sich leicht verfahren, da die ausgeschilderte Hauptstraße landeinwärts verläuft, zweitens ist der Weg in sehr schlechtem Zustand und je nach Witterung nur mit einem Geländewagen zu befahren. Das erste Stück bis zur **Levera Bay** ist jedoch mit einem normalen PKW zu schaffen (der bessere Zugang zur Levera Bay führt weiter südlich entlang dem Bathway Beach). Zuvor lohnt ein Abstecher zum Helvellyn House mit der dazugehörigen Töpferschule.

Das **Helvellyn House** wurde 1939/40 vom Großvater der heutigen Inhaberin Karen Hooper-Maaroufi auf dem Gelände eines Steinbruchs gebaut. Dieser lieferte das Material für das Haus, aber auch für das Fort, das einst nebenan stand. Besondere Aufmerksamkeit wurde der Anlage und Pflege des Gartens gewidmet, von dem aus sich einzigartige Blicke auf die Insellandschaft der Grenadinen eröffnen.

Schöner Garten

Helvellyn House, *La Fortune, St. Patrick's, ☎ 444-3222, www.travelgrenadagrenadines.com. Mittagessen nach telefonischer Absprache, Übernachtungsmöglichkeit, Töpferkurse Mo–Sa 9–17 Uhr.*

Von Sauteurs an der Ostküste entlang nach Süden und durchs Inselinnere zurück nach St. George's

Wer sich zurück auf der Hauptroute südwärts hält, fährt entlang den Ausläufern des 258 m hohen **Levera Hill**. Östlich davon befindet sich der idyllische Kratersee Levera Pond. Vor dem Bauerndorf **River Sallée** sprudeln produktive **Mineral-**

quellen (*boiling springs*). Wie an vielen Stellen dieser Erde sollen auch hier Wünsche in Erfüllung gehen, wenn Besucher Geldstücke in den Brunnen werfen. Von der Straße sind es nur fünf Minuten Fußweg und der Brunnen ist eine gute Gelegenheit, Gesicht und Hände zu waschen.

Bedford Point

Den Bedford Point, die äußerste **nordöstliche Spitze** der Insel erreicht man am besten von Süden her über River Sallée. Hier gibt es Reste einer alten Festung zu entdecken, außerdem die Bucht, die Kolumbus wahrscheinlich sichtete und nach der er die Insel „Concepción" taufte. Der feinsandige **Bathway Beach** eignet sich hervorragend für ein Picknick. Das Baden kann hier allerdings gefährlich werden, weil am nordöstlichsten Punkt der Insel Atlantik und Karibisches Meer bisweilen recht stürmisch aufeinandertreffen. Die Natur des gesamten Küstenstreifens ist durch den von Wanderwegen durchzogenen **Levera National Park** geschützt. Hier kann man am Ufer entlangspazieren und hat dabei einen fantastischen Blick auf die östlich vorgelagerten Inseln **Sugar Loaf**, **Green Island** und **Sandy Island**.

Hier besser nicht baden

Besonders reizvoll, allerdings nur für geübte Taucher erreichbar, ist die **Unterwasserwelt** des Küstenstreifens – neben Korallenriffen und Seegrasflächen, die von Hummern und farbenprächtigen Fischen bevölkert werden, leben hier **Wasserschildkröten**, die unter besonderem Schutz stehen. Die Lagune mit ihren Mangroven ist einer der wichtigsten Lebensräume auf der Insel, hier gibt es auch eine Vielzahl an Vögeln. Bis zum Bathway Beach ist die Straße gut ausgebaut, da Investoren die schöne Nordküste für Wohnanlagen entdeckt haben. An den Wochenenden versammeln sich am Strand jedoch wie eh und je die Einheimischen zu ausgiebigen Picknicks.

Lake Antoine

Zurück in River Sallée geht es weiter südwärts und zugleich bergauf mit Blick auf das High Cliff und die Antoine Bay zum Lake Antoine. Dieser fast **kreisrunde See** befindet sich auf dem Grund eines eingestürzten Vulkankraters, ist also eine sogenannte Caldera. Der Lake Antoine liegt fast auf Meeresniveau vor niedrigen, baumbewachsenen Hügeln. Einige wenige Palmen stehen auf dem leicht zum See abfallenden Flachand, dazwischen sieht man Weiden, auf denen Kühe grasen.

Vom Kratersee lohnt in jedem Fall ein Abstecher zur **River Antoine Rum Distillery** (☏ *442-7109, Mo–Sa 9–17 Uhr*) die als private Destillerie schon seit dem 18. Jh. in Betrieb und

River Antoine Rumfabrik

angeblich die älteste in der ganzen Karibik ist. Danach führt der einspurige Weg über La Poterie bis zur Conference Bay, besser ausgebaut ist jedoch die Straße über **Tivoli**. Von dort erreicht man hinter der folgenden Kreuzung nach zwei Minuten auf der rechten Seite das Belmont Estate.

Belmont Estate

Das Anwesen Belmont Estate gilt als eine gelungene Verbindung von produktiver Plantage und kultureller bzw. touristischer Nutzung. Für Einheimische werden Fortbildungen angeboten und ein kleines Museum bringt nicht nur auswärtigen Besuchern die Geschichte der über 300 Jahre alten Plantage sowie der Insel näher.

Einblick in die Verarbeitung

Neben dem Besuch des Restaurants mit einheimischer Küche lohnt ein Rundgang durch den üppigen tropischen Garten, wo man einen Einblick in die Verarbeitung von **Kakaofrüchten** für die Herstellung von Schokoladenprodukten erhält. Die frischen hellen Kakaobohnen werden in großen Holzbehältern gesammelt und sieben bis acht Tage bei hohen Temperaturen fermentiert, wodurch die weiße Haut der Bohnen verschwindet und diese ihre braune Farbe erhalten. Danach werden die Bohnen zum Trocknen in die Sonne gelegt, sortiert, poliert und zur Weiterverarbeitung an die Grenada Cocoa Association (GCA) verkauft.

Belmont Estate, *St. Patrick,* ☏ *442-9524, www.belmontestate.net. So–Fr 8–16 Uhr. Für die Bean to Bar Chocolate Tour ist eine Reservierung erforderlich. Die anderen Touren sowie der Besuch des Museums sind auch ohne Voranmeldung möglich.*

Pearls

Über Conference, Upper Pearls und Moya führt der Weg anschließend in einiger Entfernung zum Meer nach Pearls, einem Ort, der früher wegen seines Flughafens von Bedeutung war und zudem durch **archäologische Ausgrabungen** von sich reden machte. Die dabei aufgedeckte „*Amerindian Site*" ist als älteste bekannte Fundstelle der Insel von besonderer Bedeutung. Sie ergab, dass die indianische Entdeckung Grenadas sehr früh stattfand und dass das Land deswegen wohl auch dichter besiedelt war als die nördlicheren Inseln.

Die damals vom südamerikanischen Kontinent übergesetzten Menschen scheinen noch engen kulturellen Kontakt zu ihrer Heimat behalten zu haben. Es gibt Parallelen zu Funden, die man auf Trinidad (Pitch Lake) gemacht hat. Etliche Artefakte (u. a. Keramiken) zeigen Schildkröten, die wohl eine Leibspeise der Arawaken waren. Interessanterweise wird der nahe gelegene Conference Beach auch heute noch gerne von Seeschildkröten zur Eiablage aufgesucht. Durch den Bau des Flugplatzes (die Startbahn ging mitten durch die alte Siedlung) ist leider viel zerstört worden. Der **Pearls Airport**, drei Kilometer außerhalb des heutigen Ortes gelegen, wurde 1940 errichtet und 1984 durch den internationalen Flughafen an der Südwestküste abgelöst.

Unberührter Strand

Am östlichsten Punkt der alten Startbahn endet die Straße nach **Pearls Beach**. Wer einen Geländewagen gemietet hat, kann von hier aus zu einem der unberührtesten und schönsten Strände Grenadas weiterfahren. Vom Ufer mit hellgrauem Sand hat man einen herrlichen Blick auf das südliche Kap mit dem **Telescope Point**, den vorgelagerten Felsen **Telescope Rock** sowie die Inselkette der Grenadinen am Horizont.

Von Pearls aus geht es weiter nach **Paradise**, dann über den Great River bis **Grenville**, wo man in Richtung Westen auf die **Inseltransversale** nach Grand Etang und zur Inselhauptstadt St. George's abbiegen kann.

Reisepraktische Informationen Norden von Grenada

Unterkunft

siehe Karte S. 258

Mango Bay Cottages $–$$ (19), *Mango Bay, ☏ 444-3829. Cottages in Hanglage mit eigenem Strand und traumhafter Aussicht auf das Karibische Meer. Die Zimmer haben jeweils ein Badezimmer, eine Terrasse und eine voll ausgestattete Küche; WLAN, AC, Yogakurse, Spa, Schnorchelausflüge. Motorroller- und Mountainbikeverleih.*

Almost Paradise Cottages $$$ (20), *Laurant Point, Sauteurs, ☏ 442-0608, http://almostparadise-grenada.com. Die 6 bunt gestrichenen Unterkünfte in 3 Holzgebäuden liegen inmitten eines großen Gartens, sie verfügen über eine Küchenecke, ein Badezimmer mit privater Außendusche, einen Balkon, eine Hängematte sowie Tisch und Stühle aus Eukalyptusholz. Es gibt ein Restaurant für Gäste sowie WLAN. Die Besitzer bemühen sich, möglichst nachhaltig mit den Ressourcen der Insel umzugehen, daher gibt es Solarenergie, Regenwasseraufbereitung sowie den Wind als natürliche Belüftungsanlage. Neben der super Aussicht ein weiteres dickes Plus!*

Treetops Villa $$$ (22), *☏ 442-0984, www.treetopsgrenada.com. Die weithin sichtbare, gelb gestrichene Villa bietet hoch über den Baumwipfeln der Nordküste 2 individuelle Suiten. Beide haben eine spektakuläre Aussicht auf die Inseln der Grenadinen, den Atlantik, das Karibische Meer sowie die Küstenlinie rund um Sauteurs und Leapers Hill. Die Suiten verfügen jeweils über eine Küchenzeile mit Mikrowelle, Kühlschrank, Wasserkocher und Kaffeemaschine. Schön ist der Jacuzzi unter freiem Himmel.*

Petite Anse Beachfront Cottages $$$$$ (21), *☏ 442-5252, www.petiteanse.com. Philip und Annie haben bei der Planung ihres kleinen Hotels viel Wert darauf gelegt, dass alle Gäste den überwältigenden Ausblick auf den Atlantik und das Karibische Meer genießen können – ob in einem der 11 großzügigen Zimmer, im Restaurant oder an der Bar. Die Zimmer verfügen alle über einen kleinen Kühlschrank, WLAN, einen Wasserkocher sowie AC bzw. gute Durchlüftung. Großer Luxus: der Strand vor der Tür, der Blick bis zu den Grenadinen und das meditative Meeresrauschen.*

Essen und Trinken

Petite Anse Restaurant and Bar, *☏ 442-5252, www.petiteanse.com. Eigentlich müsste das Essen hier noch nicht einmal gut sein, denn allein für den Blick auf die Inseln der Grenadinen und ein kühles Bier oder einen leckeren Fruchcocktail an der Bar lohnt sich der Weg hierher. Tatsächlich sind die Speisen, die mit Gemüse und Kräutern aus dem eigenen Küchengarten zubereitet werden, jedoch hervorragend!*

Belmont Estate, *Belmont, ☏ 442-9524, www.belmontestate.net. Die über 300 Jahre alte Plantage liegt westlich von Tivoli inmitten üppiger Tropenvegetation und bietet nicht nur jede Menge Wissenswertes über Kakaopflanzen und Schokoladenherstellung, sondern auch hervorragende karibische „Hausmannskost" mit Früchten und Gemüse aus eigenem Anbau. Nur Mittagessen, Sa geschl.*

Helvellyn House, *La Fortune, ☏ 442-9252, www.travelgrenadagrenadines.com. Mittagessen nach telefonischer Reservierung.*

Der Osten und Südosten von Grenada

Den besten Zugang zu den natürlichen Schönheiten des Landesinneren hat man, wenn man mit dem Mietwagen über die **Inseltransversale**, die auf einer Strecke von knapp 23 km St. George's im Südwesten mit Grenville an der Ostküste verbindet. Von dort aus kann man entweder an der Küste entlangfahren oder aber erneut die Insel durchqueren, und zwar in Richtung Gouyave.

Von St. George's durchs Inselinnere nach Grenville

Von der Grand Anse her kommend, gelangt man auf die Transversale, indem man in St. George's die Sans Souci Road hinauffährt (an der Governor General's Residence und an der Residenz des Premierministers vorbei) oder am nördlichen Stadtausgang nach rechts in die River Road abbiegt, die nach Nordosten führt. Durch das Tal des **St. John's River** geht es nun auf einer sehr kurvigen, aber gut ausgebauten Straße immer höher hinauf, mit schöner Aussicht auf die umliegenden Hügel, die mit Bananen-, Kakao- oder Gewürzplantagen bedeckt sind. Man kommt durch einige kleine Ortschaften, deren Namen französischen oder englischen Ursprungs sind.

Die Annandale Falls

Annandale Falls

Nach sieben Kilometern erreicht man **Constantine**, wo nach Norden (in Richtung Willis) ein kleines Sträßchen zu den 16 m hohen **Annandale Falls** abzweigt. Diese leicht zu erreichenden Wasserfälle liegen inmitten einer üppigen Vegetation mit grünen Abhängen und steilen Schluchten. Zu Stoßzeiten muss man mit zahlreichen Souvenirverkäufern rechnen, außerdem mit einheimischen Klippenspringern, die für ihre Showeinlage Trinkgelder einsammeln. Der Pool am Fuß der Wasserfälle lädt mit seinem blaugrünen Wasser zu einem Bad ein. Nach dieser kleinen Erfrischung fährt man zurück bis zur Hauptstraße und setzt den Weg in Richtung Grenville fort.

Grand Etang

Hinter der Ortschaft **Vendôme** geht es dann ostwärts, am Nordwestfuß des **Mount Sinai** (703 m) entlang, geradewegs hinauf in die üppige Vegetation und Bergwelt des **Grand Etang**. Nach ca. 5 km bzw. 15 aufregenden Fahrminuten durch enge Kurven hat man den malerischen,

515 m hoch gelegenen See erreicht. Der 5,3 km² große und sehr tiefe Grand Etang bedeckt den Krater eines ehemaligen Vulkans. Umgeben wird er vom Grand Etang Forest Reserve, einem artenreichen Naturschutzpark mit tropischem Regenwald.

Am besten stattet man zunächst dem **Grand Etang Forest Centre** einen Besuch ab. In dem architektonisch gelungenen Pavillon erhält man alle notwendigen Informationen sowie hilfreiche Broschüren zu Flora, Fauna und Wanderwegen des Parks. Wenige Meter unterhalb der Straße beginnt der ausgeschilderte **Wanderweg** rund um den Grand Etang.

Auf dieser schönen Wanderung sieht man am Nordufer des Sees den 707 m hoch aufragenden **Mount Qua Qua**, der allerdings meistens von Wolken und Nebel verhangen ist. Überhaupt ist es hier oben merklich kühler und die Niederschlagsmengen sind die höchsten auf der ganzen Insel, entsprechende Kleidung sollte also im Kofferraum bereitliegen. Die **Fauna** ist durch viele seltene Vögel vertreten, u. a. durch langschnäbelige Doktorvögel, Kolibris und Kuckucks. Mit viel Glück kann man auch Monameerkatzen oder Mungos entdecken. Die größten Chancen, seltene Tiere und Pflanzen zu sehen, hat man allerdings auf einer geführten Wanderung abseits der ausgetretenen Pfade.

Regenjacke mitnehmen

Seven Sisters Falls

Vom Grand Etang geht es in vielen Kehren wieder bergab durch Wälder mit Baumfarnen und Bambus, später an Muskatnuss-, Kakao- und Bananenkulturen vorbei. Zuvor wartet aber rund drei Kilometer hinter dem Besucherzentrum noch eines der besten **Naturschauspiele** auf Grenada überhaupt: die Seven Sisters Falls. Diese Serie von Wasserfällen ist einer der Höhepunkte auf der Insel. Am kleinen Eingangshäuschen zahlt man den Eintritt (*5 EC-$*), der Weg führt über eine Privatplantage. Es empfiehlt sich, hier auch einen Guide zu nehmen, der einem den Weg über Stock und Stein zu den Wasserfällen zeigt (*rund 30 EC-$*). Alle sieben Wasserfälle werden auf der Wanderung passiert und sind auch direkt zugänglich. Wer möchte, der kann auch von ganz oben einen Wasserfall nach dem anderen herunterspringen. In diesem Fall muss man allerdings alle Fälle herunterspringen, da es zwischendurch keine Ausstiegsmöglichkeit mehr gibt. Um zum Startpunkt zu gelangen, muss man erst ein sehr steiles Stück Weg kletternd überwinden. Von oben kann man die ersten beiden Fälle dann sehr gut sehen. Wer das Manöver nach dem Blick von oben doch nicht wagt, kann auch wieder zu Fuß hinunterklettern und sich in den unteren Wasserfällen ein erfrischendes Bad gönnen.

Wer nach dem Abstecher zu den Wasserfällen zurück an die Westküste möchte, kann hinter den Ortschaften **Adelphi** und **Birch Grove** nach links abbiegen. Hier wartet eine faszinierende Straße, die am alten Vulkanstock des **Mount Cathérine** im Norden vorbeiführt, der mit 840 m ü. d. M. der höchste Berg der Insel ist.

Wer weiter in Richtung Ostküste fährt, gelangt in das **Great River Valley** und passiert freundliche Bauerndörfer wie Balthazar, La Digue und Grand Bas. Nach etwa 23 km (ohne Abstecher) hat man die Außenbezirke von Grenville erreicht. Da die Beschriftung sehr zu wünschen übrig lässt, muss man hier nach Karte und Intuition fahren – oder Einheimische nach dem Weg fragen.

Hübsche Dörfer

Grenville

Das Städtchen mit rund 3.000 Einwohnern liegt reizvoll an der gleichnamigen Bucht. Grenville hat für Touristen – außer einigen Restaurants und Kneipen – vor allem den bunten **Obst- und Gemüsemarkt** sowie den Fischmarkt zu bieten. Am Samstag, dem Markttag, erlebt man hier eine Fülle an Menschen, Waren und Eindrücken. Bekannt ist Grenville auch für seine geschickten **Handwerker**, die aus Palmblätterstreifen u. a. Hüte, Körbe, Taschen oder Matten herstellen. Ebenfalls lohnt sich der Besuch der **Grenville Nutmeg Processing Station** (☏ *442-7241*), hier wird neben verschiedenen anderen Gewürzen vor allem Muskat für den Export verarbeitet.

Souvenirs!

Von Grenville am Atlantik entlang nach St. George's

Wenn man Grenville am südlichen Ortsausgang verlässt, gelangt man auf der Küstenstraße an der weit geschwungenen **Grenville Bay** in wenigen Minuten bis nach **Marquis**. Diese ehemalige französische Siedlung hat außer ihrem Namen noch einige bauliche Reminiszenzen an die Kolonialzeit (u. a. die katholische Kirche). In der näheren Umgebung sind weitere historische Monumente erhalten, so am geschichtsträchtigen Battle Hill und in Port Royal (altes Fort). Naturliebhaber wird der Blick auf die vorgelagerte Felseninsel Marquis Island entzücken.

Royal Mt. Carmel Waterfalls

Man kann auch südlich des Dorfes am Ufer des Marquis River landeinwärts wandern, wo man nach knapp 30 Minuten Fußweg zu den pittoresken Royal Mt. Carmel Waterfalls gelangt. Nur drei Kilometer südlich von Grenville liegen diese **höchsten Wasserfälle** Grenadas. Ein wunderbarer Ort zum Schwimmen und um ein Picknick zu machen.

Die Ostküste Grenadas: wild und wunderschön

Die Straße verlässt die Küste zunächst am Südende der St. Andrew's Bay und führt bergauf über Mount Fann und Mahot bis **Bellevue**. Wegen der schönen Sicht über die Küsten lohnt noch ein Abstecher zum **David's Point** (St. David's), der zwischen Bacolet Bay und Petit Bacolet Bay liegt. Am Wochenende und an Feiertagen kommen die Einheimischen hierher, picknicken und schauen den Kitesurfern zu.

La Sagesse

Besonders reizvoll ist die kurven- und aussichtsreiche Straße entlang der tief zergliederten **Südküste**. Hinter Bacolet führt eine Stichstraße (La Sagesse Rd.) am La Sagesse Nature Center vorbei zum malerischen **Sagesse Beach** mit einem Hotel mit Restaurant und Bar. Das ehemals private Gelände ist heute öffentlich zugänglich und bietet dem Besucher eine amphibische Landschaft mit Bächen, Mangroven und Salzseen. Sehr reichhaltig ist auch das Tierleben des Naturparks, wobei insbesondere die Vielzahl an verschiedenen Vögeln und Schmetterlingen interessant ist. Die von der Vegetation überwucherten Relikte einer alten Rum-Destillerie mit Zuckermühle und Wasserrad sind von zusätzlichem Reiz. Der Strand mit seinen vielen Palmen und dem klaren Wasser gehört mit zu den schönsten der Insel. Man kann hier tolle Spaziergänge am Strand entlang und in angrenzende Buchten machen.

Vögel und Schmetterlinge

Wieder zurück auf der Hauptstraße besteht über eine Abzweigung nach Westen die Möglichkeit, auf direktem Weg nach St. George's zurückzufahren. Die gut ausgebaute Straße führt über **Perdmontemps** (Piedmontagne) am Südfuß des Mount Maitland (522 m) zur Hauptstadt. Bei Perdmontemps lohnt **Laura's Herb & Spice Garden** (☏ *443-2604, Mo–Fr 8.30–15.30 Uhr*) einen Besuch. Hier bekommt man einen guten Eindruck von der vielfältigen Botanik der Insel, auch einen Shop mit Gewürzen gibt es.

Palmenidylle in der La Sagesse Bay

Westerhall Rum Distillery

Bei der Weiterfahrt auf der südlichen Hauptstraße ist **Westerhall** die nächste Station. Dort ist ein schönes Plantagenhaus mit alten Einrichtungsgegenständen der Stammsitz von **Westerhall Rums** (☎ *443-5477, www.westerhallrums.com, Mo–Fr 9–15 Uhr individuelle Touren auf dem Anwesen*). Der hier hergestellte „Westerhall Plantation Rum" ist eine sehr edle und – wegen der limitierten Produktion – auch sehr teure Marke. Über die Westerhall Point Main Road kann man einen Abstecher auf die Landzunge zwischen **Westerhall Bay** und **Chemin Bay** (Calivigny Harbour) unternehmen. An deren Spitze befindet sich der Aussichtspunkt Westerhall Point.

Mindestens genauso schön ist der benachbarte Felsrücken, der die Chemin Bay vom **Port Egmont** trennt und ebenfalls auf einer Stichstraße befahrbar ist. Außer der schönen Aussicht, dem lebhaften **Jachthafen** und einer exquisiten Ferienanlage bietet die Landzunge noch die Überreste des **Fort Jeudy** aus dem 18. Jh. Weiter auf der Hauptstraße kann man im malerischen Fischerdorf **Woburn** nochmals der Südküste einen Besuch abstatten. Der Ort sowie die gleichnamige Bucht, die durch die Inseln **Hog Island** und **Calivigny Island** geschützt wird, dienten als Kulisse für den Film
Filmkulisse „*Island in the Sun*" mit James Mason, Joan Collins und Harry Belafonte (USA 1957).

Von Woburn aus kann man anschließend weiter in Richtung Süden über Ruth Howard zur Grand Anse Bay oder auf die Halbinsel Lance aux Epines fahren – oder aber nordwärts zurück nach St. George's.

Reisepraktische Informationen Südosten von Grenada

Unterkunft

siehe Karte S. 258

Big Sky Lodge $ **(24)**, *Crochu, St. Andrew,* ☎ *444-7277 (Ingrid und Thomas Lauerbach), www.grenada-lodge.org. In 2 Häusern stehen 4 Einheiten für jeweils 2 Personen und zusätzlich nach Bedarf ein Extrabett für eine weitere Person zur Verfügung. Die Anlage befindet sich inmitten eines Gartens voller Obstbäume. Die Papayas, Mangos, Grapefruits, Orangen, Bananen, Mandarinen, Limetten und anderen Früchte auf dem Frühstückstisch stammen alle aus dem eigenen Garten. Gut ausgestattete Gemeinschaftsküchen für Selbstversorger, WLAN, eigene Terrasse, geräumiges Bad, Dusche, WC. 15 Minuten Fußweg zum Strand Cabier.*

Valley Breeze Guest House $–$$ **(23)**, *Grenville, St. Andrews,* ☎ *407-5375 oder 442-5375, www.valleybreezeguesthouse.com. Die bei Reisenden aus der Region sehr beliebten Suiten und Villen liegen 200 m von der Grenville Bay entfernt; einfache Einrichtung, Sitzecke, TV, Küche, Mikrowelle, Kühlschrank, Kaffeemaschine.*

Cabier Ocean Lodge $$–$$$ **(25)**, *Crochu, St. Andrew,* ☎ *444-6013, Büro in Österreich +43-664-340-3637, www.cabier-vision.com. Wer Abgeschiedenheit, wilde Romantik und Natur liebt, der ist auf dem Anwesen des Österreichers Michael Boehm genau richtig. Eselreiten, die lokalen Fischer bei der Arbeit beobachten, das Treiben in den umliegenden Dörfern Crochu oder La Tante miterleben – echte karibische Eindrücke sind hier garantiert. Verschiedene Unterkunftsmöglichkeiten vom Doppelzimmer über die Familienwohnung bis hin zur Villa; Restaurant und Bar vorhanden. Boots-, Tauch- und Angeltouren werden angeboten.*

La Sagesse Hotel $$$$–$$$$$ (26), *La Sagesse Bay, ☏ 444-6458, www.lasagesse.com. Das ehemalige Plantagen-Anwesen mit 4 Häusern in der romantischen La Sagesse Bay wurde 1968 von Lord Brownlow wieder instand gesetzt. 5 der 12 Gästezimmer sind im historischen Stil erhalten und verfügen teilweise noch über die originale Ausstattung (Manor House). Die Anlage befindet sich direkt am Strand; Bademöglichkeiten und viele Wanderwege in der Nähe. Gutes Restaurant, in dem der Besitzer Mike Meranski auch persönlich bedient.*

Essen und Trinken

Restaurant Bruno, *Cabier Ocean Lodge, Crochu, St. Andrew, ☏ 444-6013, www.cabier-vision.com. „Genuss der Karibik – Sonne, Strand, Meer und feines Essen", so das Motto der Betreiber. Und tatsächlich lohnt der Weg in diese romantische Abgeschiedenheit. Die Küche wartet mit einem reizvollen Mix aus karibischer und französischer Küche auf. Schön ist die Außenterrasse mit 2 großen Mangobäumen sowie einer Bar.*

La Sagesse Beachfront Restaurant, *La Sagesse Hotel, La Sagesse Bay, ☏ 444-6458, www.lasagesse.com. Das Restaurant liegt im gleichnamigen Naturpark sehr schön unter Palmen an einem der schönsten Strände der Insel. In entspannter und intimer Atmosphäre werden hier sehr leckere Fischgerichte serviert.*

Whisper Cove Marina, *Clarke's Court Bay, Lower Woburn, ☏ 444-5296, http://whispercovemarina.com. Steaks, Burger, Fritten, Salate und Fischgerichte. Am Samstagnachmittag Treffpunkt vieler Studenten. Mi–Sa durchgehend geöffnet, Di nur Frühstück und Lunch, So geschlossen. Die Bar ist tgl. ab 8 Uhr geöffnet.*

Weitere Inseln im Three Island State Grenada

Der Staat Grenada besteht nicht nur aus der gleichnamigen Hauptinsel, sondern umfasst noch mehrere kleinere und größere Trabanten. „**The Three Island State**" ist der offizielle Beiname Grenadas, gemeint sind hier die beiden größeren Schwesterinseln Carriacou und Petite Martinique, die jeweils ihren eigenen Charakter haben und deren Besuch sich unbedingt lohnt. Von „Yachties" schon länger als Lieblingsziel entdeckt, kommen die idyllischen Eilande durch die hier verkehrende Schnellfähre auch als Tagesausflug für Grenada-Urlauber in Betracht. Alternativ ist es auch lohnend, sich für eine Nacht (oder länger) in einer der Pensionen Carriacous einzuquartieren.

Beliebtes Segelrevier

Carriacou

Das nördlich von Grenada gelegene Carriacou (karib.: „Land der vielen Riffe", ausgespr.: ka-ria-ku) ist mit 34 km² und etwa 6.000 Einwohnern die größte Insel der Grenadinen-Kette. Früher wegen ihrer Zucker- und Baumwollplantagen von wirtschaftlicher Bedeutung, führt die Insel seit dem letzten Jahrhundert ein ruhiges, **friedliches Dasein**. Wie die Hauptinsel Grenada wurde auch Carriacou im September 2004 stark vom Hurrikan Iwan in Mitleidenschaft gezogen, inzwischen hat sich aber auch Carriacou weitgehend von den Schäden erholt. Nicht zu ersetzen sind jedoch die ungezählten Palmenbäume, die der Sturm zum Teil wie Streichhölzer umgeknickt hat. Während an den Stränden die Dezimierung nicht jedem auffällt, stechen die fehlenden Palmen auf **Sandy Island** bei der Anfahrt mit der Schnellfähre oder dem Anflug auf den kleinen Flughafen dem Kenner besonders schmerzhaft ins Auge. Das ehemalige Highlight, sich vom Paradise Beach, dem schönsten Strand der Insel, mit einem kleinen Fischerboot übersetzen zu lassen, um im Schatten der Palmen im weißen Sand am Karibischen Meer zu liegen oder vor einem der schönsten Fotomotive im klaren Wasser zu schnorcheln, gehört der Vergangenheit an; die Insel gleicht nun einer flachen Sandbank.

Trockene Landschaft

Die bergige Landschaft Carriacous ist durch **Vulkanismus** entstanden. Im Landesinneren wird durch einen zentralen Hügelrücken in Nord-Süd-Richtung eine Höhe von 291 m erreicht. Das reicht nicht aus, um vorbeiziehende Wolken zum Abregnen zu bringen. Die Insel ist deutlich trockener als Grenada und es existiert hier kein einziger Fluss. Umgeben von Korallenriffen sind Carriacous Küsten geprägt tief eingeschnittenen Buchten und schönen Postkartenstränden. Vor der Küste liegen etliche kleine und kleinste Inselchen im türkisblauen Wasser.

Carriacous Einwohner stammen überwiegend von Sklaven ab. Die weiße Minorität, die besonders in der Ortschaft Windward zu Hause ist, hat schottische Vorfahren. In jüngster Zeit fallen immer mehr große, neu gebaute Häuser auf. Sie gehören in der Regel zurückkehrenden Insulanern, die es in den USA oder in Großbritannien zu Wohlstand gebracht haben und im Rentenalter auf ihre Heimatinsel zurückkehren.

Inselfeste

Wirtschaftlich herrschten nach der Kolonialzeit der Anbau von Erdnüssen und Zitrusfrüchten sowie bescheidene Viehzucht vor; daneben galten die Insulaner immer als **gute Händler** und Bootsbauer. Als Carriacou in den 1970er-Jahren von Jachtbesitzern als Segel-, Schwimm- und Tauchparadies entdeckt wurde, setzte eine touristische Entwicklung ein, die sich heute in einigen Bars, Pensionen und Gästehäusern niederschlägt. Tagesbesucher sollten sich einen Mietwagen oder ein Taxi nehmen, um die wichtigsten Sehenswürdigkeiten und schönsten Strände der kleinen Insel aufzusuchen. Besonders reizvoll ist der Aufenthalt Ende Januar, wenn in altertümlichen Umzügen mit einem **Big Drum Dance** das Erntedankfest der Fischer und Bauern gefeiert wird. Auch der August mit dem **Karneval** (hier nach französischer Tradition „Mardi Gras" genannt) und der **Carriacou Regatta** im Rahmen des Sailing Festival zieht Besucher von nah und fern an. An den Straßenrändern dominieren dann die Nationalfarben, die zum Nationalfeiertag aufgefrischt werden.

Auf einer kleinen Inselrundfahrt im Uhrzeigersinn kommt man vom Flughafen Lauriston zunächst zum Hauptstädtchen **Hillsborough** (ca. 1.000 Einwohner). Die Fähre legt direkt dort an der Jetty an. Parallel zur Uferlinie verläuft die Main Street, an der noch einige der steinernen Handelshäuser aus der Kolonialepoche zu sehen sind. Der Market Square ist Ende Januar turbulenter Mittelpunkt des Big Drum Dance. Spannend wird es am Hafen, wenn einer der von St. George's kommenden Holzschoner einläuft. Ein Highlight für Kulturinteressierte ist das **Carriacou Historical Museum** (*Paterson St., ☏ 443-8288, www.carriacoumuseum.org*), das in den Gebäuden einer ehemaligen Baumwollspinnerei (1826) untergebracht ist. Mit seiner qualitativ hochwertigen Sammlung von Artefakten der präkolumbischen Zeit und seiner Ausstellung zur Inselgeschichte ist es unbedingt einen Besuch wert. Nördlich von Hillsborough bietet das hoch gelegene **Belair** im Inselinneren den vielleicht **schönsten Panoramablick** über Carriacou. Den klassischen

Postkartenblick über die Hillsborough Bay gewährt das Gelände des **Hospital Hill**. Das Krankenhaus wurde 1929 hier oben gebaut, weil die Patienten dank des stetig wehenden Windes am wenigsten von den Mücken belästigt werden. Von hier aus kann man nicht nur die an- und abfahrenden Boote in Hillsborough beobachten, sondern auch Jack Adam Island, Sandy Island und Mabouya Island sowie den Point Cistern sehen. Sehenswert sind auch die Ruinen verlassener Zuckerfabriken und Windmühlen, die an die Zeit erinnern, als das Eiland sowohl unter den Franzosen als auch unter den Engländern als „Zuckerinsel" galt.

Ehemalige Zuckerinsel

An der nördlichen Ostküste liegt die Ortschaft **Windward**, die weithin wegen der **Bootsbaukunst** ihrer Bewohner bekannt ist. Wenn einer der robusten, hölzernen Schoner zu Wasser gelassen wird, kann man einer eindrucksvollen Bootstaufe beiwohnen. Die bunt bemalten Boote mit großen weißen Segeln dienen heute u. a. als Fracht- und Personenfähren.

Südlich von Windward kann man in **Dover**, etwa 300 m landeinwärts der Watering Bay gelegen, die gut sichtbaren Ruinen der ersten Kirche der Insel bewundern. Von der **Ostküste** aus hat man wunderschöne Ausblicke auf die Union Islands, die bereits zum Inselbogen der Grenadinen gehören, sowie auf die ebenfalls zum Staat Grenada gehörende Insel Petite Martinique. Weiter geht es anschließend an **Jew Bay**, **Grand Bay** und **Manchineel Bay** entlang bis zur eindrucksvollen Halbinsel im Südwesten Carriacous. An der äußersten Spitze, in La Pointe, sind die Ruinen eines alten französischen Plantagenhauses zu entdecken.

Nördlich der Landzunge erstreckt sich die **Tyrell Bay**, die einen der besten Naturhäfen der Karibik aufweist. Die enge, schlauchähnliche Bucht im Norden bietet kleineren Schiffen selbst bei Wirbelstürmen Schutz. Hier liegen normalerweise Segelschiffe aus aller Herren Länder vor Anker. Die Besitzer sind meist – wenn sie nicht gerade faulenzen oder schwimmen – bei einem kühlen Drink in einer der Strandbars anzutreffen. Von hier aus ist es nur ein kurzer Weg zur weiter nördlich gelegenen L'Esterre Bay mit dem wunderschönen Paradise Beach sowie zurück zum Flughafen.

Petite Martinique

Wie ein steiler Hügel erhebt sich das etwa 5 km von der Nordostküste Carriacous entfernte Petite Martinique aus dem Meer. Auf die kurze Bootsfahrt zu der kleinen Vulkaninsel sollte man nicht verzichten. Sie wird von den drei Inseln am wenigsten von Touristen besucht und ist entsprechend unberührt. Petite Martinique bietet an der Westseite schöne Badebuchten mit hellbraunem Sand, eine herrliche Natur, interessante Baudenkmäler und eine freundliche Bevölkerung. Nur etwa 900 Menschen leben hier. Bis 1967 gab es keine richtigen Wege auf der Insel, nur Pfade, die sich auch heute noch durch das dichte Ufergebüsch schlängeln. Man kann die Insel in einer Stunde umrunden. Auf der Entdeckungstour wandert man an der kleinen Schule vorbei und sieht dann die auf einem Hügel gelegene einzige Kirche, ein katholisches Gotteshaus.

Weitgehend unberührt

Geprägt wurde die Inselgeschichte von **alteingesessenen Familien** französischer Abstammung. Ihnen gehörten auch die großen Schoner, die selbst die von

Carriacou übertrafen und mit denen sie von Guyana bis St. Kitts Handel trieben.

Siedlungen

Auf Pfaden kommt man zu den beiden kleinen Siedlungen der Insel. **White Town** als ehemals rein französisches Dorf war den Schiffseignern vorbehalten, während in **Black Town** früher die Farbigen wohnten, die für die reichen Familien arbeiteten, nebenbei in bescheidenem Rahmen Baumwolle anbauten und Ziegen hielten. Ein Besuch Petite Martiniques wäre unvollständig ohne die Besteigung des (bisweilen sehr windigen) Hügels **Top Peak**. An einem klaren Tag hat man von hier aus eine **fantastische Sicht** über den ganzen Inselbogen der Grenadinen bis hinauf nach St. Vincent.

Reisepraktische Informationen Carriacou und Petite Martinique

Wichtige Telefonnummern auf einen Blick

Internationale Vorwahl: *+1-473*
Polizei: *443-7482/7480*
Krankenhaus: *443-7400 und 443-6302*

Information

Grenada Tourism Authority, *Burns Point, St. George's, Grenada, ☏ 440-2279/2001, Main St., Hillsborough, Carriacou, ☏ 443-7948, www.grenadagrenadines.com*

Anreise

Zwischen Grenada, Carriacou und Petite Martinique pendelt die **Schnellfähre Osprey** *(Osprey Lines Ltd., ☏ 440-8126, www.ospreylines.com). Sie fährt jeden Morgen an der Carenage (Queen's Jetty, direkt gegenüber der Feuerwehr) in St. George's ab. Die Taxifahrt vom Flughafen auf Grenada dorthin dauert höchstens 10 Minuten. Tickets gibt es direkt an der Fähre. Es ist unbedingt notwendig, sich mindestens einen Tag vor Fahrtantritt nach dem jeweils aktuellen Fahrplan zu erkundigen.*

Essen und Trinken

Auf Carriacou befinden sich die meisten Restaurants in Hillsborough und in der Tyrell Bay.

Exkursionen

Eine **Segeltour** *ist eine der schönsten Möglichkeiten, Grenadas Nachbarinseln von der Wasserseite aus kennenzulernen. Dazu gibt es auf Carriacou einige Anbieter, z. B.* **Simply Carriacou,** *☏ 443-2029, www.simplycarriacou.com. Zwischen den einzelnen Stränden verkehren* **Wassertaxis** *(Kim Bethel, ☏ 443-7787), in der Regel morgens und nachmittags, die Uhrzeiten differieren je nach Saison.*
Tauchkurse bietet an: **Deefer Diving Carriacou**, *Main St., Hillsborough, Carriacou, ☏ 443-7882, www.deeferdiving.com.*

Unterkunft

Carriacou

Carriacou Grand View Hotel $–$$, *Beausejour Bay, ☏ 443-6348/8659, www.carriacougrandview.com. Das Hotel liegt oberhalb von Hillsborough und bietet dank seiner Hügellage eine wundervolle Aussicht über die Karibische See und den Hafen der Inselhauptstadt. Zudem gibt es ein eigenes Restaurant, eine Pianobar, einen*

Swimmingpool. Die Zimmer sind einfach aber komfortabel und haben jeweils einen eigenen Balkon. Man kann auch Apartments mit Kochmöglichkeit mieten.
Bayaleau Point Cottages $$$–$$$$, *Windwardside, ☏ 443-7984, www.carriacoucottages.com. Einfache, bunt angemalte Cottages aus Holz in karibischer Art für 2–4 Personen. Jeweils mit kleiner Küche, Terrasse, Moskitonetzen, Ventilator und WLAN. Tolle Aussicht.*
Hotel Laurena $$$$, *Hillsborough, ☏ 443-8759, www.hotellaurena.com. Das Hotel liegt mitten in Hillsborough, fußläufig zu vielen Stränden der Insel. Es gibt Selbstversorgerunterkünfte und individuelle Gästezimmer mit Klimaanlage.*
Villen und Apartments vermietet **Down Island Villa Rentals,** *☏ 443-8182, www.islandvillas.com.*

Petite Martinique
Melodies Guesthouse $, *☏ 443-9052, melodies@caribsurf.com. Gästehaus mit 9 Zimmern an der Westküste der Insel direkt am Strand. Ausflüge zu den Inseln der Grenadinen oder Wanderungen zum höchsten Punkt der Insel mit wunderbarer Rundum-Aussicht werden auf Wunsch organisiert.*
Millenium Connection Guest House $, *☏ 443-9243, www.petitemartinique.com/about-millennium-guesthouse.htm. Das Gästehaus mit 3 Zimmern, die über eine große offene Gemeinschaftsküche mit Essbereich verfügen, befindet sich in Sanchez, 4 Minuten vom Hauptanleger in Petite Martinique entfernt. Die Zimmer liegen über der kleinen hauseigenen Boutique.*

Verkehrsmittel
Am Flughafen Lauriston (Carriacou) sind immer einige **Taxifahrer** *auf der Suche nach Kundschaft und bieten auch Inselrundfahrten an. Für zwei Stunden werden ca. 100 US-$ verlangt.*
Es gibt **Busverbindungen** *von Hillsborough zur Tyrrel Bay, nach Windward und Bogles. Von Tyrrel Bay nach Windward geht es über Hillsborough.*
Auch **Mietwagen** *gibt es auf Carriacou, z. B. bei Sunkey's Auto Rentals, ☏ 443-8382.*

Kleinere Inseln

Auf einem Segeltörn, der von verschiedenen Agenturen auf Grenada angeboten wird oder natürlich auch in Eigenregie durchgeführt werden kann, erschließt sich dem Besucher eine karibische Wunderwelt mit Dutzenden größeren und unzähligen kleinen vorgelagerten Inseln. Eine der größeren ist die 15 km südlich von Carriacou gelegene, bewohnte **Île Ronde**, die mit ihren Klippen etwa 150 m steil aus dem Meer aufragt.

Näher bei Grenada gelegen sind die unbewohnten Eilande **Sister Islands**, **Marquis Islands**, **Diamond**, **White Island**, **Saline Island, Green Island**, **Frigate Island**, **Little Tobago**, **Rose Rocks**, **Large Island**, **Bonaparte Rocks** und viele andere. Mit ihren Bade- und Schnorchelmöglichkeiten und idealen Bedingungen für Picknicks werden sie gern von Seglern angelaufen. Südlich von Grenada sind die beliebtesten Ausflugsziele **Hog Island**, **Calivigny Island** und **Glover**, wo noch Ruinen einer norwegischen Walfangstation (bis 1925 in Betrieb) zu sehen sind.

ANHANG

Literaturverzeichnis

Die nachstehende Auswahl umfasst selbstverständlich nur einen kleinen Teil der erhältlichen Literatur.

Nachschlagewerke, Reiseführer und Bildbände

Brockmann, Heidrun / Sedlmair, Stefan: **Karibik – Kleine Antillen**. Iwanowski's Reisebuchverlag, Dormagen 2016.**Fodor's Caribbean** 2016, New York, Toronto, London, Sydney, Auckland 2015. Ausführliche Informationen zu allen Karibik-Inseln.
Insight Guides: **St Lucia Pocket Guide** (Englisch), Apa Digital (CH) AG and Apa Publications (UK) KG 2016.
Jannasch, Christian: **Abenteuer Auswandern**. Mein Leben auf Grenada. Strand, Meer und Lebensfreude: Der paradiesische Alltag in der Karibik, Grin & Travel Verlag 2014.
Laurie, Peter: **The Barbadian Rum Shop**. The Other Watering Hole, Oxford 2011.
Thompson, Angus (Hg.): **Vision of Grenada**, **Carriacou** & **Petite Martinique**, London 2007. Wunderschöner Bildband, der Lust auf die Insel weckt.

Historisches

Beckles, Hilary: **A History of Barbados**. From Amerindian Settlement to Caribbean Single Market (Cambridge University Press, 2007).
Gillner, Matthias: **Bartolomé de las Casas und die Eroberung des indianischen Kontinents**, Das friedensethische Profil eines weltgeschichtlichen Umbruchs aus der Perspektive eines Anwalts der Unterdrückten, Kohlhammer Verlag, Stuttgart 1997 (nur antiquarisch erhältlich). Interessantes, 298 Seiten starkes historisches Werk über den offiziellen Chronisten der spanischen Krone, der im 16. Jahrhundert zum Ende der Indianersklaverei beitrug. Wer diesen im Originalton lesen möchte, sollte sich in Bibliotheken oder antiquarisch dessen berühmtes Werk „Kurzgefasster Bericht von der Verwüstung der westindischen Länder" besorgen, der als Nachdruck von H. M. Enzensberger im Insel-Verlag herausgegeben wurde (Frankfurt/M. 2005).
Grün, Robert: **Christoph Columbus – Das Bordbuch**. 1492. Leben und Fahrten des Entdeckers der Neuen Welt in Dokumenten und Aufzeichnungen. Interessante und kurzweilige Darstellung der „Entdeckung" Amerikas, allerdings leider ohne Quellenangaben. In zahlreichen Ausgaben und Verlagen erschienen.
Hausberger, Bernd / Pfeisinger, Gerhard (Hg.): **Die Karibik**. **Geschichte und Gesellschaft 1492–2000**, Promedia, Wien 2005. Die in diesem Band gesammelten Beiträge machen den Widerspruch zwischen der pulsierenden politischen, sozialen und kulturellen Vielfalt und der Imagination von Einheit in der Region sichtbar.
Harmsen, Jolien / Ellis, Guy / Devaux, Robert: **A History of St Lucia**, Vieux Fort, St. Lucia, überarbeitete Neuauflage 2014.
Labat, Jean-Baptiste: **Sklavenbericht. Abenteuerliche Reise in der Karibik 1690–1705**. Stuttgart 1984 (nur antiquarisch erhältlich). Schonungslose Beschreibung der Behandlung der Ureinwohner bei der Kolonisierung der Karibik aus der Feder eines Zeitzeugen.

Mintz, Sidney W.: **Die süße Macht. Kulturgeschichte des Zuckers**. 2. Auflage, Frankfurt a. Main/New York 2007. Mintz zeigt die Erfolgsgeschichte des Zuckers und die Kehrseite der Nachfrage der Europäer für die Karibik auf. Eine Global-, Wirtschaft- und Kulturgeschichte.
Palmié, Stephen / Scarano, Francisco A.: **The Caribbean: A History of the Region and Its Peoples**, University of Chicago Press, 2011. Das über 600 Seiten dicke Buch lässt kaum einen historisch bedeutenden Aspekt der Karibischen Inselwelt von der Entdeckung 1492 bis in unsere Zeit (2010) aus.
Saunders, Nicholas J.: **The Peoples of the Caribbean. An Encyclopedia of Archaeology and Traditional Culture**, San Diego 2005. Auf 399 Seiten entfaltet der Autor ein verständliches und umfangreiches Werk zur Archäologie, Folklore und Mythologie der gesamten Karibikregion, das 7.000 Jahre umfasst.
Zeuske, Michael: **Die Geschichte der Amistad**. Sklavenhandel und Menschenschmuggel auf dem Atlantik im 19. Jahrhundert, Reclam, Stuttgart 2012.
Zeuske, Michael: **Schwarze Karibik. Sklaven, Sklavereikultur und Emanzipation**, Rotpunktverlag, Zürich 2004.

Landeskunde

Bartholmes, Bernhard: **Segeln in der Karibik, Bd. 1, Martinique – Grenada. Mit Tobago**. Delius Klasing Verlag, 5., überarb. Auflage 2007. Der Autor, der während mehrmonatiger Segeltörns fast die gesamte karibische Inselwelt erkundet hat, stellt in mehreren, stets über 200 Seiten starken Bänden anhand von detaillierten Karten, Luftfotos, nautischen Daten und Hintergrundartikeln die einzelnen Segelreviere der Kleinen Antillen vor, besonders natürlich deren Marinas, Ankerplätze und Badebuchten.
Baumeister, Maren und Werner: **Meeresfauna Karibik und Florida: 469 Arten in Wort und Bild**, Verlag Eugen Ulmer, 2005. Auf 320 Seiten wird mit knapp 400 Bildern die Unterwasserwelt der Karibik dargestellt. Alle Namen auf Deutsch und Englisch. Für Taucher ein Muss.
Blancke, Rolf: **Farbatlas Pflanzen der Karibik und Mittelamerikas** (Gebundene Ausgabe). Ulmer Verlag, 1999. Unverzichtbares und zeitloses Werk für botanisch Interessierte. Die wichtigsten und auffälligsten Pflanzen (Palmen, Farne, Bäume, Sträucher, Stauden, Gräser, Kakteen, Epiphyten etc.) werden in Wort und Bild vorgestellt. Zudem gibt es Hintergrundinformationen über Vegetation und Vegetationszonen sowie eine Darstellung der schönsten Botanischen Gärten der Region.
Blancke, Rolf: **Farbatlas Exotische Früchte: Obst und Gemüse der Tropen und Subtropen**. Ulmer Verlag, 2000. Dieses Buch bietet zum einen Wissenswertes für die Recherche vor Ort und für die Zeit nach dem Urlaub in der heimischen Küche.
Gewecke, Frauke: **Die Karibik. Zur Geschichte, Politik und Kultur einer Region**, Vervuert, Frankfurt/M. 2007.
Kuster, Reto: **Was kriecht und krabbelt in den Tropen? Plagegeister und Gifttiere** (Taschenbuch). Reise Know-how Verlag, 2. Auflage 2006. Der kleine Guide schafft Klarheit über tatsächliche und vermeintliche Gefahren aus dem Reich der Krabbeltiere und Insekten. Gut sind die Tipps zum Schutz vor Bissen oder Stichen und wie man sich im Notfall richtig verhält.
Lehari, Gabriele: **Exotisches Obst und Gemüse für die Küche**. Ulmer Verlag 2006. Zusammen mit Rolf Blanckes Buch über exotische Früchte der führende Titel zu diesem Thema.
Lowis, Ulrike: **Rum. Geschichte, Herstellung, Marken**, Köln 2016. Das Nachschlagewerk im Mini-Format zum wichtigsten Getränk auf Barbados lässt sich beim Abklappern der 1.500 Rumshops gut in die Tasche stecken.

Raffaele, Herbert A. / Wiley, James: **Wildlife of the Caribbean** (Princeton Pocket Guides), Princeton University Press 2014. Auf rund 300 Seiten wird nicht nur die karibische Tier- und Pflanzenwelt zu Lande und zu Wasser vorgestellt, sondern auch verschiedene Lebensräume und deren Entwicklung präsentiert. Zahlreiche Abbildungen.

Dokumentarfilme

Golden Globe. **Karibik – Kleine Antillen. Inseln über dem Wind**. Ausgangspunkt des 100-minütigen Films (Regie: Kathrin Wagner und Herbert Lenz) ist Barbados. An Bord des Fünfmast-Großseglers Royal Clipper geht es von hier auf eine Reise durch die Inselwelt der Kleinen Antillen. Südlichste Insel ist Grenada. Auf St. Lucia werden die Hauptstadt Castries, die berühmte Marigo-Bay sowie der Naturhafen der Rodneys-Bay besucht. Erschienen bei Komplett-Media auf DVD (2007) und Blu-ray (2009).
Reisen & Kultur: **Karibik. Sehenswürdigkeiten. Entspannung. Kultur: Curaçao, Jamaika, Barbados, Bonaire** (DVD), 45-minütige Dokumentation von 2006.

Stichwortverzeichnis

C

D

E

F

G

Bildnachweis

Alle Bilder in diesem Buch und auf dem Umschlag stammen von Heidrun Brockmann, mit folgenden Ausnahmen:
Government of St. Lucia: S. **64**
Robert Devaux Collection: S. **22**
Stephanie Henseler: S. **8/9**, **49**, **54**, **57**, **74**, **112**, **115**, **119** (u), **134** (u), **135**, **136** (2x), **138**, **140**, **142**, **157**, **160**, **161**, **162**, **166**, **167**, **169** (o), **172**, **173** (2x), **175** (o), **176**, **181**, **184**, **185**, **254**, **255**, **257**, **271**, **285**, **291**, **U2** (3.), **U3** (1. Tipp)

Danksagung

Nicht versäumen möchte ich, mich bei allen zu bedanken, die zum Gelingen dieses Buches beigetragen haben – für den Text zu den Ureinwohnern der Kleinen Antillen und Unterstützung während des Schreibens bei Stefan Sedlmair, für ihre Unterstützung bei der Recherche auf Barbados bei Arthur Duncan, Jamal Griffith, Andrea Loh, Christina Konrad und Julia Wüst, für hilfreiche Informationen zu Wanderungen auf St. Lucia bei Bernd Rac, für das Sichten von Delfinschulen und eine Führung durch Fond St. Jacques bei Gill V. Alexander, bei David Brockmann für den gemeinsamen Aufstieg auf den Gros Piton und viele Schnorchel-Stunden, bei David Daves für Wissenswertes im Bereich Politik und Flora, für gute Gespräche über die Insel beim Lunch im Jade Mountain bei Edgar Krohn, für neue Energie durch das wunderbare Anwesen Balenbouche bei Uta Lawaetz, für die herzlichen Gespräche und Informationen und tollen Tipps bei Geneviève Schwigon-Meier, für die Organisation von Übernachtungen, Wanderungen und Trips und den guten Geist in der Ferne bei Petra Schildbach, für die netten Gespräche an der Bar im Marigot Beach Resort bei David Shimelt und bei Karolin Troubetzkoy für den Aufenthalt im Anse Chastanet und die unvergessliche Sunset-Katamaran-Tour. Für die Unterstützung und wertvolle Informationen über Grenada bedanke ich mich ganz herzlich bei Margit Schwarz.

Heidrun Brockmann

IWANOWSKI'S  REISEBUCHVERLAG

REISEFÜHRER AUF EINEN BLICK

REISEHANDBÜCHER

Europa
Berlin * ▤
Dänemark * ▤ 🗀
Finnland * ▤
Irland * ▤ 🗀
Island * ▤ 🗀
Lissabon *
Madeira mit Porto Santo * ▤ 🗀
Malta, Gozo & Comino * ▤ 🗀
Norwegen * ▤
Paris und Umgebung *
Piemont & Aostatal * ▤
Rom * ▤
Schweden * ▤ 🗀
Schottland * ▤ 🗀
Tal der Loire mit Chartres *

Asien
Oman * ▤ 🗀
Peking
Rajasthan mit Delhi & Agra *
Shanghai *
Singapur * ▤ 🗀
Sri Lanka * ▤ 🗀
Thailand * ▤ 🗀
Tokio mit Kyoto ▤ 🗀
Vietnam *

Afrika
Äthiopien * ▤ 🗀
Botswana * ▤ 🗀
Kapstadt & Garden Route * ▤ 🗀
Kenia/Nordtanzania *
Madagaskar * ▤ 🗀
Mauritius mit Rodrigues * ▤ 🗀
Namibia * ▤ 🗀
Réunion * ▤ 🗀
Ruanda * ▤ 🗀
Südafrikas Norden & Ostküste *
Südafrika * ▤ 🗀
Uganda/Ruanda *

Australien / Neuseeland
Australien * ▤ 🗀
Neuseeland * ▤ 🗀

Amerika
Bahamas ▤ 🗀
Barbados, St. Lucia & Grenada ▤ 🗀
Costa Rica * ▤ 🗀
Chile mit Osterinsel * ▤ 🗀
Florida * ▤ 🗀
Guadeloupe ▤ 🗀
Hawaii * ▤ 🗀
Kalifornien * ▤ 🗀
Kanada/Osten * ▤ 🗀
Kanada/Westen * ▤ 🗀
Karibik/Kleine Antillen * ▤ 🗀
New York * ▤ 🗀
USA/Große Seen|Chicago * ▤ 🗀
USA/Nordosten * ▤ 🗀
USA/Nordwesten * ▤ 🗀
USA/Ostküste * ▤ 🗀
USA/Süden * ▤ 🗀
USA/Südwesten *
USA/Texas & Mittl. Westen * ▤ 🗀
USA/Westen * ▤ 🗀

101...-Serie: Geheimtipps und Top-Ziele
101 Berlin * ▤
101 Bodensee ▤
101 China
101 Deutsche Ostseeküste ▤
101 Florida ▤
101 Hamburg * ▤
101 Indien
101 Inseln
101 Kanada/Westen
101 Lissabon * ▤
101 London * ▤
101 Mallorca ▤
101 Namibia – Die schönsten Reiseziele, Lodges & Gästefarmen ▤
101 Nepal ▤
101 Reisen für die Seele – Relaxen & Genießen in aller Welt
101 Reisen mit der Eisenbahn – Die schönsten Strecken weltweit ▤
101 Safaris ▤
101 Skandinavien
101 Stockholm * ▤
101 Südafrika – Die schönsten Reiseziele & Lodges ▤
101 Südengland ▤
101 Tansania – Die schönsten Reiseziele & Lodges ▤
101 Wien * ▤

REISEGAST IN ...

Ägypten
China
England
Indien
Japan
Korea
Polen
Russland
Südafrika
Thailand

Legende:
* mit Extra-Reisekarte
▤ auch als ebook (epub)
🗀 Karten gratis downloaden

Das komplette Verlagsprogramm
jetzt downloaden!

Iwanowski's Reisebuchverlag GmbH
Salm-Reifferscheidt-Allee 37 • D-41540 Dormagen
Tel: +49 (0) 21 33/26 03 11 • Fax: -34 • E-Mail: info@iwanowski.de
facebook.com/Iwanowski.Reisebuchverlag • twitter.com/iwanowskireisen

 www.iwanowski.de